Frank Stocker

DIE INFLATION VON 1923

Wie es zur größten deutschen Geldkatastrophe kam

Bibliografische Information der Deutschen Nationalbibliothek:
Die Deutsche Nationalbibliothek verzeichnet diese Publikation in der Deutschen Nationalbibliografie. Detaillierte bibliografische Daten sind im Internet über http://dnb.d-nb.de abrufbar.

Für Fragen und Anregungen:
info@finanzbuchverlag.de

2. Auflage November 2022

Türkenstraße 89
80799 München
Tel.: 089 651285-0
Fax: 089 652096

Lektorat: Daniel Bussenius
Korrektorat: Anja Hilgarth
Umschlaggestaltung: Marc-Torben Fischer
Foto auf dem Cover: © akg-images
Satz: Daniel Förster
Druck: GGP Media GmbH, Pößneck
Printed in Germany

ISBN Print 978-3-95972-564-4
ISBN E-Book (PDF) 978-3-98609-119-4
ISBN E-Book (EPUB, Mobi) 978-3-98609-120-0

Weitere Informationen zum Verlag finden Sie unter

www.finanzbuchverlag.de

Beachten Sie auch unsere weiteren Verlage unter www.m-vg.de.

Inhalt

Vorwort ... 7

Kapitel 1 **Der Auftakt**
1914 bis 1918 ... 9

Kapitel 2 **Der belastete Neubeginn**
1918 ... 22

Kapitel 3 **Der Versailler Vertrag**
Juni 1919 ... 28

Kapitel 4 **Die Erzberger'sche Steuerreform**
1919/1920 ... 33

Kapitel 5 **Der kurze Aufschwung**
1920/1921 ... 38

Kapitel 6 **Der Londoner Zahlungsplan**
März 1921 ... 45

Kapitel 7 **Der Mord an Matthias Erzberger**
August 1921 ... 58

Kapitel 8 **Die verzweifelten Sparversuche**
Sommer/Herbst 1921 ... 63

Kapitel 9 **Das Moratorium**
Januar 1922 ... 72

Kapitel 10 **Der Coup von Rapallo**
April 1922 ... 83

Kapitel 11 **Der Mord an Walther Rathenau**
Juni 1922 ... 89

Kapitel 12 **Die Hyperinflation beginnt**
Sommer 1922 93

Kapitel 13 **Gustav Stresemann – Der neue Hoffnungsträger**
Oktober 1922 102

Kapitel 14 **Die Regierung Cuno**
November 1922 108

Kapitel 15 **Die Besetzung des Ruhrgebiets**
Januar 1923 117

Kapitel 16 **Der Kampf gegen Schlemmerei und Wucher**
Januar 1923 126

Kapitel 17 **Der Blut-Karsamstag**
März 1923 131

Kapitel 18 **Der Mark-Crash**
April 1923 139

Kapitel 19 **Hugo Stinnes – Der Napoleon der Wirtschaft**
April 1923 144

Kapitel 20 **Die strauchelnde Regierung**
Frühjahr/Sommer 1923 152

Kapitel 21 **Das vermurkste Devisengesetz**
Frühjahr/Sommer 1923 160

Kapitel 22 **Der Beginn der Hungerrevolten**
Juli 1923 170

Kapitel 23 **Das Ende Cunos**
Juli/August 1923 176

Kapitel 24 **Die Regierung Stresemann**
August 1923 186

Kapitel 25 **Der Kampf um die neue Währung – Karl Helfferich gegen Rudolf Hilferding**
August 1923 191

Kapitel 26 **Die Devisenrazzien**
August/September 1923 199

Kapitel 27 **Die Not bringt das Notgeld**
September 1923 204

Kapitel 28 **Vom Hilferding-Plan bis zu Hans Luthers Idee einer Bodenmark**
September 1923 210

Kapitel 29 **Der Sparkommissar**
September 1923 214

Kapitel 30 **Das Ende des passiven Widerstands**
September 1923 219

Kapitel 31 **Rechtsruck in Bayern**
September/Oktober 1923 227

Kapitel 32 **Der erste Bruch der Koalition**
Oktober 1923 231

Kapitel 33 **Das rote Sachsen**
Oktober 1923 236

Kapitel 34 **Die Rheinland-Separatisten**
Oktober 1923 241

Kapitel 35 **Die Armenspeisungen**
Oktober 1923 246

Kapitel 36 **Das Ermächtigungsgesetz**
Oktober 1923 256

Kapitel 37 **Die neue Währung**
Oktober 1923 260

Kapitel 38 **Der Reichsbankpräsident**
Oktober 1923 264

Kapitel 39 **Der Kahlschlag bei den Beamten**
Oktober 1923 267

Kapitel 40 **Der Reichswährungskommissar**
November 1923 271

Kapitel 41 **Der zweite Bruch der Koalition**
November 1923 276

Kapitel 42 **Der Hitler-Putsch und das Treuegelübde im Rheinland**
November 1923 282

Kapitel 43 **Die Billionen-Gänse**
November 1923 290

Kapitel 44 **Die neue Währung**
November 1923 297

Kapitel 45 **Das Ende der Regierung Stresemann**
November 1923 304

Kapitel 46 **Das »Wunder der Rentenmark«**
Winter 1923/1924 308

Kapitel 47 **Der Dawes-Plan**
Frühjahr 1924 315

Kapitel 48 **Die neue Reichsbank**
Herbst 1924 320

Kapitel 49 **Die Nachwirkungen**
1920er-Jahre 325

Kapitel 50 **Die Frage nach der Schuld**
Heute 334

Nachwort
Kann das wieder passieren? 338

Die weitere Entwicklung der wichtigsten Personen 346

Anmerkungen 350

Literaturverzeichnis 363

Abbildungsverzeichnis 367

Vorwort

150 Milliarden Mark für ein simples Straßenbahnticket. 356 Milliarden für ein Roggenbrot. Und 2,6 Billionen Mark für ein Kilo Rindfleisch – die große deutsche Inflation, die vor hundert Jahren, im Jahr 1923, ihren Höhepunkt erreichte, war eine geradezu surreale Zeit. Die Preise stiegen in rasendem Tempo, verdoppelten sich innerhalb von Stunden, übersprangen alle Schwellen des bis dahin Vorstellbaren.

»Kein Volk der Welt hat etwas erlebt, was dem deutschen ›1923‹-Erlebnis entspricht«, schrieb der Schriftsteller und Journalist Sebastian Haffner 1939 über diese Zeit. »Den Weltkrieg haben alle erlebt, die meisten auch Revolutionen, soziale Krisen, Streiks, Vermögensumschichtungen, Geldentwertungen. Aber keins die phantastische, groteske Übersteigerung von alledem auf einmal, die 1923 in Deutschland stattfand.«*

Ob man das heute noch so stehen lassen kann, sei dahingestellt. Hyperinflationen gab es seither immer mal wieder, in verschiedenen Gegenden der Welt. Und dennoch war jene deutsche Inflation etwas Besonderes, was ihren Ursprung angeht, was den Verlauf betrifft und nicht zuletzt im Hinblick auf die Nachwirkungen.

---

* 1907 in Berlin geboren, war Haffner währen der Inflationszeit noch ein junger Mann. In der Nazizeit emigrierte er nach Großbritannien und brachte dort 1939 seine Erlebnisse aus jener Zeit zu Papier. Diese wurden 2000 postum erstmals veröffentlicht, hier wird aus der Ausgabe von 2014 zitiert: Sebastian Haffner: *Geschichte eines Deutschen*, München 2014, S. 54.

Denn diese Zeit hat sich tief ins kollektive Gedächtnis eingebrannt. Jeder Deutsche kennt Geschichten aus jener Zeit. Sie werden bis heute in den Familien weitergegeben, auch wenn die Zeitzeugen längst nicht mehr leben. Da war der Großvater, der mit einem Koffer voller Geld als Arbeitslohn nach Hause kam. Da war die Großmutter, die sich den Koffer sofort schnappte und auf den Markt rannte, um mit den Banknoten irgendetwas zu kaufen, bevor das Geld schon wieder wertlos war. Da war der Urgroßonkel, der sein ganzes Vermögen, das er in Lebensversicherungen investiert hatte, verlor. Da war die Großtante, die mit Millionenscheinen den Ofen beheizte.

In den Ereignissen jener Zeit gründet jene extreme Inflationsangst, die die Deutschen bis heute von den meisten anderen Nationen unterscheidet und die auch in den letzten Jahren, seit die Notenbanken in aller Welt wieder Geld drucken, zu einem beständigen, angstvollen Raunen unter deutschen Sparern führt.

Doch wie kam es überhaupt zu jener gigantischen Geldentwertung vor hundert Jahren? Welche Entscheidungen der Finanzpolitiker und Notenbanker führten dazu? Warum konnte die Regierung die Inflationsspirale nicht stoppen? Und vor allem: Wie erlebten die Menschen diese Zeit im Alltag?

Darauf liefert dieses Buch eine Antwort. Es erzählt, wie das Land zunächst allmählich und dann immer schneller in den Strudel des Geldverfalls geriet, was ihn verursachte und was ihn beschleunigte. Es zeigt anschaulich, wie die Verantwortlichen um einen Ausweg rangen und ihn erst sehr spät fanden. Viele Augenzeugenberichte und Zitate aus jenen Monaten unterstreichen das und zeichnen ein eindrückliches Bild dieser Zeit. Einer Zeit, die die Deutschen, die sie erlebten, nie wieder vergessen konnten. Und die niemand von uns jemals erleben möchte.

KAPITEL 1

Der Auftakt 1914 bis 1918

Die Menschenmassen standen Spalier, sie jubelten den vorbeimarschierenden Soldaten zu, deren Gewehre mit Blumen geschmückt waren. Euphorisch begrüßten viele Deutsche im August 1914 den Beginn des Ersten Weltkriegs. Selbst Thomas Mann sprach begeistert von einer »Reinigung«, die der Krieg bedeute, von einem Ausstieg des Künstlers aus der »Friedenswelt, die er so satt, so überaus satt hatte«.[1]

Als »Erster Weltkrieg« wurde das folgende Schlachten und Töten erst Monate danach erstmals bezeichnet. Im August 1914 war noch niemandem klar, wie allumfassend dieser Krieg werden würde und dass dies der Beginn einer Epochenwende war, die den Sturz alter Monarchien und Mächte auslöste, sei es in Deutschland, Österreich-Ungarn oder Russland, und die den Aufstieg neuer Weltmächte wie der USA und der Sowjetunion sowie neuer Ideologien wie des Kommunismus und des Faschismus beförderte. Als »Urkatastrophe des 20. Jahrhunderts« wurde dieser Krieg später bezeichnet. Er legte die Basis für viele der gewaltigen Umbrüche des 20. Jahrhunderts.

Doch in jenen Hochsommertagen des Jahres 1914 ahnte niemand all diese Folgen. Die meisten Deutschen glaubten an einen kurzen, schnellen Waffengang, der natürlich siegreich enden würde. Sie fühlten sich erinnert an das, was etwas mehr als vier Jahrzehnte zuvor passiert war. 1870/1871 hatten die deutschen Truppen Frankreich binnen weniger Wochen niedergerungen, und gestützt auf die Bajonette war danach das Deutsche Kaiserreich gegründet worden.

Doch diesmal verlief der Krieg bekanntlich anders. Deutschland unterlag nach vier zermürbenden Jahren, die Millionen Menschenleben kosteten. Und es folgte kurz danach die große Inflation, die schließlich 1923 die Deutschen all ihrer Ersparnisse beraubte, die nationale Wirtschaft völlig zerrüttete und das Land fast auseinanderfallen ließ. Die Basis hierfür wurde genau in jenen Augusttagen des Jahres 1914 gelegt. Damals begann das Unglück.

Ein Krieg kostet nicht nur stets viele Menschenleben, er kostet auch viel Geld, das war damals nicht anders als heute. Mit dem Attentat von Sarajevo am 28. Juni 1914, bei dem der österreichische Thronfolger und seine Frau ermordet wurden, eskalierte die zuvor bereits angespannte Lage in Europa nach und nach endgültig. Das Kaiserreich begann nun, sich intensiv auf einen Krieg vorzubereiten, und erklärte schließlich am 1. August Russland und am 3. August Frankreich den Krieg. Begleitet wurde all das von einer großen Begeisterung im Volk.

»Der Lustgarten war den Nachmittag von einer dichtgedrängten Menschenmenge besetzt«, beschrieb das *Berliner Tagblatt* die Szenerie des 1. August. »Etwa um 5 ½ Uhr wurde dem Publikum durch Adjutanten, Offiziere und Schutzmannswachtmeister die erfolgte Mobilmachung bekanntgegeben, worauf es zu großen Begeisterungskundgebungen kam.« Dann wälzte sich die Menge zum kronprinzlichen Palais. »Plötzlich zeigten sich der Kaiser und die Kaiserin auf dem Mittelbalkon des Schlosses. Sogleich wurde die Absperrung aufgehoben und die Menge eilte im Laufschritt unter unaufhörlichen Hochrufen über die Brücke vor das Schloss, ›Heil dir im Siegerkranz‹ und ›Deutschland, Deutschland über alles‹ singend.« Der Kaiser hielt eine kurze Ansprache, die in den Worten gipfelte, er kenne »keine Parteien und auch keine Konfessionen mehr«, stattdessen seien »heute alle deutsche Brüder und nur noch deutsche Brüder«. Stürmische Hochrufe folgten.[2]

Doch die Begeisterung konnte nicht darüber hinwegtäuschen, dass auch diese Phase der Mobilmachung, als der Krieg noch gar nicht richtig begonnen hatte, bereits enorme finanzielle Mittel erforderte, Geld für Soldaten, Material und Transport. Geld, das der Staat nicht hatte.

Denn so groß und mächtig das Deutsche Kaiserreich auf der Bühne der Weltpolitik auftrumpfte, so kompliziert und dünn war gleichzeitig sein finanzielles Fundament. Die Reichsverfassung von 1871 war explizit so angelegt, dass die Finanzmacht bei den Bundesstaaten lag – der preußische Finanzminister soll den Staatssekretär des Reichsschatzamtes gar lange Jahre wie einen zu Gehorsam verpflichteten Untergebenen behandelt haben.

Das Reich selbst hatte nur die Zollhoheit und durfte zudem indirekte Steuern erheben, die damals jedoch die unbedeutenderen Abgaben darstellten und im Staatshaushalt dieser Zeit nur einen Bruchteil ausmachten, beispielsweise auf Tabak, Branntwein oder Salz. Direkte Steuern, beispielsweise die Einkommensteuer, waren dagegen den Bundesstaaten vorbehalten. Zwar traten sie dem Reich von ihren Einnahmen jedes Jahr über sogenannte Matrikularbeiträge einen Teil ab. Doch große Summen waren auch das nicht.

Denn die Steuern, die die Länder erhoben, waren extrem niedrig. In Preußen betrug der Satz der Einkommensteuer für Jahreseinkommen von 900 bis 1.050 Mark sage und schreibe 6 Mark, also rund 0,6 Prozent. Das Durchschnittseinkommen lag 1913 nur knapp darüber, bei 1.182 Mark.[3] Der Steuersatz stieg dann schrittweise bis auf 4.000 Mark für Einkommen zwischen 100.000 und 105.000 Mark, also rund 4 Prozent[4] – davon kann heute jeder Arbeitnehmer nur träumen.

Über Steuererhöhungen Geld für den Krieg zu beschaffen, wäre also ein kompliziertes Unterfangen gewesen, da dies über die Bundesstaaten hätte geschehen müssen, und es hätte auch nur wenig gebracht, selbst wenn die Sätze vervielfacht worden wären. Denn die Kriegskosten wuchsen exorbitant. Im letzten Fiskaljahr vor dem Krieg, von April 1913 bis März 1914, hatte das Deutsche Reich gerade einmal 3 Milliarden Mark ausgegeben. Im Fiskaljahr 1914/1915 war es dann mit 9 Milliarden schon dreimal so viel. Im Jahr darauf stiegen die Ausgaben sogar auf 28 Milliarden, danach auf 52 Milliarden. Erst 1918/1919 gingen sie wieder leicht auf 44 Milliarden Mark zurück.[5] So verwundert es nicht, dass bis Kriegsende nur etwa 14 Prozent der gesamten Kriegskosten Deutschlands über Steuern finanziert wurden.[6]

Die Weichen, um das Geld auf anderem Wege zu beschaffen, stellte die Reichsregierung gleich in den ersten Kriegstagen. Am 4. August kam der Reichstag zusammen, um die entsprechenden Gesetze zu beschließen. »Was uns auch beschieden sein mag, der 4. August 1914 wird bis in alle Ewigkeit hinein einer der größten Tage Deutschlands sein«, kommentierte Reichskanzler Theobald von Bethmann Hollweg begeistert, als die Beschlüsse gefasst waren.[7]

Tatsächlich sollte dieser Tag bis in alle Ewigkeit in Erinnerung bleiben – allerdings in einem ganz anderen Sinne, als von Bethmann Hollweg dies vermutlich gedacht hatte. Es war der erste Tag auf der Rutschbahn Richtung Inflation. Denn die Beschlüsse des Reichstags stellten die Finanzverfassung des Reiches auf den Kopf.

Diese war einst mit der Gründung der Reichsbank 1876 auf ein stabiles und wohldurchdachtes Fundament gestellt worden. Seither war die Währung des Kaiserreiches durch Gold gedeckt – sie wurde daher auch als Goldmark bezeichnet. Die Bürger konnten ihre Banknoten jederzeit in eine entsprechende Menge des Edelmetalls umtauschen. Dazu war ein Drittel des gesamten in Umlauf befindlichen Bargeldes bei der Reichsbank in Form von Gold hinterlegt. Zu zwei Dritteln bestand die Deckung aus Handelswechseln der privaten Wirtschaft, also verbrieften Zahlungsansprüchen, die Kunden ihren Lieferanten ausgestellt hatten. Im Gegensatz zu Gold konnte deren Wert zwar schwanken, doch sie bezogen sich ebenfalls auf reale Güter, die produzierten Waren.

Das war eine außerordentlich kluge Konstruktion. Denn rein goldgedeckte Währungen haben einen entscheidenden Nachteil: Sie können Deflation verursachen. Wenn die Wirtschaft rasant wächst – wie es am Ende des 19. Jahrhunderts der Fall war –, dann steigt auch der Bargeld- und Kreditbedarf von Unternehmen und Privathaushalten schnell. Wenn die Banken dann jedoch kein zusätzliches Gold in ihre Tresore füllen können, dürfen sie auch kein zusätzliches Geld ausgeben. Sie können der wachsenden Wirtschaft nicht die notwendigen finanziellen Mittel bereitstellen. Dann gibt es zwar immer mehr Waren, die Geldmenge bleibt jedoch konstant. Die Folge: Der Preis der Waren sinkt, es kommt zu einer Deflation. Das wiederum führt dazu, dass sich Firmen und Privatpersonen beim Einkauf zurückhalten. Schließlich könnte die Ware ja in Kürze noch günstiger zu haben sein. Die Nachfrage geht zurück, als Folge davon bricht die Produktion ein, und die Wirtschaft gerät in einen Abwärtsstrudel. Genau das passierte im 19. Jahrhundert in verschiedenen Ländern immer wieder.

Abb. 1: Banknote zu 100 Mark

Quelle: privat

Indem die Bargeldmenge im Kaiserreich jedoch zu zwei Dritteln an Handelswechsel gebunden war, deren Volumen natürlich von der Konjunktur abhing, konnte die Bargeldmenge leichter mit dem Wirtschaftswachstum Schritt halten: Je mehr produziert wurde, umso mehr Handelswechsel gab es. Zwar musste entsprechend auch die Goldmenge, die die Reichsbank vorhielt, erhöht werden, aber eben deutlich weniger stark als bei einer reinen Goldbindung. Die Geldmenge konnte sich also elastischer mit der Wirtschaft entwickeln und wachsen.

Und tatsächlich hatte die Bargeldmenge im Kaiserreich über die Jahre langsam, aber stetig zugenommen, parallel zu den Goldreserven der Notenbank und den hinterlegten Handelswechseln. 1876 hatte der gesamte Bargeldumlauf noch etwas mehr als 3 Milliarden Mark betragen, für das Jahr 1913 wird die Summe auf rund 6,5 Milliarden Mark geschätzt.[8] Die Wirtschaftsleistung lag damals bei rund 56,6 Milliarden Mark.[9] Zum Vergleich: Ein ungelernter Arbeiter in der Textilindustrie verdiente im Schnitt gerade mal etwas mehr als 21,38 Mark pro Woche und ein Roggenbrot kostete 29 Pfennige.[10]

Vor diesem Hintergrund erscheinen die Summen, die nun nach Kriegsbeginn gebraucht wurden, umso gigantischer. Allein in den ersten sechs Tagen der Mobilmachung benötigte die Oberste Heeresleitung 750 Millionen Mark.[11] Und um diese Summe zu besorgen, beschloss der Reichstag am 4. August die sogenannten Währungsgesetze.[12] Diese basierten im Wesentlichen auf Plänen, die schon über zwei Jahrzehnte in den Schubladen lagen, für den Kriegsfall. Nun trat er ein, und die Pläne konnten umgehend umgesetzt werden. Schon zehn Tage später traten sie in Kraft.

Die Gesetze brachten drei wesentliche Neuerungen. Erstens wurde die Pflicht der Notenbank, Banknoten jederzeit in Gold umzutauschen, aufgehoben. Damit war die Bindung der Währung an Gold, also der Goldstandard, außer Kraft gesetzt. Der erste Sargnagel für die Mark. Zweitens durfte die Reichsbank neben den

Handelswechseln nun auch Schatzanweisungen und Schatzwechsel, also Schuldscheine des Staates, zur Deckung entgegennehmen und für diese die entsprechende Summe an Geld ausgeben. Der Staat konnte sich somit direkt bei der Reichsbank verschulden – das war nichts anderes als die Finanzierung des Reiches über die Notenpresse. Der zweite Sargnagel. Und drittens wurden sogenannte Darlehnskassen gegründet. Sie waren zwar formal von der Reichsbank getrennt, griffen aber auf deren Verwaltung und Logistik zu. Daher konnten über Nacht im ganzen Land über einhundert solcher Darlehnskassen ihre Arbeit aufnehmen, als Untermieter der Reichsbank.

Die Reichsbank sollte sich von nun an auf die Finanzierung des Staates konzentrieren. Die Finanzierung von Wirtschaft, Bundesstaaten und Kommunen sollten dagegen die Darlehnskassen übernehmen. Dazu gaben sie eigenes Geld heraus, sogenannte Darlehnskassenscheine, und schufen damit de facto einen zweiten Geldkreislauf. Denn diese Scheine waren zwar keine gesetzlichen Zahlungsmittel, alle öffentlichen Stellen nahmen sie aber zum Nennwert in Zahlung. Man konnte sie also wie normale Geldscheine benutzen, und damit waren sie den Reichsbanknoten gleichgestellt. Gedeckt waren sie zunächst durch Wirtschaftsgüter, später konnten Bürger bei den Darlehnskassen jedoch auch Kriegsanleihen hinterlegen und dafür einen Kredit in der entsprechenden Höhe erhalten. Dies war der dritte Sargnagel für die Mark.

Der Grund dafür erschließt sich bei einem genaueren Blick auf die Kriegsfinanzierung: Um das Geld zu beschaffen, legte das Reich Kriegsanleihen auf, insgesamt neun bis 1918. Diese sollten die Bürger zeichnen, sie sollten also ihr Erspartes geben und dafür einen verzinsten Schuldschein erhalten. Bis 1. Oktober 1924 sollten sie regelmäßig Zinsen einstreichen können und dann ihr eingezahltes Geld zurückerhalten. Anfangs war die Bevölkerung freudig dabei. 2,632 Milliarden Mark wollte das Reich beispielsweise im September 1914 einsammeln. Doch die Nachfrage nach den Anleihen war so groß, dass sogar 4,5 Milliarden Mark zusammenkamen, zwei Drittel mehr als angepeilt.

Die Bürger hielten die Anleihen für ein lukratives Investment, denn ihnen wurden 5 Prozent Zinsen versprochen. Zweifel an der Rückzahlung der Anleihen hatte niemand – schließlich herrschte die Überzeugung, dass Deutschland schon nach kurzer Zeit als Sieger aus dem Krieg hervorgehen würde, ganz wie aus dem Krieg gegen Frankreich von 1870/1871. Damals hatte Frankreich Reparationen in Höhe von 5 Milliarden Franc an Deutschland zahlen müssen, das entsprach rund 1.450 Tonnen Gold beziehungsweise dem Anderthalbfachen des gesamten Geldumlaufs im Deutschen Reich zu jener Zeit. Dieses Geld nutzte das Kaiserreich für Investitionen, beispielsweise in den Eisenbahnbau, aber auch zur Rückzahlung von Kriegsanleihen.

So sollte es auch diesmal sein, wie Karl Helfferich, ab 1915 Staatssekretär im Reichschatzamt, ganz offen aussprach. Er war maßgeblich für die Finanzierung des Krieges verantwortlich, und er sollte auch später, in der Weimarer Republik, noch eine doppelte Rolle spielen – eine unrühmliche und eine konstruktive. Noch 1915 erwartete er wie viele andere einen Sieg mit anschließender Tilgung der deutschen Kriegsschulden durch den Feind: »Wie die Dinge liegen, bleibt also vorläufig nur der Weg, die endgültige Regelung der Kriegskosten durch das Mittel des Kredits auf die Zukunft zu verschieben, auf den Friedensschluss und auf die Friedenszeit«, sagte er in einer Reichstagsrede im August 1915:

> »Und dabei möchte ich auch heute wieder betonen: Wenn Gott uns den Sieg verleiht und damit die Möglichkeit, den Frieden nach unseren Bedürfnissen und nach unseren Lebensnotwendigkeiten zu gestalten, dann wollen und dürfen wir neben allem anderen auch die Kostenfrage nicht vergessen; [lebhafte Zustimmung] das sind wir der Zukunft unseres Volkes schuldig. [›Sehr wahr!‹-Rufe]

> Die ganze künftige Lebenshaltung unseres Volkes muss, soweit es irgend möglich ist, von der ungeheuren Bürde befreit bleiben und entlastet werden, die der Krieg anwachsen lässt. [weitere ›Sehr wahr!‹-Rufe]
>
> Das Bleigewicht der Milliarden haben die Anstifter dieses Krieges verdient; [›Sehr richtig!‹-Rufe] sie mögen es durch die Jahrzehnte schleppen, nicht wir. [›Sehr gut!‹-Rufe]«[13]

Doch je länger der Krieg dauerte, desto stärker wuchsen im Volk die Zweifel, sowohl am Sieg als auch an der wirtschaftlichen Überlebensfähigkeit des Deutschen Reiches und der Sicherheit der Kriegsanleihen. Schon Anfang 1915 verbot daher die Regierung die Veröffentlichung der Kurse von Kriegsanleihen, die an den Börsen gehandelt wurden[14] – so sollte niemand sehen, dass deren Renditen allmählich stiegen, das Vertrauen also schwand. 1916 wurde sogar Unternehmen die Ausgabe von Anleihen verboten – Investoren sollten keine Anlagealternativen mehr haben, die Kriegsanleihen sollten so mehr oder weniger zur einzigen Anlagemöglichkeit werden.

Dennoch wollten immer weniger Bürger dem Reich noch ihr Geld leihen, je länger der Krieg dauerte. Die Begeisterung war verflogen, der Optimismus dahin, und viele hatten auch schlicht nichts mehr, das sie hätten geben können. Schon ab 1916 konnten daher die angepeilten Emissionsbeträge nicht mehr erreicht werden.

Doch jetzt geschah noch etwas, das dramatische Folgen haben sollte. Denn solange die Bürger einfach nur ihr Geld gegeben und dafür Schuldscheine erhalten hatten, war die umlaufende Geldmenge gleich geblieben. Das Geld hatte nur den Besitzer gewechselt. Nun aber hinterlegten immer mehr Deutsche ihre Kriegsanleihen bei den Darlehenskassen, um bei diesen dafür Kredite aufzunehmen, die in Darlehnskassenscheinen ausbezahlt wurden. Damit jedoch wurden aus einer Mark plötzlich zwei.

Die neun Kriegsanleihen des Deutschen Reiches

Kriegsanleihe	Angestrebte Summe in Millionen Mark	Investiertes Kapital der Anleger in Millionen Mark	Saldo
September 1914	2.632	4.460	+1.832
März 1915	7.209	9.060	+1.851
September 1915	9.691	12.101	+2.410
März 1916	10.388	10.712	+324
September 1916	12.766	10.652	-2.114
März 1917	14.855	13.122	-1.733
September 1917	27.204	12.626	-14.578
März 1918	38.971	15.001	-23.970
September 1918	49.414	10.443	-38.971

Ein Beispiel soll das verdeutlichen: Angenommen ein Bürger zeichnete Kriegsanleihen für 1.000 Mark, so gab er dem Staat diese Summe in Form von Reichsbanknoten und erhielt dafür einen Schuldschein. Die umlaufende Geldmenge war unverändert. Wenn er nun aber diesen Schuldschein bei einer Darlehenskasse hinterlegte und einen Kredit aufnahm, so erhielt er 1.000 Mark in Form von Darlehenskassenscheinen ausgezahlt. Diese konnte er wie Bargeld einsetzen, damit einkaufen und bezahlen, denn die Darlehenskassenscheine waren ja ein ganz normales, gleichberechtigtes Zahlungsmittel. Er hatte also sein einst eingezahltes Geld zunächst einmal zurück, auch wenn er den Kredit irgendwann bei der Darlehenskasse zurückzahlen musste.

Damit hatte sich nun schlagartig die Geldmenge verdoppelt. Denn der Staat besaß weiterhin die 1.000 Mark, die ihm der Bürger in Form von Reichsbanknoten gegeben hatte. Der Bürger hatte aber von einer anderen staatlichen Institution ebendiese 1.000 Mark wieder erhalten – formal zwar nicht als Banknoten, sondern als Darlehenskassenscheine. Da diese aber gleichberechtigt neben den Banknoten galten, war das egal. Auf diese Weise waren aus 1.000 Mark plötzlich 2.000 Mark geworden – die Geldmenge hatte sich wie von Zauberhand verdoppelt.

Abb. 2: Darlehenskassenschein zu 50 Mark

Quelle: privat

De facto wurde damit Geld gedruckt, ungedeckt, und zwar in beträchtlicher Höhe. Schon Ende 1916 waren 32 Prozent aller Kredite, die die Darlehenskassen ausgegeben hatten, durch Kriegsanleihen gedeckt. 1,1 Milliarden Mark an Krediten hatten sie bis dahin schon auf diese Weise ausgegeben, damit also 1,1 Milliarden Mark an zusätzlichem Geld in Umlauf gebracht. Das war eine bedeutende Summe, vor dem Krieg hatte die gesamte Geldmenge, wie gesagt, gerade mal 6,5 Milliarden Mark betragen.

Der Umweg über die Darlehenskassen verschleierte diesen Vorgang allerdings, sodass die wenigsten durchschauten, was hier passierte. Noch viel weniger ahnten sie, dass darin die Saat für die Inflation und die Zerstörung der Währung steckte.

Diese Zerstörung strebte natürlich niemand an. Vielmehr gingen die Verantwortlichen davon aus, dass es sich bei all dem um Maßnahmen für eine kurze Übergangsphase handelte, um einen Überbrückungskredit bis zum Sieg. In Kriegszeiten, so hatte es schließlich schon in der Begründung zur Änderung des Bankgesetzes vom 4. August 1914 geheißen, sei »eine außerordentliche Steigerung des ungedeckten Notenumlaufs eine wirtschaftliche Notwendigkeit«.[15] Doch gerade am Finanzmarkt ahnten viele, dass das alles böse enden würde. So schrieb der Bankier Max M. Warburg 1916 über sein Bankhaus: »Sollte Deutschland den Krieg verlieren, dann wird uns nichts anderes übrig bleiben, als eine Annonce folgenden Wortlauts in die Zeitung zu setzen: Auf dem Felde der Ehre stellten ihre Zahlungen ein M. M. Warburg & Co.«[16]

Immer weniger Menschen zeichneten die Kriegsanleihen, immer häufiger tauschten sie diese in Darlehenskassenscheine um, immer stärker wuchs die Geldmenge. Langsam und schleichend führte dies zur Geldentwertung. Doch auch das bekamen die meisten zunächst nicht mit. Denn der Lebensmittelmarkt blieb lange stabil – dafür sorgte ein Gesetz, das gleichzeitig mit den Währungsgesetzen im August 1914 verabschiedet worden war.[17] Offenbar war bereits damals den Verantwortlichen klar, welche Auswirkungen die Veränderung des Währungsgefüges haben würde. Denn sie führten Preishöchstgrenzen für viele Produkte ein, und eigens eingerichtete Preisprüfungsstellen waren für die Überwachung zuständig. Wer diese Preisgrenzen missachtete, konnte mit harten Strafen belegt werden. Je länger der Krieg dauerte, desto mehr Produkte wurden von den Preishöchstgrenzen erfasst.

Abb.3: Kurs des Dollars in Mark während des Ersten Weltkriegs von 1914 bis 1918

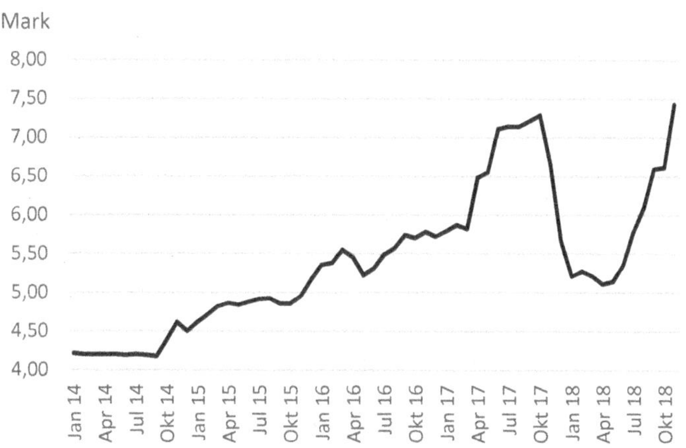

Quelle: Statistisches Reichsamt

So war der Verfall der Mark tatsächlich nur an einem Markt direkt abzulesen: dem Devisenmarkt, dem Markt für den Handel mit ausländischen Währungen. Seit 1871, über 40 Jahre lang, hatte ein Dollar* unverändert 4,20 Mark gekostet. Doch 1915 war der Kurs im Jahresmittel bereits auf 4,88 Mark angestiegen. 1916 lag er bei 5,63 Mark, 1917 bei 6,63 Mark, bis Ende 1918 stieg der Wechselkurs schließlich auf rund 7,50 Mark. Innerhalb von vier Jahren hatte die Mark also fast die Hälfte ihres Wertes verloren.

Doch das war noch nichts im Vergleich zu dem, was folgte.

* Die Währungsbezeichnung »Dollar« bezieht sich hier und im Folgenden immer auf US-Dollar.

KAPITEL 2

Der belastete Neubeginn 1918

»Das deutsche Volk hat auf der ganzen Linie gesiegt. Das alte Morsche ist zusammengebrochen; der Militarismus ist erledigt! Die Hohenzollern haben abgedankt! Es lebe die deutsche Republik!«[18] Es waren große Worte, die der Sozialdemokrat Philipp Scheidemann am 9. November 1918 vom Balkon des Reichstags in die Menge rief. Er besiegelte damit nicht nur das Ende des Kaiserreiches und rief den Beginn einer neuen Epoche aus. Er wollte auch Aufbruchsstimmung verbreiten, Vorfreude auf das Neue. Dafür gab es allerdings wenig Anlass. 17 Millionen Menschen waren bis zum Waffenstillstand am 11. November 1918 weltweit Opfer des Krieges geworden, in den Schützengräben war eine ganze Generation junger Männer verheizt worden, die Reste des deutschen Heeres waren erschöpft und ausgelaugt. Verantwortlich dafür waren der Kaiser und seine Militärs. Doch diesen gelang es geschickt, sich aus der Verantwortung zu stehlen.

Zunächst war Anfang Oktober Max von Baden neuer Reichskanzler geworden. Er reformierte die Verfassung, die das Amt des Reichskanzlers nurmehr vom Votum des Reichstags abhängig machte, also de facto eine parlamentarische Monarchie einführte und somit die Verantwortung für die Politik voll dem Parlament übertrug. Als sich die Ereignisse überschlugen, verkündete Max von

Baden eigenmächtig die Abdankung des Kaisers und trug Friedrich Ebert, dem Führer der Sozialdemokraten im Reichstag, an, das Amt des Reichskanzlers zu übernehmen. Dieser sah es als seine Verantwortung, das Land jetzt, in dieser schweren Zeit, nicht führungslos zu lassen. Gleichzeitig war das natürlich die Chance für die Sozialdemokraten, endlich ans Ruder zu kommen und das Land in ihrem Sinne zu gestalten. Ebert nahm das Amt daher an, der Kaiser floh ins Exil in die Niederlande und Eberts Kollege Scheidemann vollendete die Revolution, indem er die Republik ausrief und damit eine neue Ära einläutete.

Doch diese neue Ära der deutschen Geschichte stand von Anfang an unter keinem guten Stern. Die erste Handlung der republikanischen Regierung bestand ausgerechnet darin, einen demütigenden Waffenstillstand zu unterzeichnen. Zwar hatte sie gar keine andere Wahl, dennoch führten die rechten Kräfte dies später stets gegen die Demokraten ins Feld. Aber auch von ganz links kam sofort Gegenwind. Denn kurz nach Scheidemann hatte am 9. November auch der Führer des kommunistischen Spartakusbundes, Karl Liebknecht, die Republik ausgerufen, allerdings eine »freie sozialistische Republik«. In ihr sollten Arbeiterräte das Sagen haben, nach dem Vorbild der russischen Revolution von 1917. Die verschiedenen Lager lieferten sich über Wochen brutale Auseinandersetzungen. Der linke sogenannte Spartakus-Aufstand wurde im Januar 1919 blutig niedergeschlagen, Liebknecht und seine Mitstreiterin Rosa Luxemburg wurden ermordet. Als dann im Februar die Verfassungsgebende Deutsche Nationalversammlung zusammentrat, musste sie das in Weimar tun, da Berlin weiterhin durch Unruhen und Kämpfe erschüttert wurde – daher auch die Bezeichnung »Weimarer Republik« für den Staat, der nun entstand.

Die Nationalversammlung wählte den Sozialdemokraten Friedrich Ebert zum ersten Reichspräsidenten und seinen Parteigenossen Philipp Scheidemann zum Reichsministerpräsidenten. Erst allmählich beruhigte sich die politische Lage.

EXKURS: Die Verfassung der Weimarer Republik

Am 19. Januar 1919, schon zehn Wochen nach dem Waffenstillstand, fanden die Wahlen zur Verfassungsgebenden Nationalversammlung statt. Diese trat am 6. Februar im Weimarer Nationaltheater erstmals zusammen. Am 31. Juli 1919 beschloss sie die neue Verfassung, am 14. August wurde sie verkündet. Dies war die erste demokratische Verfassung Deutschlands, die tatsächlich in Kraft trat. Sie führte ein gemischt präsidiales und parlamentarisches Regierungssystem auf Basis eines Bundesstaates ein. Sie enthielt auch unveräußerliche Grundrechte.

Die gesetzgeberische Gewalt hatte der Reichstag, der alle vier Jahre gewählt wurde. Dieser hatte das Haushaltsrecht und konnte Reichskanzler und Minister jederzeit durch ein Misstrauensvotum absetzen. In der heutigen Bundesrepublik ist die Abwahl des Kanzlers nur durch die Wahl eines neuen Regierungschefs möglich, in der Weimarer Republik konnte dies auch geschehen, ohne dass man sich zuvor auf eine Alternative verständigt hatte – einer der problematischen Aspekte der Verfassung.

Der Reichsrat beteiligte die Länder an der Gesetzgebung, ähnlich dem Bundesrat heute. Der Staatsgerichtshof, der 1922 eingerichtet wurde, war für Verfassungsbeschwerden zuständig, vergleichbar mit dem heutigen Bundesverfassungsgericht, jedoch mit weniger Kompetenzen.

Ein anderer problematischer Aspekt der Weimarer Verfassung war die herausgehobene Stellung des Reichspräsidenten. Er wurde auf sieben Jahre direkt vom Volk gewählt, er ernannte den Reichskanzler und konnte diesen jederzeit absetzen. Außerdem konnte er im Einvernehmen mit dem Reichskanzler Notverordnungen ohne Zustimmung des Reichstags erlassen und durch diese sogar Grundrechte zeitweilig außer Kraft setzen. Zudem konnte der Reichspräsident den Reichstag jederzeit auflösen, und er hatte den Oberbefehl über die Reichswehr.

Die große Macht des Reichspräsidenten war ein Überbleibsel der Staatsidee des Kaiserreiches. Nicht umsonst wurde der Präsident daher oft als Ersatz-Kaiser gesehen. Die Bundesrepublik verabschiedete sich von dieser Idee und beschnitt die Rechte des Bundespräsidenten im Vergleich zum Reichspräsidenten der Weimarer Republik ganz erheblich. Der Bundeskanzler wird heute vom Bundestag gewählt. Den Oberbefehl über die Bundeswehr hat im Friedensfall der Verteidigungsminister und nur im Verteidigungsfall der Bundeskanzler.

Doch die neue Regierung und der neue Staat starteten 1918/1919 nicht nur äußerst unruhig, sie begannen auch mit einer gigantischen finanziellen Last. Die Kosten des Krieges hatten sich auf rund 164 Milliarden Mark aufgetürmt. Davon waren nur etwa 10 Milliarden Mark durch Steuererhöhungen und Kriegsabgaben finanziert worden. 97 Milliarden Mark waren durch Kriegsanleihen, 57 Milliarden Mark über Schatzwechsel, Schatzanweisungen und ähnliche Schuldverschreibungen besorgt worden. Die Schulden des Reiches waren daher zwischen 1914 und 1918 von 5 auf 156 Milliarden Mark explodiert,[*19] und das, während die Wirtschaftsleistung gleichzeitig um fast ein Drittel geschrumpft war.[20] Die Verschuldung des Staates lag schätzungsweise bei circa 200 Prozent des Bruttoinlandsprodukts (BIP).[21]

* Betrachtet werden die jeweiligen Rechnungsjahre, die jeweils von April bis März reichen.

Parallel dazu hatte sich die umlaufende Geldmenge von 6,5 Milliarden Mark unmittelbar vor Kriegsbeginn auf über 33 Milliarden Mark erhöht[22] – und das hatte nun Folgen. Denn ab dem Frühjahr 1919 wurden die Preise, die zuvor durch die Preishöchstgrenzen in Schach gehalten worden waren, allmählich freigegeben.[23] Eine Teuerungswelle, die sich in den Kriegsjahren aufgestaut hatte, rollte über Deutschland hinweg. Für ein Roggengraubrot, das im Januar 1919 fast überall im Reich noch rund 50 Pfennige gekostet hatte, mussten im Oktober in Berlin 58, in Frankfurt 60 und in Weimar sogar 80 Pfennige bezahlt werden. Das war ein Aufschlag von 16 bis 60 Prozent innerhalb von zehn Monaten. Der Preis für ein Kilo Kartoffeln stieg im selben Zeitraum in Berlin von 20 auf 30, in Frankfurt von 22 auf 30 und in Weimar von 16 auf 25 Pfennige.

Die unterschiedlichen Preisniveaus hingen mit der jeweiligen Lebensmittelversorgung vor Ort zusammen, die aufgrund der Wirren in den ersten Monaten der Weimarer Republik höchst unterschiedlich war. Doch überall kletterten die Preise rasant. Und immer häufiger begehrten die Menschen dagegen auf. So beispielsweise auch am Morgen des 8. September 1919, einem Montag, in Breslau. Am Wochenende hatte es auf dem Markt der Stadt bereits Auseinandersetzungen gegeben. Kunden hatten Händler bedroht, sie zu Preissenkungen gezwungen. Ein Bauer, der sich weigerte und demonstrativ Eier zerschlug, wurde sogar verprügelt. Nun waren die hohen Lebensmittelpreise wieder das Gesprächsthema in diversen Grüppchen, die sich ab 8 Uhr morgens im Zentrum der Stadt bildeten, aber auch die Kosten von Zigarren und Schuhen wurden eifrig debattiert. Gegen 10 Uhr stürmten die Menschen dann plötzlich das Schuhgeschäft von Dohndorf am Blücherplatz, andere rannten in ein benachbartes Zigarrengeschäft. Beide Läden wurden ausgeplündert. Die Nachricht davon verbreitete sich wie ein Lauffeuer, und die anderen Geschäfte der Stadt schlossen vorsorglich. Kurze Zeit später marschierte die

Polizei auf, postierte Einsatzkräfte mit Maschinengewehren, und allmählich gelang es ihr, die Ordnung wieder herzustellen.[24] Ähnliche Vorkommnisse gab es auch in anderen Städten. Überall war das die Folge der drastischen Preissteigerungen in den Monaten zuvor. Der auf Pump finanzierte Krieg und die aufgeblähte Geldmenge forderten ihren Tribut.

Die hohe Schuldenlast und die steigenden Preise waren ein großes Problem für die junge Republik, doch das wäre zu lösen gewesen. Die Verschuldung wäre bei gutem wirtschaftlichen Wachstum im Laufe der Jahre abzutragen gewesen, erst recht bei einer starken Inflation – dadurch reduzieren sich die Staatsschulden praktisch von selbst. Und wäre Deutschland nun zu einem ausgeglichenen Haushalt zurückgekehrt, hätte auch die Inflation in absehbarer Zeit wieder nachgelassen. Doch das war eben nicht das einzige Problem, vor dem das Land nun stand. Noch weit schwerer wogen die Entschädigungen, die die Sieger des Krieges von Deutschland verlangten.

KAPITEL 3

Der Versailler Vertrag
Juni 1919

Es hatte etwas von einer Hinrichtung. Nur, dass der Verurteilte sie überlebte. Am 28. Juni 1919 um 15 Uhr nachmittags hatten sich die Vertreter der alliierten und assoziierten Staaten des Ersten Weltkriegs im Spiegelsaal von Versailles versammelt, saßen bereits auf ihren Plätzen. Monatelang hatten sie zuvor, fast bis zum Schluss ohne deutsche Beteiligung, die Einzelheiten des Friedensvertrags mit dem Deutschen Reich ausgehandelt. Nun lag er fertig da, nur die Unterschriften fehlten noch. Dann öffnete sich die Tür, die Vertreter Deutschlands wurden von sechs rangniederen Offizieren hereingeführt und an die für sie bestimmten Plätze geleitet. Sie mussten das akzeptieren, was ihnen präsentiert wurde, hatten zuvor nur durch Eingaben einige wenige kleine Verbesserungen erreichen können. Der Vorsitzende der Pariser Friedenskonferenz, der französische Ministerpräsident George Clemenceau, erhob sich und forderte die Deutschen auf, nun, nachdem sie alle Bedingungen akzeptiert hatten, dies durch ihre Unterschrift zu bekunden.

Um genau 15 Uhr und 12 Minuten unterschrieben Reichsaußenminister Hermann Müller und Verkehrsminister Johannes Bell, auf sie folgten die Vertreter der anderen Staaten. Kurz vor 16 Uhr war der Akt vollendet. Clemenceau erklärte den Frieden für beschlossen, doch er bat die Vertreter der Alliierten, auf ihren Sitzen zu verbleiben.

Denn zunächst wurden die Deutschen wieder aus dem Saal geleitet und von Militärs zu ihrem Hotel gebracht.[25]

Die Inszenierung sollte die Deutschen bewusst demütigen. Clemenceau wollte Rache für 1871, das zeigte auch die Wahl des Ortes: Im Spiegelsaal von Versailles war 1871 nach dem Sieg über Frankreich das Deutsche Kaiserreich begründet worden. Entsprechend war die Aufnahme des Vertrags in Deutschland. Als »Versailler Diktat« wurde er von praktisch allen gesellschaftlichen Gruppen und Schichten gesehen. Der Unterschied zwischen den politischen Lagern bestand nur darin, dass die einen sich in das Unabänderliche zu fügen bereit waren, während die anderen gegen den Vertrag polemisierten, ohne eine echte Alternative aufzuzeigen.

Denn die Alliierten hatten mit einer Wiederaufnahme des Krieges gedroht, sollte Deutschland sich nicht beugen. Und selbst Paul von Hindenburg, formal immer noch Chef der Obersten Heeresleitung, hatte der Regierung signalisiert, dass die deutsche Armee in einem neuen Krieg den Alliierten kaum etwas entgegenzusetzen hätte. So schrieb Hindenburg in einem Telegramm an den Reichspräsidenten:

> »Wir sind bei Wiederaufnahme der Feindseligkeiten militärisch in der Lage, im Osten die Provinz Posen zurückzuerobern und unsere Grenzen zu halten. Im Westen können wir bei ernstlichem Angriff unserer Gegner angesichts der numerischen Überlegenheit der Entente und deren Möglichkeit, uns auf beiden Flügeln zu umfassen, kaum auf Erfolg rechnen. Ein günstiger Ausgang der Gesamtoperationen ist daher sehr fraglich, aber ich muss als Soldat den ehrenvollen Untergang einem schmählichen Frieden vorziehen.«[26]

Ohne es gesagt zu haben, hatte Hindenburg damit indirekt zur Annahme des Ultimatums geraten, auch wenn er mit seinem letzten Satz das Gegenteil behauptete. Denn ein Soldat kann seinen Untergang vielleicht als Option in Betracht ziehen, eine verantwortungsvolle

Regierung den Untergang eines ganzen Volkes wohl kaum. Aber auch im Ausland, insbesondere in Großbritannien, galt der Vertrag vielen als zu hart gegenüber Deutschland. Der bekannte Ökonom John Maynard Keynes, der als Vertreter des britischen Schatzamtes an den Verhandlungen teilgenommen hatte, trat sogar noch vor deren Ende aus Protest von seinem Amt zurück.

Konkret sah der Vertrag vor, dass Deutschlands Heer auf 100.000 Mann, die Marine auf 15.000 Mann beschränkt wurde, der Besitz schwerer Waffen und von Luftstreitkräften wurde verboten. Zudem musste Deutschland weite Gebiete abtreten: Elsass-Lothringen ging an Frankreich, fast ganz Westpreußen und die Provinz Posen fielen an das wiedererstandene Polen. Nordschleswig wurde Dänemark zugeschlagen, Eupen-Malmedy Belgien. Das Saargebiet wurde für 15 Jahre unter die Verwaltung des Völkerbundes gestellt und zollrechtlich Frankreich unterstellt. Danzig wurde vom Reich abgetrennt und zum Freistaat erklärt, das Memelgebiet kam zunächst ebenfalls unter Völkerbundverwaltung, fiel 1923 dann an Litauen. Rund 13 Prozent seiner Fläche und 10 Prozent seiner Bevölkerung verlor Deutschland dadurch, also rund 70.000 Quadratkilometer Land und 6,5 Millionen Einwohner.[27] Hinzu kam der Verlust sämtlicher Kolonien.

Besonders schmerzlich war, dass die verlorenen Territorien eine entscheidende Rolle für die Schwerindustrie gespielt hatten, die wichtigste Branche der frühen Industrialisierung. 75 Prozent des deutschen Eisenerzvorkommens waren verloren, 68 Prozent des Zink- und 26 Prozent des Steinkohlevorkommens.[28] Zusätzlich mussten auch noch neun Zehntel der Handelsflotte abgegeben werden.

Schließlich hatten die Alliierten schon unmittelbar nach dem Waffenstillstand die linksrheinischen deutschen Gebiete besetzt, drei rechtsrheinische Brückenköpfe mit 30 Kilometer Radius um Köln, Koblenz und Mainz sowie einen kleineren Brückenkopf um Kehl. In diesen Gebieten lebten rund 6,3 Millionen Menschen,[29] mehr als 10 Prozent der Einwohner des Deutschen Reiches in seinen Grenzen nach dem Versailler Vertrag.

Diesem zufolge sollte diese Besatzung bis 1935 dauern, die Verwaltung dieser alliierten Besatzungszonen, die Interalliierte Rheinlandkommission, saß ab 1920 in Koblenz. Die Alliierten hatten jedoch jeweils eigene Besatzungszonen, und vor allem die französischen Besatzer übten ihre Macht ziemlich brutal aus, stellten beispielsweise die Chemiewerke Höchst bei Frankfurt unter Zwangsverwaltung. Teile der Produktion mussten als Reparationen abgeliefert werden.[30] Andere Firmen konnten Teile der Produktion oder zumindest wichtige Unterlagen noch rechtzeitig in die unbesetzten Gebiete verlagern. Dennoch lastete auch diese Besatzung auf der Wirtschaftskraft des Landes.

Aber immerhin: Noch gab es mit dem Ruhrgebiet ein wichtiges schwerindustrielles Zentrum, außerdem ging die wirtschaftliche Entwicklung zu Beginn der 1920er-Jahre in eine neue Phase über. Technologische Neuerungen spielten eine zunehmend wichtigere Rolle, und diese waren nicht an Kohle und Eisenerz gebunden.

Weit schwerer als die territorialen Bestimmungen wog daher letzten Endes Artikel 231 des Versailler Vertrags. Dieser lautete:

> »Die alliierten und assoziierten Regierungen erklären, und Deutschland erkennt an, daß Deutschland und seine Verbündeten als Urheber für alle Verluste und Schäden verantwortlich sind, die die alliierten und assoziierten Regierungen und ihre Staatsangehörigen infolge des Krieges, der ihnen durch den Angriff Deutschlands und seiner Verbündeten aufgezwungen wurde, erlitten haben.«[31]

Damit musste Deutschland die Alleinschuld an dem Krieg anerkennen. Heute sind sich Historiker weitgehend einig, dass die Dinge komplexer waren, dass das Kaiserreich sicher eine wesentliche, aber eben nicht die alleinige Schuld an dem Krieg trifft. Und wahrscheinlich war das auch damals schon den Staatenlenkern, die den Vertrag aufgesetzt hatten, klar. Doch der Satz hatte nicht nur eine moralische Bedeutung, sondern auch eine juristische: Damit konnten Reparationsforderungen an Deutschland begründet werden. Diese sollten in den kommenden Monaten das alles beherrschende Thema der deutschen Politik – und zu einem der Haupttreiber der Inflation – werden.

Reparationsforderungen an sich waren nichts Ungewöhnliches – auch Deutschland hatte 1871 nach seinem Sieg Frankreich Zahlungen auferlegt, und auch in Deutschland hatte man ja während des Krieges lange Zeit darauf gesetzt, die eigenen Kriegskosten eines Tages durch Reparationen auf den Feind abwälzen zu können. Doch was auf den Versailler Vertrag folgte, erreichte ganz neue Dimensionen. Der Vertrag selbst hatte noch gar nicht festgelegt, wie hoch die Reparationen insgesamt ausfallen sollten. Nur eine Abschlagzahlung war vorgesehen: 20 Milliarden Goldmark für die Jahre 1919, 1920 und die ersten vier Monate von 1921, zu zahlen in Form von Devisen und Sachleistungen.

Mit »Goldmark« war der Wert der Mark im Jahr 1913 gemeint. Denn zu diesem Zeitpunkt war sie noch an Gold gebunden, eine Mark hatte damals genau 0,358423 Gramm Gold entsprochen. Die Rechengröße Goldmark wurde daher in den folgenden Jahren stets genutzt, um einen klaren Vergleichswert zu haben. Im Gegensatz dazu steht der Begriff »Papiermark«, der sich in jenen Jahren für die Mark ohne Goldbindung einbürgerte – sie war schließlich nur noch das Papier wert, auf dem sie gedruckt war.

Die 20 Milliarden Goldmark entsprachen folglich 7.168 Tonnen Gold – schon das war das Fünffache dessen, was Frankreich 1871 nach dem deutsch-französischen Krieg an Deutschland gezahlt hatte. Und das war nun nur eine Abschlagszahlung. Die endgültige Summe sollte auf jeden Fall weit höher ausfallen und am 1. Mai 1921 durch eine sogenannte Wiedergutmachungskommission der Alliierten festgelegt werden.

Bis dahin war nicht mehr viel Zeit. Es galt daher, das Land auf das vorzubereiten, was da noch kommen sollte. Und einer machte sich daran: Matthias Erzberger.

KAPITEL 4

Die Erzberger'sche Steuerreform 1919/1920

Buttenhausen ist ein kleines verschlafenes Dörfchen auf der Schwäbischen Alb, das heute zur Stadt Münsingen gehört. 1875 kam dort Matthias Erzberger als Sohn eines Schneiders zur Welt. Er hatte keinen leichten Start, doch er war ein kluger Kopf, wurde zunächst Lehrer, dann Redakteur bei einer katholischen Zeitung. Schließlich ging er in die Politik, saß ab 1903 für die katholische Zentrumspartei im Reichstag.

Erzberger war sicher eines der größten politischen Talente seiner Partei. Er war zwar ein Konservativer, aber er nahm sich auch der Nöte der Arbeiter an. Ebenfalls machte er von sich reden, als er die Kolonialverbrechen des Kaiserreiches anprangerte und die unmenschlichen Bedingungen in den deutschen Kolonien kritisierte.

Während des Krieges war er nach anfänglicher Kriegsbegeisterung etwa ab Mitte 1916 für einen Verständigungsfrieden eingetreten. Kurz vor Kriegsende, im Oktober 1918, wurde er in die Regierung berufen, und auf ausdrücklichen Wunsch von Paul von Hindenburg, der die Oberste Heeresleitung führte, unterzeichnete er am 11. November 1918 den Waffenstillstand von Compiègne. Das machte ihn fortan zum Zielobjekt völkischer und nationalistischer Gruppierungen, die ihn als Volksverräter brandmarkten, wegen dieser Unterschrift – obwohl er im Auftrag der Obersten Heeresleistung gehandelt hatte. Dennoch sollte Erzberger das knapp drei Jahre später das Leben kosten.

Doch nun, am 21. Juni 1919, war Erzberger zum Finanzminister ernannt worden. Als er seinen Dienst antrat, tat er das in dem Bewusstsein, dass der Frieden für Deutschland teuer werden würde. Da waren zum einen die 1,5 Millionen Kriegsbeschädigten und die etwa 1,7 Millionen Kriegshinterbliebenen – zusammen rund 5 Prozent der Bevölkerung –, die dauerhaft vom Staat versorgt werden mussten.[32] Finanziell gewichtiger waren jedoch die drohenden Reparationszahlungen. Eine Woche nach seiner Ernennung zum Finanzminister wurde der Versailler Vertrag unterzeichnet, und damit war klar, dass Deutschland schon bald gehörige Summen abverlangt würden.

Erzberger machte sich daher sofort an die Arbeit. Innerhalb weniger Monate setzte er die umfangreichste Reform der deutschen Steuer- und Finanzgeschichte um. Es begann damit, dass er zunächst einmal reinen Tisch machte. Er sprach aus, was bis dahin viele nicht wahrhaben wollten: »Der Krieg ist der Verwüster der Finanzen«, stellte er in seiner ersten Rede als Reichsfinanzminister vor der Weimarer Nationalversammlung am 8. Juli 1919 fest.

Das war der Auftakt für nicht weniger als 16 grundlegende Finanz- und Steuergesetze, die er in den folgenden zwölf Monaten durchs Parlament brachte. Er krempelte die deutsche Finanzverwaltung komplett um, machte sie schlagkräftig und modern und stellte die staatlichen Finanzen auf ein solides Fundament.[33] Dazu gehörte die Zusammenfassung der Steuerverwaltungen der 25 Bundesstaaten in einer einheitlichen Reichsfinanzverwaltung. Den Ländern wurde ihre Steuerhoheit genommen, jene Matrikularbeiträge, über die sich das Reich bis dahin finanziert hatte, wurden abgeschafft. Stattdessen führte Erzberger neue, reichseinheitliche Steuern ein, die es bis heute gibt: Einkommensteuer, Körperschaftsteuer, Umsatzsteuer, Grunderwerbssteuer. Auch der direkte Abzug der Steuern vom Lohn, wie er bis heute praktiziert wird, wurde mit seinen

Reformen eingeführt, und erstmals wurden nun Steuerbeamte in die Unternehmen zur Außenprüfung der Bücher geschickt.

Erzberger erhöhte die Erbschaftssteuer, ebenso Verbrauchssteuern und die Einkommensteuer. Bei dieser stieg der Spitzensatz bis auf 60 Prozent, der von den höchsten Einkommen zu bezahlen war – nach 4 Prozent, die zuvor in Preußen gegolten hatten.

Am umstrittensten war jedoch das sogenannte Reichsnotopfer, das am 31. Dezember 1919 vom Reichstag beschlossen wurde. Alle Bürger mit einem Vermögen von mehr als 5.000 Mark sollten einen Teil davon an den Staat abführen. Berücksichtigt wurden Immobilien, Maschinen, Wertpapiere, Bargeld und Bankguthaben. Der Steuersatz begann bei 10 Prozent und stieg dann progressiv an – je mehr jemand besaß, umso größer war der Anteil, den er abführen musste. Für Vermögen über 2 Millionen Mark waren es unglaubliche 65 Prozent. Allerdings wurden die Zahlungen über viele Jahre gestreckt, und im Nachhinein war es für die Betroffenen eine glück-

Abb. 4: Preisentwicklung für Roggenbrot in Berlin von Juli 1914 bis Mai 1921, in Mark pro Kilo

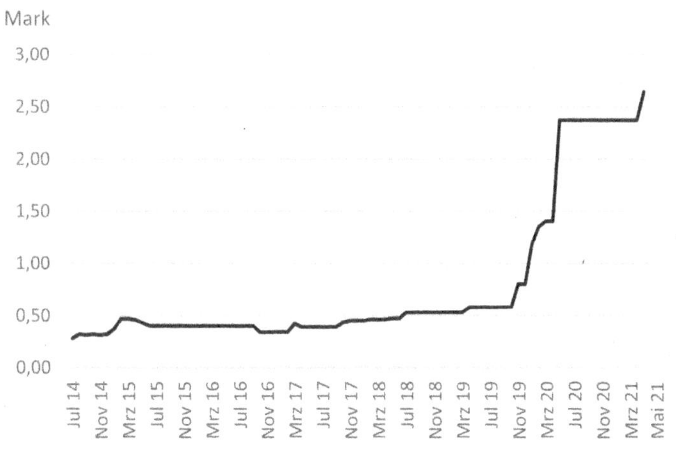

Quelle: Statistisches Reichsamt

liche Fügung, dass das Gesetz aufgrund der Inflation letztlich ins Leere lief – am Ende entsprachen die zu zahlenden Beträge nur noch den sprichwörtlichen Peanuts.

Doch selbst ohne das Notopfer hatte Erzberger viel erreicht. Er hatte den Staat auf ein gesundes finanzielles Fundament gestellt. Das Steueraufkommen verdoppelte sich bis 1925 nahezu. Und gleichzeitig schien sich die Lage an der Preisfront in den ersten Monaten nach seinen Reformen zu stabilisieren.

So hatte sich im Winter 1919/1920 der Preis für ein Kilo Roggenbrot zwar weiter drastisch erhöht, war von 58 Pfennigen im Oktober 1919 bis auf 2,37 Mark im Mai 1920 gestiegen. Doch auf diesem Niveau blieb er dann mehr als ein Jahr. Auch der Außenwert der Mark war zwar von Juni 1919 bis März 1920 weiter abgestürzt, von 14 Mark auf über 100 Mark je Dollar. Doch danach erholte sich der Kurs wieder deutlich, pendelte sich bei 40 bis 60 Dollar ein.

Die Zeichen standen auf Entspannung. Und es folgte das Jahr 1921, in dem alles gut zu werden schien.

Daten und Ereignisse 1914 bis 1921

28. Juli 1914: Mit der Kriegserklärung Österreich-Ungarns an Serbien beginnt der Erste Weltkrieg.

1. August 1914: Deutschland erklärt Russland den Krieg.

3. August 1914: Deutschland erklärt Frankreich den Krieg.

4. August 1914: Der Reichstag beschließt die Währungsgesetze.

September 1914: Das Deutsche Reich begibt die erste Kriegsanleihe.

9. November 1918: Philipp Scheidemann ruft die Republik aus.

11. November 1918: Matthias Erzberger unterzeichnet als Vertreter der Reichsregierung den Waffenstillstand von Compiègne; Kaiser Wilhelm II. geht ins Exil in die Niederlande.

November 1918: Das Stinnes-Legien-Abkommen zur Regelung der Beziehungen zwischen Arbeitgebern und Gewerkschaften wird geschlossen.

19. Januar 1919: Deutschland wählt die Verfassungsgebende Nationalversammlung.

21. Juni: Matthias Erzberger wird zum Finanzminister ernannt.

28. Juni 1919: Mit der Unterzeichnung des Versailler Vertrags endet formal der Erste Weltkrieg.

31. Juli 1919: Die Verfassungsgebende Nationalversammlung beschließt die neue Verfassung.

31. Dezember 1919: Der Reichstag beschließt das Reichsnotopfer.

5. Februar 1920: Der Dollarkurs überschreitet erstmals die Marke von 100 Mark.

12. März 1920: Finanzminister Matthias Erzberger tritt zurück.

21./22. Juni 1920: Die Alliierten diskutieren in Boulogne-sur-Mer über die Höhe der deutschen Reparationen.

25. Juni 1920: Die Regierung Fehrenbach aus Zentrum, DDP und DVP tritt ihr Amt an.

KAPITEL 5

Der kurze Aufschwung 1920/1921

»Der Schatten schwatzt«, überschrieb Victor Auburtin in der *Berliner Tageszeitung* seinen Bericht über einen Kinobesuch, der ihn offenbar zutiefst beeindruckte:

> »Auf der Leinwand erscheint ein schönes Weib, groß, in Brustformat, und fängt an, mit den Lippen Übungen zu vollführen. Gleichzeitig ertönt aus dem Nebenzimmer die Stimme von jemandem, der durch die Nase spricht und einen Kloß im Hals hat. Nach einer Weile beginnt das Publikum zu merken, dass die Dame mit der Gymnastik und die Stimme mit dem Kloß ein und dieselbe Person ist. Die Dame selber spricht; und nun achten wir scharf darauf, ob die Bewegungen und die Stimme genau zueinander passen. Sie passen genau zueinander.«[34]

Auburtin erlebte eine der ersten Tonfilmpräsentationen. Ermöglicht hatten dies deutsche Techniker und Ingenieure, die ein Verfahren entwickelt hatten, um das gesprochene Wort synchron zum Bild zu präsentieren – heute eine Selbstverständlichkeit, damals eine Revolution, erstmals aufgeführt 1922.

Die ersten Monate nach dem Krieg waren in Deutschland von Unruhen und gewaltsamen Auseinandersetzungen geprägt gewesen, von rapide steigenden Preisen und Armut. Doch bald schon legte sich dies, und im Laufe des Jahres 1919 begann eine Trendwende. Es folgte eine Zeit des technologischen Fortschritts und des wirtschaftlichen Aufschwungs. Im Jahr 1920 wuchs die Wirtschaft um 12 bis 16 Prozent, wie Wirtschaftshistoriker schätzen. Genaue Zahlen gibt es aus jener Zeit leider nicht, sie wurden vom Statistischen Reichsamt nicht ermittelt. Auch 1921 und 1922 legte die Wirtschaftsleistung noch einmal um 6 bis 8 beziehungsweise um 6 bis 7 Prozent zu.[35]

Das hatte natürlich damit zu tun, dass die Wirtschaft in den Jahren bis 1919 dramatisch eingebrochen war. Die Produktion der Industrie war bei Kriegsende auf das Niveau von 1888 zurückgeworfen, die gesamte deutsche Wirtschaftsleistung lag 1919 um 30 bis 40 Prozent unter dem Niveau von 1913.[36] Diese Zahlen sind bereits gebietsbereinigt, der Beitrag der verlorenen Territorien wurde also herausgerechnet. Das Volkseinkommen war während des Krieges somit um etwa ein Drittel zurückgegangen. Allein die Normalisierung des Lebens nach dem Krieg sorgte daher für einen gewissen Aufschwung.

Doch das war es nicht allein. Hinzu kam, dass in den Betrieben die alte Feindschaft zwischen Unternehmern und Arbeitern einer neuen, stärker auf Konsens ausgerichteten Atmosphäre wich. Die Sozialdemokraten hatten nach dem Sturz der Monarchie auf Verstaatlichungen verzichtet, im Gegenzug akzeptierten die Unternehmen die Gewerkschaften als Partner. Das schuf einen gewissen Ausgleich, aus Gegnern wurden allmählich Sozialpartner. Dieser innerbetriebliche Frieden setzte neuen Elan frei, ließ Raum für frische Ideen.

So verwundert es nicht, dass die Zahl der Patenterteilungen ab 1920 beständig deutlich über dem Niveau von vor dem Krieg lag.[37] Deutsche Ingenieure glänzten mit neuen Erfindungen. Sie brachten den ersten Tonfilm ins Kino, in Berlin wurde 1921 die AVUS eingeweiht, auf der die deutsche Automobilindustrie in den kommenden

Jahren ihre technologischen Leistungen unter Beweis stellen konnte. Diverse neue Firmen wurden gegründet, beispielsweise die Flugzeugbauer Junkers und Dornier oder der Glühbirnenhersteller Osram.

Die Steuerreformen Erzbergers beförderten die Aufbruchsstimmung zusätzlich, und auch die Einführung des Acht-Stunden-Tages wirkte positiv, denn gerade in arbeitsintensiven Branchen brauchten die Fabriken nun mehr Arbeitskräfte. Die Arbeitslosigkeit in der Industriearbeiterschaft sank so bis 1922 auf eine Quote von gerade mal 1,5 Prozent.[38]

Vor allem aber profitierte die deutsche Wirtschaft davon, dass in Deutschland Notenbank und Regierung den inflationären Tendenzen keinen Einhalt geboten – im Gegensatz zu den ehemaligen Kriegsgegnern. Die US-Notenbank hatte 1919 eine Hochzinspolitik eingeleitet, um der Teuerung Herr zu werden. Das war zwar erfolgreich, doch sie löste damit gleichzeitig eine schwere Rezession aus. Ganz ähnlich war es in Großbritannien. Die Arbeitslosenquote unter den Industriearbeitern war als Folge davon bis 1921 in den

Abb. 5: Kurs des Dollars in Mark von Ende 1918 bis Mitte 1921

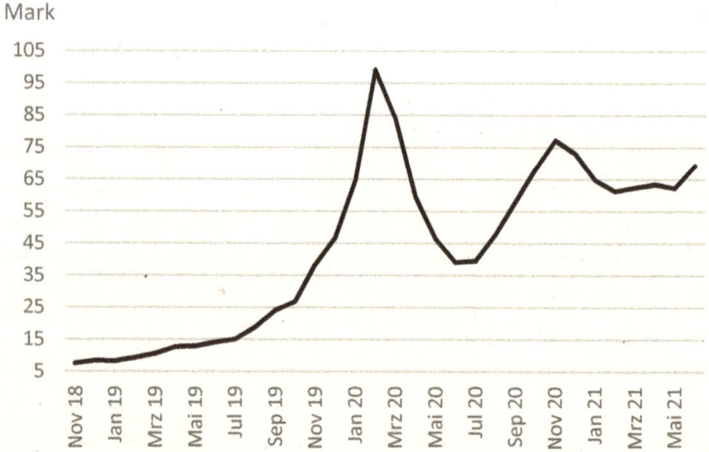

Quelle: Statistisches Reichsamt

USA auf 16,9 Prozent gestiegen, in Großbritannien auf 17 Prozent.[39] Deutschland schien für viele da der bessere Ort, auch und gerade für internationale Investoren. Sie kauften nun plötzlich Mark an den Devisenbörsen und trieben so den Kurs wieder in die Höhe. Nach dem Tief bei über 100 Mark je Dollar im März 1920 kletterte er bis auf 35 Mark je Dollar im Mai, gab dann wieder etwas nach, hielt sich aber etwa ein Jahr konstant bei 40 bis 60 Mark.

Einer derjenigen, die schon ab 1919 in Mark investiert hatten, war der britische Ökonom John M. Keynes, der Zeit seines Lebens eigentlich ein gutes Händchen hatte, wenn es um seine privaten Finanzen ging. 1921 schrieb er über jene Zeit:

> »Jeder in Europa und Amerika kaufte Markscheine. Sie wurden von jüdischen Wanderhändlern in den Straßen der Hauptstädte gehandelt und von Friseurgehilfen in den entlegensten Städten in Spanien und Südamerika feilgeboten (...) Das Argument war dasselbe (...) Deutschland sei ein großes und starkes Land; eines Tages werde es sich erholen; wenn das geschieht, werde sich auch die Mark erholen, was einen riesigen Gewinn einbringen werde.«[40]

Sie sollten sich irren, und auch Keynes sollte am Ende 20.000 Pfund mit seiner Investition verlieren, was heute einem Wert von rund einer halben Million Pfund entspricht.[41]

Anfang 1921 jedoch war das für die meisten noch nicht abzusehen. Die Preise in Deutschland stiegen zwar weiter, aber das schien für die Wirtschaft und den Arbeitsmarkt eher von Vorteil zu sein. Und gleichzeitig ließ die Inflation die Schulden, die der Staat während des Krieges bei der Notenbank und über die Kriegsanleihen bei den Bürgern gemacht hatte, wie von Zauberhand verschwinden. Aber auch private Schuldner profitierten, vor allem Unternehmer, die die Expansion ihrer Firmen im Nachkriegsboom mit Krediten finanzierten – sie konnten sich schnell und einfach entschulden.

Diese Erfahrung jedoch hatte fatale Folgen. Denn vor allem führende Vertreter der Wirtschaft warnten nun davor, es den USA und Großbritannien gleichzutun und auf Antiinflationskurs zu gehen. Sie fürchteten, dass dann auch die deutsche Konjunktur abgewürgt würde. So sagte der AEG-Chef Walther Rathenau bei einer Besprechung im Auswärtigen Amt im Januar 1921, er fürchte die Inflation nicht. Vielmehr solle man, wenn die Krise, die in Großbritannien schon ausgebrochen sei, nach Deutschland überschwappe, »die Notenpresse noch etwas mehr arbeiten lassen und im Lande zu bauen anfangen, damit wir durch diese Beschäftigung der Krise einen Damm entgegensetzen können«.[42]

Es war also eine ganz bewusste Entscheidung der deutschen Regierung, die Inflation nicht zu zügeln, um einen Abschwung zu verhindern. Denn dadurch schuf sie jene deutsche Sonderkonjunktur, während der Rest der Industrieländer in der Rezession steckte.

Doch dieser kurze Frühling sollte bald wieder vorbei sein. Denn eine wesentliche Triebkraft des wirtschaftlichen Aufschwungs waren die Exporte, und diese wurden vor allem von der schwachen Mark getrieben. Vor dem Krieg war der Wechselkurs zum Dollar bei 4,20 Mark festgezurrt, jetzt lag er zwischen 40 und 60 Mark, die Mark war also nur noch höchstens etwa ein Zehntel wert. Die Löhne hatten sich jedoch nicht verzehnfacht, weshalb deutsche Exporteure ihre Produkte im Ausland in den jeweiligen Währungen nun deutlich günstiger anbieten konnten.

Entsprechend wuchs Deutschlands Exportvolumen zwischen 1920 und 1922 um zwei Drittel von rund 3,7 auf knapp 6,2 Milliarden, und zwar nicht in inflationiertem Papiergeld gerechnet, sondern im Wert der Mark von 1913, also in Goldmark. Überdurchschnittlich stark legten in diesen Jahren die Ausfuhren nach Großbritannien und in die USA zu. Der Anteil der Lieferungen auf die Britischen Inseln am gesamten Export stieg von 1920 bis 1922 von 6,4 auf 7,7 Prozent, in die USA etwas schwächer von 7,2 auf 7,6 Prozent.[43]

Allerdings regte sich dagegen zunehmend Widerstand in diesen Ländern, die zu jener Zeit von einer schweren Rezession gebeutelt waren. Die Importe aus Deutschland seien schuld an der eigenen wirtschaftlichen Malaise, hieß es dort nun immer häufiger, sie würden heimische Arbeiter die Jobs kosten. Forderungen nach einer Eindämmung der »Flut deutscher Waren« wurden laut, sowohl in den USA und Großbritannien als auch in diversen anderen Ländern – es klang wie knapp hundert Jahre später unter US-Präsident Donald Trump.

Und den Worten folgten auch damals Taten. Im Februar 1921 verabschiedete der US-Kongress die Emergency Tariff Bill. Sie sah höhere Zölle auf deutsche Agrarprodukte vor, zum Schutz der amerikanischen Farmer. Der demokratische US-Präsident Woodrow Wilson wies das Gesetz zwar zunächst noch durch ein Veto zurück. Doch am 4. März 1921 trat der Republikaner Warren G. Harding als frisch gewählter Präsident sein Amt an – und unterschrieb es prompt. Kurz darauf begannen schon die Arbeiten an einem weiteren Gesetz, das noch umfangreichere Zölle auf eine Vielzahl von Importen vorsah, die Fordney-McCumber Tariff Bill. Es dauerte zwar noch bis zum September 1922, bis Präsident Harding dieses Gesetz unterzeichnete und es in Kraft trat. Die Folgen dieses Gesetzes waren jedoch enorm, da es einen Dominoeffekt auslöste.

Denn betroffen davon waren nun nicht nur deutsche Exporteure, sondern auch Firmen aller anderen Länder, vor allem Frankreich traf das Gesetz hart. Das Land hatte sich jedoch während des Krieges bei den USA verschuldet, und um diese Schulden zurückzahlen zu können, musste es Exportüberschüsse gegenüber den USA erzielen. Das wurde nun praktisch unmöglich. Umso wichtiger wurden daher für Frankreich andere Einnahmequellen – die erwarteten Reparationen aus Deutschland. Auch deshalb sollte das Land in den kommenden Jahren so stur sein, wenn es um die Höhe der deutschen Reparationen ging.

Deutschland wiederum brauchte Exportüberschüsse, um diese Reparationen bezahlen zu können. Tatsächlich jedoch hatte Deutschland in jenen Jahren sogar einen leichten Importüberschuss – und mit den US-Zöllen war es praktisch unmöglich geworden, dies zu ändern. Vor allem aber führten die US-Zölle zu Reaktionen in vielen anderen Staaten. Überall wurden nun neue Zollschranken errichtet, die den Handel erschwerten. Dies kostete Wachstum und Wohlstand in allen betroffenen Ländern. Für Deutschland war diese Entwicklung jedoch besonders schädlich.

Ernst Trendelenburg, Reichskommissar für Ein- und Ausfuhrbewilligungen, fasste die Lage Deutschlands auf der Konferenz der Wirtschaftsminister der Länder in Darmstadt am 12. Dezember 1921 treffend zusammen:

> »Es ist schlechterdings nicht möglich, dass wir Reparationen leisten, wenn (...) uns die Möglichkeit genommen wird, mit dem einzigen Zahlungsmittel zu zahlen, das wir haben, nämlich mit unseren Waren, und wenn uns diese Möglichkeit dadurch genommen wird, dass die Länder, namentlich die Länder hoher Valuta, sich gegen unsere Waren absperren und auf dem Wege von wahnsinnigen Zollsätzen und speziellen Antidumpingzöllen gegen Deutschland einen wesentlichen Teil unseres Ausfuhrwertes vorwegnehmen zugunsten ihrer eigenen Zollkasse.«[44]

Doch genau das, Reparationen zu bezahlen, erwarteten die Alliierten von Deutschland. Und als sie nun die endgültige Summe festlegten, übertraf diese die schlimmsten Befürchtungen auf deutscher Seite.

KAPITEL 6

Der Londoner Zahlungsplan März 1921

Im Juni 1920 war fast genau ein Jahr seit Unterzeichnung des Versailler Vertrags vergangen. Seither schwebte die Frage der Höhe der Reparationsforderungen wie ein Damoklesschwert über Deutschland. Dann, auf einer Konferenz vom 21. bis 22. Juni 1920 in Boulogne-sur-Mer, einem kleinen französischen Ort am Ärmelkanal, nannten die Alliierten erstmals eine konkrete Summe – und diese überstieg alles, was bis dahin in Deutschland an Zahlen kolportiert worden war. Das Deutsche Reich sollte insgesamt 269 Milliarden Goldmark zahlen, umgerechnet 96.415 Tonnen Gold. Zu begleichen sei diese Schuld innerhalb von 42 Jahren, zunächst beginnend mit 3 Milliarden Goldmark pro Jahr, ansteigend bis auf 7 Milliarden.[45]

In Deutschland war das Entsetzen groß. Die Summe wäre ungefähr 65-mal so hoch gewesen wie das, was Frankreich 1871 an Deutschland gezahlt hatte. Aber die deutsche Regierung war in ihrer ablehnenden Haltung durchaus nicht allein. Denn die Briten waren wie die USA eher daran interessiert, Deutschland nicht allzu sehr zu schwächen. Allerdings waren diese beiden Länder auch daran interessiert, dass Frankreich seine Kriegskredite zurückzahlte, die es in Großbritannien und vor allem in den USA aufgenommen hatte. Dadurch saß Paris am längeren Hebel. Zudem war die Haltung Frankreichs durchaus verständlich. Schließlich hatte der vierjährige Krieg meist auf seinem Territorium gewütet, dort waren ganze Landstriche komplett verwüstet worden.

Für Paris galt es aber auch die Schmach von 1871 zu tilgen. Die Demütigung und Unterwerfung des deutschen Feindes war daher für die herrschende politische Klasse das Ziel, und sie wurde von einem breiten Konsens im Volk getragen. Außerdem sah man in Frankreich die wirtschaftliche Lage Deutschlands mit ganz anderen Augen als die Deutschen selbst. Die britische *Daily Mail* zitierte französische Stimmen mit dem Argument, »solange Deutschland jährlich 5 Milliarden Mark für die Arbeitslosen zahlt, kann es auch ebenso viel und mehr den Alliierten zahlen«.[46]

Das war für die deutsche Regierung natürlich nicht akzeptabel. Sie versuchte, über Diplomaten und Sachverständige Einfluss auf die Alliierten zu nehmen. Ende 1920 sah sie sich einem Erfolg nahe. Doch völlig überraschend und ohne weitere Konsultation mit der deutschen Seite machten diese am 29. Januar 1921 in der sogenannten Pariser Note einen Vorschlag (proposition), der natürlich kein solcher war, sondern vielmehr eine knallharte Forderung: Deutschland sollte 226 Milliarden Goldmark zahlen, in 42 Jahresraten, ansteigend von nunmehr 2 auf 6 Milliarden Goldmark jährlich. Zusätzlich sollten aber 12 Prozent des jährlichen Wertes der Exporte abgeführt werden – am Ende hätte dann eine Entschädigungssumme gestanden, die an die in Boulogne-sur-Mer angedachten 269 Milliarden Goldmark heranreichte.[47]

Die Entrüstung auf deutscher Seite war entsprechend. In den aktuellen Wert der Mark umgerechnet hätte die zu zahlende Summe 3.000 Milliarden betragen – das sei mehr als das gesamte Volksvermögen, wie Außenminister Walter Simons in einer Reichstagsrede sagte. Die Forderungen liefen daher »auf eine Versklavung des deutschen Volkes« hinaus.[48]

Auf der folgenden Londoner Konferenz vom 1. bis 7. März 1921 legte Simons einen Gegenvorschlag vor: Deutschland sei bereit, 30 Milliarden Goldmark zu bezahlen. Zusammen mit den bereits geleisteten 20 Milliarden wären das 50 Milliarden.[49] Doch in seiner Antwort lehnte der britische Premierminister Lloyd George im Namen der Alliierten empört ab.[50] Diese drohten nun, die Waffen sprechen zu lassen, und machten das wenige Tage danach wahr: Am 8. März besetzten französische, britische und belgische Truppen die Städte Düsseldorf, Duisburg und Ruhrort, um den Druck auf die deutsche Seite zu erhöhen. Und am 5. Mai gingen sie noch weiter. Im sogenannten Londoner Zahlungsplan reduzierten sie zwar die geforderten Summen. Deutschland sollte nunmehr nur noch 132 statt 269 Milliarden Goldmark zahlen. Doch das war immer noch ein Vielfaches dessen, was die deutsche Regierung vorgeschlagen hatte. Und: Diesmal stellten sie Deutschland ein Ultimatum. Binnen sechs Tagen habe es den Londoner Zahlungsplan zu akzeptieren. Sonst, so die Drohung, würde das Ruhrgebiet komplett besetzt.[51]

Das Ruhrgebiet ist heute eine Region wie viele andere in Deutschland, die wirtschaftliche Bedeutung ist nicht unerheblich, aber eben auch nicht fundamental. Das war 1922 anders. Nach der Abtretung großer und wichtiger Industrieregionen in Elsass-Lothringen, Oberschlesien und dem Saarland war das Ruhrgebiet das letzte verbliebene Herzstück der deutschen Industrie. Deutschlands Wirtschaft hing auf Gedeih und Verderb von dieser Region ab. Rund 71 Prozent der deutschen Steinkohle wurden dort gefördert, 78 Prozent der Koksproduktion fand dort statt, 57 Prozent des Roheisens, 58 Prozent des Rohstahls und 53 Prozent der Walzwerkerzeugnisse wurden hier hergestellt.[52]

In Berlin herrschte nach der Drohung, dem Deutschen Reich auch noch diese zentrale Wirtschaftsregion zu entreißen, blankes Chaos. Dort regierte seit Mai 1920 Reichskanzler Constantin Fehrenbach (Zentrum) zusammen mit Vertretern von DDP und DVP – es war die erste Regierung seit Kriegsende ohne die SPD, und das Kabinett hatte zudem keine Mehrheit im Reichstag, es stand also ohnehin auf wackeligen Füßen. Das Ultimatum stellte es nun vor eine Zerreißprobe. Fehrenbach und seinen Ministern war bewusst, dass eine Besetzung des Ruhrgebiets eine wirtschaftliche Katastrophe bedeuten würde. Gleichzeitig wollten sie den Londoner Zahlungsplan unter keinen Umständen akzeptieren. Sie erinnerten sich, welche Verheerungen schon der Waffenstillstand und der Versailler Vertrag in der öffentlichen Meinung angerichtet hatten und welchen Angriffen sich jene ausgesetzt sahen, die diese Abkommen – wenn auch gezwungenermaßen – unterschrieben hatten. Der Kanzler und sein Kabinett traten daher zurück.

Doch den Kopf in den Sand zu stecken, war keine Lösung. Irgendetwas musste geschehen. Fieberhaft suchten die Parteien in Berlin nach einer Lösung. Zunächst bot sich der Kölner Oberbürgermeister Konrad Adenauer, Mitglied der Zentrumspartei, an, das Amt des Reichskanzlers zu übernehmen. Die Partei gab dann aber Joseph Wirth den Vorzug, der als jüngster Kanzler in der deutschen Geschichte – er war gerade 41 Jahre alt – eine neue Koalition zusammenbrachte. Die DVP schied dabei aus und wurde durch die SPD ersetzt. Aus Zentrum, SPD und DDP bildete Wirth nun eine Regierung, die – wie schon die Vorgängerregierung – keine eigene Mehrheit im Parlament hatte und sich so die Mehrheiten stets anlassbezogen suchen musste.

Exkurs: Wahlen, Parteien und Regierungen der Weimarer Republik 1919 bis 1924

Ergebnis der Wahl zur Verfassungsgebenden Nationalversammlung vom 19. Januar 1919

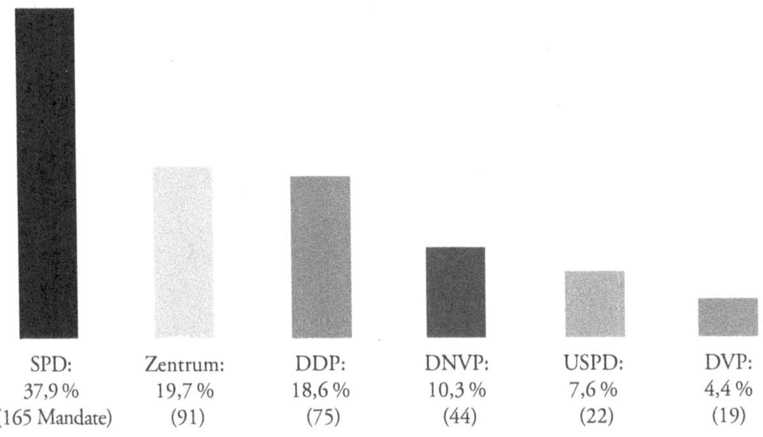

Ergebnis der Wahl zum Reichstag vom 6. Juni 1920

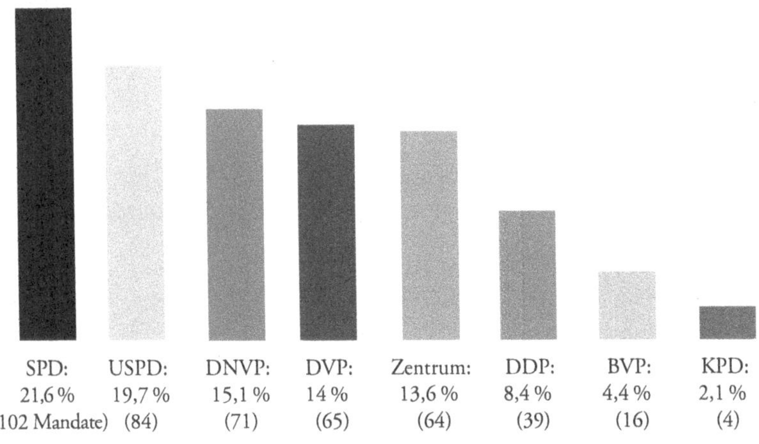

Ergebnis der Wahl zum Reichstag vom 4. Mai 1924

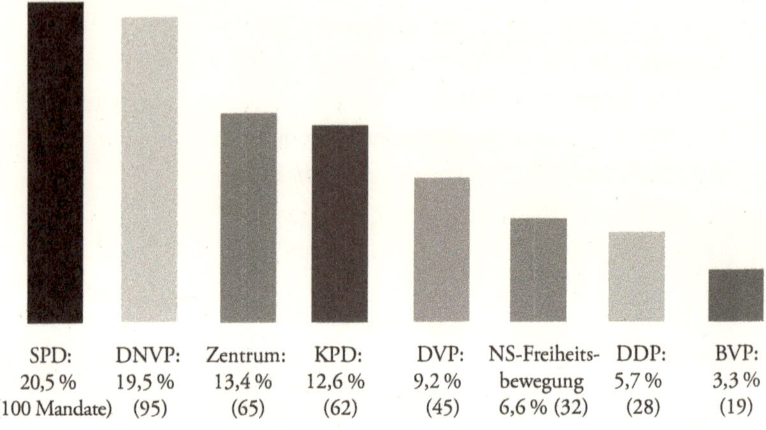

Die Parteien

SPD: Die Sozialdemokratische Partei Deutschlands geht auf den Allgemeinen Deutschen Arbeiterverein von 1863 und die 1869 gegründete Sozialdemokratische Arbeiterpartei zurück, seit 1890 trägt sie den heutigen Namen. Seit 1890 war sie bereits die Partei mit den meisten Stimmen gewesen, hatte im Kaiserreich jedoch stets in Opposition gestanden. Ziel der Partei war eine sozialistische Umwandlung der Gesellschaft durch Reformen. In der Weimarer Republik war sie eine der tragenden Parteien der Republik.

USPD: Die Unabhängige Sozialdemokratische Partei Deutschlands hatte sich 1916 gegründet und bestand vor allem aus Sozialdemokraten, die im August 1914 gegen die Zustimmung zu den Kriegskrediten gewesen waren und den Krieg generell abgelehnt hatten. Erst 1922 trat der größte Teil der Reichstagsabgeordneten der USPD wieder der SPD bei.

KPD: Die Kommunistische Partei Deutschlands entstand Ende 1918 aus dem Zusammenschluss linksradikaler Gruppen. Sie strebte eine Revolution nach sowjetischem Vorbild und eine Diktatur des Proletariats an. Die Weimarer Republik lehnte sie ab und betrieb eine Fundamentalopposition.

Zentrum: Die Zentrumspartei war 1870 gegründet worden und vertrat den politischen Katholizismus, der im Kaiserreich in Opposition zum autoritären Obrigkeitsstaat, aber auch zum politischen Liberalismus gestanden hatte. Die Partei gehörte ebenfalls zu den tragenden Parteien der Republik und war anschlussfähig sowohl nach links (SPD) als auch nach rechts (DVP).

BVP: Die Bayerische Volkspartei war Ende 1918 durch bayrische Zentrumspolitiker gegründet worden. Sie war jedoch deutlich konservativer als das Zentrum und hatte auch einen rechten Flügel, der mit antidemokratischen Kräften sympathisierte. Sie wurde in Bayern zur wichtigsten Partei und betonte im Reich die Eigenständigkeit Bayerns.

DDP: Die Deutsche Demokratische Partei vertrat seit 1918 das linksliberale Spektrum, verband dabei die Forderungen nach individueller Freiheit und sozialer Verantwortung. Sie gehörte ebenfalls zu den tragenden Parteien der Republik.

DVP: Die Deutsche Volkspartei gehörte zwar ebenfalls zum liberalen Spektrum, lehnte die Weimarer Verfassung jedoch zunächst ab, ihr Vorsitzender Gustav Stresemann war bekennender Monarchist. Dennoch arbeitete sie stets konstruktiv mit und beteiligte sich ab 1920 an verschiedenen Regierungen.

DNVP: Die Deutschnationale Volkspartei lehnte die Weimarer Republik ab, vertrat einen Nationalismus, der teilweise in Antisemitismus abglitt, und sprach sich für eine konservativ-autoritäre Ordnung aus. Im Laufe der Jahre milderte sie ihre feindliche Haltung zur Republik ab, beteiligte sich auch an Regierungen.

NSDAP: Die Nationalsozialistische Deutsche Arbeiterpartei war 1920 gegründet worden. Ab 1921 war sie nach dem Führerprinzip organisiert und auf ihren Vorsitzenden Adolf Hitler ausgerichtet. Sie war radikal antisemitisch und nationalistisch, lehnte die Republik ab und bekämpfte sie teilweise auch mit Waffengewalt. Ab 1922 war sie in vielen Ländern des Reiches verboten, nicht jedoch in Bayern. Nach dem gescheiterten Hitler-Putsch am 9. November 1923 in München galt das Verbot vom 23. November 1923 bis Februar 1925 deutschlandweit.

Die Regierungen

13. Februar 1919 – 19. Juni 1919
Kabinett Scheidemann: SPD/Zentrum/DDP

21. Juni 1919 – 26. März 1920
Kabinett Bauer: SPD/Zentrum/DDP

27. März 1920 – 8. Juni 1920
Kabinett Müller: SPD/Zentrum/DDP

25. Juni 1920 – 4. Mai 1921
Kabinett Fehrenbach: Zentrum/DVP/DDP

10. Mai 1921 – 22. Oktober 1921
Kabinett Wirth I: SPD/Zentrum/DDP

26. Oktober 1921 – 14. November 1922
Kabinett Wirth II: SPD/Zentrum/DDP

22. November 1922 – 12. August 1923
Kabinett Cuno: Zentrum/DDP/DVP/BVP

13. August 1922 – 3. Oktober 1923
Kabinett Stresemann I: SPD/Zentrum/DDP/DVP

6. Oktober 1923 – 23. November 1923
Kabinett Stresemann II: SPD/Zentrum/DDP/DVP

30. November 1923 – 26. Mai 1924
Kabinett Marx I: Zentrum/DDP/DVP/BVP

3. Juni 1924 – 15. Dezember 1924
Kabinett Marx II: Zentrum/DDP/DVP

Wirth und sein Kabinett fügten sich in das Unabänderliche. Sie nahmen zähneknirschend den Londoner Zahlungsplan an. Am 10. Mai stimmte auch der Reichstag mit 220 Ja- gegen 172 Nein-Stimmen zu. Unmittelbar danach teilte Wirth den Regierungen in London, Paris, Rom, Brüssel und Tokio mit, dass die deutsche Regierung entschlossen sei, »ohne Vorbehalt oder Bedingung ihre Verpflichtungen, wie sie von der Reparationskommission festgestellt sind, zu erfüllen«. Man werde am 31. August 1921 die erste Milliarde Goldmark zahlen.

Damit war nun klar, welche Zahlungen Deutschland in den kommenden Jahren zu leisten hatte. Doch die große Frage, um die künftig alles kreisen sollte, war: Konnte Deutschland dies überhaupt? Oder überforderten die Summen das Land komplett?

Um das zu beantworten, ist ein genauerer Blick auf den Zahlungsplan notwendig. Dieser sah vor, dass Deutschland das Geld nicht direkt zahlen, sondern den Alliierten erst einmal Schuldscheine übergeben sollte, die dann abzustottern gewesen wären. Dabei waren drei Serien an Schuldverschreibungen vorgesehen. Die ersten, genannt A-Bonds, sollten über einen Betrag von 12 Milliarden Goldmark lauten und bis zum 1. Juli 1921 an die Alliierten übergeben werden, die zweite Tranche (B-Bonds) über 38 Milliarden Goldmark bis zum 1. November 1921. Diese Schuldscheine im Wert von insgesamt 50 Milliarden Goldmark sollten mit 5 Prozent pro Jahr verzinst werden, zudem sollte Deutschland pro Jahr 1 Prozent der Schuld tilgen.[53]

Das hätte also Zahlungen aus Zins und Tilgung von insgesamt 3 Milliarden Goldmark pro Jahr ergeben. Das war jedoch der Maximalbetrag, der auch geringer ausfallen konnte. Denn gleichzeitig begrenzte ein weiterer Paragraph die Reparationen auf 2 Milliarden Goldmark plus 25 Prozent des Wertes der deutschen Exporte. Dieser Wert wiederum sollte vierteljährlich festgestellt werden, und die Zahlungen sollten dann in diversen Tranchen über das Jahr hinweg geleistet werden.

Schließlich sah der Zahlungsplan sogenannte C-Bonds in einem Umfang von 82 Milliarden Goldmark vor – der weitaus größte Batzen an den gesamten Reparationsforderungen. Diese waren jedoch zunächst auf Eis gelegt, und erst wenn die Reparationskommission feststellen würde, dass Deutschland wirtschaftlich in der Lage sei, diese zu tragen, sollten sie wirksam werden.

Der britische Ökonom John Maynard Keynes hat ausgerechnet, dass Deutschlands Exporte auf 24 Milliarden Goldmark pro Jahr hätten anwachsen müssen, also das Vierfache des Wertes von 1922, um seinen Verpflichtungen aus dem Londoner Zahlungsplan nachzukommen – bei gleichzeitiger Stagnation der Importe.[54] Das schien ihm ein Ding der Unmöglichkeit. Allerdings wies Keynes auch darauf hin, dass die C-Bonds eigentlich wertlos seien, weil sie nie gezogen würden. Sie dienten seiner Meinung nach nur dazu, die Gesamtsumme der Reparationen größer erscheinen zu lassen, um so der französischen Nationalversammlung die Zustimmung zu dem Zahlungsplan zu erleichtern.

Auch die meisten Historiker glauben, dass diese 82 Milliarden Goldmark nur auf dem Papier standen, aber nie wirklich zu zahlen gewesen wären. Somit hätte die echte Belastung Deutschlands bei 50 Milliarden Goldmark gelegen, zuzüglich der 20 Milliarden, die bereits gezahlt worden waren. Das wäre zumindest noch in vertretbarer Nähe zu jenen 30 plus 20 Milliarden Goldmark gewesen, die Außenminister Simons zwei Monate zuvor in London selbst angeboten hatte.

Der Historiker Albrecht Ritschl hat zudem ausgerechnet, dass die Gesamtschuldenlast des deutschen Staates mit A- und B-Bonds (aber ohne die C-Bonds) ungefähr gleich hoch gewesen wäre wie die Staatsverschuldung Frankreichs und Großbritanniens.[55] Denn 1920 lag seinen Berechnungen zufolge die Verschuldung Frankreichs bei etwa 135 Prozent der Wirtschaftsleistung von 1913, in Großbritannien betrug sie rund 144 Prozent. In Deutschland dagegen nur 48 Prozent – die Inflation hatte schon einen Großteil der Schulden abgeschmolzen. Der deutsche Staat stand zum damaligen Zeitpunkt finanziell also wesentlich besser da als Frankreich und Großbritannien. Die A- und B-Bonds hätten Deutschlands Verschuldung nun auf 147 Prozent erhöht – praktisch die gleiche Größenordnung wie in Frankreich und Großbritannien.

Also waren die Klagen über die untragbare Belastung in Deutschland nur Bluff? Nicht ganz. Denn die A- und B-Bonds bedeuteten eine Verschuldung im Ausland. Deren Wert blieb stabil, egal, wie sich die deutsche Inflation künftig entwickelte. Zudem verweisen Historiker auch darauf, dass die Alliierten mit den C-Bonds ein Pfund in der Hand hatten, mit dem sie wuchern konnten. Sie konnten dieses jederzeit als Druckmittel einsetzen, und zwar praktisch auf ewig. Denn es wurde kein Zeitpunkt festgelegt, zu dem diese C-Bonds verfallen würden. Zudem wären sie eben genau dann vielleicht doch noch fällig geworden, sobald es Deutschland wirtschaftlich gut gehen würde – es bestand also geradezu ein Anreiz für deutsche Regierungen, die finanzielle Lage des Reiches nicht zu verbessern.

Der vielleicht wichtigste Punkt war jedoch, dass die deutsche Regierung öffentlich niemals aussprechen konnte, dass der größte Teil der Reparationssumme eigentlich nur auf dem Papier stand, selbst wenn sie dieser Meinung gewesen wäre. Denn damit hätte sie sofort Gegenreaktionen vonseiten der Alliierten, insbesondere von den Franzosen, provoziert. Dadurch jedoch war es auch nicht möglich, der deutschen Öffentlichkeit ein gemäßigteres Bild der Reparationsverpflichtungen zu vermitteln. In den Köpfen der Bevölkerung waren die horrenden Summen, die in dem Zahlungsplan standen, fest verankert.

Letztlich ist es daher unerheblich, ob Deutschland die Reparationssummen finanziell hätte tragen können. Entscheidend ist, dass niemand in Deutschland sie tragen wollte. Die Stimmung war von Wut gegenüber den Alliierten geprägt, insbesondere gegenüber Frankreich. Diese Länder, so die Meinung großer Teile der Bevölkerung, wollten Deutschland knechten und versklaven. Monarchisten und Nationalisten nutzten diese Stimmung aus, um gegen die amtierende Regierung und die sie tragenden Parteien zu hetzen. Deren Vorgehen verunglimpften sie als »Erfüllungspolitik«, in ihren Augen waren die Regierenden Handlanger des Feindes.

Tatsächlich war die Politik der jungen Regierung Wirth aber schlicht der Versuch, pragmatisch auf die Lage, wie sie nun mal war, zu reagieren. Eine neuerliche militärische Auseinandersetzung mit den Alliierten, ein neuer Krieg, war völlig ausgeschlossen. Dazu war das Land militärisch zu schwach und das Volk nicht willens. Daher hatte sich die Regierung zum Ziel gesetzt, den Londoner Zahlungsplan zu akzeptieren und auch guten Willen zu zeigen, ihn zu erfüllen.

Gleichzeitig wollte sie auf diese Weise in den folgenden Monaten aber vor aller Welt demonstrieren, dass die dauerhafte Erfüllung der Forderungen schlicht unmöglich sei. Durch das Scheitern des Versuches der Erfüllung sollte also gezeigt werden, dass die Forderungen unerfüllbar waren.

Der Reichstagsabgeordnete Hermann Pachnicke (DDP) brachte die Strategie, die Deutschland nun fahren wollte, treffend auf den Punkt:

> »Für ein bis zwei Jahre glauben Sachverständige die weiteren Leistungen aufbringen zu können – wieder eine Fristverlängerung. Aus der Erfüllung des gegebenen Versprechens muss der Feind unseren guten Willen erkennen. Bleiben wir später im Verzug, so sieht er, dass es nicht an unserem Nichtwollen, sondern an unserem Nichtkönnen liegt, und leitet dann am Ende neue Verhandlungen ein.«[56]

Letzten Endes geschah dies auch. Doch davor lagen noch drei lange Jahre. Und der Preis dafür war hoch, rückblickend viel zu hoch.

KAPITEL 7

Der Mord an Matthias Erzberger August 1921

Der 26. August 1921 war ein warmer Sommertag. Seit einigen Tagen urlaubte der ehemalige Reichsfinanzminister Matthias Erzberger im badischen Kurort Bad Griesbach im Schwarzwald, als ihn an jenem Morgen sein Parteifreund Carl Diez besuchte. Zusammen machten sie einen Spaziergang auf dem Höhenweg zwischen Bad Griesbach und Freudenstadt.

Doch etwas war ihnen unheimlich: Zwei junge Männer, etwa 25 Jahre alt, auffällig gut gekleidet, schienen sie die ganze Zeit zu verfolgen. Daher beschlossen sie umzukehren. Prompt machten auch die beiden Männer kehrt, und sie kamen jetzt ganz dicht an die beiden Reichstagsabgeordneten heran. Plötzlich zog einer der beiden Verfolger eine Waffe, gab einen Schuss ab, und Diez ging zu Boden, an der Schulter getroffen. Erzberger, dem das Attentat offenbar galt, versuchte, sich in Deckung zu bringen, sprang in die Böschung, doch die beiden Fremden liefen hinterher und schossen ununterbrochen auf Erzberger, selbst als dieser bereits tödlich getroffen am Boden lag. Zwölf Schüsse trafen ihn. Als ob sie ihre Tat triumphierend feiern wollten, blieben die Täter noch kurze Zeit in einiger Entfernung stehen, dann flohen sie. Der schwer verletzte

Diez konnte Hilfe holen, doch die Polizei stellte nur noch Erzbergers Tod fest.[57]

Der Mord war ein Fanal. Er zeigte die Verletzlichkeit, ja, die Schwäche der jungen Republik. Und er zeigte, welche innenpolitischen Folgen der Londoner Zahlungsplan hatte. Denn dessen Annahme hatte nicht nur schwerwiegende wirtschaftliche Folgen. Er war auch Wasser auf die Mühlen der rechten Propaganda. Die Hetztiraden der rechten Demokratiefeinde wurden nur noch schriller, die Verleumdungen immer unerträglicher, die Drohungen immer konkreter.

Eine der führenden Stimmen dieses politischen Lagers war Karl Helfferich, jener Mann, der als Staatssekretär im Finanzministerium während des Krieges die Schuldenfinanzierung ganz maßgeblich angeschoben hatte und somit zumindest eine erhebliche Mitschuld an der miserablen finanziellen Lage Deutschlands trug. Er hatte nach Ende des Krieges zunächst rechte Kreise finanziell unterstützt, zu denen teilweise auch gewalttätige Gruppen gehörten. Im Juni 1920 wurde er für die Deutschnationale Volkspartei (DNVP) in den Reichstag gewählt und zu deren Wortführer.

Helfferich hetzte vor allem gegen jene Politiker, die den Waffenstillstand unterschrieben hatten, bezeichnete diese als »Novemberverbrecher«. Einer, den Helfferich besonders oft mit Hass und Beleidigungen überzog, war Matthias Erzberger. 1919 hatte er sogar eine Hetzschrift mit dem Titel *Fort mit Erzberger!* veröffentlicht, gegen die sich Erzberger zwar 1920 vor Gericht mit einer Klage zu wehren versuchte. Doch obwohl dies Helfferich eine Geldstrafe einbrachte, war durch die öffentliche Aufmerksamkeit am Ende vor allem Erzberger in seinem Ansehen beschädigt, und er trat im März 1920 als Reichsfinanzminister zurück.

Die Steuerreformen Erzbergers ließen die Feindschaft Helfferichs noch wachsen, denn seine Partei, die DNVP, hatte sich als Verteidigerin der besitzenden Schichten positioniert. Diese waren insbesondere von der Vermögensabgabe betroffen. Die Annahme des Londoner Zahlungsplans stieß bei den rechten Parteien natürlich auf komplette Ablehnung, ohne dass sie je klargemacht hätten, was sie stattdessen getan hätten. Denn die einzige realistische Alternative wäre eine Wiederaufnahme des Krieges gewesen – wozu aber sicher nur ein kleiner Teil der Bevölkerung bereit gewesen wäre. Dennoch waren die Verantwortlichen für Helfferich nun »Erfüllungspolitiker«, er unterstellte ihnen also eine Komplizenschaft mit den Alliierten, um Deutschland zu schaden. Helfferich kann somit getrost als geistiger Brandstifter bezeichnet werden. Und am 26. August 1921 hatte diese beständige Hetze mit der Ermordung Matthias Erzbergers eine erste grausame Konsequenz.

Die Tat rief in weiten Teilen der Republik Trauer und Empörung hervor. Am 31. August demonstrierten in Berlin eine halbe Million Menschen für die Republik, an der Beerdigung Erzbergers in Biberach am gleichen Tag nahmen 30.000 Menschen teil. Reichskanzler Wirth hielt dort eine Trauerrede, die in den Worten gipfelte: »Deutsches Volk, wache auf!«[58] Reichspräsident Ebert hatte schon zwei Tage zuvor eine »Republikschutz-Verordnung« erlassen.[59] Sie sollte den Kampf gegen rechte Versammlungen, Druckerzeugnisse und Vereinigungen erleichtern. Doch die Wut über die Tat war eben nicht überall gleich groß, im Gegenteil: Die Anhänger der rechten Parteien konnten eine gewisse Genugtuung nicht verhehlen. Ihre Presseorgane versuchten, den Mord unter Hinweis auf die angeblichen Verbrechen Erzbergers zu relativieren. Und die Täter konnten sich auf Unterstützung durch diese Kreise verlassen.

Wie sich schon bald herausstellte, handelte es sich bei den Tätern um die ehemaligen Marineoffiziere Heinrich Tillessen und Heinrich Schulz. Geschickt worden waren sie von der rechtsnationalistischen terroristischen Vereinigung »Organisation Consul«, die ihren Sitz in München hatte und den Sturz der demokratischen Regierung anstrebte.

Die Täter konnten fliehen und setzten sich – wahrscheinlich mithilfe der bayerischen Polizei – nach Ungarn ab. Nach der Machtübergabe an die Nationalsozialisten 1933 kehrten sie nach Deutschland zurück. Erst nach dem Zweiten Weltkrieg wurden sie schließlich angeklagt und zu langen Haftstrafen verurteilt. Allerdings mussten sie nur einen kleinen Teil davon verbüßen, kamen schon 1952 wieder frei.

Im August 1921 war der Mord an Erzberger nun jedoch bildlich gesprochen der dritte Dominostein, der umfiel. Zuvor hatten schon der Londoner Zahlungsplan und die US-Zölle auf die Stimmung geschlagen. Nun kippte sie endgültig, vor allem am Finanzmarkt, auch und gerade im Ausland. Der *Nieuwe Rotterdamsche Courant* in den Niederlanden berichtete Ende August von »Unruhe« an den Börsen, fragte, ob es möglich sei, ein »Mittel zur Abwendung des Falles der [deutschen] Mark zu finden und normale Zustände herbeizuführen«. Und das *Algemeen Handelsblad* fand den Marksturz »einigermaßen erstaunlich«.[60]

Doch erstaunlich war daran wenig. Der Mord an Erzberger ließ das Vertrauen in die deutsche Währung zerbröseln. In den Monaten zuvor war ihr Wert relativ stabil geblieben, hatte sich seit dem Tief von 100 Mark je Dollar im Februar 1921 sogar leicht erholt. Am Freitag, dem 26. August, dem Tag der Ermordung Matthias Erzbergers, kostete der Dollar 82 Mark. Doch von da an ging es wieder rasant abwärts. Am Montag nach der Tat sprang der Dollar über 87 Mark, zwei Wochen später nahm er erneut die Marke von 100 Mark, und Ende September kostete die US-Devise sogar schon 127 Mark. Innerhalb eines Monats hatte die deutsche Währung ein Drittel ihres Wertes eingebüßt.

Der Mord an Erzberger hatte den entscheidenden Schub für den neuerlichen Absturz der Mark gegeben. Doch die eigentlichen Gründe lagen woanders. Ein Grund war die außenwirtschaftliche Lage, die sich durch die neuen Zollschranken verschlechtert hatte. Die deutschen Firmen konnten dadurch weniger exportieren, so flossen folglich weniger Devisen ins Land, was den Wert der Mark ohnehin schon unter Druck setzte. Doch der andere, noch entscheidendere Grund waren die Reparationszahlungen. Diese waren in den jeweiligen Währungen der Empfängerländer zu leisten, und der Regierung war es zwar gelungen, bis zum 31. August entsprechende Devisen im Wert von 1 Milliarde Goldmark aufzutreiben und an die Alliierten zu übergeben. Doch der Preis dafür war der Absturz der Währung. Denn nur Devisen im Wert von rund 150 Millionen Goldmark konnte die Reichsbank aus ihren Beständen zur Verfügung stellen. Die restlichen 850 Millionen musste sich das Reich an den Devisenmärkten besorgen.[61] Dazu jedoch mussten Mark gegen Dollar getauscht werden – und das drückte natürlich zusätzlich auf den Kurs der Mark.

Verschärft wurde die Lage dadurch, dass an den Devisenmärkten natürlich jeder wusste, dass der deutsche Finanzminister bis zum 31. August diese Summe besorgen musste. Entsprechend flüchteten Investoren aus der deutschen Währung – und drückten den Kurs damit noch weiter.

Die Regierung hatte damit selbst das Grab für ihre Währung ausgehoben. Und noch während sie versuchte, die Mittel für die erste Rate aufzutreiben, begannen schon die Gespräche mit der sogenannten Garantiekommission, einem Ausschuss der Reparationskommission der Alliierten, über die zweite Rate, die im Januar 1922 fällig war. Allen am Devisenmarkt war daher klar: Der Absturz der Mark würde weitergehen.

Aber nicht nur die Währung geriet in einen Abwärtsstrudel, sondern auch der Staatshaushalt, und parallel dazu zog auch die Inflation weiter an.

KAPITEL 8

Die verzweifelten Sparversuche

Sommer/Herbst 1921

Der Tiergarten ist heute das große Freizeitareal für alle Berliner, ob alt oder jung, arm oder reich. Vor hundert Jahren jedoch verlustierte sich hier vor allem die Oberschicht der Stadt. Die kleinen Leute, die Arbeiter vor allem, vergnügten sich an der Hasenheide. Dort standen diverse Cafés, Gartenlokale, und auch Kliems Festsäle, ein riesiger Bau mit verschiedenen Räumen für Veranstaltungen, Theater, Kino. Der pompöse Hauptsaal war 18 Meter hoch, mit Stuckdecken, schweren Lüstern und Gemälden an den Seitenwänden. Direkt nach dem Krieg hatte hier ein proletarisches Theater eröffnet, im April 1921 war es jedoch verboten worden, und seither diente der Saal vor allem politischen Versammlungen der Arbeiterbewegung.

So war dies auch am Abend des 21. Juni 1921. Der große Saal war schon brechend voll, als der Reichstagsabgeordnete Paul Hertz zu sprechen begann. Er gehörte der USPD an, den Unabhängigen Sozialdemokraten, einer linken Abspaltung der SPD. Hertz wetterte über fast zwei Stunden hinweg in seiner Rede gegen die Großgrundbesitzer und die bürgerlichen Klassen, gegen die Regierung und das Parlament. Diese zielten mit ihrer Politik auf eine Verelendung der Massen. Dagegen helfe nur die Einigkeit des Proletariats und dessen Machtergreifung. Der Saal spendete stürmischen Beifall.[62]

Ähnliche Veranstaltungen fanden an diesem Tag überall in Berlin statt, im Moabiter Gesellschaftshaus, im Voigt-Theater oder in den Prachtsälen des Ostens. Anlass für die Protestkundgebungen war ein Vorhaben der Regierung: die Senkung der Brotgetreidesubventionen und als Folge davon eine Erhöhung des Brotpreises.

4 Milliarden Mark sollten dadurch eingespart werden, und das war dringend notwendig. Denn der Etat des Finanzministers lief immer weiter aus dem Ruder. Ausgeglichen war dieser zwar seit Gründung der Republik nie. Schon 1920 waren die Ausgaben des Reichshaushalts gerade einmal zu einem Drittel durch Einnahmen wie Steuern, Zölle und Abgaben gedeckt.[63] Der Rest musste über Kredite finanziert werden. Doch nun erreichte die Schuldenwirtschaft neue Dimensionen. Die Staatsschulden waren von jenen 156 Milliarden Mark, die Ende März 1919 – fünf Monate nach Kriegsende – auf dem Reich lasteten, auf knapp 200 Milliarden Mark im Jahr danach gestiegen. Im folgenden Haushaltsjahr 1920/1921 kamen weitere 64 Milliarden dazu, im Frühjahr 1921 hatte Deutschland also bereits 264 Milliarden Mark an Schulden angehäuft.[64]

Kreditgeber waren jedoch nicht etwa Investoren oder Kleinsparer. Es war größtenteils die Reichsbank. Sie übernahm die kurzlaufenden Schuldscheine des Finanzministeriums, sogenannte Schatzwechsel, und gab dafür die gleiche Menge Geld an den Finanzminister aus. Anders gesagt: Die Reichsbank druckte das Geld, das der Finanzminister brauchte, aber nicht hatte. Dadurch vergrößerte sich die Geldmenge ständig. Ende 1919 belief sich der Wert des umlaufenden Bargeldes auf rund 50 Milliarden Mark, ein Jahr danach waren es mit knapp 81 Milliarden schon über 50 Prozent mehr, und im September 1921 erreichte die Summe 95 Milliarden.[65]

Je mehr Geld in einem System ist, desto stärker steigen die Preise – das ist ein relativ simpler Zusammenhang, und auch der Führung der Reichsbank schien dies in einigen lichten Momenten bewusst zu sein. Im März 1919 hatte sie »die andauernde Vermeh-

Abb. 6: Entwicklung der Geldmenge im Deutschen Reich von Januar 1913 bis September 1921, in Milliarden Mark

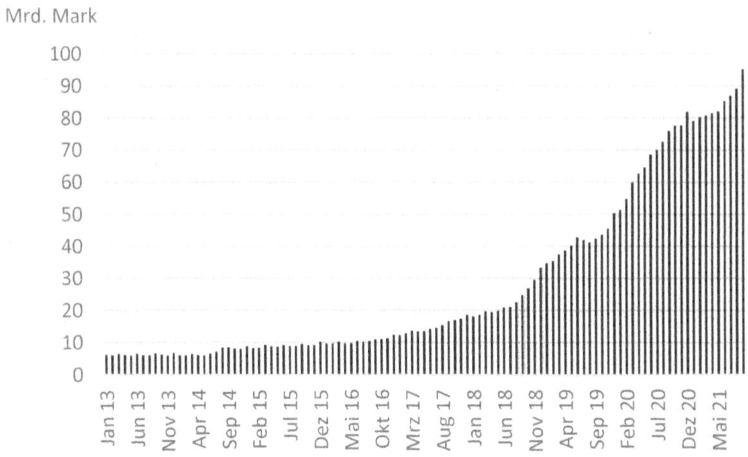

Quelle: Statistisches Reichsamt

rung der papierenen Zahlungsmittel«[66] beklagt und einen Verzicht auf die Staatsfinanzierung über die Notenpresse verlangt. Doch danach verstummte der Protest wieder. Der Finanzminister brauchte neues Geld, und die Notenbank druckte es – klaglos. Viel dagegen machen konnte sie ohnehin nicht. Denn die Reichsbank war nicht unabhängig. Sie unterstand der Regierung beziehungsweise dem Finanzminister, und solange dieser nichts an dem Verhältnis von Einnahmen zu Ausgaben ändern wollte oder konnte, vermochte sie wenig zu tun.

Einer der wenigen, der dagegengehalten hatte, war Matthias Erzberger gewesen. Mit seinen Steuerreformen war es ihm gelungen, die Einnahmen des Staates drastisch zu erhöhen. Sie stiegen während des Jahres 1920 – in konstanten Goldmarkpreisen von 1913 gerechnet – stetig an und hielten sich auch nach seinem Rücktritt im März 1920 auf diesem Niveau. Im April 1921 lagen sie beispielsweise zwölfmal so hoch wie im April 1920.[67]

Doch ab Mitte 1921 stürzten sie wieder ab. Der Grund dafür war der einsetzende neuerliche Verfall der Mark, ausgelöst durch die fällig werdenden Reparationszahlungen. Das wiederum heizte auch die Inflation an. Entscheidend dabei: Diese erreichte nun eine neue Geschwindigkeit. Denn eine langsame, stetige Geldentwertung ist für die Staatseinnahmen unschädlich. Ab einer bestimmten Geschwindigkeit der Inflation fallen die Steuereinnahmen jedoch, und zwar ganz von selbst. Das liegt zum einen daran, dass Unternehmen ihre Steuern erst mit einigen Wochen Verzug ans Finanzamt abführen müssen – bei einer rasanten Inflation ist deren Wert aber bis zur Fälligkeit schon wieder erheblich gesunken. Zum anderen wurden damals viele Verbrauchssteuern nicht prozentual erhoben, sondern in absoluten Summen. Mit schnell steigenden Preisen verfällt jedoch auch deren Wert, und der Staat kommt nicht mehr hinterher, die Steuern anzuheben.

Die logische Folge davon war, dass die Einnahmen des Finanzministers* zwischen Mai und September 1921 in absoluten Summen gerechnet zwar nur leicht zurückgingen, sich ihr Wert, in Goldmark gerechnet, jedoch praktisch halbierte.

Der neuerliche Verfall der Mark führte jedoch auch dazu, dass sich die Importe verteuerten, also auch jene für Getreide. Da der Brotpreis subventioniert war, hätten die staatlichen Zuschüsse bei einem konstanten Preis folglich immer weiter steigen müssen und wären irgendwann völlig aus dem Ruder gelaufen. Die Regierung musste im Sommer 1921 also handeln. Sie plante, den Brotpreis zum 15. August um 50 Prozent zu erhöhen. 4 Milliarden Mark sollten so eingespart werden.[68] Doch dagegen liefen Gewerkschaften, linke Sozialdemokraten und Kommunisten Sturm, nicht nur bei Versammlungen wie jener in Kliems Festsälen. Auch die SPD-Minister in der Regierung

---

* Nach dem Rücktritt Matthias Erzbergers und dem Ende des Kabinetts von Gustav Bauer im März 1920 hatte der darauffolgende Reichskanzler Hermann Müller den Zentrumspolitiker Joseph Wirth zum Reichsfinanzminister berufen.

machten Druck. Am Ende einigte sich das Kabinett daher darauf, die Erhöhung auf 40 Prozent zu begrenzen, der Brotpreis stieg daher zum 15. August von 2,64 Mark »nur« auf 3,66 Mark je Kilo.

Doch die Gewerkschaften wollten einen solchen Kaufkraftverlust nicht hinnehmen. Vielerorts riefen sie zu Streiks auf und zwangen die Arbeitgeber nach und nach in allen Branchen zu kräftigen Lohnaufschlägen – der berüchtigte Zweitrundeneffekt setzte ein. So stieg beispielsweise der Wochenlohn eines Buchdruckers zwischen Juli und Oktober von 258 auf 340 Mark, also um rund ein Drittel.[69]

Der Staat selbst versuchte, dem noch entgegenzuwirken und die Gehälter der Beamten und Angestellten des Öffentlichen Dienstes einigermaßen stabil zu halten. So kletterte das Monatsgehalt eines mittleren Beamten mit zwei Kindern von Juli auf August »nur« von 2.021 auf 2.310 Mark.[70] Doch die Regierung – ohnehin schon unter propagandistischem Dauerfeuer von rechts – konnte es sich nicht

Abb. 7: Entwicklung der Monatsgehälter der Beamten 1921, inklusive Zulagen für Ehefrau und zwei Kinder

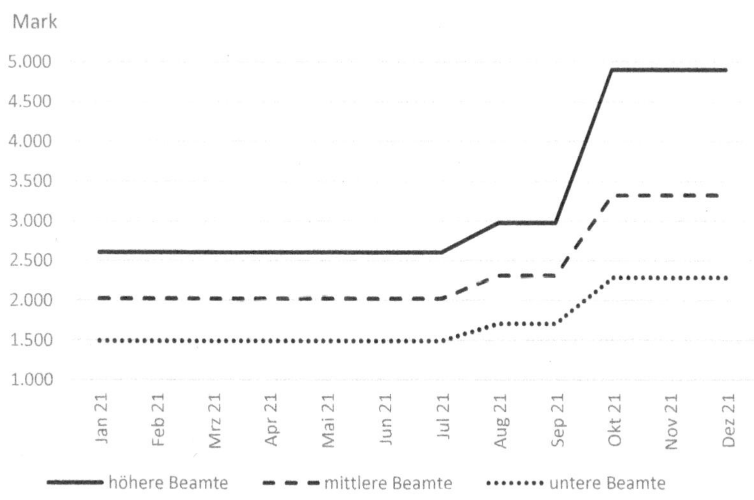

Quelle: Statistisches Reichsamt

leisten, jene Berufsgruppe weiter zu vergrätzen, die essenziell für das Funktionieren des Staates war, die aber gleichzeitig ohnehin schon am kritischsten gegenüber der Demokratie eingestellt war. Denn die meisten Beamten waren noch während des Kaiserreiches in Dienst gestellt worden und hatten ihren Diensteid auf den Kaiser geschworen, nicht auf die Republik. Im Oktober wurde daher auch das Gehalt der mittleren Beamten auf 3.340 Mark monatlich hochgesetzt.

Diese eklatanten Lohnsprünge führten jedoch nur dazu, dass nun die Preise noch schneller stiegen. Der Liter Vollmilch beispielsweise verteuerte sich in Berlin zwischen Juli und Dezember von 3,55 auf 6,20 Mark. Ein Kilo Zucker kostete Ende des Jahres 11,50 statt 8 Mark. Der Butterpreis kletterte von 51 auf 87 Mark pro Kilo, und für ein Ei, das im Juli noch 1,60 Mark gekostet hatte, wurden im Dezember 4,10 Mark verlangt.

Im ersten Halbjahr 1921 waren die Preise um etwa 10 Prozent gestiegen. Doch ab Juli wurden Preise und Löhne in immer kürzeren Abständen erhöht, im zweiten Halbjahr verteuerte sich die Lebenshaltung daher schon um 50 Prozent. Die Inflation nahm langsam, aber sicher Fahrt auf. Und die Regierung hatte dem wenig bis nichts entgegenzusetzen. Denn offensichtlich war sie in einem Teufelskreis gefangen: Wenn sie Subventionen kürzte, stiegen die Preise und dann die Löhne. Wenn sie Steuern erhöhte, geschah das Gleiche.

Die einzige Lösung wäre ein radikaler Schnitt gewesen, eine drastische Kürzung bei den größten Verursachern der Haushaltsdefizite – und das waren die Staatsdiener. Allein die Defizite von Reichsbahn und Post summierten sich im Herbst 1921 für das laufende Haushaltsjahr schon auf rund 18 Milliarden Mark.[71] Friedrich Carl Duisberg, einer der führenden Industriellen jener Zeit, wies in einer Unterredung zwischen dem Reichskanzler und dem Reichsverband der Deutschen Industrie am 7. September 1921 darauf hin, dass die Bahn allein 80.000 Bauhandwerker beschäftige. Seiner Meinung nach viel zu viele, zumal die Industrie gleichzeitig

Abb. 8: Entwicklung der Inflationsrate in Prozent gegenüber Vorjahresmonat

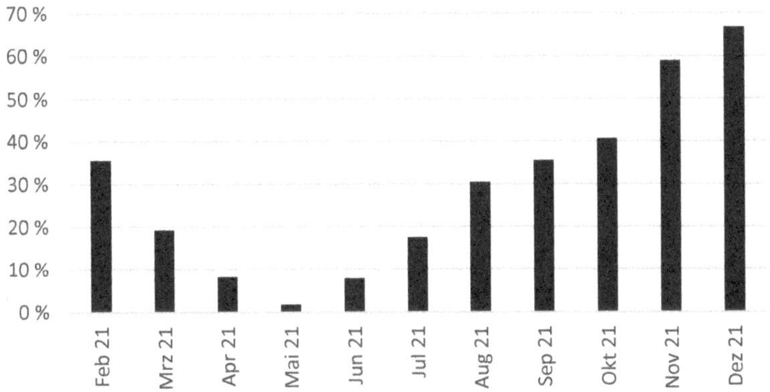

70 %
60 %
50 %
40 %
30 %
20 %
10 %
0 %
Feb 21
Mrz 21
Apr 21
Mai 21
Jun 21
Jul 21
Aug 21
Sep 21
Okt 21
Nov 21
Dez 21

Quelle: Statistisches Reichsamt

an Arbeitskräftemangel leide.[72] Massenentlassungen in den staatlichen Betrieben wären jedoch mit den Sozialdemokraten und den Gewerkschaften nicht zu machen gewesen.

Der Staatshaushalt war aus den Fugen geraten, die Reparationen erforderten Mittel, die das Land nicht hatte, und die Notenbank schuf das fehlende Geld mit der Notenpresse. Diese ständige Ausweitung der Geldmenge ließ die Preise in die Höhe schnellen, dies löste wiederum immer neue Lohnerhöhungen aus und trieb die Preise weiter. Ein Teufelskreis war in Gang gekommen, und dieser wäre nur zu beenden gewesen, wenn das Übel an der Wurzel, dem Defizit des Staates, gepackt worden wäre. Entweder hätte die Regierung also einen strikten Sparkurs einschlagen müssen, Millionen Staatsdiener entlassen und Sozialleistungen kürzen müssen, oder sie hätte massive Steuererhöhungen durchsetzen müssen. Zu nichts davon konnte sich die Regierung jedoch durchringen.

Die eigentlichen Ursachen der Inflation konnte und wollte die Regierung also nicht angehen. Doch nichts zu tun, war auch keine Option. Daher verfiel sie nun auf Symbolpolitik. Sie rief zum

Kampf gegen eine Gruppe auf, die sie öffentlich als die eigentlichen Verursacher der Inflation anprangerte: Wucherer und Preistreiber. Dazu belebte sie die Preisprüfungsstellen neu, die einst während des Krieges eingerichtet worden waren, zuletzt aber wenig zu tun hatten. Sie sollten um Kommissionen mit Vertretern aus dem breiten Volk ergänzt werden. In einem Schreiben vom 7. Dezember 1921 an die Landesregierungen erklärte der Reichswirtschaftsminister, was diese Kommissionen tun sollten und wer darin mitwirken sollte:

> »Die Aufgabe dieser Kommissionen besteht darin, geeignete Persönlichkeiten zur Mitwirkung bei der Preisprüfung und insbesondere zur Feststellung von Preistreibereivorgängen zu entsenden. Zu diesem Zweck muß ihnen Gelegenheit geboten werden, sich über alle Aufgaben der Preisprüfungsstellen zu unterrichten, Wahrnehmungen aus Verbraucherkreisen und Vorschläge vorzubringen und zum Gegenstand der Beratung zu machen. Die Auswahl der Mitglieder dieser Kommissionen bedarf besonderer Sorgfalt. Sollen sie ihre Aufgabe erfüllen, so werden sie vor allem vom Vertrauen der minder kaufkräftigen Volksschichten getragen werden müssen. Die Auswahl wird daher aus den Kreisen der Gewerkschaften, Konsumgenossenschaften, der Hausfrauenvereine als ehrenamtlich tätige Beauftragte (...) zu erfolgen haben.«[73]

Zusätzlich wollte die Regierung auf Abschreckung setzen. So sollten Verurteilungen wegen Wuchers künftig durch öffentlichen Anschlag und in Tageszeitungen verpflichtend veröffentlicht werden. Ein solches Gesetz wurde allerdings nie verabschiedet. Denn es sei eine Tatsache der Erfahrung, dass immer nur relativ harmlose Menschen von den Wucherbestimmungen getroffen würden, wie ein Staatssekretär während einer Kabinettssitzung dazu äußerte.[74]

Damit hatte er wohl recht. Seine Worte machen gleichzeitig klar, dass dieser Schattenkampf gegen die vermeintlichen Wucherer ein reines Ablenkungsmanöver war. An die Ursachen der Inflation reichte das nicht.

Daten und Ereignisse des Jahres 1921

29. Januar 1921: In ihrer Pariser Note fordern die Alliierten Reparationszahlungen von 269 Milliarden Goldmark.

Februar 1921: Der US-Kongress erhöht mit der Emergency Tariff Bill die Zölle.

4. Mai 1921: Mit dem Rücktritt des Kabinetts Fehrenbach endet die Koalition aus Zentrum, DDP und DVP.

5. Mai 1921: Der Londoner Zahlungsplan reduziert die Reparationsforderungen auf 132 Milliarden Goldmark.

10. Mai 1921: Die Regierung Wirth aus SPD, Zentrum und DDP kommt ins Amt.

10. Mai 1921: Der Reichstag nimmt den Londoner Zahlungsplan an.

15. August 1921: Der Brotpreis wird um 40 Prozent erhöht.

26. August 1921: Matthias Erzberger wird ermordet.

31. August 1921: Deutschland zahlt die erste Rate der Reparationen gemäß dem Londoner Zahlungsplan in Höhe von 1 Milliarde Goldmark.

13. November 1921: Louis Dubois, Präsident der Reparationskommission, lehnt ein Moratorium bei den Reparationszahlungen ab.

KAPITEL 9

Das Moratorium

Januar 1922

1922 war die wirtschaftliche Lage Deutschlands prekär, um es vorsichtig auszudrücken. 50 Jahre zuvor, in den Jahren 1871 bis 1873, hatte dagegen Aufbruchsstimmung geherrscht. Es war die Gründerzeit, die Ära, als im neu gegründeten Kaiserreich überall neue Firmen entstanden. Und es war die Zeit eines Börsenbooms: Über 900 Gesellschaften brachten damals innerhalb weniger Monate ihre Aktien an die Börse, und die Kurse stiegen rasant.

Ausgelöst worden war das ganz wesentlich durch die französischen Reparationszahlungen nach der Niederlage Frankreichs im deutsch-französischen Krieg 1871. 1.450 Tonnen Gold hatte Paris an Deutschland gezahlt. Das nutzte das neu gegründete Kaiserreich, um die Kriegsschulden abzulösen, doch das Reich investierte auch massiv in die Infrastruktur, was den Boom auslöste.

Banken witterten das große Geschäft, drängten selbst winzige Betriebe dazu, sich in eine AG umzuwandeln und aufs Börsenparkett zu gehen. Viele Unternehmer machten freudig mit, aber auch Gauner und Betrüger, die einfach nur große Luftschlösser verkauften. Und so endete das alles in einem großen Crash, dem Gründercrash von 1873. Die meisten der frisch gegründeten Aktiengesellschaften gingen pleite. Viele Investoren verloren ihr Geld, viele Unternehmer ihre Existenz.

Einer davon war Emil Rathenau. Zusammen mit einem Kompagnon hatte er eine kleine Fabrik für Dampfmaschinen betrieben, die 1873 in der Gründerkrise insolvent wurde. Von da an war Rathenau auf der Suche nach einer neuen Geschäftsidee – und fand sie schließlich 1883. Damals erwarb er die Rechte zur wirtschaftlichen Nutzung der Patente Thomas Alva Edisons in Deutschland und gründete die Deutsche Edison-Gesellschaft für angewandte Elektricität. 1888 wurde dieses Unternehmen umbenannt in Allgemeine Elektricitäts-Gesellschaft, kurz AEG. Das Unternehmen wurde schnell zu einem der führenden Elektrokonzerne des Landes, stellte Lampen, Motoren, Turbinen, Bahnen her.

Rathenau wollte, dass eines Tages sein Sohn Walther, der 1867 geboren worden war, in seine Fußstapfen treten würde. Doch dieser gab sich zunächst störrisch. Er strebte vielmehr eine Laufbahn als Offizier beziehungsweise als Diplomat an. Auch als Künstler versuchte er sich. Doch all das war nicht von Erfolg gekrönt, sodass er in den 1890er-Jahren doch in führender Position bei der AEG eintrat. Und hier sollte er höchst erfolgreich werden, weit über das eigene Unternehmen hinaus. Mehr als 80 Aufsichtsratsposten hatte er vor dem Krieg schon inne, war bestens vernetzt und wirkte eifrig an der Bildung von Kartellen und Syndikaten mit. 1912 übernahm er von seinem erkrankten Vater die Leitung der AEG.

Während des Krieges war sein Unternehmen der zweitgrößte Rüstungsproduzent des Landes, nach Krupp, und Walther Rathenau war auch jetzt kein Mann der leisen Töne. Er forderte nicht nur die Bombardierung Londons, sondern beispielsweise auch die Verschleppung belgischer Zivilisten zur Zwangsarbeit nach Deutschland. Auch den Waffenstillstand 1918 kritisierte er.

Nach dem Krieg war er dann jedoch einer der Gründer der linksliberalen Deutschen Demokratischen Partei (DDP), die zusammen mit SPD und Zentrumspartei zu den tragenden Parteien der Republik gehörte. Er war als guter Netzwerker und für sein Verhandlungsgeschick bekannt. Und die Ironie der Geschichte wollte es, dass die Reparationsfrage auch für ihn zu einer schicksalhaften Wendung führte, wie schon bei seinem Vater. Allerdings mit umgekehrten Vorzeichen, denn nun war es Deutschland, das Reparationen an Frankreich zahlen musste.

Reichskanzler Wirth hatte Walther Rathenau gleich zu Beginn seiner Kanzlerschaft im Mai 1921 in sein Kabinett berufen, als Wiederaufbauminister. In dieser Eigenschaft hatte er im Oktober 1921 mit Frankreich ein Abkommen über deutsche Sachlieferungen an französische Kriegsgeschädigte geschlossen. Von seinem Posten war er zwar kurz darauf aufgrund einer Regierungskrise, in deren Zuge seine Partei die Koalition verließ, zurückgetreten, er blieb aber in Diensten der Regierung. Er nutzte insbesondere seine guten Verbindungen nach Frankreich und Großbritannien, um das Kabinett in den Verhandlungen mit den Alliierten zu unterstützen. Und das sollte sich als ein Glücksfall erweisen.

Denn im Herbst des Jahres 1921 war der deutschen Regierung klar geworden, dass der Londoner Zahlungsplan nicht einzuhalten war. Der neue Finanzminister Andreas Hermes, der das Amt Ende Oktober übernommen hatte, musste erkennen, dass er das Geld für die nächste Rate, die im Januar 1922 fällig war, nicht auftreiben konnte. Die Staatskasse war leer, Kredite von internationalen Investoren waren nicht zu bekommen, und ein weiterer Devisentausch am Markt, wie ihn die Regierung im Sommer vorgenommen hatte, würde die Mark nur noch tiefer in den Abgrund reißen. Daher kam nun die Idee auf, die Alliierten um ein Moratorium zu bitten, also eine zeitweise Aussetzung der Zahlungen. In informellen Gesprächen mit amerikanischen Regierungsvertretern schien sich anzudeuten, dass dafür eine reelle Chance bestand.

Am 13. November war dann Louis Dubois, der Präsident der Reparationskommission, zu Besuch beim Reichskanzler in Berlin. Dabei ließ Wirth leise die Frage anklingen, ob die Alliierten Deutschland vielleicht eine Zahlungsunterbrechung gewähren könnten. Auf keinen Fall, antwortete Dubois wirsch. Die Raten für

Januar und Februar 1922 seien zu zahlen, sonst werde das schwerwiegende Folgen haben, »des graves conséquences«.[75]

Nach dieser Abfuhr versuchte die Regierung, die deutsche Industrie für einen Devisenkredit zu gewinnen. Der Reichsverband der Deutschen Industrie reagierte jedoch am 18. November ebenfalls klar und eindeutig:

> »Nach eingehenden Beratungen unter Mitwirkung der vom Zentralverband des deutschen Bank- und Bankiergewerbes eingesetzten Kommission sind wir zu der Überzeugung gelangt, daß die Voraussetzungen für einen kurzfristigen Kredit nicht gegeben sind, weil dessen pünktliche Rückzahlung nicht gewährleistet werden kann. Auch sind die der deutschen Volkswirtschaft zur Verfügung stehenden Devisen unbedingt erforderlich für die notwendige Beschaffung von Rohstoffen und Lebensmitteln und zur Erfüllung von bereits eingegangenen Verpflichtungen.«[76]

Die Industrie glaubte nicht daran, dass sie Devisen, die sie der Regierung leihen sollte, jemals wiedersehen würde, und außerdem, so ihre Argumentation, könne sie diese nicht entbehren, brauche sie vielmehr für die Beschaffung von Rohstoffen auf dem Weltmarkt.

Nun blieb noch die Möglichkeit, sich bei ausländischen Regierungen Geld zu leihen. Reichsbankpräsident Rudolf Havenstein wandte sich daher an seinen Kollegen Montagu Collet Norman bei der Bank of England. Doch dieser antwortete in einem Brief am 3. Dezember:

> »Ich habe mich mit den kompetentesten Personen beraten, um mir eine Meinung zu bilden, und muss auf Ihre Bitte hin sagen, dass unter den Bedingungen, die derzeit für die Zahlungen der deutschen Regierung an die Reparationskommission

> in den nächsten Jahren gelten, solche Vorleistungen in diesem Land nicht erbracht werden können.«[77]

Kurz: Auch England gab keinen Kredit.

Die Lage schien aussichtslos. Doch da riet die englische Seite der deutschen Regierung, doch noch mal bei der Reparationskommission um ein Zahlungsmoratorium zu bitten. Denn offenbar schien Großbritannien nun eine Chance zu sehen, die Kommission zu einem solchen Schritt bewegen zu können. Dies tat Reichskanzler Wirth umgehend und wies in dem Schreiben insbesondere auf die gescheiterten Kreditverhandlungen mit London hin.[78]

Gesprochen werden sollte über die deutsche Bitte bei einer Konferenz in Cannes vom 6. bis 13. Januar 1922, wo Deutschland und die Alliierten zusammentrafen. Wirth schickte nun Walther Rathenau dorthin, um für die deutsche Seite die Verhandlungen zu führen – und das war eine weise Entscheidung. Denn Rathenau kehrte tatsächlich erfolgreich nach Hause zurück. Deutschland wurde ein kurzfristiges Moratorium gewährt. Als Gegenleistung sollte die deutsche Regierung einerseits einen Plan vorlegen, wie sie den Haushalt zu sanieren gedenke. Andererseits sollte sie einen Plan unterbreiten, welche Geld- und Sachleistungen sie 1922 leisten könne.[79]

Rathenau hatte der Regierung eine Verschnaufpause verschafft. Diese machte sich sofort an die Arbeit, um die Bedingungen zu erfüllen, und bot kurz darauf eine Summe von 720 Millionen Goldmark für das Gesamtjahr 1922 an, statt der dem Londoner Zahlungsplan zufolge fälligen 3 Milliarden. Zudem brachte sie Steuererhöhungen auf den Weg, die die Einnahmen des Staates um 50 Milliarden Mark steigern und damit fast verdoppeln sollten. Vor diesem Hintergrund sah die Regierung eine echte Chance, die Reparationssummen insgesamt neu zu verhandeln und deutlich abzusenken. Umso mehr, als Rathenau am 31. Januar 1922 zum Außenminister ernannt worden war und damit nun auch ganz offiziell für Deutschland sprechen konnte.* Doch wieder kam etwas dazwischen.

Denn es hatte nicht nur am Verhandlungsgeschick Rathenaus gelegen, dass die Konferenz von Cannes Deutschland ein Moratorium zugestand. Ebenso wichtig war, dass es auf französischer Seite eine grundsätzliche Bereitschaft zu einer Verständigung mit Deutschland gegeben hatte, und dafür wiederum war der seit Januar 1921 amtierende Ministerpräsident Aristide Briand ausschlaggebend gewesen. Briand hatte zwar schon während des Krieges zeitweise als Ministerpräsident agiert, dennoch war er nie ein Kriegstreiber gewesen, wie dies unter den Führern auf deutscher Seite größtenteils der Fall war. Auch nach dem Krieg setzte sich der Sozialist Briand für Frieden und Verständigung ein. Einige Jahre später, 1926, erhielt er sogar zusammen mit Gustav Stresemann den Friedensnobelpreis für ihren Versuch der Versöhnung zwischen Frankreich und Deutschland.

Auch jetzt, 1921/1922, empfand Briand die Bedingungen des Versailler Vertrags als zu hart für Deutschland, und er war zu Zugeständnissen bei den Reparationen bereit. Allerdings fand er dafür immer weniger Rückhalt in der französischen Bevölkerung. Als auf der Konferenz von Cannes auch noch der von ihm angestrebte Sicherheitspakt zwischen Frankreich und Großbritannien scheiterte, trat er zurück.

Das hatte schwere Folgen für Deutschland. Denn an Briands Stelle trat nun Raymond Poincaré, der eine komplett andere Grundhaltung gegenüber dem Deutschen Reich hatte. Als er zehn Jahre

* Die Regierung Wirth war eine Minderheitsregierung und musste sich wechselnde Mehrheiten im Reichstag suchen. Daher war auch nach dem Ausscheiden der DDP aus der Regierung im Oktober 1921 der Draht zu der Partei nie abgerissen, und insbesondere Rathenau hatte weiter eng mit der Regierung zusammengearbeitet. Durch Rathenaus Wiedereintritt in die Regierung wurde die Verbindung zur DDP noch enger, ohne dass diese aber formalisiert wurde, da die Regierungen sich in der Weimarer Republik nicht auf Koalitionsverträge stützten.

alt gewesen war, hatte er mit ansehen müssen, wie deutsche Truppen im deutsch-französischen Krieg 1870 seine Heimatstadt Bar-le-Duc überrollten. Dies muss ihn zutiefst geprägt haben. Während des Krieges war er bereits Staatspräsident Frankreichs gewesen und hatte ebenso wie die deutsche Seite auf einen Siegfrieden gesetzt. Nur hatte er im Gegensatz zu den Deutschen sein Ziel erreicht. Aber auch nach dem Krieg gab er sich unnachgiebig, unterstützte nachdrücklich die harten Bedingungen gegenüber Deutschland im Versailler Vertrag und verteidigte stets die Formel von der Alleinschuld Deutschlands am Krieg. Am 15. Januar 1922 übernahm er das Amt des Ministerpräsidenten von Aristide Briand.

Schon in seiner Regierungserklärung wurde klar, dass er den Beteuerungen Deutschlands, die Reparationen nicht leisten zu können, keinen Glauben schenkte. Er vermutete vielmehr eine Art betrügerischen Bankrott, eine absichtlich herbeigeführte Verschlechterung der wirtschaftlichen Lage, um die Reparationen nicht leisten zu müssen. Er sagte:

> »Deutschland behauptet, es sei zahlungsunfähig. Im Gegenteil, es verschleudert systematisch seine staatlichen Mittel. Es zahlt weniger Steuern als Frankreich und erhält seine Steuerbeträge regelmäßiger. Es macht unbegründete Ausgaben und gibt Papiergeld aus, das den Wert seines Geldes verringert und seine Ausfuhr fördert. (…) Während es aber dieses scheinbare Elend organisiert, verteilen seine Gesellschaften riesige Dividenden, arbeiten seine Fabriken in vollem Umfange, nimmt seine wirtschaftliche Stärke jeden Tag zu, und wenn sich der Staat ruiniert, so bereichert sich doch die Nation.«[80]

Sein Amtsantritt löste daher in Deutschland großes Unbehagen aus. Aber auch in Frankreich nahmen nicht alle seine Regierungsübernahme mit Freude auf, vor allem in der linken Opposition waren die Urteile vernichtend. »Er ist der Mann des Militarismus und des

Kleinbürgertums«, ätzte der Schriftsteller Paul Vaillant-Couturier in einer Rede.[81] Er sei gar imstande, das Land in einen neuen Krieg zu führen. Und die Zeitung *L'Humanité* veröffentlichte ein Foto von Poincaré während eines Besuchs von Kriegsgräbern in Verdun, auf dem es so aussah, als lache dieser. »Der Mann, der auf Friedhöfen lacht«, schrieb sie darunter.[82]

Poincaré war definitiv ein Hardliner. Und folglich drehte sich der Wind für Deutschland bei den Verhandlungen mit der Reparationskommission nun komplett. Erstmals zeigte sich das in der Antwort der Reparationskommission auf das Ersuchen Deutschlands, die Summe der Reparationen für 1922 auf 720 Millionen Goldmark zu begrenzen.

Am 21. März 1922 teilte die Kommission mit, dass sie damit einverstanden sei, aber zusätzlich sollten noch Sachleistungen im Wert von 1.450 Millionen Goldmark dazukommen. Außerdem wollte sie sichergehen, dass Deutschland die Zeit des Moratoriums wirklich nutze, um seine Finanzen in Ordnung zu bringen und danach die Reparationen in der ursprünglich geforderten Höhe leisten zu können. Denn die 50 Milliarden Mark, die Deutschland durch Steuererhöhungen zuletzt an zusätzlichen Einnahmen generiert hatte, entsprachen im Wert zwar ungefähr jenen 720 Millionen Goldmark, die 1922 an Reparationen zu leisten waren – doch die Regierung hatte diese inzwischen schon wieder anderweitig verplant, im Wesentlichen für weitere Gehaltserhöhungen für die Beamten. Daher forderte die Reparationskommission, dass Deutschland sein Steueraufkommen bis Ende Mai 1922 um weitere 60 Milliarden Mark erhöhen sollte. Um dies zu gewährleisten, wollte die Reparationskommission den deutschen Reichshaushalt ihrer Kontrolle unterstellen.[83]

Es entbehrt nicht einer gewissen Ironie, dass Deutschland rund 90 Jahre später, während der Griechenland-Krise, in der Europäischen Union, ganz ähnliche Forderungen an Athen stellte wie damals Frankreich an Deutschland – und auch größtenteils durchsetzte. Die sogenannte Troika, bestehend aus der Europäischen Kommission, dem Internationalen Währungsfonds und der Europäischen Zentralbank, schrieb Griechenland teilweise detailliert vor, wo Ausgaben gekürzt, Steuern erhöht oder Staatsbesitz veräußert werden sollte. Der Haushalt stand unter der Aufsicht der EU. Doch so, wie dies für Griechenland 2012 eine ungeheure Beschneidung der staatlichen Souveränität bedeutete, so war es dies auch 1922 für Deutschland.

Welchen Anteil an dieser Verschärfung des Tons Poincaré hatte, wurde den deutschen Vertretern von verschiedenen Seiten immer wieder mehr oder weniger offen dargelegt. All die Dokumente jener Zeit zeigen, dass sowohl Großbritannien als auch Belgien und die USA davon überzeugt waren, dass man Deutschland entgegenkommen müsse, damit zunächst einmal dessen Staatsfinanzen wieder gesunden könnten, und dass die ursprünglich festgelegten Reparationssummen neu verhandelt werden müssten. Doch ganz offensichtlich scheiterte jeder Versuch in diese Richtung an Poincaré. So schrieb Staatssekretär Carl Bergmann nach einer Unterredung mit Léon Delacroix, dem belgischen Vertreter in der Reparationskommission, an Reichskanzler Wirth, von englischer Seite sei zu hören, dass man immer wieder auf Poincarés Forderungen eingehe, weil sonst »das französische Geschrei« wieder losgehe.[84]

Rathenau jedoch wollte gegenüber Poincaré nicht klein beigeben. Er lehnte insbesondere die Forderung nach einer Einnahmensteigerung um 60 Milliarden Mark bis Ende Mai sowie die Kontrolle des Haushalts durch die Alliierten rundweg ab und konnte auch seine Kabinettskollegen und Reichskanzler Wirth von dieser Position überzeugen. Der Kanzler übermittelte daher am 7. April die entsprechende Antwort an die Reparationskommission. Darin teilte er außerdem mit, dass aufgrund des weiter fortgeschrittenen Verfalls der Mark selbst die Zahlung von 720 Millionen Goldmark überhaupt nur noch auf dem Weg über eine Anleihe möglich sei.[85] Und das war ein schwieriger bis unmöglicher Weg.

Tatsächlich hatte sich in den ersten drei Monaten des Jahres 1922 die Preisspirale immer schneller gedreht. Das Statistische Reichsamt hatte für seinen Index der Lebenshaltungskosten das Preisniveau vom Januar 1921 als 100 definiert. Bis zum Juli 1921 war er auf 104 Punkte gestiegen, doch von da an bis Dezember 1921 kletterte er auf 162 Zähler – ein Plus von 62 Prozent innerhalb eines Jahres. Im März 1922 erreichte der Index dann sogar schon 251 Punkte, sprich, die Preise waren in drei Monaten erneut um über 50 Prozent geklettert. Die Inflationsrate, die stets im Vergleich zum gleichen Monat des Vorjahres gemessen wird, hatte nun 150 Prozent erreicht.

Das klingt abstrakt. Für die Menschen bedeutete dies jedoch, dass sich beispielsweise der Preis von einem Kilo Zucker zwischen Dezember 1921 und März 1922 von 11,50 auf 18,50 Mark erhöhte, der Brotpreis kletterte um über zwei Drittel von 3,91 auf 6,74 Mark, und das Kilo Kartoffeln kostete im März mit 4,60 Mark sogar doppelt so viel wie im Dezember.

Aber so düster die Lage im Frühjahr 1922 war, so keimte nun doch plötzlich neue Hoffnung. Und wieder hatte Rathenau daran entscheidenden Anteil.

EXKURS: Die Vampir-Banknote

Eine Banknote, die die Reichsbank im Januar 1922 in Umlauf brachte, zeigt, wie spannungsgeladen die Beziehung zwischen Deutschen und Franzosen zu jener Zeit war. Es handelt sich um einen 10.000-Markschein, der damals dringend benötigt wurde, da die Inflation seit der Annahme des Londoner Ultimatums wieder deutlich zugelegt hatte. Dieser Schein war zu jenem Zeitpunkt, als er ausgegeben wurde, gerade noch rund 50 Dollar wert.

Abb. 9: Banknote zu 10.000 Mark

Quelle: privat

Abgebildet war darauf das »Bildnis eines jungen Mannes« von Albrecht Dürer aus dem Jahr 1507. Allerdings hatte die Vorlage auf dem Geldschein eine winzige Modifikation erfahren. An der rechten Seite des Halses waren einige Striche hinzugefügt worden, was dazu führte, dass der aufmerksame Beobachter, wenn er die Banknote um 90 Grad nach links dreht, an dieser Stelle nun etwas ganz anderes erkennen konnte oder wollte: den Kopf eines Vampirs.

Für die Zeitgenossen damals war klar, was die Reichsbank damit ausdrücken wollte: Der französische Vampir hat sich in den Hals der Deutschen verbissen und will aus ihm mithilfe der Reparationen den letzten Tropfen Blut heraussaugen.[86] Zwar ist weder klar, ob dies wirklich die Absicht der Reichsbank war, noch, ob sie sich der Deutungsmöglichkeit überhaupt bewusst war. Sicher ist aber: Es hat sich auch nie jemand dieser Deutung entgegengestellt.

KAPITEL 10

Der Coup von Rapallo
April 1922

Sämtliche Straßen zum Hafen von Genua waren gesperrt. Die Menschen standen dicht gedrängt hinter den Soldaten, die das Gelände abschirmten. Von Balkonen, von Fenstern, selbst von den Dächern der umliegenden Häuser versuchten sie, einen Blick zu erhaschen. Vor ihnen erhob sich der Palazzo San Giorgio, ein Gebäude aus dem 13. Jahrhundert, das mal Sitz einer Bank gewesen war, aber auch schon als Gefängnis genutzt wurde. Selbst Marco Polo soll dort eingesessen haben.

Am 10. April 1922, dem Montag vor Ostern, wurde dort hoher Besuch erwartet. Staats- und Regierungschefs aus 34 Ländern hatten ihr Kommen angekündigt. Offiziere der Munizipalgarde mit pompösen Paradeuniformen und mit großen Federbüschen auf den spitzen schwarzen Kopfbedeckungen standen zu ihrer Begrüßung bereit. Nach und nach füllte sich der Hauptsaal. Die deutschen Staatssekretäre Schröder und von Simson waren schon da, der Botschafter von Neurath und Reichsbankpräsident Havenstein, Reichskanzler Wirth und Außenminister Rathenau. Alle anderen Nationen nahmen ebenfalls ihre Plätze ein, die französische Delegation war auch schon komplett. Gegen 15 Uhr fehlten nur noch die Engländer. Doch da trat Premierminister David Lloyd George in den Saal – und wurde mit lautem Händeklatschen begrüßt.[87]

Lloyd George hatte diese Zusammenkunft auf der Konferenz in Cannes vorgeschlagen und sie dann maßgeblich organisiert. Das offizielle Ziel war, das durch den Krieg zerrüttete Wirtschafts- und Finanzsystem Europas auf der Konferenz von Genua wieder auf ein stabiles Fundament zu stellen. 34 Staaten nahmen daran teil, allesamt Teilnehmer des Krieges, darunter auch das inzwischen kommunistische Russland und Deutschland – diesmal als gleichberechtigter Partner, nicht mehr als gedemütigter Feind wie in Versailles. Die USA, die sich einer isolationistischen Politik verschrieben hatten, fehlten jedoch im Palazzo San Giorgio, in jenem »Haus, in dem Europa ein neues Leben geschenkt werden soll«, wie die Presse schrieb.[88]

Doch Lloyd George hatte daneben ganz eigennützige Motive. Ihm ging es auch darum, Mittel- und Osteuropa politisch und ökonomisch zu stabilisieren, weil sich dort wichtige Absatzmärkte für die britische Industrie befanden. Zudem sollte mit diesen Ländern eine marktwirtschaftlich orientierte Abwehrfront gegenüber Russland gebildet werden.

Frankreich unter Aristide Briand hatte ursprünglich, als die Konferenz geplant wurde, ähnliche Ziele. Doch der neue Ministerpräsident Raymond Poincaré verfolgte einen ganz anderen, nationalistischen Kurs. Er wollte eigentlich überhaupt nicht mehr an der Konferenz teilnehmen und war vom britischen Premier lediglich dazu überredet worden.

Deutschland wiederum versprach sich von der Konferenz vor allem eine neue Diskussion um die Reparationszahlungen. Reichskanzler Wirth und Außenminister Rathenau wollten den anderen Delegationen klarmachen, dass Deutschland die geforderten Summen nicht aufbringen könne.

Das kommunistische Russland – die Sowjetunion wurde erst im Dezember 1922 gegründet – hatte ein ähnliches Ziel wie Deutschland. Die Regierung wollte nicht für die Schulden des zaristischen Russlands aufkommen und verlangte einen Schuldenerlass.

Frankreich lehnte es jedoch rundheraus ab, über diese Themen überhaupt zu sprechen, sowohl was eine Neuverhandlung der deutschen Reparationen anging als auch was die Schulden Russlands betraf. Mehr noch gab es während der Konferenz sogar Stimmen, die von den Russen forderten, den gesamten Besitz des Landes zu verpfänden, um die Rückzahlung der Schulden zu erzwingen.

Am Konferenztisch saßen also zwei Länder mit sehr ähnlichen Problemen, und sie stießen beide mit ihren Argumenten auf taube Ohren, sahen sich vielmehr einer konsequenten Abwehrfront gegenüber. So gingen alle in die Osterpause.

In der Nacht von Samstag auf Ostersonntag, gegen 2 Uhr, nahmen dann aber die russische und die deutsche Delegation Verbindung miteinander auf. Am nächsten Morgen, dem 16. April, fuhr Außenminister Rathenau nach Rapallo, einem kleinen Badeort, rund 30 Kilometer von Genua entfernt. Er betrat den dortigen Palazzo Imperiale, ein Hotel, in dem seit Beginn der Konferenz die russische Delegation residierte, und wurde von Russlands Außenminister Georgi Tschitscherin freudig begrüßt. Denn auf dem Tisch lag ein Vertrag, den beide Seiten an diesem Tag unterzeichnen sollten: der Vertrag von Rapallo.[89] Dieser war schon in den Wochen zuvor von Unterhändlern vorbereitet worden. Doch lange Zeit hatte Russland noch gehofft, einen Vertrag mit den Westmächten schließen zu können. Als das jedoch in weite Ferne rückte, gab Lenin den Befehl, sich mit den Deutschen zusammenzutun. Die zwei Geächteten der Konferenz fanden nun zusammen.

Der Vertrag sah vor, dass beide Seiten wechselseitig auf eine Erstattung der Schäden aus dem Krieg verzichteten, diplomatische Beziehungen aufnahmen und in den Handelsbeziehungen das Prinzip der Meistbegünstigung gelten sollte. Der jeweils anderen Seite wurden also alle Handelsvorteile gewährt, die anderen auch bereits gewährt wurden.

Die beiden Vertragspartner versuchten zwar, die Bedeutung des Vertrags herunterzuspielen. Russland behauptete gar, dieser habe überhaupt nichts mit der Konferenz zu tun, es sei reiner Zufall, dass er nun gerade hier geschlossen wurde. Doch das sahen die anderen Konferenzteilnehmer natürlich ganz anders. Bei ihnen schlug die Nachricht wie eine Bombe ein. Poincaré war empört, Großbritanniens Premier Lloyd George forderte von Deutschland sogar die umgehende Annullierung des Vertrags.[90] Doch Deutschland und Russland weigerten sich. Beide hatten das berechtigte Gefühl eines Triumphes. Ihnen war ein Coup gelungen, mit dem sie die anderen Staaten mit ihren Forderungen in die Schranken zu weisen glaubten.

Für die beiden Länder war die Konferenz von Genua damit ein voller Erfolg, und auf deutscher Seite sah die Öffentlichkeit vor allem Außenminister Rathenau als den Mann, der dies geschafft hatte – obwohl dieser den Vertrag eigentlich eher widerwillig unterzeichnet hatte, nachdem seine Diplomaten diesen zuvor weitgehend hinter seinem Rücken eingefädelt und vorbereitet hatten. Doch Rathenau stand zu seiner Unterschrift, und der Vertrag war ein Signal, dass mit Deutschland durchaus noch zu rechnen war, dass es fähig war, eine eigenständige Rolle im europäischen Konzert der Mächte zu spielen.

Rathenau machte dieser Schachzug zum neuen Star der deutschen Politik. »Nie vorher und nie nachher hat die deutsche Republik einen Politiker hervorgebracht, der so auf die Phantasie der Massen und der Jugend wirkte«, schrieb der Journalist Sebastian Haffner später. Rathenau habe zweifellos zu den fünf, sechs großen Persönlichkeiten des 20. Jahrhunderts gehört. »Wenn er auf eine internationale Konferenz reiste, hatte man zum ersten Mal wieder das Gefühl, daß Deutschland vertreten war.«[91]

Der Schriftsteller Stefan Zweig stand Rathenau sehr nahe und beschrieb in seinen Erinnerungen einen Mann, der wie gemacht war für das diplomatische Parkett:

»Er sprach fließend, als ob er von einem unsichtbaren Blatt ablesen würde, und formte dennoch jeden einzelnen Satz so plastisch und klar, daß seine Konversation mitstenographiert ein vollkommen druckreifes Exposé ergeben hätte. Ebenso sicher wie Deutsch sprach er Französisch, Englisch und Italienisch – nie ließ ihn sein Gedächtnis im Stich, nie brauchte er für irgendeine Materie eine besondere Vorbereitung. Wenn man mit ihm sprach, fühlte man sich gleichzeitig dumm, mangelhaft gebildet, unsicher, verworren angesichts seiner ruhig wägenden, alles klar überschauenden Sachlichkeit.«[92]

Rathenau hatte in Rapallo all diese Stärken ausgespielt und für Deutschland erstmals nach dem Krieg wieder einen außenpolitischen Erfolg eingefahren. Die Initiatoren der Konferenz von Genua, in erster Linie also Großbritannien, aber auch Frankreich, waren dagegen in einer Sackgasse gelandet. Die Delegationen verhandelten zwar nach Ostern weiter, bis zum offiziellen Ende am Mittwoch, den 19. Mai. Doch große Fortschritte wurden nicht mehr erzielt. Der Vertrag von Rapallo ist somit das Einzige, was von dieser Konferenz in Erinnerung blieb.

Und dieser stieß die Alliierten natürlich vor den Kopf. Sie diskutierten sogar, ob das deutsch-russische Abkommen gegen den Versailler Vertrag verstoße – daraus hätten Konsequenzen bis hin zu militärischer Gewalt abgeleitet werden können. Doch insbesondere die englische Seite ließ von solchen Gedanken schon bald wieder ab, was vor allem auch an Rathenau lag. In den folgenden Wochen gelang es ihm, Lloyd George zu beruhigen, der am Ende den Vertrag von Rapallo akzeptierte.

Gleichzeitig konnte Rathenau die Reparationskommission dazu bringen, dass sie am 31. Mai endgültig einem Zahlungsmoratorium zustimmte. Deutschland sollte nun für 1922 nur noch 720 Millionen Goldmark an Barleistungen und 1.450 Millionen Goldmark an Sachleistungen zahlen, zu leisten in einzelnen Monatsraten. Die Forderungen nach zusätzlichen 60 Milliarden Mark an Steuereinnahmen und nach einer Kontrolle des deutschen Haushalts durch die Reparationskommission wurden fallen gelassen.[93]

Deutschland schöpfte wieder Hoffnung, und der wichtigste Hoffnungsträger war Walther Rathenau. Dieser hatte indes noch einen weiteren Coup gelandet: Er hatte erreicht, dass eine internationale Sachverständigenkommission untersuchen sollte, ob und wie Deutschland das Geld über eine Anleihe besorgen könnte.

Während diese Kommission tagte, stürzte die Mark jedoch weiter ab. Zu Jahresbeginn 1922 hatte 1 Dollar noch 191 Mark gekostet, inzwischen waren es 317 Mark. Als die Sachverständigen daher Mitte Juni ihr Untersuchungsergebnis vorstellten, war dieses eindeutig: Es bestehe keine Chance, dass sich Deutschland das Geld über eine Anleihe besorgen könne, solange das Problem der Reparationen nicht endgültig geklärt sei.[94]

Damit hatte Deutschland dank Walther Rathenaus Verhandlungsgeschick nun schwarz auf weiß und von einer Kommission der Alliierten selbst bestätigt, dass es die Reparationen nicht aufbringen konnte.

Fast schien es so, als könnte Deutschland aufatmen. Doch währenddessen war die Inflation weiter vorangeschritten. Die Preise stiegen von März bis Juni im Schnitt erneut um rund 50 Prozent. Ein Roggenbrot kostete nun 8,15 Mark, das Kilo Butter 144 Mark, Zucker 35 Mark, und für ein einziges Ei waren schon 5,30 Mark fällig.

Dann schlugen auch noch die rechten Terrorgruppen erneut zu. Zunächst verübten sie Anfang Juni ein Säureattentat auf den ehemaligen Reichskanzler Philipp Scheidemann, der inzwischen Kasseler Oberbürgermeister war. Er wurde nur leicht verletzt. Drei Wochen danach jedoch nahmen sie den Star der deutschen Politik, Walther Rathenau, ins Visier. Und das ging weniger glimpflich aus.

KAPITEL 11

Der Mord an Walther Rathenau Juni 1922

Es war Samstag, der 24. Juni 1922. Walther Rathenau wollte ins Ministerium, denn dort fand eine Prüfung von Konsularanwärtern statt. Dieser wollte er beiwohnen, dem Nachwuchs die Ehre geben. Um 10:45 Uhr verließ er daher seine Villa in der Königsallee 65 in Berlin-Grunewald und bestieg sein NAG-Cabriolet. Der Fahrer hatte das Verdeck trotz des nicht allzu warmen Wetters geöffnet – es herrschten weniger als 20 Grad –, doch das schien Rathenau nicht zu stören.

Als der Fahrer rund fünf Minuten später in einer S-Kurve abbremsen musste, überholte plötzlich ein offener Mercedes-Tourenwagen, stoppte abrupt, und ein Mann im Fond des Wagens schoss aus einer Maschinenpistole auf Rathenau. Dieser wurde schwer getroffen, hatte Verletzungen an einem Bein und an der Brust, konnte sich aber noch aufrichten und nach vorne zum Fahrer beugen. Offenbar wollte er ihn anweisen, so schnell wie möglich davonzufahren. Doch in dem Moment warf ein zweiter Täter eine Handgranate in das Auto von Rathenau. Diese riss den Außenminister aus dem Leben. Er brach blutüberströmt und leblos zusammen.[95]

Es war ein weiterer Schock für die junge Republik, aber auch keine Überraschung. Denn Rathenau war schon seit Jahren Bedrohungen ausgesetzt gewesen. Durch seine Verhandlungen mit der Reparationskommission war er für die rechtsextreme Opposition zum Inbegriff des »Erfüllungspolitikers« geworden. Rathenau nahm die Drohungen zwar durchaus ernst. So soll er seinem guten Freund Harry Graf Kessler im April 1922 auf dessen Frage »Wie geht's?« seine Browning-Pistole gezeigt und geantwortet haben: »So geht's.« Dennoch lehnte er Polizeischutz ab.[96]

Die Täter konnten zunächst entkommen, doch die Polizei brauchte nicht lange, um sie ausfindig zu machen. Die Parallelen zum Mord an Matthias Erzberger waren offensichtlich, und tatsächlich stellte sich heraus, dass wieder die Organisation Consul dahintersteckte. Die beiden Schützen wurden schon Mitte Juli auf der Burg Saaleck bei Naumburg aufgestöbert, wo sie beim Besitzer der Burg – einem Mitglied der Organisation – Unterschlupf gefunden hatten. Bei einem Schusswechsel mit der Polizei kam einer der Täter ums Leben, der andere erschoss sich daraufhin selbst.

Der Mord erschütterte die Republik, noch weit mehr als jener an Matthias Erzberger. Im Reichstag kam es noch am Tag des Mordes gar zu handgreiflichen Auseinandersetzungen zwischen sozialdemokratischen Abgeordneten und General Karl von Schoch, der für die DVP im Parlament saß. Die DVP lehnte wie die DNVP die Weimarer Republik ab, allerdings nicht destruktiv. Ihr Ziel war eine Rückkehr zur Monarchie, für sie war aber Gewalt kein Mittel der Politik. Dennoch war sie dem rechten Lager zuzurechnen, und in der aufgeheizten Stimmung wurde nicht mehr differenziert.

Als Parlamentspräsident Paul Löbe die Abgeordneten aufforderte, von »Tätlichkeiten« abzusehen, scholl ihm der Ruf »Raus mit den Mördern« entgegen. Kurz darauf trat ein junger Mann in den Saal, hielt einen Eichenlaubstrauß mit schwarz-weiß-roten Bändern – den Farben des Kaiserreiches – in Händen und rief: »Für Herrn Helfferich abgegeben«, also für jenen besonders radikalen Abgeordneten der DNVP, der unablässig gegen Matthias Erzberger, aber auch gegen Rathenau gehetzt hatte. Auf der Schleife des Straußes stand »Herrn Helfferich, dem Verteidiger deutscher Ehre«.[97]

Der Reichstag schäumte, »Mörder, Mörder«-Rufe gingen in Richtung von Helfferich. Abgeordnete anderer Parteien versuchten seiner habhaft zu werden, Mitglieder der DNVP-Fraktion umringten ihn, um ihn zu schützen. »Dieser verlässt kalkweiß den Saal«, schrieb das *Berliner Tageblatt*.[98]

Während der anschließenden Debatte sprach Reichskanzler Wirth moderat aber entschieden, kündigte ein resolutes Vorgehen gegen die Mörder an. Mittendrin erhoben sich die Abgeordneten der Linken und der Mitte und riefen trotzig und wütend drei Mal: »Es lebe die Republik!«

Am nächsten Tag, bei einer Sondersitzung des Reichstags, wurde Wirth weitaus emotionaler und deutlicher. Am Ende seiner Rede rief er, während er nach rechts zu den Vertretern der DNVP zeigte: »Da steht der Feind, der sein Gift in die Wunden eines Volkes träufelt. – Da steht der Feind – und darüber ist kein Zweifel: dieser Feind steht rechts!« Das Protokoll vermerkt: »Stürmischer langanhaltender Beifall und Händeklatschen in der Mitte und links und auf sämtlichen Tribünen. – Große langandauernde Bewegung.«[99]

Auch außerhalb des Parlaments kam es als Folge des Anschlags zu einer echten republikanischen Auflehnung. Die Gewerkschaften riefen zu einem 24-stündigen Proteststreik auf, mit dem sie ihren Widerstand gegen den rechten Terror bekunden wollten, deutschlandweit gab es Massendemonstrationen. An einer Demonstration im Berliner Lustgarten nahmen rund 600.000 Menschen teil, die sich über sämtliche angrenzende Straßen und Plätze verteilten. In allen anderen größeren und kleineren Städten der Republik gab es ähnliche Veranstaltungen. Auch in den Schulen wurde Rathenaus gedacht.[100]

Reichspräsident Ebert erließ schon zwei Tage nach dem Tod des Außenministers eine »Notverordnung zum Schutze der Republik«, die am 21. Juli in das vom Reichstag beschlossene »Gesetz zum Schutze der Republik« mündete.[101] Dieses richtete sich vor allem gegen die rechten Terrorgruppen, denn Organisationen, die gegen die »verfassungsmäßige republikanische Staatsform« agitierten, konnten nun verboten werden, ebenso deren Druckerzeugnisse und Versammlungen. Als eine der ersten Organisationen traf das die NSDAP, wobei Bayern hier allerdings ausscherte und bei dem Verbot nicht mitmachte. Politisch motivierte Gewalttaten konnten verschärft bestraft werden, und schließlich wurde ein Staatsgerichtshof eingerichtet, eine Art Vorläufer des heutigen Bundesverfassungsgerichts, jedoch mit weniger und nicht ganz klaren Kompetenzen.

Politisch war der Mord somit eine Tragödie, stärkte aber immerhin den Verteidigungswillen der Republik. Wirtschaftlich jedoch war das Attentat ein Schlag, der durch nichts mehr abgefedert werden konnte. Mit Rathenau fehlte nun der wichtigste Verhandlungsführer auf deutscher Seite im Konflikt um die Reparationen. Er war es, der vielen Hoffnung gegeben hatte, dass es doch noch eine Lösung für die Staatsfinanzen und die Währung geben könnte. Nun war das Vertrauen in die Währung in ihren Grundfesten erschüttert.

Stefan Zweig beschrieb das treffend in *Die Welt von Gestern. Erinnerungen eines Europäers*:

> »Ich war an diesem Tage schon in Westerland, Hunderte und Aberhunderte Kurgäste badeten am Strand. Wieder spielte eine Musikkapelle (...) vor sorglos sommerlichen Menschen, als wie weiße Sturmvögel die Zeitungsausträger über die Promenade stürmten: ›Walther Rathenau ermordet!‹ Eine Panik brach aus, und sie erschütterte das ganze Reich. Mit einem Ruck stürzte die Mark, und es gab kein Halten mehr, ehe nicht die phantastischen Irrsinnszahlen von Billionen erreicht waren. Nun erst begann der wahre Hexensabbat von Inflation.«[102]

Denn mit Rathenau war der Hoffnungsträger der vergangenen Monate gestorben. Wer sollte das Land jetzt noch gegen die Reparationsforderungen verteidigen? Wer konnte die Mark jetzt noch retten?

Darauf gab es keine Antwort. Und das zeigte sich sofort. Denn nun drehte sich die Preisspirale noch schneller.

KAPITEL 12

Die Hyperinflation beginnt

Sommer 1922

Was ist Geld? Man kann sich der Antwort auf diese Frage auf verschiedenen Wegen nähern, philosophisch, kulturell oder politisch. Ökonomisch gesehen hat Geld grundsätzlich drei Funktionen. Zum einen dient es natürlich als Zahlungsmittel, das ist die ursprünglichste Funktion. Eine bestimmte Menge Geld wird im Tausch gegen ein Produkt abgegeben. Zum Zweiten wird Geld als Recheneinheit und Wertmaß genutzt. Der Betrag, den etwas kostet, drückt aus, für wie wertvoll eine Gesellschaft ein Gut hält, insbesondere auch im Vergleich zu anderen Gütern. Und schließlich dient Geld drittens als Wertaufbewahrungsmittel. Man kann mit Geld Ersparnisse anlegen und so für schlechtere Zeiten oder für größere Anschaffungen vorsorgen.

Für diese drei Zwecke haben Menschen in früheren Kulturen unterschiedliche Dinge genutzt, beispielsweise Tierfelle – daher kommt der Name der kroatischen Währung Kuna, zu Deutsch »Marder«. In der Südsee wurden auch große, runde Steine genutzt, in anderen Gefilden Kauri-Muscheln. Aber die bekannteste Geldform waren über Jahrhunderte Münzen aus Gold oder Silber.

Banknoten dagegen sind eine relativ junge Erfindung. In China gab es sie schon etwas früher, Marco Polo soll 1276 schon kaiserliche Geldscheine aus Papier in Händen gehalten haben. In Europa kamen sie erst im 16. und 17. Jahrhundert auf. Ursprünglich gaben Banken damals Quittungen für eingezahlte Münzen aus. Irgendwann begannen die Menschen, diese Quittungen untereinander zur Bezahlung auszutauschen, anstatt die schweren Münzen herumzuschleppen. Erst im 19. Jahrhundert jedoch, mit der Industrialisierung und dem rasanten Wachstum der Volkswirtschaften, wurden Banknoten ein allgemein akzeptiertes Zahlungsmittel – aber eben auch Wertaufbewahrungsmittel. Dies war deshalb möglich, weil die Banknoten weiterhin jederzeit in eine entsprechende Menge Gold oder gegebenenfalls in andere Wertträger eingetauscht werden konnten.

Das Papier selbst, die Banknote, war ja praktisch nichts wert, es war einfach nur ein Stück Papier. Aber durch das Vertrauen, dass dieses Papier einem Wert entspricht, konnte die Banknote zum Zahlungs- und Wertaufbewahrungsmittel werden. Umgekehrt gilt: Sobald das Vertrauen verschwindet, dass die Banknoten gegen einen realen Wert eingetauscht werden können, sind die Scheine einfach nur noch das, was sie sind: ein Stück Papier. Der Wert einer Banknote steht und fällt also mit dem Vertrauen derer, die sie nutzen. Wenn dieses Vertrauen einmal angeknackst ist, dann ist es sehr schwer, es wiederherzustellen.

Und genau in einer solchen Lage war die deutsche Währung nun im Sommer 1922. Das Vertrauen in die Mark war ohnehin schon angeknackst, aufgrund des stetigen Wertverlusts in den Jahren zuvor. Doch immer noch gab es in weiten Teilen der Bevölkerung und unter Investoren am Devisenmarkt Hoffnung. Doch mit dem Mord an Walther Rathenau verschwand der Glaube an eine Genesung der Finanzen der Weimarer Republik. Das Vertrauen in die Währung brach völlig weg, und damit begann nun eine völlig neue Phase der Inflation.

Genau in jener Zeit, im Herbst 1922, kam der katalanische Journalist Eugeni Xammar nach Deutschland, um von hier in die Heimat zu berichten. In einer seiner ersten Reportagen konnte er die Lage, in der er das Land vorfand, noch kaum verstehen:

»Es ist unbegreiflich: Deutschland fehlt es an nichts, was den Reichtum eines Landes ausmacht, im Gegenteil: Es hat erfahrene Landwirte, die noch den magersten Böden etwas abzugewinnen verstehen, eine bewundernswert moderne Industrie, reichhaltige Kohleminen, eine unvergleichliche Technik und ein perfekt funktionierendes Verkehrsnetz. Und all dieser Reichtum wird von nichts weiter repräsentiert als von einem Berg Papier, der von Tag zu Tag wächst und umso weniger wert ist, je mehr er wächst.«[103]

Dieses Papier wurde zwar weiterhin als Zahlungsmittel eingesetzt, mangels Alternativen. Doch ihre Funktion als Wertaufbewahrungsmittel hatte die Mark inzwischen verloren. Niemand wollte sie daher mehr auf seinem Sparkonto haben, aber auch nicht einmal mehr in seinem Portemonnaie. Jeder wollte sich so schnell wie möglich von den Scheinen trennen, wann immer ihm welche in die Hände fielen, sei es als Händler oder als Lohnempfänger. Das hatte zur Folge, dass alle nur noch darüber redeten, wie und wo es etwas zu kaufen gab, wofür man das Geld ausgeben konnte, schrieb Xammar.[104]

Dadurch, dass jeder die Banknoten stets so schnell wie möglich wieder loswerden wollte, wechselten diese immer schneller ihren Besitzer, sprich, die Umlaufgeschwindigkeit des Geldes erhöhte sich rasant. Vom Ende des Krieges bis 1922 hatte sich die Umlaufgeschwindigkeit bereits stetig erhöht, nun ging es noch schneller.

Das jedoch, die Umlaufgeschwindigkeit von Geld, ist der entscheidende Faktor, der Inflation erzeugt, nicht die Geldmenge selbst. So entsteht beispielsweise in Europa und den USA derzeit keine Hyperinflation, obwohl die Notenbanken ohne Ende Geld drucken. Denn die Umlaufgeschwindigkeit hat sich in den vergangenen Jahren nicht erhöht, im Gegenteil, sie ist sogar zurückgegangen. Die Menschen vertrauen weiterhin auf die Wertaufbewahrungsfunktion ihrer Währungen, sie horten das Geld daher.

Das war 1922 ganz anders. Das Vertrauen in die Mark als Wertspeicher war mit Rathenaus Tod endgültig dahin. Niemand wollte die Banknoten mehr behalten, die Umlaufgeschwindigkeit stieg rapide, und das katapultierte die Inflation jetzt, im zweiten Halbjahr des Jahres 1922, in eine neue Dimension. So hatten sich die Preise im ersten Halbjahr 1922 insgesamt in etwa verdoppelt. Im zweiten Halbjahr stiegen sie nun jedoch um das Sechzehnfache. Im August 1922 überstieg die Inflationsrate die Marke von 50 Prozent – pro Monat! Nach einer gängigen Definition war damit der Bereich der Hyperinflation erreicht.[105]

In der Praxis hieß das: Ein Roggenbrot, das im Juni 1922 in Berlin für 8,15 Mark zu haben war, kostete Ende 1922 rund 163 Mark. Der Kartoffelpreis vervierfachte sich dagegen »nur«, von 4,05 auf 16,65 Mark. Dafür stieg der Preis für ein Kilo Bauchfleisch vom Schwein von 123 auf 1.880 Mark, Butter verteuerte sich sogar von 144 auf 3.050 Mark je Kilo und für ein Ei mussten statt 5,40 Mark nun 82 Mark bezahlt werden.

Die konkreten Preise machen es ein wenig anschaulicher, wie die Inflation um sich griff. Richtig plastisch wird es aber erst durch die Berichte von Zeitzeugen. Ein solcher war August Heinrich von der Ohe. Er war 1869 als Sohn eines Schäfers in einem kleinen Ort bei Uelzen geboren worden. Viele Jahre arbeitete er als Lehrer und Kantor, ab 1921 in Marmstorf bei Hamburg, und führte Tagebuch. Darin hielt er in den Inflationsjahren penibel seine Ausgaben fest und notierte im Juli 1922: »Um 10 Uhr kam ein Händler und bot drei Anzugstoffe für 4.200 Mark an. Ich habe 1.000 Mark abgehandelt, bot erst 3.000, nachher 3.200 Mark; dafür habe ich sie bekommen.«[106]

Er erhielt also Stoff für drei Anzüge für 3.200 Mark. Die brauchte er für seinen Beruf dringend. Nur einen Monat später schrieb er, dass ein Anzug nun 6.000 Mark koste. »Die Preise stiegen in wenigen Tagen schwindelhaft.« Und im Dezember war das Preisniveau schon wieder komplett anders: »Ich kaufte in Celle ein Paar Stiefel für 7.980 Mark.«

Von der Ohe berichtet auch von einem Gespräch mit einem Musiklehrer. »Er meinte, wenn wir doch nur erst bankrott machten. Dann könnten wir doch von vorne anfangen. Aber so wüsste man nicht, was man tun sollte. Wenn er etwas Geld habe, kaufe er sich Bilder oder sonst etwas. Ich riet ihm, Aktien zu kaufen. Er meinte, das sei auch unsicher.«

Hier zeigt sich, wen eine Inflation stets am meisten trifft: jene Teile der Mittelschicht, die über kleine Ersparnisse verfügen, die obere Mittelschicht also, zu der von der Ohe als Beamter gehörte. Diese Menschen spekulieren selten mit Aktien, und schon gar nicht besitzen sie ganze Fabriken, deren Wert mit den Preisen steigt. Andererseits leben sie aber auch nicht von der Hand in den Mund, wie die untere Mittelschicht oder gar die Unterschicht, also zu jener Zeit vor allem die Arbeiter. Diesen machten die steigenden Preise weniger aus, da ihr Gehalt weitgehend parallel stieg und sie dieses Geld sowieso schnell und komplett ausgaben.

Andererseits gab es aber auch jene, die von der sich immer schneller drehenden Preisspirale profitierten. Das waren einerseits oft Unternehmer und Spekulanten, die auf Kredit expandierten und die die Darlehen im Nullkommanichts mit entwertetem Papiergeld zurückzahlen konnten. Andererseits waren das aber auch Privatleute, die früh erkannten, wohin sich die Dinge entwickelten, und entsprechend handelten. Ein späterer Harvard-Professor war im Frühjahr 1922 aus Deutschland in die Niederlande gegangen. Er erinnert sich den Aufzeichnungen des amerikanischen Publizisten Otto Friedrich zufolge so:

> »In den Kohlegruben bei Limburg fand ich Arbeit. Wir arbeiteten ganz unten, auf der Sohle der Mine, und hackten mit Spitzhacken, was wir konnten. Es war ungeheuer heiß, um die vierzig Grad, und staubig, aber am Ende der Frühlingsferien hatte ich fünfzig Gulden zusammengespart und dachte darüber nach, wie ich der Inflation ein Schnippchen schlagen könnte. Ich benutzte

die Gulden als Sicherheit für einen kurzfristigen Bankkredit, den ich mit den abgewerteten Märkern zurückzahlte. Dann nahm ich einen neuen Kredit auf. Auf diese Weise finanzierte ich mir ein ganzes Semester in Heidelberg und hatte am Ende immer noch dieselben fünfzig Gulden.«[107]

Auch die Eltern des Journalisten Rudolf Pörtner hatten anfänglich zu den Profiteuren der Inflation gehört:

»Das Ehepaar Pörtner hatte sich 1922 kurzfristig entschlossen, ein im Entstehen begriffenes Haus in der Melberger Kronprinzenstraße, auf der Westseite von Bad Oeynhausen, zu kaufen, Kostenpunkt: 800.000 Mark. Als wir am 1. April 1923 einzogen, war das ein Betrag, der selbst sensible Gemüter nicht mehr zu beunruhigen vermochte. Ein Griff in die Westentasche genügte, alle Verbindlichkeiten einschließlich der hypothekarischen Eintragungen aus der Welt zu schaffen.«[108]

Das Problem der Pörtners: Das Haus war noch nicht ganz fertig. Um es vollenden zu können, musste die Familie noch etwas sparen. Doch in Papiermark war das unmöglich. Der einzige Ausweg bestand darin, Mark in Devisen zu tauschen, vor allem in Dollar und britische Pfund. Genau das taten immer mehr Menschen. Doch das führte nur zu einer Verschärfung der Lage. Denn dadurch verfiel die Mark am Devisenmarkt immer weiter. So hatte der Dollarkurs im Juni 1922 noch bei 317 Mark gestanden, im August kletterte er schon auf über 1.000 Mark – ein Jahr zuvor, im August 1921, nach dem Mord an Erzberger, hatte er erst die Marke von 100 Mark überschritten.

Natürlich beschäftigte dies auch die Regierung. Schon im Juli 1922 debattierte das Kabinett über den Markverfall, im August legte Wirtschaftsminister Robert Schmidt (SPD) einen Plan vor, wie seiner Ansicht nach der Marksturz aufgehalten werden könnte.[109] So sollte

Abb. 10: Kurs des Dollars in Mark von Juni 1921 bis Oktober 1922

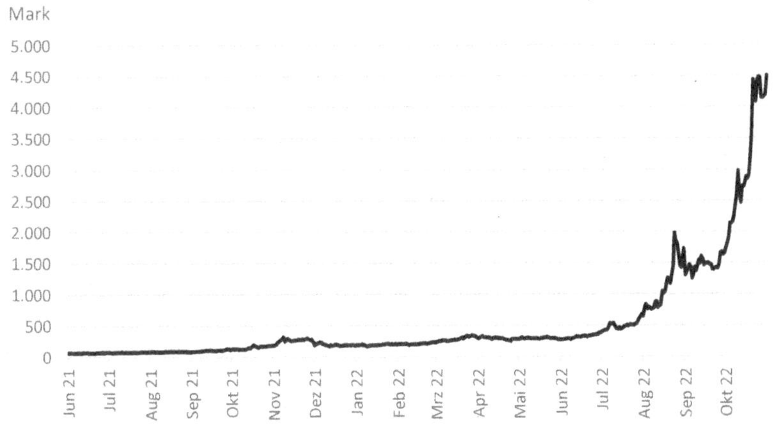

Quelle: Statistisches Reichsamt

zum einen die Einfuhr von Luxuswaren und Tabak eingeschränkt werden, um die Handelsbilanz aufzubessern. Denn Deutschland führte in den Jahren nach dem Krieg meist weit mehr ein als es ausführte. Dadurch floss Geld ab, was den Kurs der Mark an den Devisenbörsen belastete. Zum anderen sollte die Devisenspekulation selbst eingedämmt werden. Doch man wollte zunächst noch nichts entscheiden. Denn wieder mal hoffte die Regierung auf die Hilfe der Alliierten.

London hatte im Juli, nach dem ersten dramatischen Fall der Mark, der deutschen Regierung gegenüber angedeutet, dass sie jetzt gute Chancen auf ein weiteres Moratorium habe, also eine vorübergehende komplette Einstellung aller Reparationszahlungen. Am 12. Juli schrieb Berlin daher an die Reparationskommission:

> »Die Deutsche Regierung stellt daher im Hinblick auf Artikel 234 des Vertrages von Versailles den Antrag, ihr die nach der genannten Entscheidung während des Kalenderjahres 1922 noch fällig

> werdenden Barzahlungen zu stunden. (...) Die Deutsche Regierung ist sich nicht im Zweifel darüber, daß zur Wiederherstellung des Markkurses alsbaldige Maßnahmen erforderlich sind, die über das Jahr 1922 hinausreichen, und sie hält es daher für unerläßlich, daß Deutschland auch für die Jahre 1923 und 1924 von Barzahlungen aus dem Zahlungsplan vom 5.5.1921 befreit wird.«[110]

Doch Berlin hatte die Rechnung ohne den französischen Präsidenten Poincaré gemacht. Dieser dachte nicht im Traum daran, dem deutschen Ersuchen nachzukommen. Entsprechend wirsch schrieb er Anfang August nach Berlin:

> »Die Regierung der Republik hat ihnen [sic] bereits mitgeteilt, daß sie nicht die Absicht hat, Änderungen im Sinne der deutschen Note vom 14.7. vorzunehmen. Die Regierung der Republik hat also ein Recht zu verlangen, daß innerhalb der in meiner Note vom 26.7. angegebenen Frist, d. h. vor dem 5.8. 12 Uhr mittags, die Zusicherung gegeben wird, daß, bis die unerläßliche Einstimmigkeit über jede Abänderung erlangt sein kann, das Abkommen vom 10.6.1921 genau zur Ausführung gelangt, und daß besonders die Pauschalsumme von 2 Mio. Pfund Sterling am 15.8. bezahlt wird. Erfolgt diese Zusicherung nicht, so hat die französische Regierung das Recht, zur Sicherung der Ausführung des bestehenden Abkommens die Zwangsmaßregeln zu ergreifen, die sie im Interesse ihrer eigenen Staatsangehörigen wie der Angehörigen der übrigen unterzeichneten alliierten Staaten für nötig erachtet. Diese Maßnahmen werden, wie ich bereits mitgeteilt habe, ab 5.8. zur Ausführung gebracht und die Regierung der Republik glaubt nicht, schon jetzt den Plan bekannt geben zu können, der hierfür vollständig ausgearbeitet ist.«[111]

Es war eine unverhohlene Drohung mit Gewalt. Und um dies zu unterstreichen, ließ Poincaré wenige Tage danach 500 deutsche

Staatsangehörige aus Elsass-Lothringen ausweisen. Außerdem drohte er mit einer Besetzung des Ruhrgebiets durch französische Truppen.

In Berlin griff nun Verzweiflung um sich. Noch vor wenigen Wochen, vor der Ermordung Rathenaus, war man dort guten Mutes gewesen, hatte Hoffnung geschöpft. Nun blickte das Land wieder in den Abgrund. Die Regierung diskutierte zwar diverse Ideen, wie das Geld für die fälligen Reparationszahlungen aufzutreiben wäre. Doch sie kam zu keinen Entscheidungen, zerstritt sich zunehmend. Wie gelähmt blickte sie auf die abstürzende Mark. Mitte September lag der Dollarkurs bei 1.500 Mark.

Immerhin gelang es Ende September nach komplizierten Verhandlungen, einen Weg zu finden, wie eine fällige Rate an Belgien gezahlt werden konnte. De facto wurde dafür das Gold der Reichsbank verpfändet. Das bestritt diese zwar, ein Vertrag mit der Bank of England bewahre sie davor, hieß es.[112] Der sei allerdings geheim, was das nicht gerade glaubwürdiger machte.

Doch ohnehin brachte das keine Erleichterung. Denn schon wenige Wochen später drohten die nächsten Raten, und für ein dauerhaftes Moratorium gab es keinerlei Chancen. Daher stürzte die Mark unvermindert weiter ab. Mitte Oktober lag der Kurs bei knapp 3.000 Mark je Dollar. Nun raffte sich die Regierung endlich auf zu handeln. Und sie bekam dafür sogar Unterstützung von unerwarteter Seite, von dem neuen starken Mann im Berliner Politikbetrieb: Gustav Stresemann.

KAPITEL 13

Gustav Stresemann – Der neue Hoffnungsträger Oktober 1922

Die Entwicklung des Berliner Flaschenbiergeschäfts war auch vor 120 Jahren nichts, was in der Wissenschaft darauf harrte, tiefgründig erforscht zu werden. Insofern war dies als Promotionsthema schon etwas seltsam. Aber für einen Doktoranden war es im Jahr 1901 durchaus naheliegend, und der hieß Gustav Stresemann. Er war 1878 als Sohn des Gastwirts und Flaschenbierhändlers Ernst Emil August Stresemann geboren worden. Nun trat er zwar nicht direkt in die Fußstapfen des Vaters, vielmehr studierte er Nationalökonomie, mit dem Thema seiner Doktorarbeit aber blieb er der Branche seines Vaters zunächst treu.

Nach bestandener Promotion änderte sich das. Da arbeitete er zunächst für den Verband deutscher Schokoladenfabrikanten. Dort machte er durch sein Verhandlungsgeschick schnell von sich reden, und er engagierte sich im Bund der Industriellen, dem Verband der Fertigwaren- und Exportindustrie.

Früh wurde er auch politisch aktiv, bei der Nationalliberalen Partei. Die Liberalen waren in jener Zeit gespalten, und ganz grob gesagt trennten sich die Lager an der Frage, ob die Nation wichtiger sei als die Freiheit (Nationalliberale) oder die Freiheit wichtiger als die

Nation (Linksliberale). Auch wenn Stresemann den Nationalliberalen angehörte, die die Nation als das höherwertige Gut ansahen, so waren seine Positionen dennoch nie ganz eindeutig auf dieser Seite.

Zwar war er ein vehementer Befürworter des Ersten Weltkriegs, setzte auf einen Siegfrieden und weitreichende Annexionen. Philipp Scheidemann, der im November 1918 die Republik ausrief, hatte ihn während der Kriegsjahre daher auch einmal als »Kriegstrompete« bezeichnet.[113] Stresemann glaubte zudem, dass die Novemberrevolution von 1918 ein Fehler war, dass Deutschland einen wesentlich besseren Friedensvertrag hätte erreichen können, wenn es weitergekämpft hätte. Er lehnte die Weimarer Republik ab und befürwortete eine parlamentarische Monarchie. Gleichzeitig trat er aber schon während seiner Zeit als Verbandsvertreter für den Ausgleich zwischen Industrie und Arbeiterschaft ein, ein eher linksliberales Anliegen. Und er arbeitete nie gegen die Weimarer Republik, sondern brachte sich von Anfang an mit ein. Manche bezeichnen ihn daher als »Vernunftrepublikaner«, der gleichzeitig nie einen Hehl aus seiner Bewunderung für die Monarchie machte.

Linksliberale und Nationalliberale wollten nach dem Krieg ihre Spaltung zunächst überwinden. Doch letztlich scheiterte dies, wahrscheinlich auch deshalb, weil Stresemann in solch einer vereinigten liberalen Partei eine weniger gewichtige Rolle gespielt hätte, als er es bei den Nationalliberalen tat. So blieb es bei der Spaltung des Liberalismus. Auf der einen Seite stand die linksliberale Deutsche Demokratische Partei (DDP), die direkt nach der Revolution von 1918/1919 mit SPD und Zentrum eine Regierung bildete und deren bekanntester Vertreter Walther Rathenau im Sommer 1922 ermordet wurde. Auf der anderen Seite stand die nationalliberale Deutsche Volkspartei (DVP), deren Chef Gustav Stresemann war.

Seine Partei hatte dem Kabinett Fehrenbach angehört, das von Juni 1920 bis Mai 1921 amtiert hatte. Diese Minderheitsregierung aus Zentrum, DDP und DVP war schließlich an dem Londoner Ultimatum gescheitert, dem die DVP nicht zustimmen wollte. In der neuen Regierung, die von Mai 1921 bis November 1922 mit dem Zentrumspolitiker Joseph Wirth als Kanzler amtierte, war die DVP dann durch die SPD ersetzt worden. Doch der Gesprächsfaden zwischen DVP und Reichskanzler Wirth riss nie ganz ab. Denn Stresemann galt als großes politisches Talent und als guter Verhandler, ähnlich wie Rathenau.

So war es kein Zufall, dass sich unmittelbar nach der Ermordung von Außenminister Rathenau, dem großen politischen Konkurrenten Stresemanns im liberalen Spektrum der Parteien, die Kontakte zur Regierung wieder intensivierten. Denn diese brauchte einen wie Stresemann. Und sie brauchte eine breitere Basis, um die gewaltigen Reformen, die zur Überwindung der Krise notwendig waren, stemmen zu können. Schon am 6. Juli 1922, nur zwei Wochen nach der Ermordung Rathenaus, hatten Zentrumspartei und DDP daher in einem Schreiben an die DVP sondiert, ob diese zu einer Regierungsbeteiligung bereit sei.[114]

Reichskanzler Wirth traf sich auch immer wieder persönlich mit Stresemann. Er sprach mit ihm insbesondere über ein Gesetz, von dem er sich versprach, dass es den Absturz der Mark aufhalten könnte. Es ging dabei jedoch nicht etwa um Sparmaßnahmen, um eine Begrenzung der Ausgaben des Staates oder um ein Anhalten der Notenpresse. Vielmehr sollte die Devisenspekulation gestoppt werden. Denn darin liege der Grund für den Währungsverfall, so Wirths Gedanke.

Unterstützt wurde Wirth bei diesem Ansinnen von einer breiten Front aus Gewerkschaften, Industrie und Medien. So schrieb selbst der liberale Publizist Theodor Wolff am 28. August in einem Leitartikel des *Berliner Tageblatts*:

> »Wer allen Devisen fernsteht, muß dringend wünschen, daß ein praktisches Mittel gegen jenes Spekulantentum, das nichts mit den Bedürfnissen der Industrie und des Handels zu tun hat, gefunden und kräftig angewendet werden wird.«[115]

Überraschenderweise drängte auch Stresemann den Reichskanzler dazu, etwas gegen die Devisenspekulation zu unternehmen, obwohl er als Industrievertreter eigentlich eher für das freie Spiel der Kräfte stand. Doch er verlangte nun sogar »energische polizeiliche Maßnahmen gegen die wilde Spekulation im kleinen, die bis auf die Straße hinausgetragen« werde.[116]

Das Problem war jedoch: Was ist Spekulation, und was ist konkreter Bedarf? Importeure brauchten natürlich Devisen, also ausländische Währung, zur Bezahlung von Waren. Banken ebenso. Und war es nicht legitim, dass sich Händler mit Devisen gegen den Verfall des Wertes ihrer Einnahmen absicherten, um so überhaupt die Chance zu haben, neue Ware einzukaufen?

Doch der öffentliche Druck war trotz aller Bedenken zu groß. Das Gefühl war: Es muss etwas geschehen, und so einigte sich das Kabinett am 11. Oktober tatsächlich darauf, dem Reichspräsidenten eine entsprechende Verordnung vorzulegen, die dieser abzeichnete.[117] Ab sofort musste jeder, der ausländische Zahlungsmittel erwerben wollte, sich dies vorab von einer Prüfungsstelle genehmigen lassen. Diese Stellen waren in den Filialen der Reichsbank angesiedelt und sie mussten prüfen, ob die Devisen im Interesse der deutschen Wirtschaft genutzt werden sollten. Die private Vermögensanlage zählte ausdrücklich nicht dazu. Firmen mit einer Bescheinigung der Handelskammer waren von der Genehmigungspflicht ausgenommen, aber auch bei ihnen wurde nachträglich geprüft, ob sie die Devisen im Sinne der Verordnung verwendet hatten. Es war ein unglaublicher bürokratischer Aufwand. Doch wer dagegen verstieß, riskierte eine Haftstrafe von bis zu drei Jahren, die Einziehung der Devisen sowie eine Geldstrafe in Höhe des ein- bis zehnfachen Wertes der ausländischen Zahlungsmittel.

Gleichzeitig schrieb die Verordnung vor, dass im Inland keine Zahlungen mehr mit Devisen abgewickelt werden durften, im Kleinhandelsverkauf untersagte sie auch die »Preisstellung in inländischen Zahlungsmitteln auf der Grundlage einer ausländischen Währung«. Das zielte vor allem darauf, dass die Mark im Herbst 1922 nicht nur ihre Geldfunktion als Wertaufbewahrungsmittel verloren hatte. Zunehmend wurde auch ihre Funktion als Zahlungsmittel infrage gestellt. Denn ein Händler, der heute eine Ware für 10.000 Mark verkaufte und einige Tage später eine neue Lieferung bezahlen wollte, sah sich mit dem Problem konfrontiert, dass die 10.000 Mark dann schon wieder deutlich weniger wert waren, er dafür nun wesentlich weniger neue Ware erhielt. Denn die Preise stiegen inzwischen im Abstand weniger Tage. Daher hatten Händler zunehmend die Preise in Dollar angegeben. Sie akzeptierten zwar meist auch weiterhin Mark zur Bezahlung, der Preis orientierte sich aber am jeweiligen Umrechnungskurs – und der änderte sich täglich. Die Preisangabe in Dollar hatte daher den Vorteil, dass die Preisschilder nicht ständig ausgetauscht werden mussten.

Mit der Verordnung war dies verboten. Doch die Händler fanden schnell einen Ausweg: Sie gaben die Preise nun in Goldmark plus Multiplikator an. Denn die Goldmark war zwar nicht mehr in Gebrauch, aber sie war keine ausländische Währung und ihr Wert war einst mit 4,20 Dollar definiert gewesen. Daher wurden nun sogenannte Grundpreise meist in Goldmark angegeben. Diesen wurde dann ein tagesaktueller Multiplikator dazugestellt, um den der Goldmark-Preis vervielfacht wurde. Und dieser Multiplikator war schlicht der Dollarkurs. Letztlich blieb damit alles beim Alten, die Preise wurden indirekt weiterhin in Dollar angegeben, nur über einen Umweg bei der Berechnung.[118]

Doch auch die übrigen Paragraphen der Verordnung waren letztlich ein Schuss in den Ofen. Den Verfall der Mark jedenfalls konnten sie nicht aufhalten. Am Tag, als die Verordnung beschlossen wurde, ging der Dollarkurs zwar zunächst von 2.900 auf 2.600 Mark zurück. Doch eine Woche danach stand er schon wieder bei 2.900 Mark, noch eine weitere Woche später sogar bei 4.500 Mark.

Der Absturz ging unaufhaltsam weiter. Und die Regierung hatte dem nichts mehr entgegenzusetzen. Die Devisenverordnung war letztlich sogar die einzige wesentliche Maßnahme gegen den Verfall der Mark, auf die sich die Regierung Wirth in der zweiten Hälfte des Jahres 1922 einigen konnte.

Zwar versuchte Wirtschaftsminister Schmidt noch, die Reichsbank zu einer Stützung der Mark zu überreden. 300 Millionen Goldmark aus deren Goldbestand sollten auf den Markt geworfen werden, um den Kurs zu stützen. Doch Reichsbankpräsident Havenstein weigerte sich beharrlich, solange die Grundprobleme der Reparationen, des defizitären Haushalts und des Außenhandelsdefizits nicht gelöst seien.[119] Das konnte er, da die Reichsbank seit Mai 1922 formal unabhängig war – damit war eine Forderung der Alliierten erfüllt worden.

Ende Oktober dann wollte Reichskanzler Wirth zu einem letzten Befreiungsschlag ausholen. Er wollte die DVP und den begabten Stresemann ins Kabinett holen. Diese war auch dazu bereit. Die SPD jedoch nicht. Für die Sozialdemokraten war eine Koalition mit der deutlich rechts der Mitte stehenden DVP indiskutabel. SPD-Vizekanzler Gustav Bauer erklärte daher folgerichtig bei der Kabinettssitzung am 14. November, dass seine Partei den Eintritt der DVP in die Regierung ablehne. Als Konsequenz müsse die Regierung zurücktreten.[120]

Wirth musste erkennen, dass er mit seinem Ansinnen gescheitert war, und trat tatsächlich am 14. November 1922, nach nur 18 Monaten im Amt, zurück. Bei einem Dollarkurs von inzwischen 7.500 Mark und einer sich immer schneller drehenden Inflationsspirale kam nun auch noch eine Regierungskrise hinzu.

KAPITEL 14

Die Regierung Cuno November 1922

Es war eigentlich unmöglich. Alles war mehrfach gesichert. Und dennoch passierte es. Die Reichsbank wollte am 14. November 1922 große Summen Bargeld von ihrer Zentrale in der Berliner Jägerstraße an andere Filialen im Reich verteilen. Dazu hatten die Beamten graue Leinensäcke bepackt. Jeder enthielt 10 Millionen Mark in 10.000-Markscheinen, jeder wurde im Beisein von Reichsbankräten, Zählern und Packern mehrfach kontrolliert. Anschließend wurden die Säcke nach draußen gebracht und auf einen bereitstehenden Lastwagen verladen, wiederum im Beisein eines Beamten der in der Reichsbank stationierten Schutzpolizei. Am Schlesischen Bahnhof dann wurden die Leinensäcke umgeladen, sollten weitertransportiert werden. Doch als die Beamten dort nachzählten, folgte der Schreck: Ein Beutel fehlte. 10 Millionen Mark waren verschwunden. Von einem Moment auf den anderen war das Geld weg, und trotz eifrigster Nachforschungen konnte es nicht gefunden werden.[121]

All das passierte genau an jenem Tag, als die Regierung Wirth zurücktrat, und es wirkt wie eine Parabel auf die politischen Ereignisse: Auch die Regierung war von einem Moment auf den anderen dahin, und es ließ sich einfach keine neue finden. Denn die politische Lage war verzwickt.

Ein Anwärter auf den Posten des Reichskanzlers war in den Augen weiter Teile der Öffentlichkeit Gustav Stresemann. Auch der Finanzmarkt stellte sich darauf ein, durchaus mit Wohlwollen. Über den Aktienhandel am 15. November schrieb die *Berliner Börsenzeitung*: »Im späteren Verlauf trat eine allgemeine Belebung und Befestigung ein, die ihren Ausgang von Gerüchten über die Möglichkeit des Zustandekommens eines Kabinetts Stresemann nahm.«[122] Ihm trauten die Finanzexperten offenbar zu, die finanziellen und politischen Probleme des Landes zu lösen.

Stresemann selbst traute sich das ebenfalls zu. Jedenfalls sondierte er die Lage und sprach mit einigen Persönlichkeiten, ob sie bereit wären, in ein von ihm geleitetes Kabinett einzutreten. Einer davon, so schrieb Stresemann später, sei Wilhelm Cuno gewesen, der damalige Chef der Hamburg-Amerikanischen Packetfahrt-Actien-Gesellschaft, kurz HAPAG. Er hätte als Wirtschaftsminister zur Verfügung gestanden.[123]

Doch es gab da ein Problem für Stresemann, und das hieß Friedrich Ebert. Im Sommer hatte der Reichspräsident die Parteien gebeten, den Weg für seine Wiederwahl freizumachen, indem sie den Termin für eine Wahl festlegen. Der Reichspräsident wurde in der Weimarer Republik direkt vom Volk gewählt. Sämtliche Parteien stimmten dem Ansinnen Eberts zu, bis auf eine: Stresemanns DVP. Sie war dagegen, in der damaligen schwierigen Lage eine Wahl durchzuführen. Am Ende einigten sich die Parteien darauf, die Amtszeit Eberts lediglich zu verlängern, bis 30. Juni 1925, ohne Wahl.[124]

Das hatte Ebert verärgert, und daher schied für ihn Stresemann als Kanzler aus. Doch wer sollte es dann werden? Die Zentrumspartei wollte ihren bisherigen Kanzler Wirth nicht durch einen anderen Kandidaten ersetzen. Die DDP war nach dem Tod ihrer Gallionsfigur Rathenau zu schwach. Schließlich versuchte Ebert einen Befreiungsschlag, indem er einen Überraschungskandidaten präsentierte: ebenjenen Wilhelm Cuno, mit dem Stresemann schon im Gespräch gewesen war.

Dabei war Cuno eigentlich eher unpolitisch. Im Kaiserreich hatte er zwar als Beamter im Reichsschatzamt gearbeitet und während des Krieges die Reichsgetreidestelle geleitet. Dort war er stets ein typischer Vertreter des unpolitischen, preußischen Beamten geblieben. Nach dem Krieg hatte er die Leitung der HAPAG übernommen und die Reederei schnell wieder auf Erfolgskurs gebracht, wobei ihm seine guten Kontakte zu Geschäftsleuten in den USA und Großbritannien zugutekamen. Cuno war somit ein Mann der Wirtschaft – im besten Sinne. Er war zwar in Thüringen geboren, hatte sich in Hamburg aber zum Ebenbild des ehrbaren hanseatischen Kaufmanns entwickelt. Sein Äußeres – groß, blond, blaue Augen – unterstützte dieses Image noch.

Schon seit 1920 war er immer mal wieder als Minister gehandelt worden, da er aber keiner Partei angehörte, kam es letztlich nie zu einer Berufung. Doch nach dem Parteienstreit, der die Regierung Wirth zuletzt gelähmt und schließlich zu ihrem Auseinanderbrechen geführt hatte, wollte Reichspräsident Ebert nun eine Expertenregierung, und dafür war Cuno die Idealbesetzung. Hinzu kam, dass Ebert und Cuno sich bereits länger kannten und schätzten, auch wenn sie politisch durchaus nicht auf einer Linie waren.[125] Denn auch wenn Cuno keiner Partei angehörte, so war doch klar, dass ihn als Mann der Wirtschaft mit den Sozialdemokraten wenig verband. Das wurde Ebert auch angekreidet, in linken Kreisen galt der Reichspräsident fortan als Verräter. Eine Karikatur von George Grosz zeigte die beiden Männer gar zusammen im Bett, überschrieben war die Zeichnung mit »Hochzeitsnacht« – Sozialdemokrat und Kapitalist vermählten sich, so die Aussage.[126]

Cuno war zudem kein allzu großer Freund des parlamentarischen Systems. Den Reichstag betrachtete er – wie viele auf der politischen Rechten – eher als Schwatzbude, während seiner Kanzlerschaft schwänzte er denn auch die meisten Parlamentssitzungen. Er hatte zudem ein gutes persönliches Verhältnis zu Karl Helfferich, jenem Agitator der DNVP, der nach dem Mord an Rathenau für viele

Demokraten eine Unperson war. Und auch die Annäherung an die Sowjetunion mit dem Vertrag von Rapallo hielt er für grundfalsch, da zeigte sich seine antikommunistische Grundhaltung. Darin immerhin stimmte er aber mit Ebert überein, der den Vertrag von Rapallo ebenfalls ablehnte, wenn auch aus anderen Gründen – Ebert wollte vor allem die Beziehungen zu den Westmächten nicht belasten. Zudem war Cuno eben ein Vernunftrepublikaner, sah sich in der Verantwortung für sein Land und war der Überzeugung, dass eine bedeutende politische Kraft wie die Sozialdemokratie eingebunden werden müsse. Gleichzeitig hatte er gute Verbindungen in die Industrie, die bisher der Republik eher reserviert gegenüberstand, sowie ins Ausland. Cuno schien somit eine Idealbesetzung, auch weil er scheinbar unpolitisches Pflichtbewusstsein und wirtschaftliche Expertise verband – genau das, was das Land jetzt brauchte. All das mag Ebert dazu bewogen haben, Cuno zum Kanzler zu ernennen.

Dieser versuchte zunächst, ein Kabinett in Absprache mit den Reichstagsfraktionen zu bilden. Doch das führte schon nach wenigen Tagen wieder zu so viel Konflikten und Parteiengezänk, dass Cuno entnervt aufgeben wollte. Ebert rief daraufhin die Führer von SPD, Zentrum, DDP, DVP und Bayerischer Volkspartei (BVP) – die ebenfalls dem Spektrum der Mitte angehörte – zusammen. Sichtlich aufgebracht las er diesen die Leviten. Wenn sich ein prominenter Mann als Kanzler zur Verfügung stelle, dann dürfe dieser nicht zur »Strohpuppe der Fraktionen« werden, sagte Ebert laut dem Protokoll der Besprechung. Es sei »höchste Gefahr im Verzuge« wegen der außenpolitischen Lage, ermahnte er die Fraktionsführer. Und er fand damit Gehör, sogar Unterstützung, ausgerechnet bei Stresemann. Dieser sagte, wenn bekannt werde, »daß Cuno durch den Widerstand der Parteien nicht in der Lage ist, das Kabinett bilden zu können, so können wir eine in ihren Folgen unabsehbare Bewegung gegen den Parlamentarismus erleben; so kommen wir zwischen Bolschewismus und Faszismus«.[127] Wie wahr seine Worte eines Tages würden, konnte er damals freilich noch nicht ahnen.

Am 22. November konnte Cuno schließlich Vollzug melden, die neue Regierung stand – eine schwere Geburt. Zudem war diese letztlich doch nicht die unabhängige Expertenregierung, die Ebert angestrebt hatte. Nur vier der zwölf Minister waren parteilos, drei stellte die Zentrumspartei, jeweils zwei kamen von DDP und DVP sowie einer von der BVP. Die Unabhängigkeit bestand letztlich nur darin, dass sich die Minister nicht ihren Fraktionen verpflichtet sahen. Das ging jedoch damit einher, dass dies eine Minderheitenregierung war. Die im Kabinett vertretenen Parteien verfügten zusammen nur über 189 der 459 Reichstagssitze. Zwar konnte das neue Kabinett auf ein gewisses Wohlwollen sowohl der SPD als auch der DNVP zählen. Dennoch wäre es sicher früher oder später zum Schwur gekommen, und die Regierung hätte schnell vor einer Zerreißprobe gestanden. Doch davor bewahrte sie eine dramatische Zuspitzung der außenpolitischen Lage.

Gleich in seiner ersten Regierungserklärung musste sich der neue Reichskanzler Cuno mit der Frage der Reparationen befassen. Er stellte sich dabei ausdrücklich hinter eine der letzten Handlungen der Vorgängerregierung. In einer diplomatischen Note an die Alliierten hatte diese am 14. November um ein erneutes Moratorium bei den Reparationszahlungen gebeten, und zwar diesmal gleich für drei bis vier Jahre. Diese Zeit, so der Vorschlag, sollte genutzt werden, um die Währung zu stabilisieren und durch wirtschaftliche Reformen Deutschland dahin zu bringen, dass es einen Außenhandelsüberschuss erzielte. Sobald die Mark stabilisiert sei, sollte über neue Anleihen Geld besorgt werden, um die Reparationen zu begleichen. Parallel dazu sollte Deutschland auch während der Moratoriumszeit über Sachlieferungen zum Wiederaufbau der im Krieg zerstörten Gebiete in Frankreich und Belgien beitragen.[128]

Doch bei Frankreichs Präsidenten Poincaré stieß dies auf taube Ohren. Dieser war nach wie vor der Meinung, dass es Deutschland nicht an den Möglichkeiten zur Zahlung mangele, sondern am Willen. Eine Verlängerung des Moratoriums über den 31. Dezember hinaus hielt er nur für vertretbar, wenn die Alliierten dafür Sicherheiten erhielten, beispielsweise die staatlichen Kohlegruben im Ruhrgebiet. Und um den Druck auf Deutschland zu erhöhen, ließ Poincaré am 27. November an die Presse durchsickern, im französischen Kabinett sei eine Besetzung von zwei Dritteln des Ruhrgebiets erwogen worden.[129]

Für die deutsche Regierung gab es nun nur noch die Möglichkeit, Großbritannien und die USA dafür zu gewinnen, Druck auf Frankreich auszuüben. Die Briten waren dafür durchaus offen. Denn London wollte Frankreich nicht zu mächtig werden lassen. In London war jedoch im Oktober die Regierung von David Lloyd George gestürzt worden, und an seine Stelle war als Premierminister Andrew Bonar Law getreten. Dieser war zu jener Zeit bereits krank – er starb im Oktober 1923 an Krebs – und konnte sich nur noch bedingt den drängenden Aufgaben widmen. Die US-Regierung wiederum verharrte weiter in der selbst gewählten Isolation und sah den Streit um die Reparationen als innereuropäisches Problem, in das sie sich nicht einmischen wollte.

Cuno unternahm noch einen letzten Versuch, die Alliierten für ein weiteres Moratorium zu gewinnen. Anlässlich einer Reparationskonferenz am 9. Dezember in London legte er einen abgewandelten Vorschlag vor. Das Moratorium sollte nun nur noch zwei Jahre dauern. Eine weitere Verlängerung sollte dann davon abhängig gemacht werden, dass es Deutschland gelänge, über eine Anleihe Geld für die Reparationen lockerzumachen. In einem Brief an Bonar Law versicherte Cuno zudem, dass er mit aller Kraft an einer Lösung der Reparationsfrage mitwirken wolle.[130]

Doch das Ergebnis war ernüchternd. Die Alliierten konnten sich bei ihrer Konferenz in London auf nichts einigen, außer auf einen Punkt: Sie wiesen den deutschen Vorschlag als völlig unbefriedigend zurück. Und sie beschlossen, dass am 2. Januar 1923 in Paris weiterberaten werden sollte. Dieser Konferenz wollte Berlin einen erneut überarbeiteten Plan präsentieren, der den Alliierten ein weiteres Stück entgegenkommen sollte. Doch noch bevor es so weit kam, legte dort London einen eigenen Plan vor, der von Deutschland wesentlich höhere Zahlungen forderte – aber selbst das fand bei Frankreich keine Zustimmung.

Die neue Regierung Cuno war somit nach sechs Wochen schon komplett gescheitert. Oder hatte sie gar keine Chance? Viele Zeitgenossen und auch spätere Betrachter der Ereignisse waren der Meinung, dass Poincaré ohnehin nie eine Einigung wollte. Ihm sei es von Anfang an darum gegangen, sich das Ruhrgebiet einzuverleiben, die Stellung Frankreichs als territoriale Großmacht in Europa zu festigen und zu erweitern.

Doch so einfach ist es nicht. Wenngleich man Poincaré durchaus eine gewisse Großmachtattitüde unterstellen kann und sein Griff nach dem Ruhrgebiet auch machtpolitische Gründe hatte, so gab es doch auch sachliche Gründe, die für den Schritt sprachen, und Poincaré sah sich schlicht finanziellen Zwängen ausgesetzt. So durchschnitt die deutsch-französische Grenze seit 1919 ein Gebiet, das wirtschaftlich eigentlich eine Einheit bildete. An der Ruhr und im Saarland wurde Kohle gefördert, in Lothringen Eisenerz. Die Schwerindustrien beider Länder waren aufeinander angewiesen, ihre Zusammenarbeit war wirtschaftlich absolut sinnvoll. Aus diesem Grund hatte Frankreich 1919 auch schon das Saarland besetzt. Vor allem aber brauchte Frankreich das Geld aus den Reparationszahlungen schlicht, um die eigenen Kriegsschulden bei den Briten und den Amerikanern zu begleichen. So zeigen Dokumente des französischen Finanzministeriums, dass dieses gegenüber einer Reduktion der deutschen Reparationszahlungen durchaus aufgeschlossen war und Poincaré dies ebenfalls unterstützte – wenn gleichzeitig Frankreich seine Schulden durch Großbritannien und die USA erlassen würden.[131] Auch bei den diversen Konferenzen der Reparationskommission wurde dies immer wieder thematisiert, doch letztlich kam es zwischen den Alliierten bei dieser Frage zu keiner Einigung.

Hätte Frankreich einseitig einer Verringerung der Reparationsforderungen zugestimmt, wäre Paris selbst in finanzielle Bedrängnis gekommen aufgrund der eigenen Verpflichtungen gegenüber England und den USA. Das einzige Pfund, mit dem Poincaré in den Verhandlungen wuchern konnte, war daher die Ablehnung jeder Einigung mit Deutschland und die Drohung, mit Waffengewalt gegen Deutschland vorzugehen – wodurch er wiederum hoffte, den Druck auf Großbritannien zu erhöhen, das solch eine Eskalation unbedingt vermeiden wollte, um den Frieden zu erhalten, aber auch um den wirtschaftlichen Aufschwung nicht zu gefährden.

Das Problem war jedoch, dass Großbritannien wiederum bei den USA verschuldet war und folglich auch nicht einseitig auf die Bezahlung der französischen Schulden verzichten konnte. Und die USA wiederum stellten sich stur, sahen keinen Grund für einen Schuldenschnitt. Es bestand also eine Kette der Verschuldung, die dazu führte, dass kein Land einseitig auf deren Bezahlung verzichten konnte, außer den USA, die jedoch abblockten. Dadurch war die Reparationsfrage eigentlich unlösbar.

Zu der Verschärfung der Lage Ende 1922 trug jedoch bei, dass in London die Meinung vorherrschte, Poincaré bluffe mit seinen Drohungen eines Einmarsches im Ruhrgebiet nur, er werde nicht zum Äußersten greifen. Denn damit würde er, so die Meinung der britischen Regierung, die Unterstützung der Alliierten verlieren und allein dastehen – und das könne er nicht wollen.

Doch hier irrten die Briten. Und so begann mit dem Jahr 1923 nun die dramatischste Phase der deutschen Inflation.

Daten und Ereignisse des Jahres 1922

6.–13. Januar 1922: Auf der Konferenz von Cannes gewähren die Alliierten ein Moratorium für die Reparationszahlungen, die Zahlungen für 1922 werden auf 770 Millionen Goldmark begrenzt.

15. Januar 1922: Raymond Poincaré löst Aristide Briand als französischer Ministerpräsident ab.

31. Januar 1922: Walther Rathenau wird zum Außenminister ernannt.

10. April 1922: In Genua beginnt die Europäische Wirtschaftskonferenz.

16. April 1922: Deutschland und Russland schließen den Vertrag von Rapallo.

26. Mai 1922: Die Reichsbank wird unabhängig.

24. Juni 1922: Außenminister Walther Rathenau wird ermordet.

15. August 1922: Der Dollarkurs überschreitet erstmals die Marke von 1.000 Mark.

September 1922: Die USA erhöht die Zölle durch die Fordney-McCumber Tariff Bill weiter.

11. Oktober 1922: Der Reichspräsident unterzeichnet die Verordnung gegen die Spekulation in ausländischen Zahlungsmitteln.

14. November 1922: Das Kabinett Wirth tritt zurück.

22. November 1922: Die Regierung Cuno aus Zentrum, DDP, DVP und BVP tritt ihr Amt an.

28. November 1922: Die Regierung setzt einen Sparkommissar ein.

9. Dezember 1922: Die Reparationskonferenz in London bleibt ohne Ergebnis.

26. Dezember 1922: Die Reparationskommission stellt eine Pflichtverletzung Deutschlands bei der Lieferung von Schnittholz und Telegraphenstangen fest. Dies diente als formale Rechtfertigung für die folgende Besetzung des Ruhrgebiets.

KAPITEL 15

Die Besetzung des Ruhrgebiets Januar 1923

Der Straßenverkehr ruhte, sämtliche Geschäfte waren verrammelt, die Menschen hatten die Fenster geschlossen, die Jalousien heruntergezogen. Essen wirkte menschenleer, als am 11. Januar französische Truppen einmarschierten. Nachts gegen 2 Uhr hatte die Operation begonnen, am Morgen näherten sie sich dem Rathaus. Dort saß Hans Luther im Dienstzimmer des Oberbürgermeisters. Erst kurz zuvor hatte Reichskanzler Cuno ihn zum Reichsernährungsminister gemacht. Doch jetzt war Luther zurück nach Essen geeilt.

Als die französischen Truppen sich dem Rathaus näherten, schickten sie einen Hauptmann voraus. Dieser drang zu Luther vor und forderte ihn auf, herunterzukommen, um am Rathauseingang den französischen General Rampond zu empfangen. Doch nichts lag Luther ferner. Er weigerte sich, und Rampond musste schließlich selbst im Dienstzimmer des Oberbürgermeisters vorstellig werden. Ein kleiner, kurzer Triumph für Luther. Doch dieser war sofort verflogen. Rampond erklärte ihm, dass die französische Besatzungsmacht Besitz von Eisenbahn, Post, Telegraphenamt und Kanalbaudirektion ergreifen werde. Luther antwortete, dass er sich nur unter dem Zwang der militärischen Gewalt füge. Doch das musste er.[132]

Das war die Folge der Ereignisse der vorangegangenen Tage. Nachdem das Moratorium, das Deutschland im Sommer erreicht hatte, am 31. Dezember ausgelaufen und am 2. Januar die Pariser Konferenz gescheitert war, wurden die Karten neu gemischt. Nun galt formal wieder der Londoner Zahlungsplan vom 5. Mai 1921. Deutschland hätte damit wieder über das Jahr verteilt insgesamt 5 Prozent Zinsen auf die ausstehenden A- und B-Bonds von 50 Milliarden Goldmark sowie 1 Prozent zur Tilgung bezahlen müssen. Es war jedoch klar, dass Deutschland dies nicht erfüllen konnte. Daher gab es nur noch zwei Möglichkeiten, wie es weitergehen konnte: Entweder Frankreich nahm hin, dass Deutschland seine Reparationszahlungen einstellte, oder aber Poincaré machte seine Drohungen wahr und besetzte das Ruhrgebiet.

Für den französischen Präsidenten stand fest, dass er nicht nachgeben würde. Er brauchte nur noch eine formale Rechtfertigung für einen Einmarsch. Die lieferte ihm die Reparationskommission. Am 26. Dezember hatte sie schon – gegen die Stimme des englischen Vertreters – festgestellt, dass Deutschland bei der Lieferung von Schnittholz und Telegraphenstangen seinen Verpflichtungen nicht nachgekommen sei.[133] Am 9. Januar 1923 folgte eine Verurteilung Deutschlands durch die Kommission wegen zu geringer Kohlelieferungen an Frankreich im Vorjahr, ebenfalls gegen die Stimme der Briten.[134]

Danach ging es los. Zunächst entsandte Poincaré eine Kommission von 72 Ingenieuren ins Ruhrgebiet, die den Auftrag hatten, die Kohlelieferungen zu sichern. Zu deren »Schutz« folgten ihnen am 11. Januar 60.000 französische und belgische Soldaten, die das Ruhrgebiet mit seinen 3,5 Millionen Einwohnern besetzten.

Doch der Empfang war frostig, um nicht zu sagen feindselig, und die Aktion schweißte die Menschen im Ruhrgebiet zusammen, über alle Klassenunterschiede hinweg. Ein Arbeiterführer wird im *Berliner Tageblatt* mit den Worten zitiert, während seiner mehrere Jahrzehnte umfassenden Tätigkeit habe er »noch niemals eine so einheitliche und geschlossene Stimmung im Ruhrgebiet erlebt wie heute. Das will in diesem Lande der großen Gegensätze viel bedeuten.«[135]

Auch durch den Rest der Republik wogte eine Welle nationaler Empörung und Begeisterung, über alle Bevölkerungsgruppen und Parteigrenzen hinweg. Die Kirchen ließen die Glocken läuten und luden zu Trauergottesdiensten, die bürgerlichen Parteien riefen in Berlin zu einer Kundgebung auf, sprachen von einer »ungeheuerlichen Vergewaltigung des deutschen Volkes«.[136]

Reichspräsident und Reichsregierung wandten sich in einem Aufruf ans Volk. Darin hieß es, dass auf Deutschland »ein neuer Gewaltstreich« herniedergegangen sei. »Ihr seid die Zeugen, wie Frieden und Recht von neuem gebrochen werden. Mit euch erheben wir den Protest vor der Welt, gegen den Bruch des Vertrages, gegen den schwereren Bruch des sittlichen Rechtes unseres Volkes auf Leben, Bestand und Selbstbestimmung.« Gleichzeitig forderten sie die Deutschen aber auch zu »eiserner Selbstbeherrschung« auf, auf gewaltsame Gegenwehr sollte verzichtet werden.[137]

Reichskanzler Cuno erklärte in einer Reichstagsrede, es gehe Frankreich gar nicht um Reparationen, sondern »um die schon von Ludwig XIV. eingeleitete und auch von seinen republikanischen Nachfolgern fortgesetzte brutale Expansionspolitik«. Die Regierung könne »sich gegen diese Gewalt nicht wehren, ist aber nicht gewillt, sich dem Friedensbruch zu fügen oder gar, wie ihr zugemutet wird, bei der Durchführung der französischen Absichten mitzuwirken«. Und er endete mit den Worten: »Wir fühlen uns als Träger eines Rechts, das nicht stirbt. Unrecht, Not und Entbehrung ist heute unser Geschick, Recht, Freiheit und Friede ist unser Ziel. Einigkeit unser Weg.«[138]

Der Reichstag reagierte mit tosendem Beifall, aus fast allen Parteien. Es machte sich ein Gefühl der nationalen Einheit breit, das an die Augusttage des Jahres 1914 erinnerte. Alle Parteiquerelen, die noch bei der Bildung des Kabinetts Cuno aufgetreten waren, schienen nun vergessen. Stresemann sprach als einziger Redner der bürgerlichen Fraktionen und sicherte der Regierung die volle Unterstützung zu. Selbst Kommunisten und völkische Rechte reihten sich ein in den nationalen Widerstand.

Der sollte allerdings rein passiver Natur sein. An eine gewaltsame Gegenwehr war nicht zu denken, dazu wäre die Reichswehr viel zu schwach gewesen. Stattdessen verbot Cuno den Beamten in den besetzten Gebieten, französischen Anordnungen Folge zu leisten.[139] Der Reichskohlekommissar untersagte den Zechendirektoren jegliche Kooperation mit der Gegenseite.[140] Zechenkumpel und Eisenbahner sollten die Arbeit verweigern. Kaufleute und Gastronomen weigerten sich, französische oder belgische Soldaten zu bedienen.

Schon vor dem Einmarsch hatten viele Unternehmen zudem Vorkehrungen getroffen und ihre Verwaltungen in andere Regionen Deutschlands verlegt. Die Gutehoffnungshütte ließ in mehreren Waggons sämtliche Akten nach Nürnberg transportieren. Das Rheinisch-Westfälische Kohlensyndikat, das de facto die gesamte Kohleförderung koordinierte, hatte seine Akten nach Hamburg geschafft und seinen Sitz dorthin verlegt. Das stellte die französischen Besatzer, die ja vor allem den Zugriff auf die Kohleproduktion sichern wollten, vor erhebliche Probleme. Verschärft wurden diese dadurch, dass Eisenbahner reihenweise Bahnhöfe stilllegten, sogar die Schilder mit den Namen der Haltestellen abmontierten und sämtliche Betriebsunterlagen entwendeten, insbesondere technische Darstellungen. Franzosen und Belgier konnten daher zunächst einmal keine Kohle abtransportieren. Erst als sie rund 11.000 Eisenbahner aus ihren Ländern ins Ruhrgebiet versetzt hatten, konnten sie den Bahnverkehr wieder in Betrieb setzen. Aber selbst dann kam es immer wieder zu Unfällen, weil die technischen Unterlagen fehlten.

Die wichtigste Entscheidung der Reichsregierung war jedoch, die Löhne von rund zwei Millionen Arbeitern, die sich im Streik befanden, zu übernehmen und weiterzuzahlen.[141] Dadurch sollte der passive Widerstand dauerhaft aufrechterhalten werden.

Doch das war gleichzeitig der Startschuss zur endgültigen Zerrüttung der Mark. Denn die Besetzung an sich bedeutete schon einen wirtschaftlichen Verlust, der jedes Land an den Rand des Ruins getrieben hätte. Im Ruhrgebiet und den schon zuvor besetzten

Gebieten des Rheinlands und des Saarlands lebten rund zwölf Millionen Menschen, 20 Prozent der Bevölkerung des Landes. 12,7 Prozent der Textilindustrie, 18,2 Prozent der Metall- und Maschinenindustrie und 26,1 Prozent der chemischen Industrie lagen hier. Vor allem aber wurde in diesen Gebieten 84,3 Prozent der Steinkohle gefördert, 76,7 Prozent des Roheisens und 82,6 Prozent des Rohstahls hergestellt.[142] Die Abtrennung dieser Gebiete vom deutschen Wirtschaftskreislauf kam einer Enthauptung gleich. Ohne sie konnte der Rest des Landes kaum existieren. Und doch sollte das Reich nun auch noch die streikenden Arbeiter und die geschlossenen Betriebe in den besetzten Gebieten finanziell auffangen. Das war ein aussichtsloses Unterfangen.

Genau dieses Urteil fällte auch sogleich der Devisenmarkt. Am 10. Januar, dem Tag vor dem Einmarsch der französischen und belgischen Truppen in das Ruhrgebiet, hatte ein Dollar rund 10.000 Mark gekostet. Binnen einer Woche halbierte sich der Wert der deutschen Währung nun fast, am 18. Januar lag der Kurs bei 19.500 Mark je Dol-

Abb. 11: Kurs des Dollars in Mark von November 1922 bis Januar 1923

Quelle: Statistisches Reichsamt

lar. Die Mark befand sich im freien Fall und stürzte ungebremst immer tiefer. Am 27. Januar kostete der Dollar schon 25.000, am 30. Januar 35.000 und am 31. Januar sogar 50.000 Mark. Innerhalb von drei Wochen hatte die deutsche Währung noch einmal 80 Prozent ihres Wertes verloren.

Parallel dazu explodierten erneut die Preise. Das Kilo Kartoffeln verteuerte sich innerhalb der ersten Woche nach dem Einmarsch von 24 auf 28 Mark und bis Ende des Monats auf 48 Mark. Ein Ei kostete 139 statt 82 Mark. Der Roggenbrotpreis verdoppelte sich innerhalb von drei Wochen von 163 auf 318 Mark, der Preis von einem Kilo Rindfleisch kletterte von 2.320 auf 4.400 Mark, von einem Kilo Butter von 4.600 auf 9.600 Mark.

Die Preise stiegen jetzt praktisch täglich – das war eine erneute Beschleunigung der Inflationsspirale. Und die Auswirkungen im Alltag wurden dadurch noch absurder. Der katalanische Journalist Eugeni Xammar berichtete davon anschaulich. Anfang Februar 1923 schrieb er:

> »Es lohnt sich nicht, das Dienstmädchen frühmorgens zum Einkaufen zu schicken. Vor elf Uhr gibt es beim Krämer nichts, was man braucht: keine Eier, keine Butter, kein Schmalz, keinen Kaffee, kein Öl. Wie durch ein Wunder ist ihm alles am Vortag ausgegangen, kurz vor Ladenschluss, und die neue Öllieferung ist noch nicht da. Doch die neuen Lieferungen treffen auf die Minute genau in dem Moment ein, in dem der Zeitungsjunge mit der ersten Ausgabe der *Neuen Berliner 12 Uhr* vorbeikommt, die um elf erscheint und schon die aktuellen Börsendaten enthält. Butter, Öl, Kaffee, Eier, Schmalz, alles, was das Herz begehrt, ist plötzlich wieder da. Aber natürlich sind die ›neuen Lieferungen‹ teurer geworden. Der Kaffee (…) kostet das Doppelte, die Butter um die Hälfte mehr, und die Eier zweihundert Mark mehr das Stück. Ein Wiener Brötchen, wie man sie morgens zum Frühstück isst, hat gestern vierzig Mark gekostet. Heute neunzig!«[143]

Die Preissprünge brachten auch ganz praktische Probleme mit sich: Die vorhandenen Banknoten reichten oft nicht mehr für die Bezahlung. Der Geldschein mit dem höchsten Wert war weiterhin jene »Vampir-Banknote« zu 10.000 Mark, die vor rund einem Jahr eingeführt worden war. Dieser hatte nun aber gerade einmal noch den Wert von einem Kilo Butter oder 20 US-Cent. Die Reichsbank musste daher unablässig neue Scheine drucken, denn immer mehr Bargeld wurde benötigt. Im Jahr 1922 hatte sich die umlaufende Bargeldmenge von 123 Milliarden auf rund 1,3 Billionen Mark bereits mehr als verzehnfacht. Allein in den ersten vier Wochen des Jahres 1923 erhöhte sie sich nun jedoch um weitere 50 Prozent auf rund zwei Billionen Mark. Anfang Februar brachte die Reichsbank daher mit dem 50.000-Markschein erneut eine neue Banknote in Umlauf. Doch auch diese war zu diesem Zeitpunkt schon nur noch einen Dollar wert.

Abb. 12: Entwicklung der Geldmenge von Januar 1922 bis Januar 1923, in Milliarden Mark

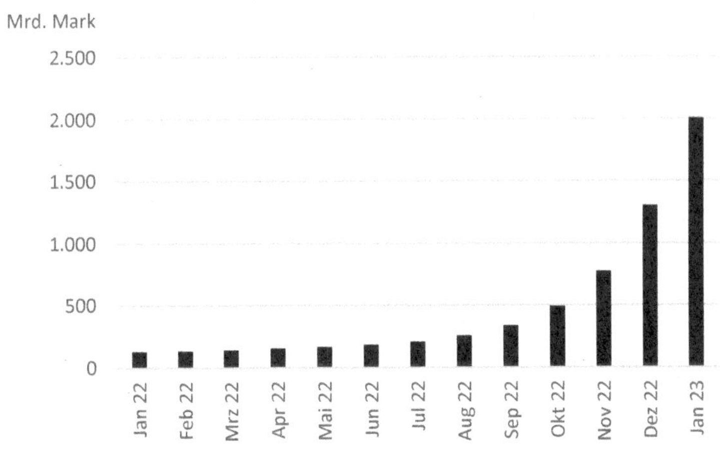

Quelle: Statistisches Reichsamt

Im Reichskanzleramt wuchs die Furcht, dass all dies das gerade erst aufgekommene Gefühl der nationalen Einheit im Volk wieder zerstören könnte. Die Regierung drängte daher die Reichsbank, einzuschreiten und einen Teil ihres Goldschatzes auf den Markt zu werfen, um die Mark zu stabilisieren[144] – etwas, das die Notenbank noch im November, als dies Wirtschaftsminister Schmidt von ihr gefordert hatte, aus guten Gründen abgelehnt hatte: Solange die zugrunde liegenden Probleme nicht einmal ansatzweise gelöst waren, ergab eine solche Intervention keinen Sinn. Am Ende – das war die Gefahr, die die Reichsbank sah – wäre das Gold weg und die Mark würde trotzdem weiter abstürzen.

Doch die Reichsbank knickte diesmal ein, beugte sich dem Willen der Regierung. Anfang Februar begann sie, am Devisenmarkt zu intervenieren – und erstaunlicherweise durchaus erfolgreich. Innerhalb von zwei Wochen stieg der Kurs der Mark wieder. Mitte Februar kostete ein Dollar nur noch rund 20.000 Mark – im Vergleich zu 50.000 Mark Ende Januar. Die Kritiker dieser Aktion schienen Lügen gestraft.

So kommentierte das *Berliner Tageblatt* Mitte Februar 1922:

> »Diese ganze Stützungsbewegung, die jetzt unter ausserordentlich ungünstigen politischen Umständen durchgeführt wird, liefert jedenfalls den Beweis, welche grossen Erfolge mit einer zielbewussten Stützungsaktion überhaupt erreicht werden können und bestätigt somit die Auffassungen Derjenigen, die bereits vor Monaten, als es sich um die Stabilisierung der deutschen Mark unter ungleich günstigeren politischen Verhältnissen handelte, eine aktive Valutapolitik empfohlen haben, selbst auf die Gefahr einer vorübergehenden Verwendung eines Teiles des Reichsbankgoldes für diese Zwecke.«[145]

Wie genau die Reichsbank bei ihren Stützungsmaßnahmen vorging, hielt sie geheim. Manche spekulierten über Pfund-Kredite aus

Großbritannien. Andere führten an, dass die Regierung nunmehr sämtliche Reparationszahlungen eingestellt habe und dadurch die dafür angesparten Devisen frei seien und zur Intervention am Währungsmarkt bereitstünden.

In jedem Fall hofften die Verantwortlichen auf eine Sogwirkung, dass also Devisenbesitzer aus Angst vor einer weiteren Aufwertung der Mark ihre Dollar- oder Pfundbestände auf den Markt werfen würden, um keine Verluste zu erleiden. Das würde den Aufwertungsdruck auf die Mark dann weiter erhöhen – ein sich selbst verstärkender Prozess würde in Gang gesetzt. Insbesondere Spekulanten, die nach wie vor als die Hauptverantwortlichen für den Marksturz galten, sollten damit getroffen werden.

Allerdings gelang es nicht, eine Spirale der beständigen Aufwertung zu erzeugen. Bei rund 20.000 Mark je Dollar stoppte die Erholung. Doch immerhin verharrte der Kurs dort zunächst, stabilisierte sich. Die Preise aber stiegen weiter.

KAPITEL 16

Der Kampf gegen Schlemmerei und Wucher

Januar 1923

Es war ein kalter Tag im Januar 1923 bei Kohlehändler Elkan in Berlin-Wilmersdorf. Frau Wolter betrat das Geschäft. Sie musste ihre Wohnung heizen und brauchte daher Brennholz. Elkan hatte welches – doch zu ihrer großen Überraschung wollte er ihr keines verkaufen. Das jedoch wollte sich Frau Wolters nicht gefallen lassen, und so traf man sich wenige Tage später vor Gericht wieder. Der Vorwurf: Elkan habe das Brennholz zurückgehalten, weil er durch einen späteren Verkauf einen übermäßigen Gewinn erzielen wollte. Ein Strafbefehl über 10.000 Mark war gegen ihn ergangen. Dagegen setzte Elkan sich zur Wehr. Das Holz sei frisch und nass gewesen, argumentierte er nun vor Gericht, und daher hätte es schlecht gebrannt. Er habe es also quasi zum Schutz der Kundin zurückgehalten. Doch der Staatsanwalt hielt dagegen. »In der heutigen Zeit des Wuchers mit Brennmaterialien kann man die vom Angeklagten behauptete menschenfreundliche Absicht, einer Hausfrau den Ärger mit nassem Holz zu ersparen, wirklich nicht glauben«, warf er ein. Der Richter schloss sich dieser Meinung an und erhöhte die Strafe aufgrund der Verwerflichkeit der Tat sogar auf 80.000 Mark.[146]

Solche Prozesse waren die neueste Idee der Regierung, um den rasant steigenden Preisen nach der Ruhrbesetzung Herr zu werden. Wie schon zuvor die Regierung Wirth nahm nun auch die Regierung Cuno die Wucherer als vermeintliche Hauptschuldige an der Preisexplosion aufs Korn.

Schon am 13. Januar, zwei Tage nach Beginn der Ruhrbesetzung, traf sich Reichswirtschaftsminister Johann Becker mit den Spitzenvertretern aus Industrie, Handel, Handwerk, Genossenschaften und Gewerkschaften. Er bat um ihre Mitarbeit, denn sie sollten ihre Mitglieder zur Besonnenheit und Mäßigung bei Preiserhöhungen ermahnen. Diese würden aufgrund der neuen Lage nach der Ruhrbesetzung wohl kommen, sie sollten aber nicht über das unbedingt notwendige Maß erfolgen.[147]

Gleichzeitig versuchte die Regierung die Wuchergesetze zu verschärfen. Schon seit 1919 gab es im ganzen Land spezielle Wuchergerichte, die eine Verordnung aus dem letzten Kriegsjahr gegen Preistreiberei umsetzen sollten. In der Verordnung wurde mit Strafe bedroht, »wer vorsätzlich für Gegenstände des täglichen Bedarfs oder des Kriegsbedarfs Preise fordert, die unter Berücksichtigung der gesamten Verhältnisse einen übermäßigen Gewinn enthalten«.[148]

Das Problem war, dass in einer Zeit relativ konstanter Preise ein übermäßiger Gewinn vielleicht noch einigermaßen objektiv festzustellen war. Wenn die Preise aber praktisch täglich stiegen, wie das nun der Fall war, war das kaum mehr möglich. Und selbst dort, wo die Gerichte dies dennoch festzustellen glaubten, war Anfang 1923 der Erfolg ihrer Urteile begrenzt. Die 80.000 Mark Geldstrafe, zu der Brennstoffhändler Elkan am 19. Januar verurteilt worden war, war Ende Januar keine zwei Dollar mehr wert. Das Vorgehen gegen die angeblichen Wucherer war also nicht nur höchst fragwürdig, es war auch von wenig Erfolg gekrönt, letztlich reine Symbolpolitik.

Das Gleiche galt für eine weitere Initiative der Regierung. Denn sie begann auch einen Kampf gegen die »Schlemmerei«. Gemeint waren damit alle Arten von Festivitäten oder Luxus, die in den Augen der notleidenden Bevölkerung Verärgerung hervorrufen könnten. Die Idee war nicht neu. Bayern hatte schon im Dezember 1921 im Reichsrat ein Gesetz gegen »Schlemmerei« beantragt. Demnach sollte jeder mit Gefängnis oder Geldstrafen bestraft werden, der »aus Hang zum Wohlleben sich derart übermäßig der Genußsucht hingibt, daß dadurch angesichts der Not des Volkes Ärgernis erregt werden kann«.[149] Das Gesetz scheiterte jedoch damals noch auf Reichsebene.

Doch einige Länder hatten daraufhin eigene Regelungen beschlossen. So wurden in Bayern öffentliche Kostümfeste, Trachtenfeste und Bauernbälle untersagt. Die preußische Regierung wies die lokalen Behörden an, Schlemmersteuern zu erheben. In Berlin wurde der 5-Uhr-Tanz verboten und ein Tanzverbot vor allem für Lokale, die von Touristen und Auswärtigen besucht wurden, erwogen.[150] Denn diese besaßen üblicherweise Devisen und konnten dadurch aufgrund des Markverfalls in Deutschland in Saus und Braus leben.

Am 15. Januar schloss Reichsernährungsminister Hans Luther eine Vereinbarung mit den Spitzenverbänden des Hotel-, Gastwirts- und Kaffeehausgewerbes.[151] Diese sah vor, dass künftig immer nur noch zwei Gerichte zur Auswahl stehen durften. Jedem Gast durfte nur noch ein Fleischgericht serviert werden, ausländische Delikatessen mussten ganz von den Speisekarten verschwinden.

Die Regelungswut ging so weit, dass eine Gesamtmahlzeit nur noch höchstens enthalten durfte: eine Suppe, ein Fischgericht, ein leichtes Zwischengericht, ein Fleischgericht mit Beilage, eine Nachspeise oder Käse oder Dunstobst oder Früchte. Eierspeisen durften nicht mehr zum Frühstück, Butter gar nicht mehr dargeboten werden. Zuwiderhandlungen sollten mit Geldstrafen von bis zu einer Million Mark belegt werden, und das Geld sollte einem Fonds zur Unterstützung notleidender Menschen zugutekommen.

Eine Woche zuvor hatte sich der Reichskanzler bereits in einem Schreiben an die Landesregierungen gewandt. Sie sollten die bestehenden Gesetze streng anwenden, um dem Alkoholmissbrauch Einhalt zu gebieten. Zudem sei »die Erlaubnis zu öffentlichen Tanzlustbarkeiten« zu versagen und »die deutschen Frauen sollen sich freihalten von Schmuck und Tand, die deutschen Männer, vor allem die Jugend, sollten sich Maß und Einschränkungen auferlegen, wie im Genuß von Alkohol, so auch im Genuß von Tabak«.

Auch »Unsittlichkeiten und Unsauberkeiten, die sich im Theater und Lustbarkeiten und sonst, häufig ausländische Herkunft zur Schau tragend, vielfach breitmachen«, prangerte Cuno in etwas schräger Grammatik, aber vor allem in sehr altväterlicher Art an und bezeichnete sie als »Widerlichkeiten«. Dabei liege es ihm jedoch fern, einen Verzicht auf Freude zu fordern. Aber sie solle in würdiger Weise gefunden werden, durch Leibesübungen und Sport »sowie die Einkehr bei den Geistesschätzen alter deutscher Kultur«.[152]

Wer das heute liest, schwankt zwischen Schmunzeln und Seufzen. Denn einerseits klingt das für unsere Ohren fast schon lustig. Andererseits ist es reichlich verstörend zu sehen, welchen Fragen sich die Regierung damals mit großem Ernst und viel Energie widmete, während gleichzeitig die Wirtschaft am Rande des Abgrunds stand. Das gilt umso mehr, wenn man weiß, dass das entsprechende Schreiben diverse Male zwischen allerlei Regierungsstellen hin- und hergeschickt wurde, um an ihm zu feilen.

Der Schwerpunkt der Regierungsarbeit schien seltsam verrückt. Das zeigt sich auch bei einem weiteren Gesetz, dem reichsweiten Schankstättengesetz, das Ende Februar verabschiedet wurde und den Alkoholkonsum einschränken sollte. Dazu erhielten die Länder das Recht, den Betrieb von Gastwirtschaften erheblich zu beschneiden, beispielsweise Lizenzen auch rückwirkend zu entziehen.[153] Kurz danach wurde auch noch Absinth verboten, jenes Getränk, das in den Jahren davor als »grüne Fee« bekanntgeworden war und vor allem in Künstlerkreisen genossen wurde. Nach Ansicht des Reichskanzlers war es jedoch ein »deutscher Art fremdes Genussmittel«[154]

und gesundheitsschädlich. Das Verbot wurde erst fast acht Jahrzehnte später, 1991, aufgehoben.

Natürlich trugen all diese Maßnahmen keinen Deut dazu bei, die finanziellen Probleme des Reiches zu überwinden und die Inflation zu bändigen. Darüber hinaus war es aber auch schier unmöglich, diese Gesetze anzuwenden. Die Polizei hätte praktisch ständig durch Restaurants streifen, Speisekarten kontrollieren und servierte Gerichte analysieren müssen, um die Einhaltung zu gewährleisten.

So viel Energie daher in all diese Vorhaben gesteckt wurde, so gering war deren Wirkung. Auch und vor allem deshalb, weil diese ohnehin nur an der Oberfläche kratzten, die wirklichen Ursachen der Notlage, den defizitären Staatshaushalt und das Gelddrucken durch die Notenbank, jedoch gar nicht berührten.

KAPITEL 17

Der Blut-Karsamstag

März 1923

Der 31. März 1923 war Karsamstag. Ein Jahr zuvor war Walther Rathenau mit dem Vertrag von Rapallo ein Coup gelungen und Deutschland hatte wieder Hoffnung geschöpft. Inzwischen versank das Land im wirtschaftlichen Chaos, und im Ruhrgebiet regierte französisches Militär.

An jenem 31. März wollte nun in Essen ein Kommando im Stahlwerk Krupp Fahrzeuge beschlagnahmen. Doch die französischen Soldaten trafen auf den geballten Widerstand und Zorn Tausender Arbeiter. Hammerschwingend stellten diese sich den Besatzern entgegen, sangen Lieder, drohten. Irgendwann, nach Stunden, in denen sich die Gruppen feindlich gegenüberstanden, geriet die Situation schließlich außer Kontrolle, einige Soldaten verloren die Nerven und schossen. Am Ende waren 13 Arbeiter tot.[155] Es war einer der blutigsten Zusammenstöße im besetzten Ruhrgebiet.

Über Wochen hatte sich die Lage immer weiter hochgeschaukelt. Unmittelbar nach der Besetzung Mitte Januar hatte die deutsche Regierung die Einstellung der Reparationszahlungen erklärt. Daraufhin stellte die Reparationskommission am 26. Januar 1923 eine allgemeine Verfehlung Deutschlands fest und setzte den Londoner Zahlungsplan vom 5. Mai 1921 wieder in Kraft.[156] Damit war der deutsche Antrag auf ein Moratorium endgültig hinfällig. Doch praktische Bedeutung hatte dies ohnehin nicht mehr. Deutschland hatte die Zahlungen der Reparationen komplett eingestellt und die Auseinandersetzung fand inzwischen auf einer anderen Ebene statt.

Die Bevölkerung im Ruhrgebiet übte konsequenten passiven Widerstand. Konkret hieß das, dass die Behörden jede Zusammenarbeit mit den Besatzungstruppen verweigerten, Eisenbahner und Kohlekumpel waren im Streik. Die Lieferung von Kohle an Frankreich – eines der Hauptziele des Einmarsches – war damit zunächst unmöglich, zumal das Kohlesyndikat, das die gesamte Kohleproduktion koordinierte, nach Hamburg umgezogen war.

Von dieser Heftigkeit der Gegenwehr war Paris überrascht. Die militärische Aktion wurde erheblich aufwendiger als geplant – und teurer. So wurden vor dem 11. Januar täglich 6.000 Eisenbahnwaggons Kohle nach Frankreich geliefert. Am 9. Mai wurde die bis dahin größte Tageslieferung nach der Besetzung erreicht, mit 757 Waggons.[157] Tausende französische und belgische Eisenbahner, Kohlekumpel und Beamte waren in die besetzten Gebiete entsandt worden, um mühsam Produktion und Verwaltung einigermaßen zu sichern.

Somit kostete der Streik der deutschen Arbeiter nicht nur Deutschland viel Geld, sondern auch Frankreich. Der französische Finanzminister de Lasteyrie erklärte im Februar, dass für die Ruhrbesetzung monatlich Kosten von ungefähr 40 Millionen Francs anfielen.[158] Das entsprach ungefähr 3 Millionen Dollar. Allerdings hatte das Defizit bereits im französischen Haushalt von 1922 rund 24 Milliarden Franc betragen[159] – da fielen die Kosten für die Besatzung nicht allzu sehr ins Gewicht.

Dennoch geriet auch der französische Franc seit Beginn der Besatzung unter Druck, weil der Finanzmarkt davon ausging, dass sich Frankreich finanziell übernahm. Im Verlaufe des Jahres 1923 verlor er rund ein Viertel seines Wertes. Die Tageszeitung *Liberté* schrieb daher, der Franc befinde sich auf einer »Rutschbahn«,[160] und die deutsche Presse breitete genüsslich aus, wie sein Kurs immer weiter fiel. Einige glaubten gar, Poincaré würde vor diesem Hintergrund früher oder später aufgeben und seine Truppen wieder abziehen. Doch da hatten sie nicht mit Poincarés Entschlossenheit gerechnet. Am 29. Januar verhängte die Besatzungsmacht einen verschärften Belagerungszustand. Nun konnten streikende Arbeiter, Unternehmensführer oder Beamte, die Befehle verweigerten, festgenommen oder zu Geldstrafen verurteilt werden, was auch vieltausendfach geschah. Rund 150.000 Deutsche wurden im Laufe der folgenden Monate wegen Befehlsverweigerung sogar aus dem besetzten Gebiet abgeschoben, vorwiegend Eisenbahner.[161] Für sie musste die deutsche Regierung nun Asyl und Unterkunft finden und für ihren Unterhalt aufkommen.

Immer wieder schaukelten sich Ereignisse hoch und entluden sich in Gewalt. Ein trauriger Höhepunkt war jener Karsamstag, der 13 Menschen im Krupp-Werk das Leben kostete. Als vermeintlich Schuldiger wurde von den französischen Besatzern wenig später der Aufsichtsratsvorsitzende Gustav Krupp von Bohlen und Halbach festgenommen und von einem Kriegsgericht zu 15 Jahren Haft und einer Strafe von 100 Millionen Mark verurteilt.

Doch es gab auch organisierten gewaltsamen Widerstand. So suchten deutsche Aktivisten nach vermeintlichen Kollaborateuren, ermordeten angebliche Spione. Frauen, die sich vermeintlich mit französischen Soldaten eingelassen hatten, wurden als »Franzosenliebchen« verfemt, verachtet und misshandelt. Kommunistische und vor allem rechtsextreme Gruppen planten immer wieder Anschläge und führten sie auch aus. Im Juni explodierte auf der Duisburger Rheinbrücke eine Bombe, was neun belgische Soldaten das Leben kostete. Insgesamt kamen während des Ruhrkampfes 137 Personen ums Leben.[162]

Berühmt-berüchtigt wurde unter den Aktivisten, die gewaltsam gegen die Besatzer vorgingen, vor allem einer: Albert Leo Schlageter. Er war Mitglied der NSDAP und begann unmittelbar nach der Besetzung des Ruhrgebiets Anschläge gegen vermeintliche Spione sowie die Sprengung von Eisenbahnstrecken zu planen, die dem Kohletransport dienten, und er setzte dies auch um. Teilweise genoss Schlageters Gruppe dabei sogar die Unterstützung der örtlichen Polizei.

Anfang April, wenige Tage nach dem Blut-Karsamstag, wurde Schlageter schließlich vom französischen Sicherheitsdienst verhaftet, vor ein Militärgericht gestellt und am 9. Mai 1923 zum Tode verurteilt. Dies rief eine Welle nationaler Empörung in Deutschland hervor. Frankreich habe kein Recht, auf deutschem Boden Recht zu sprechen und schon gar nicht Todesurteile zu verhängen, war der Tenor. Rechtsextreme Kreise bauten Schlageter zu einer Art Märtyrer auf. Trotz des Aufschreis in der Bevölkerung wurde er am 26. Mai durch ein Erschießungskommando hingerichtet.

Doch er galt nicht nur in rechtsextremen Kreisen als Vorbild. Einer der führenden Politiker der Kommunisten, Karl Radek, pries Schlageter wenige Tage nach dessen Hinrichtung in einer Rede vor der Kommunistischen Internationale (Komintern). Schlageter sei der »mutige Soldat der Konterrevolution«.[163] Aber Radek ging noch weiter, sprach sich für ein Bündnis zwischen linksextremen und rechtsextremen Kräften aus, und er veröffentlichte mit Vertretern des gegnerischen Lagers sogar die gemeinsame Schrift *Schlageter*.[164] Zu einem wahren Helden bauten Schlageter später, nach 1933, aber vor allem die Nationalsozialisten auf. Sie machten aus ihm »den ersten Soldaten des Dritten Reiches« und errichteten in verschiedenen Städten Denkmäler für ihn.

Allerdings blieb das Urteil gegen Schlageter das einzige von den französischen Besatzern vollstreckte Todesurteil. Zehn weitere Todesurteile wurden in langjährige Haft oder Zwangsarbeit umgewandelt. Offenbar wollten die Besatzer keine weiteren Märtyrer schaffen.

Zudem fand die Auseinandersetzung im Wesentlichen auf wirtschaftlicher Ebene statt. Dazu gehörte, dass die französischen Truppen begannen, Geldbestände der Geschäftsbanken und der Reichsbank zu konfiszieren. So fingen sie am 19. Januar 1923 in Düsseldorf ein Transportfahrzeug der Deutschen Bank ab, das gerade 150 Millionen Mark von der örtlichen Reichsbankfiliale abgeholt hatte, und beschlagnahmten das Geld. Vom Geldnachschub abgeschnitten, mussten die örtlichen Banken daraufhin schließen.[165]

Ähnliches ereignete sich in anderen Städten des besetzten Gebietes. Die französische Seite rechtfertigte dies damit, dass die Reichsbank eine staatliche Institution des Deutschen Reiches sei. Durch Zugriff auf deren Geld nehme sie sich nur das, was ihr aufgrund des Londoner Zahlungsplans zustehe. Zudem forderte sie vom Deutschen Reich, für die Kosten der Besatzung aufzukommen – auch dazu sollte das konfiszierte Geld dienen.

Die deutsche Seite argumentierte dagegen, die Reichsbank sei ein rein privatwirtschaftlich organisiertes Institut, was formaljuristisch korrekt war. Allerdings stand schon lange und erst recht jetzt außer Zweifel, dass die Reichsbank ein Instrument der Regierung in Berlin war. Sie unterstützte willfährig deren Politik, indem sie unablässig Geld druckte.

Doch nicht nur Geld der Reichsbank wurde beschlagnahmt. Die Konfiszierungen konnten alle Stellen treffen, die über größere Mengen Bargeld verfügten. Mitte März beschlagnahmten belgische Truppen in Rheydt 100 Millionen Mark an Erwerbslosengeldern, als diese gerade von der Stadtkasse zur Sparkasse transportiert wurden.[166] In Düsseldorf wurden wenige Tage später 120 Millionen Mark an Lohngeldern in den Wohnungen der Meister der Rheinischen Metallwerke konfisziert. Das Geld sollte dort ausgezahlt werden, weil das Werk selbst völlig stillstand.[167] Die Presse berichtete auch von Fällen, wo französische Soldaten einzelne Bürger auf der Straße anhielten und mit vorgehaltener Waffe zur Abgabe all ihres Bargeldes zwangen.

Insgesamt requirierten französische und belgische Truppen in den ersten vier Monaten der Besatzung nach Angaben der Reichsregierung rund 27,18 Milliarden Mark.[168] Am 26. Mai wurden dann allein bei der Reichsbankhauptstelle in Essen weitere 92 Milliarden Mark konfisziert[169], am 11. Juni 52 Milliarden Mark in Dortmund.[170] Weitere derartige Aktionen folgten in den folgenden Wochen und Monaten, teilweise wurden dabei sogar die Tresore aufgesprengt.

Anfang April beschlagnahmten die Truppen in einer von der Reichsbank beauftragten Druckerei in Mühlheim Druckplatten zur Herstellung von Banknoten. Wenige Wochen später stellte die Reichsbank fest, dass neue 20.000-Markscheine im Wert von mindestens 35 Millionen Mark in Umlauf waren, die einen bis dahin nie verwendeten Kennbuchstaben trugen.[171] Falschgeld sei das, so die Reichsbank, von den französischen Besatzern in Umlauf gebracht.

Die deutsche Regierung erhob zwar immer wieder offiziellen Protest gegen das Vorgehen der Besatzungstruppen, der deutsche Botschafter in Paris wurde bei der französischen Regierung vorstellig. Eine Änderung der Praxis konnte er jedoch nicht erreichen.

Die Reichsbank ging daher dazu über, Banknoten nicht mehr im Ruhrgebiet herstellen zu lassen. Stattdessen wurde das Geld, das für diese Region bestimmt war, größtenteils in Köln gedruckt – dort standen britische Besatzungstruppen, die sich nicht einmischten. Von dort wurde das Geld dann auf Schmugglerpfaden in die französisch und belgisch besetzten Gebiete gebracht.

So schwierig die Lage schien, so erstaunlich war, wie die deutsche Öffentlichkeit all die wirtschaftlichen Belastungen ohne Murren akzeptierte. Viele befanden sich sogar in einer Art des nationalen Taumels. Die Menschen machten sich einen Sport daraus, französische Lehnworte aus der deutschen Sprache auszumerzen. »Trottoir« wollten sie nicht mehr sagen. Sie nutzten jetzt die Wörter »Gehweg« oder »Bürgersteig«. Auch »automatisch« sollte nichts mehr funktionieren, sondern »selbsttätig«, aus dem Telefon wurde der Fernsprecher, aus dem Billett der Fahrschein. Diese Wörter gehören zu den kuriosen, bis heute erkennbaren Folgen dieser Zeit.

Ebenfalls kurios war, welch hohes Ansehen Reichskanzler Cuno plötzlich genoss, der Mann, der eigentlich eine eher blasse Figur machte, kein mitreißender Redner war und eine dröge Ausstrahlung hatte. Doch bei öffentlichen Auftritten wurde er jetzt regelrecht gefeiert. Auf dieser Welle der Zustimmung reitend konnte er recht selbstbewusst erklären, dass für ihn neue Gespräche mit Frankreich und Belgien über die Reparationen nicht infrage kämen. Unter dem Druck der Bajonette könne nicht verhandelt werden, so der Reichskanzler in einer Unterredung mit dem italienischen Botschafter.[172]

Tatsächlich schien seine Strategie des passiven Widerstands aufzugehen. Sie hatte die Kosten für die Besatzer enorm in die Höhe getrieben und den Nutzen der Besatzung für sie extrem vermindert. England und die USA waren ausdrücklich auf Distanz zu Frankreich gegangen, die Amerikaner hatten sogar kurz nach dem Einmarsch ihre Truppen aus dem Rheinland abgezogen – sie wollten in der zugespitzten Lage nicht mehr präsent sein. Gleichzeitig war es der Reichsbank gelungen, den Markkurs zu stabilisieren. Die deutsche Regierung konnte ihr Vorgehen in den ersten Monaten der Besatzung des Ruhrgebiets also durchaus als Erfolg verbuchen.

Das Tragische war, dass Cuno diese Phase, in der alles einigermaßen gut zu laufen schien, nicht nutzte, um durch grundlegende Reformen und Veränderungen eine dauerhafte Stabilisierung der Mark und der Wirtschaft in Deutschland zu erreichen. Die Kosten für den Ruhrkampf wurden nicht etwa durch Einsparungen an anderer Stelle finanziert. Vielmehr genehmigte der Reichstag schon Anfang Februar neue Schulden von bis zu 500 Milliarden Mark für das Ruhrgebiet und weiteren 1.500 Milliarden Mark zur Sicherstellung der Volksernährung.[173] Gleichzeitig wurden die Beamtengehälter weiter erhöht, um die Preissteigerungen auszugleichen.

Hinzu kam, dass Deutschland mit dem Ruhrgebiet seine wirtschaftliche Herzkammer verloren hatte, aus der auch ein Großteil der Steuereinnahmen stammte. Durch die Streiks und die Besatzung entfielen diese Einnahmen komplett. Außerdem blieben natürlich die Kohlelieferungen aus dem Ruhrgebiet ins übrige Reichsgebiet aus. Daher musste Deutschland nun Kohlen aus Großbritannien importieren – und natürlich in Devisen bezahlen.

Diese hatte die Regierung jedoch gar nicht. Deshalb beschloss sie, einen Devisenfonds zu bilden, der über eine Dollaranleihe gefüllt werden sollte. Anleger sollten dem Reich also Dollar leihen und dafür Schuldscheine erhalten. Am 2. März 1923 ermächtigte der Reichstag die Regierung dazu.[174] Natürlich war im Ausland längst niemand mehr bereit, dem Deutschen Reich Devisen zu leihen. Der Finanzminister hoffte jedoch aufgrund der patriotischen Hochstimmung, die seit der Ruhrbesetzung herrschte, dass Bürger und Industrielle im eigenen Land die Anleihe zeichnen würden. 50 Millionen Dollar sollte das in die Kassen spülen. Diese sollten nach drei Jahren zu 120 Prozent zurückgezahlt werden, das entsprach einer Verzinsung von rund 6 Prozent pro Jahr.

Allerdings gab es sofort erhebliches Störfeuer aus Paris. Dort hieß es, die Gläubiger dürften sich nicht sicher sein, ihr Geld jemals wiederzusehen, da dieses den Alliierten zustehe.[175] Die Devisen seien als Reparationen abzuführen. Die Reparationskommission hingegen unterstrich zwar, dass Deutschland sehr wohl zur Ausgabe einer solchen Anleihe berechtigt sei und die Alliierten keine Zugriffsrechte auf die eingenommenen Devisen hätten. Das geschah aber erst kurz vor Ablauf der Zeichnungsfrist Ende März.[176]

Am Ende kam so gerade mal ein Viertel des angestrebten Betrags zusammen. Und ein genauerer Blick auf die Investoren zeigt, dass vor allem kleinere Beträge von 5, 10, 20 oder 50 Dollar gezeichnet wurden, also vor allem Kleinanleger ihre Devisen hergegeben hatten. Die Industrie hatte sich dagegen praktisch gar nicht beteiligt.[177] Scheinbar ahnte man dort schon, dass der kurze Frühling sehr bald zu Ende sein würde.

KAPITEL 18

Der Mark-Crash

April 1923

»Gestern trat ein unerhörter Ansturm ein, weit über den normalen Bedarf«, sagte Reichsbankpräsident Havenstein am 19. April als Gast bei einer Kabinettssitzung, noch ganz unter dem Eindruck der Ereignisse des Vortages. »Wenn die Reichsbank gestern ihre Politik hätte fortsetzen können und wollen, so hätte das 70 Millionen Goldmark gekostet bei einem unbelasteten Goldschatz von 700 bis 800 Millionen«, erklärte er und fasste die Dramatik dann in einem Satz zusammen: »Eine solche Politik hätte binnen 10 Tagen den Goldschatz und die Reichsbank vernichtet.«[178]

Tags zuvor war die Fassade der Stabilität, die rund drei Monate gehalten hatte, eingestürzt. Am 18. April 1923 konnte sich die Reichsbank der Verkaufswelle bei der Mark nicht länger entgegenstellen und musste ihre Stützungsaktion, mit der sie den Kurs durch den Verkauf ihres Goldes künstlich bei rund 20.000 Mark je Dollar gehalten hatte, abrupt abbrechen. Es folgte ein regelrechter Crash. Mit einem Schlag stürzte der Kurs von 21.000 auf 23.000 Mark je Dollar, am folgenden Tag weiter auf 29.500 Mark.

Es war das Ende eines relativ ruhigen ersten Vierteljahrs am Devisenmarkt. Seit Anfang Februar hatte sich die deutsche Währung tapfer bei rund 20.000 Mark je Dollar gehalten. Die Preise waren zwischen Februar und April 1923 zwar weiter gestiegen, jedoch wieder in etwas gemächlicherem Tempo. All das war allerdings eine Chimäre. Unter der Oberfläche brodelte es.

Die Ausgaben des Reiches waren seit der Ruhrbesetzung geradezu explodiert, während die Einnahmen nur geringfügig stiegen. Im Januar standen Ausgaben von 947,2 Milliarden noch Einnahmen von 360,5 Milliarden gegenüber. Im Februar stiegen die Einnahmen zwar auf 521,2 Milliarden, die Ausgaben aber auf 2.027,8 Milliarden. Und im März kamen auf Einnahmen von 561,9 Milliarden sogar schon Ausgaben von 3.574,8 Milliarden Mark. Entsprechend erhöhten sich die Schulden des Deutschen Reiches von 1,6 Billionen Mark zu Beginn des Jahres auf über 7 Billionen Mark Mitte April – eine Vervierfachung innerhalb eines Quartals.[179] Auch der Banknotenumlauf stieg rasant weiter, von 2 Billionen Mark Ende Januar auf 3,5 Billionen Ende Februar und 5,5 Billionen Ende März.[180]

Einer der wesentlichen Gründe für das wachsende Haushaltsdefizit war, dass die Steuereinnahmen zwar wuchsen, aber weit langsamer als Löhne und Preise. Denn zwischen dem Zeitpunkt, an dem eine Steuerschuld festgesetzt wurde, und dem Zeitpunkt, an dem sie beglichen werden musste, vergingen stets einige Wochen. Bei einer stabilen Währung wäre das kein Problem. Da die Währung jedoch von Woche zu Woche an Wert verlor, verloren auch die Steuereinnahmen an Wert. Die Folge: In den neun Monaten zwischen April und Ende Dezember 1922 deckten Steuer- und Zolleinnahmen noch rund ein Viertel der Staatsausgaben, im März 1923 war es nicht mal mehr ein Sechstel.

Es hätte eine relativ einfache Möglichkeit gegeben, dies zu ändern. Dazu hätten nur die Steuertarife auf Basis von Goldmarkpreisen festgesetzt werden müssen, mit der Maßgabe, bei Fälligkeit den jeweils aktuellen Wert in Papiermark zu zahlen. Doch alle Anläufe in diese Richtung scheiterten am Streit der Koalitionsparteien über die Steuerpolitik. Dadurch sank der Wert der tatsächlich gezahlten Steuern immer weiter. Hinzu kam, dass mit der Besetzung des Ruhrgebiets ein erheblicher Teil der Einnahmen aus der Kohlensteuer ausblieb, immerhin die drittwichtigste Einnahmequelle des Reiches.

Das Fundament der Mark wurde also seit Januar immer weiter ausgehöhlt, und nur die Stützungsaktion hielt sie nach außen hin stabil. Am 18. April brach dieses Konstrukt zusammen. Reichsbankpräsident Havenstein betonte nun, dass angesichts der wirtschaftlichen Lage die gesamte Stützungsaktion eigentlich »ein Widersinn« gewesen sei. Sie sei ursprünglich auch nur für etwa vier Wochen angesetzt gewesen, inzwischen waren drei Monate vergangen. Er hoffe zwar jetzt, den Dollar bei 25.000 bis 26.000 Mark halten zu können. Dazu bedürfe es aber umgehender Maßnahmen durch die Regierung: Importbeschränkungen, vor allem bei Kohle und Getreide, der schnelleren Einziehung der Steuern und eines Zwanges, Devisenbestände vollständig anzumelden. Selbst wenn all dies rasch umgesetzt würde, sei er aber nicht sicher, ob die Reichsbank ihre Stützungsaktionen weiterführen könne, solange der passive Widerstand im Ruhrgebiet anhalte. »Die Politik des Kabinetts muß dahin geführt werden, zu einem Versuch der Lösung zu kommen«, forderte er bei der Kabinettssitzung am Tag nach dem Crash.

Es schloss sich eine intensive Diskussion unter den Regierungsmittgliedern an. Dabei ging es aber vor allem darum, was alles nicht möglich oder schwer umzusetzen sei. Am Ende ließ die Regierung über die Nachrichtenagentur WTB verbreiten:

> »Angesichts der plötzlichen Steigerung der Devisenkurse hat das Reichskabinett heute im Einvernehmen mit dem Reichsbankdirektorium beschlossen, die Stützungsaktion für die Mark mit allem Nachdruck weiterzuführen. Zu diesem Zwecke sollen, abgesehen von der börsenmäßigen Stützungstätigkeit, zunächst folgende Maßnahmen unverzüglich ergriffen werden: 1. eine weitgehende Einschränkung der Einfuhr, 2. die Einführung einer allgemeinen Anmeldepflicht für den Besitz an Devisen

nach dem Stande des Tages, an dem die hierzu erforderliche Notverordnung erlassen wird.«[181]

Allerdings war das ein Bluff. Denn die Regierung hatte weder irgendwelche Beschlüsse gefasst, wie die Importe konkret eingeschränkt werden sollten, noch wie die Devisenerfassung aussehen sollte. Erst drei Wochen später beschloss sie eine leichte Verschärfung der Devisenverordnung, die noch von der Vorgängerregierung unter Reichskanzler Wirth im Oktober 1922 auf den Weg gebracht worden war.[182] So wurde beispielsweise die Meldepflicht für Geschäfte mit ausländischen Zahlungsmitteln erweitert und der Verkauf von Mark im Ausland wurde verboten. Doch Erfolg zeitigte dies nicht. Anfang Mai hatte der Wechselkurs 35.000 Mark je Dollar erreicht, bis Mitte Mai stieg er auf 45.000 Mark, durchbrach kurz darauf den Rekordstand von Ende Januar bei 50.000 Mark und lag Ende Mai schließlich bei 70.000 Mark je Dollar.

Abb. 13: Kurs des Dollars in Mark von Februar bis Mai 1923

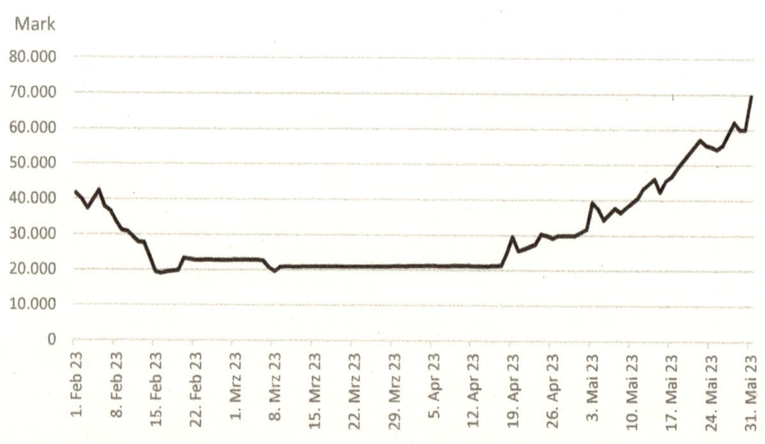

Quelle: Statistisches Reichsamt

Mit der Ruhe am Devisenmarkt endete mit einem Schlag auch die patriotische Welle, die bisher die Regierung Cuno schier unangreifbar gemacht hatte. Die SPD setzte einen Untersuchungsausschuss im Reichstag durch, der die Fehler während der Phase der Marktstützung aufarbeiten sollte. Aber auch in der Öffentlichkeit begann die Suche nach den Schuldigen. Einer, der dabei schnell in den Fokus geriet, war der Industrielle Hugo Stinnes.

KAPITEL 19

Hugo Stinnes – Der Napoleon der Wirtschaft April 1923

Für den *Vorwärts*, die SPD-Parteizeitung, stand fest: Die Schwerindustrie und mit ihr die Banken haben »planmäßig an der Verschlechterung der Mark gearbeitet«. Ihnen gehe das Geschäft über das Vaterland. In den Tagen vor dem Mark-Crash habe eine große Industrieverwaltungszentrale außerhalb der Börsenstunden, wenn die Reichsbank den Markkurs nicht stützen konnte, am Markt »nach beträchtlichen Sterlingbeträgen« gefragt. Dies sei Stinnes gewesen. Und erst durch dessen Versuch, Mark in großem Stil in Pfund umzutauschen, sei die Marktstimmung gekippt. »Ein Stinnes weiß, dass eine so starke Nachfrage am Devisenmarkt entweder den Dollarkurs in die Höhe treibt oder dass sie ihm Teile des Goldbestandes der Reichsbank in seine Hände spielt«, so der *Vorwärts* weiter. »Viel dümmer als die Polizei erlaubt, ist ein Stinnes nicht, wenigstens nicht in geschäftlichen Dingen!«[183]

Schon lange ging das Gerücht um, dass die Industrie einen Absturz der Mark begrüßen würde. Denn ihre Exporte litten unter deren Stabilität seit Anfang Februar. Als der Kurs dann am 18. April tatsächlich einbrach, war vor allem im linken Lager klar, dass dies kein Zufall gewesen sein konnte. Es war sogar von einem »Dolchstoß der Wirtschaft gegen die Mark« die Rede. Im Zusammenhang mit der gescheiterten Dollaranleihe, bei der sich die Industrie so ruhmlos zurückgehalten hatte, ergab das für viele Sinn.

Stinnes bestritt die Vorwürfe zwar vehement, erklärte sogar, dass seine Firma rund um den 18. April überhaupt keine Devisen gekauft habe. Auch der Untersuchungsausschuss stellte in seinem Abschlussbericht, der erst im März 1924 fertig war, fest, dass Stinnes keine Schuld nachzuweisen sei.[184] Doch ob erfunden oder wahr – die Vorwürfe gegen Stinnes fielen auf fruchtbaren Boden. Denn der Industrielle war vielen schon lange ein Dorn im Auge.

Hugo Stinnes war im Februar 1870 in Mülheim an der Ruhr in eine reiche Unternehmerfamilie geboren worden. Sein Großvater hatte schon zu Beginn des 19. Jahrhunderts einen erfolgreichen Kohlenhandel gegründet, seit Mitte des Jahrhunderts war die Familie an verschiedenen Kohleminen beteiligt und gehörte zum Geldadel des Ruhrgebiets.

Als Hugo Stinnes 17 Jahre alt war, starb sein Vater. Der Sohn trat daraufhin in das Unternehmen ein, das inzwischen von seinem Cousin geleitet wurde. Mit diesem zerstritt er sich jedoch schnell, sodass er mit 23 Jahren aus dem Betrieb ausschied und sich selbstständig machte. Seine Mutter verkaufte dazu ihre Anteile an dem Unternehmen, und mit dem Geld baute Stinnes seinen eigenen Handelskonzern auf. Schon bald übertraf dieser das Familienunternehmen.

Stinnes beschränkte sich jedoch nicht auf den Kohlehandel, er dehnte sein Geschäft nach und nach auf weitere, angrenzende Produktionsbereiche aus. So beteiligte er sich an Bergwerksgesellschaften und Stahlunternehmen, die seine Kohle brauchten, und er wirkte maßgeblich an der Gründung und dem Ausbau der Rheinisch-Westfälischen Elektrizitätsbetriebe (RWE) mit, die es noch heute gibt. Vertikale Integration nennt die Betriebswirtschaftslehre eine solche Expansion – immer mehr Verarbeitungsschritte werden integriert, dadurch wird die Produktion effizienter und günstiger. Zudem expandierte Stinnes ins europäische Ausland.

Zu Beginn des Ersten Weltkriegs war Stinnes bereits einer der wichtigsten Schwerindustriellen des Ruhrgebiets. Er profitierte erheblich von der Kriegsproduktion, war einer der wichtigsten Lieferanten des deutschen Heeres. Dennoch war er über den Krieg eher entsetzt, denn dieser behinderte seinen internationalen Handel. Er kalkulierte dann aber kühl nach dem Motto: Wenn schon Krieg geführt wird, dann sollte sich das auch auszahlen – sowohl für ihn selbst wie für das Land. Daher plädierte er für einen Annexionsfrieden, bei dem Deutschland sich insbesondere Teile Belgiens einverleiben sollte. Es kam anders, und Stinnes verlor Teile seines Firmenimperiums in den abgetretenen deutschen Gebieten.

Nach dem Krieg begann sein politischer Aufstieg. Erstmals von sich reden machte er, als er das sogenannte Stinnes-Legien-Abkommen maßgeblich aushandelte, das in der revolutionären Stimmung des November 1918 die Beziehungen zwischen Arbeitgebern und Gewerkschaften regelte und entscheidend zur Befriedung der Lage beitrug. 1920 trat er der nationalliberalen DVP bei und wurde in den Reichstag gewählt. In seiner Partei hatte er jedoch nicht nur Freunde, insbesondere mit Gustav Stresemann geriet er immer wieder aneinander.

Das mag daran gelegen haben, dass Stinnes radikal die Interessen der Wirtschaft verfolgte, und das waren meist auch seine eigenen. Auch seine Vorschläge dafür, was für das Land gut sei, waren stets davon geprägt. Das ging selbst der sehr industrienahen DVP oftmals zu weit. Hinzu kam, dass Stinnes in der öffentlichen Wahrnehmung zunehmend zum Buhmann wurde. Denn er hatte sein Firmenimperium nach dem Krieg rasant ausgebaut. Er übernahm Unternehmen aus dem Maschinen- und Fahrzeugbau, Reedereien, Zellstofffabriken und mit der *Deutschen Allgemeinen Zeitung* ein führendes Medium.

Schon bald war Stinnes' wirtschaftliche Macht so groß, dass sich auch die internationale Presse mit ihm beschäftigte. Die britische *Times* bezeichnete ihn Mitte 1920 als »Diktator« und »die Krake der deutschen Wirtschaft«.[185] Der italienische *Il Popolo Romano* nannte ihn den »Napoleon der Wirtschaft«,[186] und die *New York Times* schrieb: »Einige sagen, ihm gehöre Deutschland.«[187]

Stinnes war so allgegenwärtig in Deutschlands wirtschaftlichem und politischem Leben, dass Heinrich Mann ihn zum Vorbild einer Figur in seiner Novelle *Kobes* nahm. Diese erschien 1925 in der Zeitschrift *Die Neue Rundschau.*[188] In elf Kapiteln gewährt sie Einblick in das Wirtschaftsimperium des Herrn Kobes, das streng hierarchisch aufgebaut ist und Tausende Arbeiter beschäftigt. Das Konglomerat ist längst so groß, dass es den Staat beherrscht, insbesondere die Medien. Dort wird Kobes unablässig als asketisch lebender Mann gepriesen, der sich für die Sache aufopfert – das hat durchaus Ähnlichkeiten mit der Darstellung von Stinnes in dessen Zeitungen.

Auch sonst gibt es viele – natürlich gewollte – Parallelen. In der Novelle ruft im Radio ständig eine Stimme: »Arbeiten! Viel mehr arbeiten sollt ihr! Nicht für Geld, nein, für die Sache!« Das spielt auf die Aufforderung von Stinnes an, die Arbeitszeiten zu verlängern. Kobes trägt schwarzen Bart und schwarze Kleidung, ganz wie Stinnes. Und beide haben Probleme mit ihrer Stimme, Kobes »pfeift«, Stinnes sprach wegen gesundheitlicher Probleme mit einer ungewöhnlich hohen Stimme.

Kobes gegenübergestellt wird ein Mann, der von Schmerzen geplagt durch die Straßen hetzt und dessen Name »Mittelstand« lautet. Das Signal ist klar: Der Mittelstand wird von dem alles beherrschenden Wirtschaftsmagnaten Stinnes ausgebeutet und unterjocht, er lässt ihm keine Luft zum Atmen mehr. Alles in allem wird Stinnes bei Heinrich Mann zur Karikatur des bösen Kapitalisten, der sich die Welt Untertan machen will.

Doch ganz so eindeutig waren die zeitgenössischen Urteile über ihn dann doch nicht. Stinnes genoss durchaus auch Ansehen. Viele würdigten, dass er kein Schönredner, kein Phantast sei, sondern ein absoluter Realist, der pragmatisch versuche, Lösungen für die Probleme zu finden – so wie es ein Unternehmensführer eben tut. Und an einer solchen Haltung fehlte es damals den meisten Politikern.

Linken Kreisen war jedoch die Verquickung von wirtschaftlicher und politischer Macht in der Person des Hugo Stinnes ein Dorn im Auge. Sie verdächtigten ihn, die französische Besetzung des Rheinlands und des Ruhrgebiets geradezu herbeigesehnt zu haben, um unter diesem Regime die Arbeiterrechte beschränken zu können.

Zudem hatte Stinnes die Expansion seines Firmenimperiums größtenteils auf Pump finanziert – und hier half ihm die Inflation entscheidend. Denn die Kreditsummen schrumpften dadurch mit der Zeit von allein. Hugo Stinnes war somit der Inbegriff des Inflationsgewinnlers.

Seinen Ruf ruinierte in weiten Teilen der Bevölkerung vor allem eine Rede, die er am 9. November 1922 vor dem Reichswirtschaftsrat hielt. Diese wurde fast überall im Wesentlichen auf zwei Sätze verkürzt. Der eine lautete: »Menschenskinder, man kann keinen Krieg verlieren und zwei Stunden weniger arbeiten wollen.« Doch der andere war viel gewichtiger. Denn darin bekannte Stinnes scheinbar, dass er einen Versuch, die Mark zu stabilisieren, immer bekämpft habe und immer bekämpfen werde. Zudem bezeichnete er jene, die dies anstrebten, vermeintlich als Quacksalber. Dies passte perfekt zum Bild des skrupellosen Kapitalisten, der die Inflation nutzte, um auf dem Rücken des Volkes seinen Reichtum zu mehren.

Allerdings waren diese Aussagen extrem verkürzt worden, und nur wenige Zeitungen druckten die gesamte Rede. In der *Berliner Börsenzeitung* vom 11. November 1922 ist sie jedoch nachzulesen, und daraus ergibt sich ein ganz anderes Bild.[189] So legte Stinnes zunächst erst ausführlich dar, warum er für eine Verlängerung der Arbeitszeit eintrat. Seiner Meinung nach war Deutschland nämlich zu unproduktiv, und nur durch eine Erhöhung der Produktivität, durch mehr Leistung, sei es möglich, die Wirtschaft zu stabilisieren und die Summen zu verdienen, die nötig wären, um die Reparationen bedienen zu können. Sei eine solche Stabilisierung erfolgt, müsse man dazu übergehen, die Arbeiter wieder in Goldmark zu entlohnen. Solange jedoch keine Maßnahmen getroffen würden, die Wirtschaft wieder in Balance zu bringen, sei es sinnlos zu versuchen, die Währung zu stabilisieren. Wörtlich sagte Stinnes dem stenographischen Protokoll zufolge, das auch die Reaktionen des Publikums erfasste:

> »Wenn Sie nun jetzt hier, mit Erlaubnis zu sagen, quacksalbern (Heiterkeit und sehr richtig!) und sich von irgendjemandem 500 Millionen Goldmark leihen lassen, so werden Sie diese in zweieinhalb bis drei Monaten restlos verpulvern; und die 500 Millionen Goldmark werden Ihnen demnächst fehlen, wenn Sie sie absolut notwendig haben.«

Hierauf bezogen sagte er dann etwas später:

> »Wenn Sie mir und denjenigen, die gleicher Meinung sind wie ich, die einen Stabilisierungsversuch der Mark um jeden Preis immer bekämpft haben und immer weiter bekämpfen werden, daraus einen Vorwurf machen wollen, dann haben Sie vollständig recht.«

Um seine Haltung zu untermauern, sagte er gegen Schluss der Rede nochmals:

> »Wenn die Sache als Pumpgeschäft ohne wirkliche Behebung der Fehler, ohne Sanierung der hiesigen Verhältnisse versucht wird, kommen wir nie zum Schluss. Und solange Sie diesen Weg nicht einschlagen, bin ich, weil ich ihn für aussichtslos halte, weil ich es für eine ungeheure Erschwerung der endlichen Stabilisierung und Sanierung halte, allerdings gegen diese Maßnahmen.«

Eindeutig wandte sich Stinnes also gegen den Versuch, ohne vorangehende Wirtschaftsreformen zu versuchen, die Währung zu stabilisieren, also gegen eine Währungsstabilisierung um jeden Preis. Damit hatte er einen wichtigen Punkt angesprochen, der tatsächlich alle bisherigen Versuche scheitern ließ, wie bestens im Frühjahr 1923 zu sehen war, als die Reichsbank drei Monate lang die Währung stützte, ohne dass parallel irgendwelche Reformen stattfanden.

Aus Stinnes' Rede gemacht wurde jedoch, dass er gegen jedwede Währungsstabilisierung kämpfen werde – und damit war er fortan für weite Kreise der böse Spekulant, der die Mark in den Abgrund trieb und der auch am neuerlichen Marksturz am 18. April entscheidenden Anteil gehabt habe.

Der Bericht des »Untersuchungsausschusses zur Prüfung der Wirkung der Maßnahmen zur Stützung der Mark«, der auf Drängen der SPD vom Reichstag eingesetzt worden war, rückte dazu manches gerade. Dieser wurde zwar erst rund ein Jahr später, im März 1924, veröffentlicht, er war dafür sehr detailliert und widmete sich auch ausführlich den Vorwürfen gegen Stinnes.[190]

Dabei stellte sich heraus, dass seine Firma ab dem 12. April tatsächlich versucht hatte, 93.000 britische Pfund zu kaufen. Allerdings tat sie das, nachdem die Reichsbahn an Stinnes herangetreten war. Diese musste seit der Ruhrbesetzung Kohlen in Großbritannien kaufen, es stellte sich jedoch heraus, dass sie dafür nicht genug Devisen hatte. Die Reichsbank wollte ebenfalls nur mit einem gewissen Betrag einspringen. In dieser Lage fand daher am 10. April ein Gespräch zwischen Vertretern des Eisenbahn-Zentralamts und der Firma Stinnes statt. Sie fragten an, ob Stinnes die Kohle in Großbritannien abnehmen und in Devisen bezahlen und dann an die Reichsbahn weitergeben könnte. Diese würde dann in Mark bezahlen. Stinnes zeigte sich einverstanden und begab sich auf die Suche nach den Devisen. Am 12. April konnten bereits 30.000 Pfund beschafft werden, in den folgenden Tagen der Rest. Am 17. April war der Devisenkauf abgeschlossen, und dies sei zudem alles außerhalb des Marktes geschehen, wie der Vertreter von Stinnes im Untersuchungsausschuss betonte, der Kurs der Mark sei dadurch nicht beeinflusst worden.

Kurz: Stinnes hatte zwar in den Tagen vor dem Marksturz tatsächlich hohe Summen an Devisen gekauft, das geschah aber im Auftrag der Reichsbahn, und der Transfer war bereits vor dem Crash abgeschlossen. Stinnes traf an dem Absturz der Mark also keine Schuld.

KAPITEL 20

Die strauchelnde Regierung

Frühjahr/Sommer 1923

Stinnes war nicht schuld am Mark-Crash vom 18. April. Aber wer dann? Was hatte ihn ausgelöst, was befördert? Der Untersuchungsausschuss, der von der SPD beantragt und vom Reichstag ins Leben gerufen worden war, ging diesen Fragen über Monate nach. Jede Reichstagsfraktion hatte ein Mitglied benannt, und diese Abgeordneten befragten Beamte der beteiligten Ministerien und anderer staatlicher Stellen, Reichsbankmitarbeiter, Bankiers und sogar Journalisten, um sich ein Bild zu machen. Am Ende kamen sie zu einem klaren Urteil. Das jedoch stellte Regierung und Reichsbank kein gutes Zeugnis aus. Der Bericht des Ausschusses fasst in deutlichen Worten zusammen, woran es den Personen an der Spitze der Republik in jener Zeit mangelte und was letztlich ein wesentlicher Grund dafür war, dass sie das Problem des Währungsverfalls nicht in den Griff bekam.

Zunächst stellte der Untersuchungsausschuss fest, dass die Stützungsaktion von Anfang an eigentlich nur als kurzzeitige Maßnahme gedacht war, die Beteiligten aber glaubten, dass dies ausreiche. »Man glaubte, bis zur Beendigung des Ruhrkonflikts die Intervention zu halten, täuschte sich aber über die Dauer des Konflikts!«, heißt es im Bericht. Die Politik lebte also in der Illusion, dass die Ruhrbesetzung in Kürze beendet sei.

Exkurs: Die Stützungsaktion

Nach der Besetzung des Ruhrgebiets war der Markkurs rasant gefallen. Ab Ende Januar griff die Reichsbank daher aktiv in den Markt ein, um diesen Absturz zu stoppen und den Trend umzudrehen. Das tat sie vor allem auf zwei Wegen.

Zum einen verknappte sie die Kredite an Unternehmen, insbesondere Devisenkredite. Dadurch sollten diese gezwungen werden, auf ihre eigenen Devisen, die teilweise im Ausland angelegt waren, zurückzugreifen. Zum anderen griff die Reichsbank aber auch direkt am Devisenmarkt ein, indem sie ausländische Währungen verkaufte, also vor allem Dollar und Pfund, und Mark an ausländischen Börsen kaufte. Sie erhöhte somit die Nachfrage nach Mark künstlich, was deren Kurs steigen ließ.

Zunächst funktionierte dies recht gut, und die Reichsbank konnte diese Markkäufe größtenteils über den eigenen Bestand an Dollar und Pfund tätigen. Je stärker der Verkaufsdruck auf die Mark wurde, desto mehr musste sie jedoch dagegenhalten und umso mehr Mark musste sie aufkaufen. Daher deponierte sie Gold aus ihrem Besitz im Wert von 164 Millionen Goldmark – also knapp 59 Tonnen – bei ausländischen Notenbanken. Wann immer sie nicht genug Devisen hatte, um im Ausland Mark aufzukaufen, erwarb sie die Markbestände auf Kredit und besicherte diesen mit dem Gold, das bei der Notenbank im jeweiligen Land lagerte. Sie nahm also beispielsweise in New York einen Dollarkredit auf, hinterlegte dafür Gold als Sicherheit und verkaufte die Dollar dann gegen Mark.

Die Idee war, damit den Kurs der Mark zu stützen oder sogar zu erhöhen. Wäre die Mark langfristig weiter im Wert gestiegen, hätte die Reichsbank die Dollar später zu einem geringeren Betrag zurückkaufen und den Kredit wieder ablösen können. Das hinterlegte Gold hätte sie somit wieder auslösen können und sie hätte sogar einen Gewinn gemacht. Das Gegenteil trat jedoch ein: Der Abwertungsdruck auf die Mark wurde so groß, dass die Reichsbank immer mehr Kredite aufnehmen und immer mehr Dollar gegen Mark verkaufen musste, um den Kurs zu halten. Die deutschen Goldbestände bei den ausländischen Notenbanken schmolzen als Folge davon nur so dahin. Schließlich musste die Reichsbank die Stützungsaktion abbrechen, und als Folge rauschte der Markkurs in die Tiefe. An eine Ablösung der Kredite war nicht mehr zu denken, das Gold, das als Sicherheit hinterlegt war, war damit verloren.

Doch dem war nicht so. Und da parallel zur Stützungsaktion die Geldmenge unablässig weiter gewachsen war, ergab sich mit der Dauer ein Spannungszustand, der sich irgendwann entladen musste. »Auch wenn es nicht möglich ist, den Grad der Bedeutung dieses Faktors der Vermehrung der Kaufkraft für den Zusammenbruch der Stützungsaktion genau festzulegen, wird doch jedenfalls darin ein sehr gewichtiger Anstoß für den Zusammenbruch zu erblicken sein«, schreiben die Berichterstatter.

Der unmittelbare Auslöser sei dann die fehlgeschlagene Dollaranleihe vom März gewesen. Diese sollte dazu dienen, Devisen für eine weitere Intervention am Markt zu beschaffen. »Fast mit dem Tag, an dem das geringe Ergebnis der Anleihe klar wurde, setzte der Umschwung ein«, sagte Reichsbankpräsident Havenstein vor dem Ausschuss. Ab diesem Zeitpunkt, dem 28. März, habe ein »ununterbrochen gehender Ansturm auf den Devisenmarkt« eingesetzt. Im Ausland habe sich das nach einigen Tagen beruhigt, im Inland jedoch nicht. Denn hier, so der Bericht, sei nun die Aussicht auf eine baldige Lösung des Ruhrkonflikts geschwunden, und die Wirtschaft sei zu der Ansicht gekommen, »daß die Stabilisierungsaktion auf die Dauer nicht durchgehalten werden könne, und daß diese Ansicht, nachdem sie überhaupt erst mal weitere Kreise ergriffen hatte, zu einer sich schließlich überstürzenden Devisennachfrage führte, da jeder einzelne sich noch einen möglichst großen Teil der billigen Devisen sichern wollte«.

In den Tagen bis zum 18. April habe die Reichsbank zwar noch versucht, dem Ansturm standzuhalten, doch die Summen, die sie dafür einsetzen musste, wurden immer gewaltiger. Havenstein zufolge kostete die Stützungsaktion im Februar Gold im Wert von 8,1 Millionen Goldmark, vom 1. bis 25. März, als eine Phase der Beruhigung eingetreten war, nur noch 3,1 Millionen. Zwischen dem 26. März und dem 17. April waren es jedoch im Schnitt 18,57 Millionen Goldmark – pro Tag!

Und in den letzten Tagen stiegen die Summen noch weit höher. So wurde am 13. April Gold im Wert von 16,7 Millionen Goldmark auf den Markt geworfen, um die Mark zu stützen, am 14. April 18,2 Millionen, am 16. April schon 24,2 Millionen und am 17. April 31,9 Millionen. Am 18. April selbst wurden bereits 50 bis 60 Millionen Goldmark ausgegeben, bevor die Aktion schließlich abgebrochen wurde. Denn der gesamte Goldbestand belief sich inzwischen nur noch auf 759,6 Millionen Goldmark – bei solch riesigen, täglich abfließenden Summen wäre der Goldschatz der Reichsbank in kurzer Zeit dahin gewesen.

Doch der Ausschuss zeigte nicht nur, welche Kräfte wirkten und was letzten Endes zum Scheitern der Stützungsaktion führte. Er machte auch öffentlich, dass die verschiedenen involvierten Regierungsstellen nur ungenügend zusammenarbeiteten und sie vor allem kein Konzept hatten, wie die Währung langfristig stabilisiert werden könnte.

Dies wird am Schluss des Berichts deutlich:

> »Ein gewisser Widerspruch muß allerdings darin erblickt werden, daß sämtliche an der Aktion beteiligten Stellen nach ihrer ausdrücklichen Aussage sich von Anfang an über die begrenzte Dauer der Aktion klar gewesen sind, daß aber andererseits keine dieser Stellen vor dem Ausschuß von einem Programm oder einem Plan für den Augenblick gesprochen hat, in dem die Fortsetzung der Stützungsaktion in der alten Weise auf unüberwindliche Widerstände traf. Ebenso ist dem Ausschuß bei Gelegenheit der Untersuchung über die Beschaffung von Kohle für die Reichseisenbahnverwaltung aufgefallen, daß anscheinend ein allgemeiner Finanzplan für die Finanzierung des Ruhrkampfes nicht bestanden hat.«

Insbesondere zeigte der Ausschuss auch, dass der Reichskanzler bei alledem kaum mitwirkte – er wurde nicht mal geladen und angehört. Das offenbarte, wie wenig sich Cuno um diese Fragen kümmerte, obwohl er doch zum Kanzler gemacht worden war, weil er als Mann der Wirtschaft galt. Von ihm hatte man sich die notwendige Kompetenz versprochen, die Probleme zu lösen.

Mit dem Mark-Crash vom April verlor er diesen Nimbus, und das wurde auch ihm selbst klar. Cuno, der vor Kurzem noch mit einem gewissen Hochmut getönt hatte, dass unter dem Druck der Bajonette nicht an Verhandlungen mit den Alliierten zu denken sei, erkannte nun, dass ohne eine Lösung des Ruhrkonflikts das Land nicht genesen konnte. Er ließ daher seinen Staatssekretär Eduard Hamm wieder die Fühler nach London ausstrecken.

Am 2. Mai schickte Berlin eine diplomatische Note mit neuen Vorschlägen zur Lösung der Probleme an die Alliierten.[191] Doch wie so oft bei Cuno war der Inhalt wachsweich und unkonkret, er betonte zudem, dass zunächst einmal die Besetzung des Ruhrgebiets beendet werden müsse, bevor wieder Verhandlungen stattfinden könnten. Entsprechend schroff reagierten die Angesprochenen. Der britische Außenminister George Curzon, schrieb an den deutschen Botschafter in London reichlich undiplomatisch:

> »Die Vorschläge sind sowohl der Form wie dem Inhalt nach weit davon entfernt, dem zu entsprechen, was Seiner Majestät Regierung als Antwort auf den Rat, den ich bei mehr als einer Gelegenheit der Deutschen Regierung durch Euer Exzellenz habe zukommen lassen, (...) vernünftigerweise hätte erwarten können.«[192]

Die Schroffheit der Antwort öffnete der deutschen Regierung endgültig die Augen für ihre Verhandlungsposition. Sie hatte keinerlei Hebel, irgendetwas zu fordern, denn je länger der passive Widerstand andauerte, desto dramatischer wurde die wirtschaftliche Lage für Deutschland. In einem Memorandum ging Berlin daher am 7. Juni praktisch komplett auf die britischen Forderungen ein, die insbesondere Garantien verlangten.

Die deutsche Regierung war nun bereit, die Reichsbahn sowie die Zölle auf Genussmittel, die Steuern auf Tabak, Bier, Wein und Zucker sowie die Einnahmen aus dem Branntweinmonopol als Sicherheiten für die Reparationsleistungen zu verpfänden. Zudem sollte der Grundbesitz von Industrie, Banken, Handel, Verkehr und Landwirtschaft mit Hypotheken belastet werden.[193] Es war eine weitgehende Übernahme der britischen Forderungen, fast schon eine Kapitulation. Großbritannien, Italien und in gewissem Umfang auch Belgien reagierten denn auch positiv auf die Vorschläge. Doch Frankreich genügte das nicht. Noch am selben 7. Juni antwortete Ministerpräsident Poincaré mit wenigen Sätzen, in denen er das deutsche Memorandum als »völlig unannehmbar« bezeichnete. Insbesondere verlangte er nun als Vorbedingung für weitere Gespräche oder Verhandlungen, dass Deutschland den passiven Widerstand im Ruhrgebiet einstelle.[194]

Das war die gespiegelte Antwort auf die Forderung Deutschlands vom Mai, dass Frankreich zunächst die Besetzung beenden müsse. Nur hatte Poincaré die besseren Karten. Mittlerweile hatten sich die französischen Truppen im Ruhrgebiet eingerichtet, die Kohleförderung lief wieder an. Allmählich zahlte sich die Besetzung des Ruhrgebiets für Frankreich aus, und zwar mit jedem Tag mehr. Deutschland dagegen rutschte mit jedem Tag ein Stück weiter in den Abgrund.

Allerdings führte die komplette Verweigerung Poincarés nun zu einem Zerwürfnis Frankreichs mit Großbritannien, das später noch wichtig werden sollte. Die Alliierten tauschten wochenlang Noten und Memoranden aus. Großbritannien beharrte dabei darauf, dass die Ruhrbesetzung aus seiner Sicht unrechtmäßig erfolgt sei und dass die Zahlungsfähigkeit Deutschlands berücksichtigt werden müsse. Daher müsse auch der Londoner Zahlungsplan neu verhandelt werden. Frankreich dagegen wies dies in Bausch und Bogen zurück. Deutschland rechne sich nur arm, zerstöre mit Absicht seine Währung, um sich seiner Zahlungsverpflichtungen zu entziehen.

Der Ton in den Schriftstücken wurde zunehmend giftig. So schrieb der britische Außenminister Marquess Curzon schließlich am 11. August in der sogenannten »Curzon-Note« an den französischen und den belgischen Botschafter, unter Bezugnahme auf Vorschläge Londons vom 20. Juli:

> »Die Aufnahme jedoch, die diese Vorschläge von seiten der Französischen und der Belgischen Regierung in deren Noten vom 30. Juli gefunden haben, hinterlässt, trotz des höflichen Tones, in dem die Noten gehalten sind, bei Seiner Majestät Regierung den peinlichen Eindruck, dass weder deren Anregungen von den Alliierten willkommen geheißen werden, noch dass deren angebotene Mitarbeit der Erwägung wert gehalten wird, es sei denn unter der Bedingung, dass auch nicht in einem einzigen Punkte von dem abgewichen wird, was Frankreich und Belgien als ihre unabänderlichen Ansichten und Entschlüsse erklären.«[195]

In der Sprache der Diplomatie war das starker Tobak, und damit war das Tischtuch zwischen Paris und London zerschnitten. Das rief in Berlin natürlich eine gewisse Freude hervor. Die Regierung sah sich nun zumindest moralisch in ihrer Haltung bestätigt. Praktisch bedeutete das allerdings, dass Deutschland von einer Lösung des Reparationsproblems und von einem Ende der Ruhrbesetzung weiter entfernt war denn je.

Und in der Zwischenzeit hatte die Inflation das Land immer fester im Griff.

KAPITEL 21

Das vermurkste Devisengesetz
Frühjahr/Sommer 1923

Es ist April 1923, und Georg Kroll, Chef der Grabdenkmalfirma Heinrich Kroll & Söhne, fragt seinen Angestellten Ludwig Bodmer, ob im Betrieb etwas los gewesen war. »Nichts. Keine Kunden«, antwortet dieser.

Bodmer ist die Hauptfigur in dem Roman *Der Schwarze Obelisk* von Erich Maria Remarque, der mit seinem Buch *Im Westen nichts Neues* berühmt geworden war. Im *Schwarzen Obelisk* ließ er Ludwig Bodmer aus dessen Leben während der Zeit der Inflation erzählen:

»Aber ich muß dringend um eine Gehaltserhöhung ersuchen.«

»Schon wieder? Du hast doch erst gestern eine gehabt!«

»Nicht gestern. Heute morgen um neun. Lumpige achttausend Mark. Immerhin, heute morgen um neun war das wenigstens noch etwas. Inzwischen ist der neue Dollarkurs herausgekommen, und ich kann nun statt einer neuen Krawatte nur noch eine Flasche billigen Wein dafür kaufen. Ich brauche aber eine Krawatte.«

»Wie steht der Dollar jetzt?«

»Heute mittag sechsunddreißigtausend Mark. Heute morgen waren es noch dreißigtausend.«

Georg Kroll besieht seine Zigarre. »Sechsunddreißigtausend! Das geht ja wie das Katzenrammeln! Wo soll das enden?«

»In einer allgemeinen Pleite, Herr Feldmarschall«, erwidere ich. »Inzwischen aber müssen wir leben. Hast du Geld mitgebracht?«

»Nur einen kleinen Handkoffer voll für heute und morgen. Tausender, Zehntausender, sogar noch ein paar Pakete mit lieben alten Hundertern. Etwa fünf Pfund Papiergeld. Die Inflation geht ja jetzt so schnell, daß die Reichsbank mit dem Drucken nicht mehr nachkommt. Die neuen Hunderttausendernoten sind erst seit vierzehn Tagen raus – und jetzt müssen bald schon Millionenscheine gedruckt werden. Wann sind wir in den Milliarden?«

»Wenn es so weitergeht, in ein paar Monaten.«

»Mein Gott«, seufzt Georg. »Wo sind die schönen ruhigen Zeiten von 1922? Da stieg der Dollar in einem Jahr nur von zweihundertfünfzig auf zehntausend. Ganz zu schweigen von 1921 – da waren es nur lumpige dreihundert Prozent.«[196]

Auch in den drei Monaten bis zum 18. April, als die Reichsbank die Mark zum Dollar stabil gehalten hatte, waren die Preise weiter gestiegen, allerdings mit verminderter Geschwindigkeit. Der Butterpreis hatte sich zwar beispielsweise zwischen Mitte Februar und Mitte April von 14.000 auf 17.600 Mark je Kilo erhöht, auch Roggenbrot hatte sich von 384 auf 474 Mark verteuert. Doch ein Ei hatte im April 338 Mark gekostet – genauso viel wie Mitte Februar, und Kartoffeln hatten sich sogar von 130 auf 68 Mark je Kilo verbilligt.

Mit dem Crash am Devisenmarkt nahm die Geschwindigkeit der Geldentwertung nun jedoch erneut zu. Bis Mitte Juni verteuerte sich Butter auf 31.200 Mark, der Eierpreis verdoppelte sich auf 793 Mark, Roggenbrot verdreifachte sich auf 1.316 Mark, und Kartoffeln stiegen sogar fast auf das Fünffache: 340 Mark je Kilo.

Abb. 14: Preisentwicklung bei Kartoffeln Anfang Januar bis Mitte Juni 1923, in Mark pro Kilo

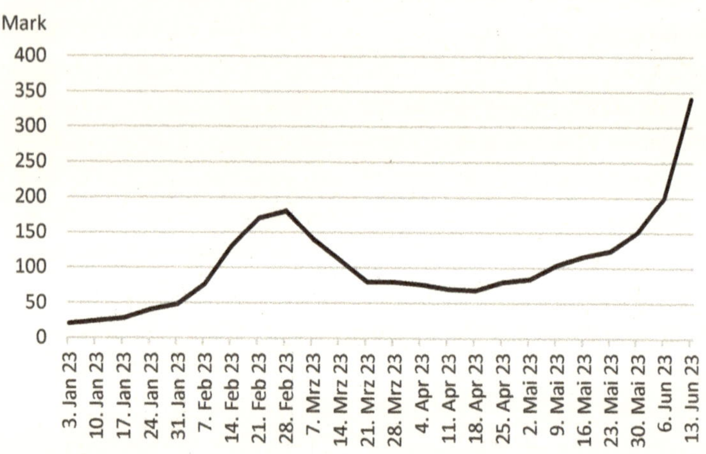

Quelle: Statistisches Reichsamt

Die Menschen wussten kaum noch, wie ihnen geschah. So ging es auch Bodmer und seinem Chef.

> »Gott sei Dank, daß morgen Sonntag ist«, sagt er. »Da gibt es keine Dollarkurse. Einen Tag in der Woche steht die Inflation still, Gott hat das sicher nicht so gemeint, als er den Sonntag schuf.«
>
> »Wie ist es eigentlich mit uns«, frage ich. »Sind wir pleite, oder geht es uns glänzend?«
>
> Georg tut einen langen Zug aus seiner Meerschaumspitze. »Ich glaube, das weiß heute keiner mehr von sich in Deutschland. Nicht einmal der göttliche Stinnes. Die Sparer sind natürlich alle pleite. Die Arbeiter und Gehaltsempfänger auch. Von den kleinen Geschäftsleuten die meisten, ohne es zu wissen. Wirklich glänzend geht es nur den Leuten mit Devisen, Aktien oder großen Sachwerten. Also nicht uns. Genügt das zu deiner Erleuchtung?«[197]

Remarques Roman zeigt, was die Inflation im Alltag bedeutete, welche Folgen der rasante Wertverlust des Papiergeldes hatte und wer dabei relativ unbeschadet davonkam. Tatsächlich stiegen die Aktienkurse auch in dieser Phase noch einigermaßen parallel zu Inflationsrate und Dollarkurs. Wer also an der Börse investiert hatte, der konnte sein Vermögen zumindest teilweise erhalten. Allerdings war dies einer kleinen besitzenden Schicht vorbehalten. Kleinsparer dagegen hatten bereits ihr ganzes Vermögen verloren, kleine Geschäftsleute litten unter der Entwertung des Geldes in dem Zeitraum zwischen dem Verkauf der Ware und dem Ankauf neuer Ware. Sie gingen mehr und mehr dazu über, dies einzukalkulieren, und verlangten umso höhere Preise. Das traf dann Arbeiter und andere Gehaltsempfänger, denn ihre Löhne hinkten der Preisentwicklung hinterher.

Not und Elend machten sich in der Bevölkerung breit, und dies führte zu zunehmender Kritik an der Regierung. Diese versuchte daher im Juni noch einmal einen Befreiungsschlag. Denn seit dem Ende der Intervention der Reichsbank am Devisenmarkt war der Kurs der Mark wie ein Stein gefallen. Am 18. Juni, zwei Monate nach dem Ende der Stabilisierungsmaßnahmen, lag der Kurs bereits bei 148.000 Mark je Dollar. Gleichzeitig hatte sich in dieser Zeit der Geldumlauf nochmals verdoppelt auf mittlerweile 12 Billionen Mark.

Am 22. Juni erließ die Regierung daher eine Verordnung, wonach Devisengeschäfte nur noch zu dem offiziell in Berlin festgestellten Tageskurs erlaubt waren. Wer dem zuwiderhandelte, konnte mit Gefängnis von bis zu drei Jahren bestraft werden.[198] Die Initiative für diese Regelung war von der Reichsbank ausgegangen. Auf diese Weise sollte die »wilde Spekulation« mit Devisen eingedämmt werden, und sie wollte dadurch die Gelegenheit bekommen, wieder auf den Devisenkurs einzuwirken. Dazu forderte die Regierung zusätzlich 50 Millionen Goldmark von den Geschäftsbanken. Der Hintergrund war, dass diese bei der Emission der Dollaranleihe im

März einen Erlös von 100 Millionen Goldmark garantiert hatten. Als am Ende nur rund 50 Millionen eingespielt wurden, waren sie eigentlich verpflichtet, den restlichen Betrag beizusteuern, was sie allerdings bis dato nicht getan hatten.

Natürlich riefen diese Maßnahmen weder bei den Banken noch in der Geschäftswelt Begeisterung hervor. Im Gegenteil, einige Bankenvertreter drohten in Gesprächen offen mit der Missachtung dieser Verordnung. Die Regierung konnte den Widerstand nur brechen, indem sie mit Geschäftskontensperrung und der öffentlichen Denunziation drohte.[199]

So trat die Verordnung zur Regulierung der Devisengeschäfte am 23. Juni in Kraft, und der Reichsbank gelang es zunächst tatsächlich, den Markkurs wieder zu stabilisieren – allerdings nur eine Woche lang. Dann musste sie diese Versuche erneut einstellen.

Denn gleichzeitig hatte sich ein paralleler, weit schlechterer Markkurs an den Auslandsbörsen herausgebildet. Unternehmen und Geschäftsleute versuchten zudem auf allerlei Wegen, die Devisenverordnung zu umgehen. Kurz: Die Unordnung am Devisenmarkt war nach kurzer Zeit noch größer als vor der Verordnung. Daher hob die Regierung die Regelung schon nach sechs Wochen, am 4. August, wieder auf.[200]

Anstatt den Marksturz zu verlangsamen, hatte die Verordnung in den Wochen, da sie galt, diesen nur noch weiter beschleunigt. Kostete der Dollar am 23. Juni noch 121.000 Mark, waren es am 3. August, einen Tag vor Aufhebung der Verordnung, schon 1,1 Millionen Mark. In nur sechs Wochen hatte die Mark abermals 90 Prozent ihres Außenwertes verloren. Am 6. August, dem ersten Tag, an dem der Dollar wieder frei gehandelt werden durfte, raste dessen Kurs auf 1,6 Millionen Mark, und an den beiden folgenden Tagen konnte überhaupt kein Kurs mehr festgestellt werden – es wurden keine Devisen mehr zum Kauf angeboten.

Auch der innere Wert der Mark raste in den Keller. Der Brotpreis stieg in diesen sechs Wochen zwischen 23. Juni und 6. August von

1.447 auf 8.421 Mark – hier wirkten noch die amtlich festgesetzten Preise einigermaßen zügelnd. Das Kilo Kartoffeln hatte sich jedoch von 640 auf unglaubliche 26.000 Mark verteuert. Und für ein Kilo Butter mussten statt 42.000 nun sogar 600.000 Mark hingelegt werden. Die Million wurde während des Sommers 1923 zur neuen alltäglichen Rechengröße.

Das hatte zur Folge, dass schlicht Banknoten knapp wurden. Zwar hatte die Reichsbank im Frühjahr neue Geldscheine zu 50.000 und 100.000 Mark herausgegeben. Allerdings hatte sie dann Anfang April, als die Mark einigermaßen stabil erschien, 3.000 von 13.000 Arbeitern der Reichsdruckerei entlassen und den Notendruck gedrosselt.

So wurden in der Woche vom 23. bis 28. April noch Reichsbanknoten im Gesamtwert von rund 1,3 Billionen Mark ausgeliefert, knapp zwei Monate später, in der Woche vom 11. bis 16. Juni, waren es dagegen nur noch 380 Milliarden Mark. Zwar versuchte die Reichsdruckerei nun, schnell wieder neues Personal zu finden, doch die Produktion erholte sich nur langsam. Erst knapp einen Monat später, Mitte Juli, lag die wöchentlich ausgelieferte Geldsumme wieder bei 1,4 Billionen – doch die waren inzwischen nur noch einen Bruchteil der 1,3 Billionen vom April wert.[201]

Viele Betriebe bekamen Probleme, ihre Arbeiter und Angestellten zu bezahlen, aber nicht, weil die Unternehmen insolvent gewesen wären. Es gab einfach keine Banknoten.

So musste die Firma Henkel die Löhne und Gehälter für den Monat Juli mangels größerer Scheine komplett in 1.000-Mark-Banknoten auszahlen. Da die Geldscheinpakete jedoch nicht in die herkömmlichen Lohntüten passten, verwendete das Unternehmen zunächst Persil-Musterbeutel, später auch Papierkörbe für die Lohnzahlungen.[202]

Immerhin kam Anfang Juli eine Banknote zu 500.000 Mark in Umlauf und drei Wochen später folgten bereits jene zu 1 und zu 5 Millionen Mark.

Abb. 15: Banknote zu 5 Millionen Mark

Quelle: Statistisches Reichsamt

Die Regierung Cuno stand jedoch Anfang August vor einem riesigen Scherbenhaufen. Die offizielle Begründung für die Aufhebung der Devisenverordnung enthielt immerhin ein Eingeständnis dieses völligen Fehlschlags:

> »Nach der Entwicklung des Devisenmarktes in jüngster Zeit und nachdem sich (...) Stockungen im Waren- und Zahlungsverkehr sowie Schwierigkeiten für die Versorgung Deutschlands mit Lebensmitteln und Rohstoffen ergeben haben, sieht sich die Reichsregierung veranlasst, die Verordnung aufzuheben.«[203]

Das war allerdings noch sehr vorsichtig ausgedrückt. Denn tatsächlich war das Land inzwischen ins völlige Chaos geschlittert. Um 392 Prozent waren die Preise nach offiziellen Angaben im Juli im Vergleich zum Juni gestiegen. Das bedeutet: Die Preise verfünffachten sich innerhalb von vier Wochen, stiegen also jede Woche um etwa 50 Prozent. Da die meisten Arbeiter ihren Lohn wöchentlich erhielten, bedeutete dies, dass der Lohn am Ende einer Arbeitswoche nur noch zwei Drittel des Wertes vom Beginn der Woche entsprach.

Beamte bekamen ihr Geld dagegen monatlich, mitunter sogar dreimonatlich. Das stellte sie vor noch größere Probleme, und wozu das im Alltag führte, beschreibt der Journalist Sebastian Haffner:

»Am 31. oder ersten des Monats bekam mein Vater sein Monatsgehalt, das unseren Lebensunterhalt darstellte. Dann wurden Schecks für die Miete und das Schulgeld ausgestellt, und am Nachmittag ging die ganze Familie zum Friseur. Was übrig blieb, wurde meiner Mutter ausgehändigt – und am nächsten Tag stand die ganze Familie, auch das Dienstmädchen, nur nicht mein Vater, um vier oder fünf Uhr früh auf und fuhr mit dem Taxi zum Großmarkt. Dort wurde ein Großeinkauf organisiert und innerhalb einer Stunde wurde das Monatsgehalt eines Oberregierungsrates für unverderbliche Speisen ausgegeben. Riesige Käse, ganze Schinken, Kartoffeln zentnerweise wurden in das Taxi geladen. Wenn der Platz nicht ausreichte, besorgte das Dienstmädchen mit einem von uns noch einen Handkarren. Ungefähr um acht Uhr, noch vor Schulanfang kehrten wir nach Hause [zurück], mehr oder weniger für eine einmonatige Belagerung versorgt. Und das war das Ende. Es gab einen Monat lang kein weiteres Geld. Ein freundlicher Bäcker lieferte Brot auf Kredit. Sonst lebte man von Kartoffeln, Geräuchertem, Büchsen, Suppenwürfel.«[204]

Sebastian Haffners Familie, dessen Vater immerhin Oberregierungsrat war, hatte noch kurz davor zu den begüterten Ständen gehört. Nun kämpften sie täglich ums nackte Überleben. Sie hatten dabei immerhin den Vorteil, dass der Staat die Beamtengehälter mit schöner Regelmäßigkeit anhob und auch Nachzahlungen zum Inflationsausgleich bewilligte. Viele Arbeiter dagegen mussten Woche für Woche um eine Anhebung des Lohnes kämpfen, jede Woche hing es vom Wohlwollen des Arbeitgebers ab, wie viel er draufschlug.

Immerhin wurde Ende Juni auch der Regierung bewusst, dass dies so nicht weitergehen konnte. Am 20. Juni schrieb Reichsarbeitsminister Heinrich Brauns an Staatssekretär Hamm:

> »Bisher sind die Löhne im allgemeinen durch Tarifvertrag und Schlichtungsverhandlungen der Teuerung aufgrund der amtlichen Indexzahlen nachträglich angepaßt worden. Diese Methode versagt z. T. infolge der sprunghaften und andauernden Markentwertung. Lohnfestsetzungen, die eben noch die Zustimmung der Beteiligten gefunden hatten, sind in wenigen Tagen überholt.«[205]

Die Ursache dieses Problems, die Entwertung der Mark, sei leider nicht zu beseitigen, hieß es dann bezeichnenderweise im Folgenden. Und Brauns weiter:

> »Unter den gegenwärtigen Verhältnissen kann es sich nur darum handeln, die Lage der Arbeitnehmerschaft durch eine schnellere und bessere Anpassung der Einkommen an die Preisbewegung zu verbessern. Dies läßt sich meines Erachtens z. Zt. nur dadurch erreichen, daß die Löhne und Gehälter aufgrund verbesserter statistischer Unterlagen innerhalb beschränkter Tarifperioden wertbeständig gemacht werden.«

Gemeint war damit, dass die Löhne auf einer wertbeständigen Basis festgelegt werden sollten, also konkret in Goldmark, um dann stetig und automatisch an die Entwicklung der Papiermark im Vergleich zur Goldmark angepasst zu werden. In einer ersten Beratung Anfang Juli konnte sich das Kabinett jedoch nicht zu einer Umsetzung solcher Maßnahmen durchringen. Man fürchtete den Einspruch der Arbeitgeber.

In den folgenden Wochen nahm der Markverfall allerdings solch dramatische Ausmaße an, wurde die Not der arbeitenden Bevölkerung so groß, dass die Regierung am 19. Juli endlich die Einführung von indexierten Löhnen beschloss. Das Arbeitsministerium erließ entsprechende Vorgaben.[206] Demnach mussten die Löhne mindestens alle zwei Wochen angeglichen werden. Als Maßstab dazu diente ein Index, den das Statistische Reichsamt fortan jeden Mittwoch veröffentlichte. Daneben konnten auch lokale Indizes angewendet werden. Die Anpassung selbst sollte durch kleine paritätische Kommissionen erfolgen. Zudem wurde eine kurzfristige Auszahlung von Löhnen und Gehältern vorgegeben. Die Löhne der Staatsbediensteten wurden fortan von einem speziellen Ausschuss des Finanzministeriums wöchentlich auf dieselbe Weise angepasst.

Noch bevor diese Reform in Kraft treten konnte, hatte die Not aber solch dramatische Ausmaße angenommen, dass sie sich vielerorts in Gewalt entlud.

KAPITEL 22

Der Beginn der Hungerrevolten Juli 1923

Es begann am 9. Juli in Nowawes, einer Ortschaft östlich von Potsdam, die heute zum Stadtteil Babelsberg gehört. Schon am frühen Morgen versammelten sich Tausende und zogen auf den Wochenmarkt. Sie waren wütend, sie waren empört, sie waren ausgehungert. Denn die Preise waren inzwischen unerträglich hoch, selbst Grundnahrungsmittel konnten sich viele nicht mehr leisten. Sie zwangen daher die Verkäufer unter Androhung von Gewalt, ihre Ware günstiger zu verkaufen, Fleisch mussten sie beispielsweise für 10.000 statt 40.000 Mark je Pfund abgeben. Gegen Mittag traf die Polizei aus Potsdam ein und vertrieb die Menge vom Wochenmarkt. Doch diese zog nun durch den Ort, von Geschäft zu Geschäft, und zwang auch dort die Händler zur Herabsetzung ihrer Preise. Das lockte weitere Menschen an, und die Massen kauften nun alles leer. Ein Schuhmacher berichtete, dass er Stiefel, deren Selbstkostenpreis bei 100.000 Mark gelegen hätten, für 10.000 Mark abgegeben habe. Und einige Händler waren so eingeschüchtert, dass sie Brot und Käse kostenlos verteilten.[207]

In den Monaten Juli und August des Jahres 1923 kippte die Lage also endgültig. Bis dahin hatte die Inflation Not verursacht, sie hatte zu Problemen im Alltag geführt und zu einem ständigen Kampf darum, mit den steigenden Preisen mithalten zu können. Doch nun kam es zu Versorgungsproblemen bei Lebensmitteln – Proteste, Plünderungen und gewaltsame Auseinandersetzungen waren die Folge.

Die ersten Orte, an denen der Aufruhr stattfand, waren meist Hochburgen der Kommunisten, wie Nowawes. Dort lebten damals vor allem Arbeiter, was dem Ort auch den Namen »Rotes Nowawes« eingebracht hatte. Die Kommunisten dominierten hier und führten die Proteste an. In der bürgerlichen Presse hieß es daher, die Krawalle seien von »linksradikalen Störenfrieden« ausgelöst worden. Doch so einfach war es nicht. Die Kommunisten mögen zwar die Menge aufgeputscht haben. Allerdings griffen sie nur die verzweifelte Stimmung im Volk auf, die nun einmal vorhanden war. Daher waren die Ereignisse von Nowawes auch nur der Auftakt. Wenige Tage später, am 14. Juli, raubten beispielsweise in Aachen Erwerbslose in verschiedenen Geschäften die gesamte Ware.[208]

Weit dramatischer war jedoch, was eine Woche später in Breslau geschah.[209] Am Freitagnachmittag, dem 20. Juli, begannen die Krawalle in der Friedrich-Wilhelm-Straße und breiteten sich von dort in die Innenstadt aus. Vor allem in der Reuschestraße, die am Großen Ring – dem Geschäftszentrum – lag, kam es zu Plünderungen und Zerstörungen. Bis in die Nacht hielten die Unruhen an. Am nächsten Tag verhängte der Oberpräsident der Provinz Niederschlesien den verschärften Ausnahmezustand. Versammlungen unter freiem Himmel waren damit verboten, der Ausschank alkoholischer Getränke untersagt, die Bevölkerung wurde aufgefordert, nicht unnötig auf die Straße zu gehen, die Polizei wurde angewiesen, mit aller Härte gegen Plünderer vorzugehen.

Zunächst blieb es auch ruhig. Doch am Samstagabend ging es weiter. Am Tauentzienplatz und am Zwingerplatz schlugen die meist jugendlichen Protestler die Glasscheiben von Gaststätten ein, in der Hohenzollernstraße zerstörten und plünderten sie das Café Großweiler, auf dem Brandenburger Platz die Konditorei Joppich. Die Polizei ging rabiat vor, schoss scharf auf die Plünderer. Sechs Menschen wurden getötet, mindestens 15 verwundet, rund

1.200 Personen verhaftet. So gelang es schließlich, die Krawalle zu ersticken, am Sonntag beruhigte sich die Lage. Doch das war eine trügerische Ruhe.

Die Unruhen breiteten sich nun im ganzen Land aus. Überall flammten Proteste auf, am 11. August kam es in Breslau sogar zu einer regelrechten Handgranatenschlacht zwischen Arbeitern und der Polizei.[210] In Hamburg stürmten aufgebrachte Menschen den Alsterpavillon, vertrieben die Gäste und zogen durch die Stadt. Verschreckt schlossen die Händler ihre Läden.[211] In Hannover versuchte eine Gruppe, einen Waffenladen zu plündern, was zwar misslang. Dafür raubte sie Warenhäuser und Lebensmittelläden aus.[212] In Aachen wurden Plünderer festgenommen, was dazu führte, dass am folgenden Tag eine aufgebrachte Menge das Polizeipräsidium umstellte und die Freilassung der Diebe verlangte. Irgendwann fielen Schüsse, und am Ende waren zehn Tote und eine größere Anzahl Verletzter zu beklagen.[213] In Herne zogen Trupps von Plünderern zunächst auf den Wochenmarkt, raubten die Ware und verprügelten die Händler. Dann liefen sie weiter zum Kaufhaus Fischer, das sie vollständig ausraubten und zerstörten. Schließlich zogen sie durch die Lebensmittelgeschäfte, plünderten diese ebenfalls oder zwangen die Händler zum Verkauf zu günstigeren Preisen.[214]

Die Not war überall. Der Reichslandbund, die Interessenvertretung der Landwirte, rief daher die Bauern auf, ihre Waren nicht zurückzuhalten und bei den Preisen konziliant zu sein. Der Verband appellierte insbesondere an ihr patriotisches Bewusstsein. In einem Aufruf Mitte August hieß es:

> »Landwirte, tut wie stets, so auch jetzt, Eure Pflicht an Stadt und Land. Ihr durchkreuzt damit auch das Spiel der kommunistischen Umstürzler, die den Hunger der Frauen und Kinder nur für ihre verbrecherischen Pläne missbrauchen. Durchkreuzt auch die Rechnung Poincarés, der in deutscher Hungersnot einen neuen Verbündeten sieht.«[215]

Allerdings war der Krise mit Patriotismus nicht beizukommen. Daher versuchten die Stadtverwaltungen im ganzen Land, weiteren Unruhen vorzubeugen, indem sie die Wucherpolizei verstärkt ausrücken ließen. Diese zwang die Händler immer häufiger, ihre Preise zu senken. Das jedoch führte dazu, dass die Bauern einfach keine Ware mehr anboten, ihre Lebensmittel zurückhielten. Der Geschäftsführer des Württembergischen Bauernbunds, Theodor Körner, rief seine Mitglieder sogar ausdrücklich zum Boykott des Stuttgarter Marktes auf.[216] Am 24. Juli betrug das Warenangebot auf dem Wochenmarkt der Stadt daher allenfalls noch ein Viertel der üblichen Menge. Viele Hausfrauen mussten mit leeren Körben wieder nach Hause gehen. Ähnliches ereignete sich in anderen Städten, die zunehmend über Versorgungsengpässe berichteten. Und dort, wo es Waren gab, konnten sich diese viele nicht mehr leisten. Millionen litten inzwischen Hunger.

Erich Maria Remarque erzählt in seinem Roman *Der schwarze Obelisk* auch hiervon. So schildert er eine Demonstration von »Kriegskrüppeln« im August 1923. Sie halten Zettel und tragen Schilder mit Aufschriften wie »Wir verhungern« und »Meine Monatsrente ist eine Goldmark wert« sowie »Unsere Kinder haben keine Milch, kein Fleisch, keine Butter. Haben wir dafür gekämpft?«.[217]

Weiter schreibt Remarque in seinem Roman:

> »Es sind die traurigsten Opfer der Inflation. Ihre Renten sind so entwertet, daß sie kaum noch etwas damit anfangen können. Ab und zu werden ihre Bezüge von der Regierung erhöht – viel zu spät, denn am Tage der Erhöhung sind sie schon wieder um ein Vielfaches zu niedrig.«

Immer wieder zogen diese Hungernden aus der Stadt aufs Land und zwangen die Bauern zur Herausgabe ihrer Waren. Aus Leipzig machten sich sogenannte »Requisitionstrupps« auf und zogen vor die Bauernhäuser der Umgebung, manchmal waren es kleinere

Gruppen von 20 Personen, manchmal auch Hunderte. Sie forderten die Landwirte auf, ihre Viehställe zu öffnen, inspizierten ihren Besitz und verlangten dann die Schlachtung eines Tieres und den Verkauf des Fleisches zu niedrigen Preisen.[218] Andernorts zwangen die Städter die Bauern dazu, die vorgefundenen Lebensmittel zu verkaufen, Speck, Schinken, Eier, Getreide. Einige Landwirte verschenkten die Waren aus Angst auch. Wieder andere zwang die Menge, ihre Pferde einzuspannen, die im Dorf beschlagnahmten Lebensmittel einzusammeln und in die Stadt zu bringen.

Das hatte natürlich Gegenwehr der Landbevölkerung zur Folge. Diese stationierte an den Bahnhöfen auf dem Land Patrouillen, die Reisende aufhielten und ihnen den Zugang zum Dorf verwehrten, insbesondere wenn sie große Koffer dabeihatten.

Andere Landwirte versuchten, sich gewaltsam zu wehren. Als im Rhein-Erft-Kreis die Kumpel einer Braunkohlegrube Feierabend hatten, zogen 500 bis 600 von ihnen über die umliegenden Felder und schleppten Hunderte von Garben weg. Die Landwirte traten ihnen mit Flinten entgegen, die Kohlekumpel stellten jedoch Frauen und Kinder in die erste Reihe. Das hielt die Bauern davon ab, zu schießen. Die Auseinandersetzung blieb noch mal ohne schlimmere Folgen.[219]

Weniger glimpflich endete ein ähnlicher Fall in Buch bei Berlin. Der Gutspächter Witte bemerkte dort spät abends drei Personen, die sich auf seinen Feldern zu schaffen machten. Mit zwei Wachpolizisten der Stadt stellte er die Diebe, die versucht hatten, Hafergarben zu stehlen. Die Ertappten schossen jedoch auf Witte und die beiden Wächter. Witte wurde verletzt, konnte aber das Feuer erwidern, erschoss einen der Diebe und verletzte einen anderen schwer.[220]

Aber es war nicht nur die Not, die zu Gewalt führte. Die Kommunisten versuchten, die Situation auch auszunutzen. Ihr Ziel war es, einen gewaltsamen Umsturz herbeizuführen, und jetzt schien die Zeit reif dafür. Daher riefen sie Mitte August zu einem Generalstreik auf. In Krefeld stürmten unter ihrer Führerschaft Arbeiter sogar Industriebetriebe und besetzten sie.[221] Allerdings trafen diese Aktionen auf wenig Unterstützung. Die Gewerkschaften, die der SPD nahestanden, distanzierten sich ausdrücklich und riefen ihre Mitglieder auf, die schwierige wirtschaftliche Lage nicht noch durch Streiks zu verschärfen. Der Generalstreik kam daher kaum in Gang.

Jene, die bei dem Streik mitmachten, arbeiteten aber vor allem an einem Ort: im Druckereibetrieb der Reichsbank. Daher wurde nun ausgerechnet der Banknotendruck erheblich beeinträchtigt, und die Zahlungsmittelknappheit verschärfte sich weiter. Aus allen Ecken des Landes erreichten die Reichsbank und den Reichskanzler jetzt Brandbriefe von Banken und Firmen, die kein Bargeld mehr hatten.

»Die Not an Geldzeichen ist heute zur Katastrophe ausgewachsen«, schrieb der Badische Staatspräsident Adam Remmele am 9. August nach Berlin. Die Gewerkschaften in Trier telegraphierten am 12. August: »Wegen Fehlens allernotwendigster Zahlungsmittel im Direktionsbezirk Trier Lage äußerst ernst. Wenn nicht in allerkürzester Zeit Abhilfe geschaffen wird, das Schlimmste zu befürchten.« Die Handelskammer in Hildesheim schrieb dem Reichskanzler in einem Telegramm, dass »Mittel zur Steuerzahlung und Entlöhnung fehlen«, man ersuche »sofortige Maßnahmen der Reichsbank durchzusetzen«.[222] Einzelne Firmen mussten sogar den Betrieb einstellen, weil sie ihre Arbeiter nicht mehr bezahlen konnten, so beispielsweise Blohm & Voss in Hamburg.[223]

Die völlig desolate Lage zehrte an den Nerven des Reichskanzlers. »Er ist ganz verzweifelt und fragt, was er eigentlich noch tun könne«, notierte Wilhelm Marx, Fraktionsvorsitzender der Zentrumspartei, nach einer Unterredung mit Cuno am 6. August.[224] Cuno schien kurz davor, alles hinzuwerfen, und die Parteien stellten sich schon darauf ein. Doch in einer letzten Anstrengung – bevor sie dann zurücktrat – versuchte die Regierung Cuno noch einmal, mittels einschneidender Steuergesetze das Ruder herumzuwerfen.

KAPITEL 23

Das Ende Cunos
Juli/August 1923

Am 10. August 1923 hielt Ernst Oberfohren eine überraschende Rede im Reichstag:

> »Die schwierige Lage, in der sich unser Vaterland befindet, und der entschlossene Wille, schnell und wirksam zu helfen, hat dazu geführt, daß schwere Bedenken, die von den einzelnen Parteien von verschiedenen Gesichtspunkten aus geltend gemacht worden sind, zurückgestellt wurden hinter dem großen politischen Ziel, durch entschlossene Maßnahmen der Not des Landes zu steuern [sic]. Die gefundene Lösung — auch darüber waren sich alle einig — bedeutet nur den ersten Schritt auf dem Wege zur Lösung der Finanz- und Währungsschwierigkeiten, soweit das deutsche Volk dazu allein imstande ist. Im Namen der Ausschußmitglieder der genannten Parteien, die sämtlich getragen sind von der Überzeugung, daß nicht Worte, sondern Taten jetzt notwendig sind, habe ich die Ehre, das hohe Haus zu bitten, die vorliegenden Steuergesetze in der Ausschußfassung ohne Debatte möglichst einstimmig anzunehmen.«[225]

Das Erstaunliche daran: Oberfohren sprach im Namen der Fraktion der DNVP, jener Partei, zu der auch der rechte Hetzer Karl

Helfferich gehörte. Diese stimmte nun in einer ganz großen Koalition aller Parteien, außer den Kommunisten, für einschneidende Steuergesetze, die das Kabinett Cuno mit einer erstaunlichen Energie innerhalb weniger Tage auf den Weg gebracht hatte. Nun sollte es plötzlich ganz schnell gehen. Und dafür gab es jeden Grund.

Denn der Reichshaushalt war inzwischen völlig zerrüttet. Zwischen April und Juni standen Ausgaben in Höhe von 18,6 Billionen Mark noch Einnahmen aus Steuern und Zöllen von 3,14 Billionen gegenüber. Allein im Juli betrugen die Ausgaben jedoch schon 37 Billionen Mark, und nun gingen die Einnahmen sogar zurück, auf 1,24 Billionen. Gerade mal noch etwas mehr als 3 Prozent der Ausgaben waren durch Einnahmen gedeckt.[226]

Das fehlende Geld wurde durch die Reichsbank herbeigezaubert, die Schatzanweisungen des Staates aufkaufte und auf diese Weise einfach das Geld druckte, das die Regierung nicht hatte – wie schon seit Monaten. Doch inzwischen finanzierte sie eben fast den kompletten Haushalt mit der Notenpresse. Die Schulden des Reiches waren dadurch bis zum 10. Juli auf 28,13 Billionen Mark angestiegen. Davon waren allein im Juni 12 Billionen dazugekommen.[227] Und Anfang August erhöhten sich die Schulden Finanzminister Hermes zufolge sogar täglich um weitere 2 Billionen Mark.[228]

Seit Anfang Juli warf die Presse der Regierung deshalb zunehmend vor, keinen Plan dafür zu haben, wie dieser dramatischen Entwicklung ein Ende zu bereiten wäre, und forderte sie auf, endlich wertbeständige Steuern einzuführen, also Steuern, die sich stetig an die Inflation anpassten. Ende Juli brachte der Reichsfinanzminister tatsächlich entsprechende Verordnungen auf den Weg.

So sollten die Vorauszahlungen auf die Einkommens- und Körperschaftssteuern jeweils dem Wert der Mark angepasst und die verschiedenen Verbrauchssteuern sehr kurzfristig erhoben werden, Ähnliches galt für Vermögens-, Erbschafts- und Umsatzsteuer. Bei Zahlungsverzug wurden die Zuschläge nun ebenfalls jeweils an die Geldentwertung angepasst.

Doch weit erstaunlicher war ein anderes Steuergesetz, das im Schlepptau mit den anderen Gesetzen am 11. August beschlossen wurde. Es trägt den unscheinbaren Titel »Gesetz über die Besteuerung der Betriebe«, doch es beinhaltete echten Sprengstoff. Denn damit sollte eine Sondersteuer für die Besitzenden eingeführt werden. Industrielle, gewerbliche und Handelsbetriebe sollten für sechs Monate eine Sonderabgabe zahlen. Sie wurde auf das Zweifache des Betrags festgelegt, den die Betroffenen gemäß Einkommensteuergesetz zwischen dem 1. September 1923 und dem 29. Februar 1924 zu zahlen hatten. Die Abgabe für landwirtschaftliche Betriebe orientierte sich an deren Grundwert, also dem steuerlichen Bodenrichtwert für den landwirtschaftlichen Grund.[229]

Noch erstaunlicher war, dass diesem Gesetz alle Parteien bis auf die Kommunisten zustimmten, also selbst die rechte DNVP um Helfferich, die eigentlich die Interessen der Industrie und des Großgrundbesitzes vertrat. Doch Helfferich war Cuno eng verbunden, er wollte mit allen Mitteln verhindern, dass Cuno stürzte, und war dazu offenbar sogar bereit, seine eigene Klientel zu opfern.

Aber all das half nicht mehr. Zwar gelang Cunos Regierung noch ein weiterer Erfolg. Sie hatte Banken und Industrie bedrängt, 50 Millionen Goldmark der Dollaranleihe vom März zu zeichnen, dem Staat also diese Summe in Form von Dollar zu leihen, und diese sagten nun tatsächlich zu.[230] Die eingenommenen Devisen sollten dazu dienen, die Lebensmittelknappheit durch Importe zu lindern. Auch das gelang erstaunlicherweise. Das waren echte Fortschritte. Eine Lösung der Probleme des Landes bedeuteten sie aber immer noch nicht. Und bei den demokratischen Parteien war in den Wochen zuvor die Erkenntnis gereift, dass von Cuno nicht zu erwarten war, dass er das Land aus der Krise führen würde.

Dabei war Wilhelm Cuno einst mit großen Vorschusslorbeeren gestartet. Er galt als erfolgreicher Mann der Wirtschaft, vor allem Reichspräsident Ebert traute ihm zu, den gordischen Knoten zu durchschlagen und Deutschland aus den Fängen der Inflation zu befreien. Auch die Parteien waren in den ersten Monaten erstaunlich handzahm gewesen, hatten sich ihm untergeordnet und waren bereit, die Regierung zu tragen, selbst wenn sie nicht an ihr beteiligt waren. Das galt erst recht in den ersten Monaten der Ruhrbesetzung.

Doch je länger diese dauerte, je rasanter die Geldentwertung voranschritt, desto mehr wuchsen die Zweifel an Cuno. Es zeigte sich, dass er keine echten Reformen auf den Weg bringen konnte. Auch außenpolitisch ging nichts mehr voran, ein Ende der Ruhrbesetzung war in weite Ferne gerückt, über eine grundsätzliche Lösung des Reparationsproblems wurde schon gar nicht mehr geredet. Zudem war er eine blasse Persönlichkeit, ein mittelmäßiger Redner, und er ließ sich im Reichstag nur blicken, wenn es unbedingt sein musste.

Vor allem die SPD wandte sich zunehmend ab. Mitte Juli schrieb Gustav Stresemann in einer Denkschrift über die politischen Verhältnisse: »Die beinahe wohlwollende Neutralität, welche die Sozialdemokratie früher dem Kanzler gegenüber einnahm, ist längst der Kritik gewichen und droht in offene Befehdung überzugehen.«[231]

Aber auch das bürgerliche Lager, das die Regierung eigentlich trug, wandte sich ab, auch hier wurde die weitgehende Untätigkeit der Regierung immer stärker kritisiert. Die Zeitung *Germania*, das Organ der Zentrumspartei, schrieb am 27. Juli: »Die Regierung Cuno bedeutet eine einzige Enttäuschung. Der Regierung Wirth wurde vorgeworfen, sie hätte sich häufiger gewandelt und sich im Zickzackkurs bewegt, aber die Regierung Cuno bewegt sich überhaupt nicht mehr. Sie steht still.«[232]

Stresemann schrieb zwei Tage später an seinen Parteifreund Adolf Kempkes: »Der Artikel der ›Germania‹ hat wie eine Bombe eingeschlagen. Was sie über die Untätigkeit der Regierung sagt, ist Allgemeinempfinden.«[233]

Wirkliche Unterstützung fand Cuno nur noch bei den Nationalisten der DNVP und deren Chef Helfferich – keine echte Grundlage für eine Fortführung der Regierung. Cuno war am Ende. Reichswehrminister Otto Geßler schrieb später über jene Tage: »Er stand vor einem nervösen Zusammenbruch. Einige Tage vorher kam er zu mir in die Bendlerstraße und sagte: ›Lassen Sie mich hier ein paar Stunden still sitzen, ich habe das Gefühl, über mir stürze das Haus ein.‹ Er, wie übrigens sein Vorgänger Dr. Wirth, war beim Abgang völlig zermürbt.«[234]

Auch General Hans von Seeckt, Chef der Heeresleitung der Reichswehr, der ein gutes persönliches Verhältnis zu Cuno hatte, schrieb in einem Brief an seine Schwester: »Der Reichspräsident ist ganz konsterniert gewesen; aber er konnte den nicht halten, der sich selbst aufgab.«[235]

So war die Gemütslage an der Spitze der Regierung Anfang August. Und dann, am 11. August, stellten die Kommunisten auch noch einen Misstrauensantrag im Reichstag. Dieser hätte wohl grundsätzlich trotz dieser Lage keine Aussicht auf Erfolg gehabt, denn die bürgerlichen Parteien wären nicht so weit gegangen, gemeinsam mit den Kommunisten gegen ihren eigenen Mann zu stimmen. Doch die SPD signalisierte den bürgerlichen Parteien, dass sie nun bereit sei, Verantwortung für das Land zu übernehmen und in die Regierung einzutreten, selbst unter Beteiligung der DVP, was sie zuvor stets abgelehnt hatte. Vor dem Hintergrund der dramatischen Lage im Land war sie bereit, solche Bedenken zurückzustellen.

Daher kam Cuno der Abstimmung über den Misstrauensantrag zuvor. Er, der sich nie nach dem Amt des Reichskanzlers gedrängt hatte, überreichte dem Reichspräsidenten am 12. August sein Rücktrittsgesuch. Nach nicht einmal neun Monaten war seine Regierung am Ende, kraftlos, ausgezehrt und weitgehend erfolglos. Otto Geßler bezeichnete Cuno später als den schwächsten Kanzler der Weimarer Republik.[236] Und dieser regierte ausgerechnet in einer Zeit der größten Not.

Die Bilanz seiner Regierungszeit fällt dementsprechend katastrophal aus. Bei seiner Amtsübernahme im November 1922 hatte der Außenwert der Währung bei rund 7.000 Mark je Dollar gelegen.

Am 12. August 1923 stand der Kurs bei 4,5 Millionen Mark. Die Inflation, die Ende 1922 schon gewaltig gewesen war, aber noch einigermaßen unter Kontrolle schien, war völlig aus dem Ruder gelaufen. Für ein Roggenbrot, das im November 1922 noch 55 Mark gekostet hatte, mussten am 13. August 1923 über 33.000 Mark bezahlt werden. Ein Ei, das im November ebenfalls 55 Mark gekostet hatte, schlug nun sogar mit rund 50.000 Mark zu Buche. Der Kartoffelpreis war im selben Zeitraum von 16 auf ebenfalls 50.000 Mark je Kilo gestiegen, das Kilo Erbsen von 365 auf 350.000 Mark, das Kilo Rindfleisch von 620 auf knapp 1,1 Millionen Mark, Schweineschmalz von 1.290 auf 1,6 Millionen Mark und das Kilo Butter von 2.440 auf 2,4 Millionen Mark. Die Preise hatten sich also für viele Produkte vertausendfacht.

Was das im Alltag bedeutete, zeigt eine Erzählung des Schriftstellers Curt Riess, der damals als 21-Jähriger erkrankt war und von seinem Vater zur Erholung in den Dresdner Stadtteil »Weißer Hirsch« geschickt wurde, zu jener Zeit ein feudaler Vorort. Der Va-

Abb. 16: Preisentwicklung bei Brot Anfang Januar bis Mitte August 1923, in Mark pro Kilo

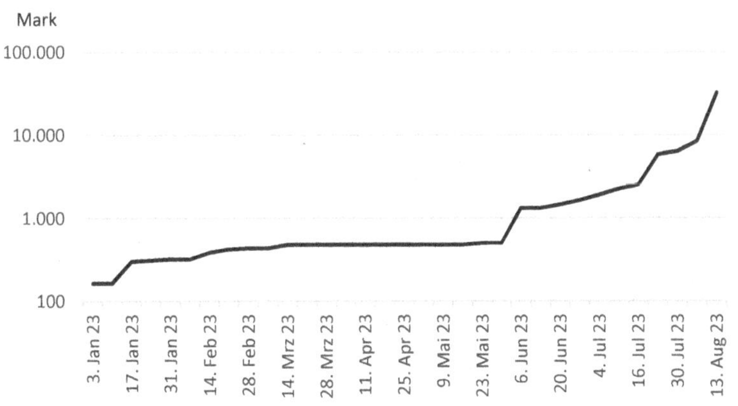

Quelle: Statistisches Reichsamt, logarithmische Darstellung

ter hatte als Kaufmann seine Waren meist nur noch gegen Devisen verkauft und besaß daher einige Dollar.

»Mein Vater hatte mir für vierzehn Tage vierzehn Dollar mitgegeben, in Scheinen, die man in Mark umwechseln konnte. Er hatte mir eingeschärft, jeden Tag zu warten, bis der jeweils neue Dollarkurs verkündet wurde. Das war so um 15 Uhr. Um 15 Uhr wechselte ich also einen Dollar und bekam dafür die entsprechende Marksumme und konnte die tägliche Pensionsrechnung bezahlen, auch die Straßenbahn nach Dresden, eine Karte für die Oper oder das Schauspielhaus und die Fahrt zurück. Und das alles für einen Dollar, wenn ich überhaupt den ganzen Dollar, will sagen die Unsummen an Mark, innerhalb von 24 Stunden ausgeben konnte. (...) Natürlich erhöhte auch die Pension ihre Tagesrechnungen, die elektrische Straßenbahn ihre Gebühren, natürlich musste man auch für einen Platz im Opernhaus im Laufe von zwei Wochen mehr und mehr zahlen. Aber so schnell konnten die Behörden mit ihren Preisen gar nicht nachziehen, wie die Mark stürzte. Freilich, ich war in einer bevorzugten Position. Wer konnte schon von Dollarscheinen leben?«[237]

Das war das Problem: Über Dollar verfügte eine kleine Minderheit. Für die überwältigende Mehrheit war das Leben schier unerträglich geworden. Das wusste auch die Regierung. Dies zeigt ein Memorandum, das der Reichsminister für Wiederaufbau, Heinrich Albert, zusammen mit Otto Henrich, dem Direktor der Deutschen Werke, am 27. Juli angefertigt hatte:

»Die sich überstürzende Markentwertung, wie sie gerade in der letzten Woche erfolgt ist, hat im Inlande bewirkt, daß auch beim letzten Ladeninhaber und bei dem abgelegensten Landwirt die Mark die Bedeutung als Wertmesser und Entgelt verloren hat. Die Flucht aus der Mark, die allenthalben stattfindet, treibt die

Bevölkerung dazu, sinnlos alles, was noch gegen Mark zu beschaffen ist, aufzukaufen; auf der anderen Seite aber alle warenbesitzenden Kreise dazu, die Waren zurückzuhalten. Die Preise steigen ins Unerträgliche, dabei hört der Warenzirkulationsprozeß auf, die normale Versorgung wird unterbrochen. Die Wirkung zeigt sich bereits in diesen Tagen. Der Verkauf gegen Papiermark hört auf. Bei allen Kreisen, die sich nicht durch Vorräte helfen können, herrscht eine verzweifelte Stimmung. In die Wirtschaft ist die größte Unsicherheit hineingetragen. Es mag gelingen, mit scharfem Einsetzen von Polizei vorübergehend größere Revolten zu verhindern. Auf längere Zeit ist dieses nicht möglich, wenn der Austausch zwischen Land und Stadt aufhört und in den Städten die nötigen Lebensmittel fehlen. Es ist weniger zu befürchten, daß eine große politische Gegenbewegung der schlechtversorgten städtischen Bevölkerung eintritt, als daß der Kampf Aller gegen Alle um das tägliche Brot in den Städten beginnt und daß zur Aufrechterhaltung der Ordnung in den eigenen Gebieten die einzelnen Teile des Reiches selbständig vorgehen, das Reich damit auseinanderfällt. Der Staat, der nicht mehr in der Lage ist, den völligen Währungszerfall aufzuhalten und sich in dieser Beziehung bankrott erklärt, der nicht in der Lage ist, seinem von ihm herausgegebenen Gelde irgendwelche Kaufkraft zu geben, muß restlos alle Autorität und letzten Endes seine Existenzberechtigung verlieren.«[238]

So war die Lage Mitte August, chaotisch, verzweifelt, schier hoffnungslos. Wer wollte in solch einer Situation den härtesten Job der Republik übernehmen, den des Reichskanzlers? Alles lief auf jenen Politiker hinaus, der seit Monaten in allen Debatten ganz prominent dabei war. Die Zeit für Gustav Stresemann war gekommen.

Daten und Ereignisse 1923 bis zum Ende der Regierung Cuno

2. Januar: Die Pariser Konferenz der Alliierten lehnt ein weiteres Moratorium bei den Reparationszahlungen ab.

9. Januar: Die Reparationskommission stellt eine Pflichtverletzung Deutschlands bei der Lieferung von Kohle fest.

9. Januar: Der Dollarkurs überschreitet erstmals die Marke von 10.000 Mark.

11. Januar: Französische und belgische Truppen besetzen das Ruhrgebiet.

13. Januar: Der passive Widerstand im besetzten Ruhrgebiet beginnt.

26. Januar: Die Reparationskommission stellt eine allgemeine Verfehlung Deutschlands fest und setzt den Londoner Zahlungsplan wieder in Kraft.

Ende Januar: Die Reichsbank beginnt mit der Stützung der Mark durch Intervention an den Devisenmärkten.

29. Januar: Die Besatzer verhängen im Ruhrgebiet einen verschärften Belagerungszustand.

24. Februar: Der Reichstag beschließt ein neues Schankstättengesetz zur Einschränkung des Alkoholkonsums.

24. März: Die Zeichnungsfrist für die Dollaranleihe des Reiches endet, nur ein Viertel wird gezeichnet.

31. März: Am Blut-Karsamstag bei Krupp in Essen kommen 13 Menschen ums Leben.

18. April: Die Reichsbank muss die Stützung der Mark abbrechen.

26. Mai: Der NSDAP-Aktivist Albert Leo Schlageter wird wegen Terroranschlägen im Ruhrgebiet hingerichtet.

7. Juni: Die Reichsregierung macht in einem Memorandum neue Vorschläge zur Lösung der Reparationsfrage.

7. Juni: Frankreich fordert als Vorbedingung für neue Verhandlungen ein Ende des passiven Widerstands im Ruhrgebiet.

14. Juni: Der Dollarkurs überschreitet erstmals die Marke von 100.000 Mark.

23. Juni: Der Reichstag beschließt ein Devisengesetz, das Devisengeschäfte nur noch zum offiziell in Berlin festgestellten Tageskurs erlaubt.

9. Juli: In Deutschland kommt es zu ersten Hungerrevolten.

19. Juli: Das Arbeitsministerium verfügt die Indexierung der Löhne.

30. Juli: Der Dollarkurs überschreitet erstmals die Marke von 1.000.000 Mark.

4. August: Das am 23. Juni in Kraft getretene Devisengesetz wird wegen Erfolglosigkeit aufgehoben.

10. August: Der Reichstag beschließt eine Sonderabgabe für Industrie, Gewerbe und Landwirtschaft.

11. August: Die KPD stellt einen Misstrauensantrag gegen die Regierung.

11. August: Eine Note des britischen Außenministers Curzon an Frankreich zeigt ein tiefes Zerwürfnis zwischen den Alliierten.

12. August: Die Regierung Cuno tritt zurück.

KAPITEL 24

Die Regierung Stresemann
August 1923

Sie gaben sich die Klinke in die Hand. Nacheinander sprachen die Vertreter der demokratischen Parteien im Reichstag beim Reichspräsidenten vor, erst die DDP, dann das Zentrum, dann die BVP und schließlich die SPD. Sie alle fragte Ebert, wer ihrer Ansicht nach der neue Reichskanzler werden solle, und sie alle nannten den gleichen Namen: Gustav Stresemann von der DVP.

Stresemann hatte sich über den Sommer zum natürlichen Nachfolger Cunos entwickelt, lange bevor dieser seinen Rücktritt ankündigte. Stresemann beherrschte die Debatten, war mit allen anderen Parteien in Kontakt. Er hatte es auch geschafft, die Ressentiments der SPD gegen ihn und seine Partei aus der Welt zu schaffen. Dennoch behauptete Stresemann später in einem Zeitungsartikel, er habe damals nicht daran gedacht, »als Reichskanzler berufen zu werden«.[239] Das kann man glauben, muss man aber nicht.

Jedenfalls lagen die Dinge klar, und dem musste sich nun auch Ebert beugen, der im November 1922 noch Vorbehalte dagegen gehabt hatte, Stresemann zum Reichskanzler zu berufen. Damals hatte er es ihm verübelt, dass Stresemann im Sommer 1922 Eberts Wiederwahl zum Reichspräsidenten verhindert hatte. Stattdessen hatte Ebert mit einer verfassungsmäßig eigentlich nicht vorgesehenen Amtszeitverlängerung bis 1925 Vorlieb nehmen müssen. Doch nun hatte Ebert praktisch keine Wahl mehr, denn auch seine eigene Partei, die SPD, sprach sich für Stresemann als Reichskanzler aus und war bereit, in dessen Kabinett mitzuwirken. Schon am Morgen des 14. August, nur 36 Stunden nach Cunos Rücktritt, konnte Stresemann daher sein Kabinett zur ersten Sitzung empfangen.

Es war der Auftakt zu den einhundert dramatischsten Tagen der Inflationszeit. Denn die Lage, die Stresemann und sein Kabinett vorfanden, war kaum mehr in Worte zu fassen. »Es übertrifft die schlimmsten Erwartungen«, sagte Rudolf Hilferding, der neue Finanzminister von der SPD im Kabinett Stresemann, bei einem Treffen mit den Parteiführern am 22. August. Und er mahnte sie: »Das darf aus außenpolitischen und innenpolitischen Gründen dem Haushaltsausschuss zur Zeit nicht mitgeteilt werden.«

Unmittelbar nach Übernahme des Amtes hatte Hilferding einen Kassensturz veranlasst. Was dabei zutage trat, präsentierte er auf jener Sitzung am 22. August. So hatten die Ausgaben allein in den ersten zehn Tagen des August 63 Billionen Mark betragen, die Steuereinnahmen summierten sich jedoch nur auf 3,6 Billionen. In der Woche vom 11. bis 16. August waren die Ausgaben schon auf 262 Billionen gestiegen, die Einnahmen jedoch nur auf 16 Billionen – die Ausgaben waren also gerade mal noch zu 6 Prozent durch Einnahmen gedeckt. Und für die folgenden Tage listete Hilferding auf: 17. August: Ausgaben von 26 Billionen Mark, 18. August: 27 Billionen Mark, 19. August: 33 Billionen Mark, 20. August: 82 Billionen Mark.[240] Die Einnahmen lagen für diese Tage noch nicht vor, doch von einer schlagartigen Besserung war nicht auszugehen.

Zur Zerrüttung der Finanzen hatte natürlich vor allem der Ruhrkonflikt beigetragen. Allein für die Erwerbslosenfürsorge fielen pro Woche 35 Billionen Mark an. Doch Hilferding entdeckte eine Reihe weiterer Haushaltslöcher. So hatte das Reich Schulden einzelner Bundesländer übernommen, allein für Preußen 12 Billionen Mark. Um den Buchdruckerstreit zu beenden, zahlte Berlin ebenfalls 10 Billionen Mark. Des Weiteren hatte die Regierung Cuno sich bereiterklärt, die Löhne für private gemeinnützige Einrichtungen zu übernehmen, da diese sonst schließen müssten. Und schließlich schlug allein die Reichsbahn mit einem Defizit von weiteren 1.355 Billionen für das Haushaltsjahr zu Buche – nach vorläufigen Schätzungen. Bei der Reichspost wurden 450 Billionen als Defizit erwartet.

Das war die Lage, in der die neue Große Koalition, die Gustav Stresemann führte, ihr Amt antrat. In ihr hatten sich Stresemanns DVP, die SPD, das Zentrum und die DDP zusammengefunden. Zusammen verfügten sie über 270 von 459 Sitzen im Reichstag, also über eine breite Mehrheit. Doch wie wollten sie diese nutzen und das Land aus der Krise führen?

Die neue Koalition hatte kein offizielles Regierungsprogramm und schon gar keinen Koalitionsvertrag ausgehandelt. Dafür war die Lage zu dramatisch, die Probleme waren zu drängend. Stresemann selbst sprach davon, dass er diese Regierung als »das letzte nur mögliche verfassungsmäßige Kabinett« sehe[241] – sprich: Wenn es dieser Regierung nicht gelänge, die Krise beizulegen, dann drohe ein Umsturz. Auch in seiner Antrittsrede im Reichstag am 14. August beließ es Stresemann bei allgemeinen Aussagen und Appellen an den Zusammenhalt der Nation und der Unterordnung der Interessensgruppen unter das Gemeinwohl.[242]

Allerdings hatte er bereits in den Monaten davor in Reden und Zeitungsbeiträgen immer wieder deutlich gemacht, was er für notwendig hielt. In der Frage des Ruhrkampfes war bei ihm, wie auch bei den anderen Regierungsparteien, die Einsicht gereift, dass der passive Widerstand nicht mehr durchzuhalten – beziehungsweise schlicht nicht länger zu finanzieren – war. Es ging letztlich nur noch darum, auf welche Weise er beendet werden sollte.

In der Kabinettsitzung vom 23. August sagte Stresemann, der passive Widerstand könne sicherlich nur noch bis zum Eintritt der Kälteperiode aufrechterhalten werden. Die Demoralisierung der Bevölkerung sei weit vorangeschritten. Tatsächlich waren die Menschen an Rhein und Ruhr inzwischen erschöpft, die materiellen Verluste durch den Dauerstreik lasteten schwer auf ihnen, trotz der Unterstützung durch das Reich. Der preußische Ministerpräsident Otto Braun, der an der Sitzung ebenfalls teilnahm und zu dessen Land die besetzten Gebiete gehörten, forderte daher, der Ruhrkampf müsse so schnell wie möglich beendet werden: »Jeder Abschluß des Ruhrkampfes wird sehr schmerzlich sein, aber immer noch besser, als wenn das Deutsche Reich in ein Chaos hineingeschleudert wird. Die Bevölkerung muß auf diese Entwicklung psychologisch eingestellt werden.« Stresemann pflichtete dem grundsätzlich bei. Er betonte, dass ein Ende des Ruhrkampfes für Deutschland ehrenvoll erfolgen werde. Aber er sagte auch: »Es muß bereits als ein ehrenhafter Ausgang des Ruhrkampfes angesehen werden, wenn es dem Deutschen Reich gelingt, seine Souveränität aufrecht zu erhalten.«[243] Das zeigt, dass er wenig Hoffnung auf große Konzessionen der Gegenseite hatte.

Auch auf wirtschaftspolitischem Gebiet hatte Stresemann seine Überzeugungen immer wieder deutlich gemacht. So hatte er am 15. Mai in einem Beitrag in der *Zeit* geschrieben:

> »Daß Reich und Volk erhalten bleibt, ist notwendig, daß die Substanz der Einzelwirtschaft sich erhält, ist nicht notwendig. Wenn es dahin kommt, daß wir diese Substanz angreifen müssen, um damit die deutsche Freiheit zu sichern, so muß das von allen an der deutschen Wirtschaft Beteiligten getragen werden. Wir haben das Staatsinteresse in den Vordergrund zu stellen.«[244]

Er sprach sich damit ausdrücklich für eine Belastung jener aus, die noch über Vermögen verfügten, also vor allem der Industrie, des Handels, der Gewerbetreibenden und der Landwirtschaft. Er ließ den Reichstag daher am 14. August, unmittelbar nach dessen Vertrauensvotum für ihn, über eine Resolution abstimmen, in der die Regierung aufgefordert wurde, über eine Belastung der

Vermögenswerte der Wirtschaft eine wertbeständige Währung zu schaffen.[245] Wie das genau geschehen sollte, musste in den folgenden Wochen in harten Auseinandersetzungen geklärt werden.

Das Vertrauensvotum für Stresemann war zwar eindeutig, es wies aber bereits auf die Konfliktlinien hin, die sich in seiner Regierung auftaten. Ein Drittel der Abgeordneten von SPD und DVP nahmen an der Abstimmung nicht teil und verweigerten dem Kabinett somit die Zustimmung. In der DVP gab es Vorbehalte gegen die Zusammenarbeit mit der SPD, aber auch die geplante Belastung der Wirtschaft stieß in der industriell geprägten Partei auf Gegenwehr, insbesondere bei Hugo Stinnes. Viele dieser Gegner der Koalition innerhalb der DVP wanderten daher in den folgenden Wochen zu der noch weiter rechts stehenden DNVP ab.

Auf sozialdemokratischer Seite war der linke Flügel nach wie vor gegen eine Koalition mit der DVP, zu der schließlich ebenjener Hugo Stinnes gehörte, die Hassfigur der Linken schlechthin. Zudem hatte die Belastung der Wirtschaft in Stresemanns Programm auch noch einen Gegenpart, nämlich eine Belastung der Arbeiterschaft. Er war der Überzeugung, dass ohne eine Verlängerung der Arbeitszeit die Krise nicht zu überwinden sei und dies zudem der Wirtschaft zugestanden werden müsse, um sie für eine Unterstützung der Pläne zu gewinnen. Darin lag aber natürlich ein weiterer Grund für harte Auseinandersetzungen in den folgenden Wochen.

Eines der wichtigsten Ziele der neuen Regierung war jedoch, die Papiermark durch eine neue Währung zu ersetzen und damit endlich der Inflation Einhalt zu gebieten. Das war natürlich die ureigenste Aufgabe des neuen SPD-Finanzministers Rudolf Hilferding. Doch dieser hatte einen wichtigen Gegenspieler außerhalb der Regierung: Karl Helfferich. Und dieser sollte entscheidenden Einfluss bekommen.

KAPITEL 25

Der Kampf um die neue Währung – Karl Helfferich gegen Rudolf Hilferding

August 1923

Sollte die Wissenschaft die Politik bestimmen? Sollten Wissenschaftler regieren? Seit der Corona-Pandemie ist das eine ernste Frage, und Epidemiologen, Virologen sowie Mediziner haben zumindest eine gewichtige Stimme. Auch die Hyperinflation beschäftigte zu jener Zeit natürlich die Wissenschaft, vor allem die Ökonomen. Zwei von deren wichtigsten Vertretern waren damals auch Teil der Politik, einer sogar Teil der Regierung.

Rudolf Hilferding war 1877 in Wien geboren worden und hatte dort zunächst Medizin studiert. Nach seiner Approbation 1901 praktizierte er fünf Jahre als Arzt. Doch sein eigentliches Interesse galt der Wirtschaftswissenschaft. Schon während seines Medizinstudiums hatte er sich mit der Nationalökonomie und der Finanztheorie beschäftigt, und er war der sozialdemokratischen Studentenvereinigung beigetreten. 1906 gründete die Sozialdemokratische Partei Deutschlands in Berlin eine Parteischule und berief Hilferding als Dozenten für Nationalökonomie. Schon ein Jahr später wechselte er als Redakteur zur Parteizeitung *Vorwärts*, dessen Chefredakteur er später wurde.

In jener Zeit entstand Hilferdings wichtigstes Werk, *Das Finanzkapital*, eine politökonomische Abhandlung über die Entwicklung des Kapitalismus, die 1910 erschien. Hilferdings Theorie zufolge findet in einer kapitalistischen Wirtschaftsordnung zwangsläufig ein Konzentrationsprozess statt, an dessen Ende Monopole die gesamte Wirtschaft beherrschen. Die Geldtheorie steht im *Finanzkapital* nicht im Zentrum, sie ist aber de facto das grundlegende Element, das am Anfang seines Buches steht. Die Banken sieht er als zentrale Akteure, und er hält Gold für einen unverzichtbaren Anker für jede Papiergeldwährung.

Nach dem Krieg galt Hilferding als einer der wichtigsten Theoretiker der Sozialisten. Er sah sich als Marxist und war 1917 in die USPD übergetreten, die linke Absplitterung der SPD. Schon bald hatte er sich aber für einen Wiederanschluss an die SPD stark gemacht. 1922 wurde dieser Schritt vollzogen. Doch damit hatte die SPD nun wieder einen starken linken Flügel, der sich lange einer Koalition mit der DVP widersetzt hatte. Quasi als Belohnung dafür, dass dieser Flügel der Großen Koalition aus DVP, Zentrum, DDP und SPD unter Stresemann zugestimmt hatte, erhielt Hilferding das Amt des Finanzministers.

Sein Widerpart war Karl Helfferich – jener Mann, der im Krieg einst als Staatssekretär die Staatsfinanzierung auf Pump organisiert hatte und der nach dem Krieg politisch nach ganz rechts außen gewandert war, dort mit widerlichen Worten unter anderem gegen Finanzminister Matthias Erzberger gehetzt hatte. Doch Helfferich hatte eine durchaus ehrwürdige Vorgeschichte. Er war 1872 in Neustadt an der Haardt (heute: Neustadt an der Weinstraße) geboren worden und hatte in Berlin, München und Straßburg Rechts- und Staatswissenschaften studiert. Sein wichtigster Lehrer war Georg Friedrich Knapp, ein bedeutender Geldtheoretiker jener Zeit. Auch Helfferich befasste sich schon in seiner Dissertation und seiner Habilitation mit diesem Themengebiet. 1903 erschien sein Buch *Das Geld*, sein wichtigstes Werk, das nicht unbedingt durch die theoretische Tiefe, aber durch die klare Darstellung und seine Verbindung mit der Praxis besticht.

So drängte es ihn dann auch aus der Universität heraus ins reale Leben. Im Auftrag des Außenministeriums organisierte er das Währungswesen der deutschen Kolonien in Ostafrika. Anschließend wurde er Direktor der Anatolischen Eisenbahngesellschaft in Konstantinopel, deren Haupteigentümer die Deutsche Bank war. Zu dieser wechselte er anschließend, und er vertrat sie ab 1910 als Mitglied im Zentralausschuss der Reichsbank. 1915 übernahm er den Posten des Staatssekretärs im Reichsschatzamt, wo er sich um die Finanzierung des Krieges kümmerte, bekanntermaßen vor allem mithilfe von Krediten und des Anwerfens der Notenpresse.

Nach dem Krieg rückte Helfferich, der zuvor eher liberale Ansichten vertreten hatte, politisch nach rechts, wurde zur wichtigsten Stimme der nationalistischen DNVP. Eines seiner wichtigsten Anliegen war stets, die Öffentlichkeit davon zu überzeugen, dass die Schulden des Ersten Weltkriegs nicht der Grund für die Inflation seien und ihn damit keine Schuld treffe. Die Ursache dafür liege vielmehr in der sinkenden Produktivität der deutschen Industrie, was wiederum auf die Einführung des Achtstundentags und die Ausweitung der Arbeiterrechte nach dem Krieg zurückzuführen sei. Das passte gut zur politischen Ausrichtung der DNVP, die stark in den Kreisen der Industrie verankert war.

Obwohl Helfferich politisch weit rechts stand – wohl außerhalb des demokratischen Spektrums –, war sein Einfluss in Berlin groß. Zu Reichskanzler Cuno hatte er ein geradezu freundschaftliches Verhältnis, diesen hatte er sogar bestürmt, nicht zurückzutreten. Helfferich galt zudem über alle Parteigrenzen hinweg als eine der wichtigsten Autoritäten auf dem Gebiet der Geldtheorie. Und er hatte auch konkrete Ideen, wie die schwindsüchtige Mark durch eine neue Währung abgelöst werden könnte.

Diese Ideen hatte er bereits Anfang August Reichskanzler Cuno, Finanzminister Hermes und Ernährungsminister Luther präsentiert.[246] Nach Helfferichs eigenen Angaben war er auf allgemeine Zustimmung gestoßen. Doch der Regierungswechsel kam ihm dazwischen.

Daraufhin hatte er im Reichstag am 15. August in einer Rede an die Abgeordneten appelliert, endlich eine Währungsreform in Angriff zu nehmen:

> »Das, was uns not tut, ist die Schaffung eines neuen realfundierten Zahlungsmittels. Wenn es uns nicht im Laufe der nächsten Wochen – ich sage nicht im Lauf der nächsten Monate, sondern der nächsten Wochen – gelingt, ein realfundiertes Zahlungsmittel, das durch die ganze Art seiner Fundierung Wert in sich selbst trägt, zu schaffen, sind wir mit Schuhen und Strümpfen verloren.«[247]

Mit Hilferding und Helfferich waren also die zwei wichtigsten Geldtheoretiker jener Zeit im Berliner Politikbetrieb unterwegs, und ihre Differenzen lagen gar nicht so sehr in der Sicht auf die Dinge. Beiden war klar, dass eine neue Währung auf realen Werten gründen musste, also an etwas gebunden sein musste, dessen Wert stabil ist. Traditionell war das Gold. Die beiden Antagonisten trennte vielmehr eine tiefe persönliche Abneigung, die in der unterschiedlichen politischen Sozialisation begründet war. Hier der österreichische Marxist, dort der preußische Beamte. Hier der Vertreter der Interessen der Arbeiter, dort der Vertreter der Interessen des Großkapitals. Hier der Dozent einer SPD-Parteischule, dort der ehemalige Professor einer altehrwürdigen Universität, der zudem kaum verhehlen konnte, dass er sich überlegen fühlte und auf Hilferding herabblickte.

Hilferding hatte jedoch die Größe, diese Antipathie hintanzustellen und Helfferich einzuladen, seine Ideen im Kabinett genauer darzulegen. Am 18. August erschien Helfferich daher in der Reichskanzlei und präsentierte seinen Plan im Beisein von Hilferding,

Reichskanzler Stresemann, Wirtschaftsminister Hans von Raumer und Ernährungsminister Hans Luther.

Es gibt ein offizielles Protokoll dieses Gesprächs. Doch diesem hat Jakob Wilhelm Reichert, ein Parteifreund Helfferichs, später handschriftlich einige Notizen hinzugefügt. Diese sind mindestens so interessant wie Helfferichs Plan selbst. Den Notizen zufolge fragte Helfferich zunächst vorsichtig, ob denn nicht der Reichsfinanzminister selbst einen Währungsplan in sein neues Amt mitgebracht habe. »Dr. Hilferding erwiderte sofort, daß er daran denke, zur Goldwährung übergehen zu können. Er wolle die Reichsbank teilen, und zwar den Teil, der auf die Papiermark gestellt sei, sich selbst überlassen. Hier sei doch nicht mehr viel zu retten, während er den Goldschatz der Reichsbank zur Grundlage einer neuen Goldwährung machen wolle.«[248]

Daraufhin habe Helfferich sich erkundigt, über wie viel Gold die Reichsbank überhaupt noch verfüge. Hilferding nannte ein Volumen von 400 bis 500 Millionen Goldmark. Helfferich erwiderte daraufhin, dass davon über 200 Millionen verpfändet seien, aufgrund der Stützungsaktionen der Reichsbank in den vorangegangenen Monaten. In den Notizen heißt es dann weiter: »Darauf gab Hilferding die für einen Finanzminister in der Revolutionszeit kennzeichnende Antwort: Das mache nichts, man verwendet das Gold einfach noch ein zweites Mal. (Es war schwer, in diesem Moment ernst zu bleiben.)« Helfferich erwiderte: »Herr Minister, Sie fangen Ihre Amtsgeschäfte mit einem Bankerott des Reichs an. Ich warne Sie, aus dem einfachen Bankerott einen betrügerischen Bankerott zu machen.«

Das war strategisch geschickt, denn nun war klar, dass die naheliegende Idee, eine neue Währung auf Gold zu gründen, praktisch unmöglich durchzuführen war. Umso überzeugender erschien nun Helfferichs eigener Plan. Dieser sah vor, etwas zur Basis der neuen Währung zu machen, das im Gegensatz zu Gold im Land reichlich vorhanden war und dessen Preis zwar schwankte, aber in relativ engen Grenzen: Roggen.

Konkret sollte dazu eine neue Währungsbank gegründet werden, und zwar nicht vom Staat, sondern von der Privatwirtschaft, also von den gewerblichen und landwirtschaftlichen Betrieben. Diese hatten bisher am wenigsten unter der Inflation gelitten, denn ihre Sachwerte waren davor weitgehend geschützt. Dieser wertstabile Besitz sollte nun die Grundlage für die neue Währung werden. Dafür sollten 5 Prozent ihres Besitzes mit einer Zwangshypothek belegt werden, zugunsten der neuen Währungsbank. Da Helfferich den Gesamtbesitz der deutschen Landwirtschaft auf 40 Milliarden Goldmark schätzte, würde dies einen Betrag von 2 Milliarden Goldmark ergeben. Die Industrie sollte dieselbe Summe beitragen. Diese 4 Milliarden Goldmark sollten das Grundkapital der neuen Bank bilden. Als Verbriefung ihrer Beteiligung an der Bank sollten Landwirtschaft und Industrie Pfandbriefe erhalten, die mit 4 Prozent pro Jahr verzinst würden, zu zahlen aus den Gewinnen der Währungsbank.

Bis zur Höhe des Grundkapitals sollte diese Notenbank dann für je eine Tonne Roggen, die geerntet wird, 200 Roggenmark als Banknoten ausgeben. Damit sollte das Versprechen verbunden sein, diese Banknoten jederzeit einzutauschen, so wie das die Reichsbank bis zu Kriegsbeginn getan hatte, als die Mark an Gold gebunden war. Nur sollte im Tausch gegen die Banknoten nun nicht Gold ausgegeben werden. Aber eben auch nicht Roggen, obwohl der Wert der Währung sich daran orientieren sollte. Vielmehr sollte man im Tausch gegen die Roggenbanknoten jene Pfandbriefe erhalten können, die die neue Notenbank in ihren Tresoren verwahrte. Helfferich nannte sie Roggenrentenbriefe – das Wort Rente hat dabei nichts mit der Altersvorsorge zu tun, sondern bezieht sich darauf, dass diese Papiere sich rentieren, also verzinst sind.

Kurz gesagt: Die neue Notenbank sollte mit einem Teil des Besitzes der Wirtschaft als Grundkapital ausgestattet werden und eigene Banknoten ausgeben. Diese wiederum wären jederzeit eintauschbar gegen einen Zugriff auf diesen Besitz der Wirtschaft, über die

Rentenbriefe. Der tagesaktuelle Wert der Währung würde sich am Roggenpreis orientieren.

Doch was sollte eigentlich dieser eigentümliche Rückgriff auf Roggen als Wertmaßstab? Die Deckung erfolgte ja nicht über das Getreide, sondern über die Pfandbriefe. Zudem war der Roggenpreis eben nicht stabil, wie der Goldpreis, sondern schwankte. Im Vergleich zur schwindsüchtigen Papiermark schien das zwar allemal besser, wirklich befriedigend war das jedoch nicht.

Der Bezug auf das Getreide hatte für Helfferich vor allem psychologische Gründe: Auf diese Weise wollte er das Vertrauen der Landwirtschaft für die neue Währung gewinnen. Sie sollte dazu bewogen werden, ihre Produkte nicht länger zurückzuhalten, um Versorgungsengpässe zu vermeiden. Zudem hatten in den Monaten zuvor hie und da Firmen oder Institutionen bereits Anleihen auf Roggenbasis emittiert.

Doch Helfferichs Plan hatte noch einen weiteren, entscheidenden Punkt. Die Roggennotenbank sollte dem Reich einmalig einen Betrag übergeben, der 300 Millionen Goldmark entsprach. Damit sollte das Reich seine bis dato angehäuften Schulden auf einen Schlag ablösen können – was auf den ersten Blick erstaunlich erscheint, da die Schulden inzwischen in die Trillionen gingen. Doch das waren Papiermark, die ja kaum noch etwas wert waren. Helfferich schätzte den Goldmarkwert der Schulden sogar nur auf 100 Millionen. Die übrigen 200 Millionen sollten der Reichsbank dazu dienen, einen Fonds von Roggenmark aufzubauen, die sie dann wiederum im Tausch gegen die alte Papiermark ausgeben könnte. Für diese 300 Millionen Goldmark, die die Roggennotenbank und damit letztlich die Wirtschaft dem Staat zur Verfügung stellte, wollte Helfferich schließlich eine Gegenleistung: Die Regierung sollte die Sondersteuern für die Wirtschaft, die das Kabinett Cuno in seinen letzten Tagen am 11. August durch den Reichstag gebracht hatte und denen Helfferichs Partei selbst zugestimmt hatte, wieder abschaffen.

Das war nun die Bruchstelle, an der Hilferding definitiv nicht mehr mitgehen konnte. Auch wenn Helfferich und seine Freunde später behaupteten, Hilferding habe ihm Zusagen gemacht, so konnte der SPD-Mann schon aus Parteiräson einem solchen Schritt auf keinen Fall zustimmen. Nachdem die Mittelschicht durch die Inflation weitgehend enteignet worden war und die Arbeiterschaft von der Hand in den Mund lebte, konnte er unmöglich eine Steuer abschaffen, die jene traf, die als Einzige bisher reichlich unbeschadet durch die Inflation gekommen waren, eine Steuer zumal, die von einer konservativen Regierung beschlossen worden war. Dessen musste sich Helfferich bewusst sein.

Doch Hilferding hatte auch grundsätzliche Bedenken gegenüber der Konstruktion der Roggenmark. Er glaubte, dass eine Währung, die auf Roggen basierte, im Ausland nicht akzeptiert würde – zu eigentümlich wäre diese Konstruktion. Nichts führe daher an einer Währung auf Goldbasis vorbei. Vor allem aber war er der Auffassung, dass die Zeit für eine neue Währung noch nicht reif sei, dass erst das Problem der Reparationen gelöst werden müsste. Vorher ergebe eine neue Währung keinen Sinn. Die Reparationsverhandlungen lagen jedoch auf Eis, seit Deutschland zu Beginn des Jahres alle Zahlungen eingestellt hatte. Hier bewegte sich seit Monaten nichts mehr, und es gab auch keine Anzeichen, dass sich daran in der näheren Zukunft etwas ändern würde.

Vorerst wollte Hilferding der Inflation daher mit anderen Mitteln entgegentreten. Das tat er, und das bekamen viele bald schmerzhaft zu spüren.

KAPITEL 26

Die Devisenrazzien August/September 1923

Schön war es nicht. Doch wer auf Berlins Kurfürstendamm flanierte und dann durch die Drehtür des Romanischen Cafés ging – dort gelegen, wo heute das Europacenter steht –, der achtete nicht auf die Gestaltung des Ortes. Er wollte sehen, und vor allem gesehen werden. Die kulturelle Elite jener Zeit verkehrte dort, von Else Lasker-Schüler über Bertolt Brecht und Max Slevogt bis zu George Grosz oder Hans Albers.

Dabei gab es eine feine Hackordnung. Die Erfolgreichen und Bekannten wandten sich nach dem Gang durch die Drehtür nach links und betraten einen kleinen Nebenraum mit etwa 20 Tischen, »Bassin der Schwimmer« genannt. Alle anderen mussten nach rechts treten, in den Hauptraum, der etwa dreimal so groß war und das »Bassin der Nichtschwimmer« genannt wurde. Hier verkehrten all jene, die mehr schlecht als recht über die Runden kamen, aber bei einer Tasse Kaffee und einem Stück Torte den Zutritt in die Welt der Arrivierten suchten.[249]

Auch während der Hochphase der Inflation saßen sie dort, die kleinen und großen Lichter der Berliner Kulturszene, eingehüllt in den Rauch der Zigarren und Zigaretten, eifrig diskutierend und debattierend – als eines Tages um die Mittagszeit plötzlich die Türen aufsprangen und die Polizei hereinstürmte: Devisenrazzia!

Alle Ausgänge waren besetzt, keiner kam mehr rein oder raus. Alle Gäste mussten ihre Taschen leeren. Insgesamt 80 Personen wurden gefilzt, elf mussten mit aufs Polizeirevier. Genau 214 Dollar, 30 Schweizer Franken, eine englische Pfundnote und 10 serbische Dinar wurden ihnen abgenommen.[250]

Ähnliche Razzien fanden ab September 1923 in der ganzen Republik statt, anfänglich auf öffentlichen Straßen und Plätzen, wo Devisenschieber heimlich Geld tauschten, dann immer häufiger in Gaststätten und Cafés. Überall durchsuchten die Polizisten Kleidung und Handtaschen, konfiszierten sämtliche ausländischen Zahlungsmittel, die die Menschen bei sich hatten.

Grundlage dafür war die neue Devisenverordnung, die die Regierung Stresemann erlassen hatte.[251] Zwar hatte die Vorgängerregierung erst Anfang August ihre rigide Gängelung der Devisenbesitzer aufgeben müssen. Doch die Devisennot des Reiches blieb akut. Denn den Deutschen drohte ein Hungerwinter. Immer mehr Landwirte wollten ihre Erzeugnisse nicht mehr gegen Papiermark verkaufen. Sie hielten die Lebensmittel lieber zurück oder ließen sie gar verfaulen. Die Regierung brauchte daher dringend Devisen, um die Lebensmittelversorgung zu sichern.

250 Millionen Goldmark seien für das zweite Halbjahr 1923 allein für den Getreideankauf notwendig, erklärte der Finanzminister den Parteiführern in einer Besprechung am 22. August. Hinzu kämen 45 Millionen Goldmark für den Ankauf von Fetten sowie 232 Millionen Goldmark für Kohlen. Das ergab zusammen deutlich mehr als 500 Millionen Goldmark. Pro Monat flossen dem Reich aber nur Devisen im Wert von ungefähr 60 Millionen Goldmark zu.[252]

Gleichzeitig schätzte die Regierung, dass in Deutschland Devisen im Gegenwert von rund 1,5 Milliarden Goldmark zirkulierten oder unter Kopfkissen gehortet wurden. An dieses Geld heranzukommen, war daher das Ziel.

Zunächst versuchte es die Regierung auf freiwilliger Basis, versuchte die Industrie und Privatpersonen zur Zeichnung einer sogenannten »Goldanleihe« zu bewegen, die noch vom Kabinett Cuno beschlossen und am 15. August aufgelegt worden war. Goldanleihe hieß sie, weil sie wertbeständig war. Die Anteilsscheine lauteten auf US-Dollar, der kleinste Betrag war 1 Dollar. Die Einzahlungen konnten auch in Mark erfolgen. Doch wer sie in Devisen vornahm, bekam einen Rabatt, musste nur 95 Cent für einen Anteilswert von einem Dollar einzahlen.

Allerdings war der Erfolg dieser Anleihe begrenzt. Selbst aus der Wirtschaft kamen daher Forderungen nach Zwangsmaßnahmen. Die Regierung machte sich diese zu eigen, Vizekanzler Robert Schmidt (SPD) sprach sogar ganz offen von »diktatorischen Mitteln«, die nötigenfalls eingesetzt werden müssten.[253] Das Kabinett erarbeitete daraufhin eine Verordnung über die Ablieferung ausländischer Vermögensgegenstände, die der Reichspräsident am 25. August unterzeichnete.[254] Diese sah vor, dass Vermögenssteuerpflichtige einen Teil des fälligen Betrages in Devisen abzuliefern hatten. Wer über keine Devisen verfügte, musste dies an Eides statt versichern und konnte mit drakonischen Freiheitsstrafen oder der Beschlagnahme des Vermögens belegt werden, wenn er einen Meineid abgab. Drei Wochen wurde den Steuerpflichtigen Zeit gegeben.

Doch noch bevor diese Frist abgelaufen war, war klar, dass sich viele dieser Abgabepflicht auf diversen Wegen entzogen, indem sie ihre Devisen versteckten, ins Ausland oder ins besetzte Gebiet verschoben. Die angedrohten Zwangsmaßnahmen schreckten dabei wenige ab. Daher erließ die Regierung am 7. September per Notverordnung ein komplettes Verbot des Besitzes sogenannter »unproduktiver Devisen«.[255] Gemeint waren damit alle fremden Währungen, die nicht unmittelbar beispielsweise für die Bezahlung von Warenimporten benötigt wurden, sondern als Wertaufbewahrungsmittel dienten. Auch der Besitz ausländischer Wertpapiere sowie von Edelmetallen wurde verboten.

Wer über derartige Wertgegenstände verfügte, musste diese unverzüglich abliefern und erhielt dafür Anteile an der Goldanleihe in entsprechender Höhe. Wer Devisen, Wertpapiere oder Gold nicht abgab und enttarnt wurde, dessen Besitz konnte entschädigungslos eingezogen werden – so wie es im Romanischen Café in Berlin geschah. Zudem drohten Ordnungsstrafen bis zu 10.000 Goldmark, Zuchthaus bis zu zehn Jahren und eine öffentliche Bekanntgabe einer Verurteilung auf Kosten des Schuldigen.

Solch drastische Eingriffe in das Eigentumsrecht waren natürlich nicht mit der Verfassung des Reiches zu vereinbaren. Daher wurden drei Artikel der Verfassung außer Kraft gesetzt, namentlich das Recht auf Unverletzlichkeit der Wohnung, das Briefgeheimnis und die Gewährleistung des Eigentums.

Des Weiteren setzte die Regierung einen Devisenkommissar ein. Den Posten übernahm Geheimrat Hermann Fellinger, ein Beamter im preußischen Handelsministerium. Er hatte das Recht, sämtliche Dienststellen des Reiches für die Auffindung und Beschlagnahme von Devisen, ausländischen Wertpapieren und Edelmetallen einzuspannen. Die Beamten durften dazu Wohnungen durchsuchen, Post öffnen und alle entsprechenden Wertgegenstände auf der Stelle beschlagnahmen. Razzien fanden fortan regelmäßig überall in der Republik statt. Besonders erfolgreich war dabei der Steueraußendienst des Landesfinanzamts Leipzig. Ende September bilanzierte es die Beschlagnahme von Devisen im Wert von über 1,5 Billionen Mark – darunter 1.331 Dollar, 139 britische Pfund, 1.867 holländische Gulden, 968 französische Francs, 653 Schweizer Franken sowie diverse andere Währungen. Gefunden wurde das Geld in einem Baugeschäft, bei Angestellten eines Hotels und bei einem »wilden Devisenhändler«.[256]

In Berlin hoben Polizisten gleich eine ganze »wilde« Devisenzentrale aus. Ein Schneider betrieb sie in seiner Wohnung, und er beschäftigte eine Armee von Agenten und Schleppern, die tauschwillige Ausländer vor den offiziellen Wechselstuben ansprachen und ihnen bessere Kurse boten. Zum Schein betrieb der Sohn die Schneiderei weiter, doch als die Polizei die Wohnung durchsuchte, fand sie Devisen in Betten und Matratzen, unter den Teppichen, in einem Schrank mit doppeltem Boden. In einem Salzbehälter kamen unter einer dünnen Salzschicht allein 300 englische Pfund zum Vorschein. Insgesamt nahmen die Polizisten Devisen im Wert von über 10.000 Dollar mit – und mehrere Dutzend Agenten, die während der Razzia an der Wohnung geklingelt hatten, um ihre Geschäfte abzuwickeln.[257]

Allerdings kam es auch zu Einsätzen, die weit über das Ziel hinausschossen. So nahm die Polizei in Bremen bei einem Einsatz frisch angekommenen ausländischen Schiffsmatrosen auf offener Straße ihre Devisen ab.[258] Zudem warnte sogar der Devisenkommissar selbst in einem Interview mit dem *Berliner Tageblatt*, dass gerade im Ausland Bedenken über seine Arbeit laut würden, denn man befürchte, dass auch Geschäftspartner in Deutschland von der Konfiszierung der Devisen betroffen sein könnten.[259]

So spektakulär die Razzien daher waren und so pathetisch die Erfolgsmeldungen daherkamen, letztlich konnte auch diese Zwangsmaßnahme das Schicksal der Mark nicht wenden. Der Wertverfall ging weiter und erreichte immer neue Dimensionen.

KAPITEL 27

Die Not bringt das Notgeld September 1923

Wer geglaubt hatte, dass die Geldentwertung im Frühjahr 1923 bereits rasant war, der wurde im Sommer eines Besseren belehrt – da nahm die Teuerung erst so richtig Fahrt auf. Aber selbst das war noch ein müdes Vorspiel für das, was im Herbst folgte.

Als Gustav Stresemann das Amt des Reichskanzlers am 13. August übernommen hatte, stand der Dollarkurs bei 4,5 Millionen Mark. Nur sechs Wochen später war er auf 130 Millionen Mark gestiegen. Noch schneller stiegen im selben Zeitraum jedoch die Lebenshaltungskosten. Der Preis eines Roggenbrots hatte sich mehr als verhundertfacht, war von rund 32.000 auf knapp 3,7 Millionen Mark gestiegen, der Kartoffelpreis von 50.000 auf 1,2 Millionen Mark, Rindfleisch von 1,1 auf 76 Millionen, Schweineschmalz von 1,6 auf 72 Millionen, Butter von 2,4 auf 168 Millionen Mark. Allerdings sind diese Preise nur als Näherungswerte zu verstehen, denn teilweise stiegen die Preise innerhalb von Stunden. So notierte das *Berliner Tageblatt* am 20. September in seinem Marktbericht, dass Kartoffeln am Morgen für 420.000 Mark zu haben waren, abends aber bereits 600.000 Mark kosteten.[260]

In den Geschäften gingen die Inhaber daher dazu über, dass sie die Waren gar nicht mehr mit Preisen auszeichneten. Stattdessen war daran eine Seriennummer angebracht. Wer etwas kaufen wollte,

Abb. 17: Preisentwicklung bei Kartoffeln vom 13. August 1923 bis 24. September 1923, in Mark pro Kilo

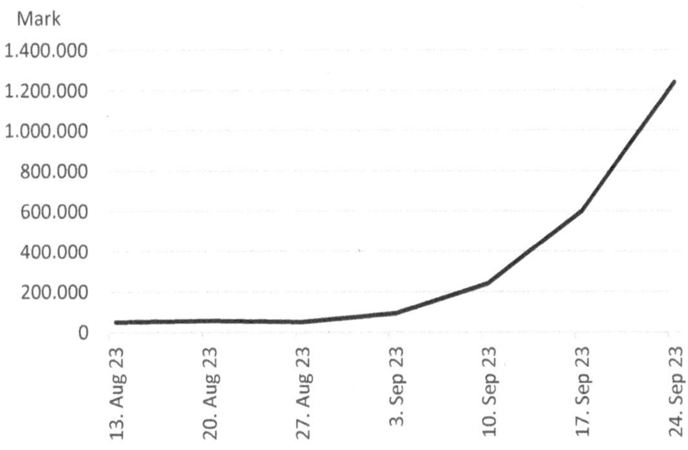

Quelle: Statistisches Reichsamt

musste beim Personal den Preis erfragen, das über entsprechende Listen verfügte – allerdings meist nur ein besonders vertrauenswürdiger Verkäufer.[261]

Mitunter waren die Waren auch in Goldmark ausgezeichnet, allerdings nur in ganzen Zahlen, also beispielsweise 1, 2 oder 3. Da die in Papiermark umgerechneten Preise so schnell und so enorm schwankten, erübrigte sich eine Angabe von Nachkommastellen.

Was diese irre Preisentwicklung für die Menschen im Alltag bedeutete, zeigt beispielhaft ein Eintrag vom 20. September in der Münchener Stadtchronik:

»In den letzten zehn Tagen mit ihren katastrophalen Entwicklungserscheinungen hat der einzelne, der nicht zur Zunft der Schieber und Wucherer gehört, mehr an Nervenkraft verbraucht als sonst in Jahren. Das trifft namentlich auf die Frauen des schaffenden Volkes zu, denen das unmögliche Kunststück zugemutet wird, unter den heutigen Verhältnissen die Familie aufrechtzuerhalten. Zu den ungeheuerlichen Preissprüngen der vergangenen Woche kommen die Schwierigkeiten des mangelnden Bargeldes, und so steigen die Sorgen wie eine todbringende Flut dauernd und unerbittlich.

Gestern konnte man im Innern der Stadt erregt diskutierende Gruppen sehen, die sich gegenseitig Beispiele von Not und Elend mitteilten, Dinge, die in den meisten Haushalten das gleiche Bild zeigen (...). Die bayerische Regierung, die bisher trotz großer Worte zur Aufrichtung des Volkes nichts getan hat, hat allen Anlaß, an diesen Zeichen der beginnenden Verzweiflung nicht vorüberzugehen. Mit der Androhung allein, daß man protestierende Menschenhaufen durch Polizei und Reichswehr zur ›Vernunft bringen‹ werde, schlägt man die Sorgen nicht tot, die die Menschen zu erdrücken drohen.«[262]

Die Reichsbank musste angesichts der Explosion der Preise wöchentlich neue Geldscheine in Umlauf bringen. Es gab inzwischen Banknoten zu 50, 100 und 500 Millionen Mark. Deren Gestaltung wurde immer simpler, sie wurden zudem nur noch einseitig bedruckt. Für die Banknote zu 1 Milliarde Mark wurde sogar einfach der 1.000-Markschein genutzt, der einen Aufdruck in roten Lettern erhielt: »Eine Milliarde Mark«.

Dennoch reichte auch das nicht, um die Bevölkerung ausreichend mit Bargeld zu versorgen. Firmen schickten daher mitunter Angestellte abends zu einer Filiale der Reichsbank. Dort harrten sie die ganze Nacht aus, um morgens Zahlungsmittel zu erhalten, die für die Lohnzahlung genutzt werden konnten.

Andernorts gaben Gemeinden oder Firmen Notgeld aus, sie druckten also ihre eigenen Geldscheine. Das hatte schon 1922 begonnen, als es in einigen Orten und Städten zu einer Zahlungsmittelknappheit gekommen war. Damals erfolgte die Ausgabe von Notgeld jedoch noch in geordneten Bahnen, die Reichsbank ge-

Abb. 18: Banknote zu 1.000 Mark mit Überdruck 1 Milliarde Mark

Quelle: privat

nehmigte den jeweiligen Umfang der Ausgabe, zudem galten die Notgeldscheine immer nur vorübergehend und die Emittenten mussten Sicherheiten hinterlegen. 1922 hatten insgesamt 361 Emissionsstellen Notgeldausgaben in Höhe von 39,5 Milliarden Mark beantragt.[263] Das meiste davon wurde im Februar 1923 wieder für ungültig erklärt.

Doch im August 1923, nach dem neuerlichen Absturz der Mark und angesichts der Schwierigkeiten der Reichsbank, mit dem Druck der Banknoten nachzukommen, wurde die Zahlungsmittelknappheit in einigen Regionen extrem. So schrieb der badische Staatspräsident Remmele am 9. August an die Regierung in Berlin:

»Seit etwa 14 Tagen bereits vertrösten Reichsfinanzministerium und Reichsbank die badische Regierung, die Badische Bank und Geschäftswelt damit, daß die Verknappung der Zahlungsmittel nur eine ganz vorübergehende Erscheinung sei, weshalb die

> Ausgabe von Notgeld und die Erhöhung des Notenkontingents für die Badische Bank nicht genehmigt werden könne. Die Not an Geldzeichen ist schließlich aber derart stark geworden, daß wir, nachdem die Reichsbankstellen in Baden Auszahlungen überhaupt nicht mehr machen konnten, die Genehmigung zur Herstellung von Gutscheinen und Notgeld auf eigenes Risiko hin erteilen mußten.«[264]

Immer mehr Kommunen und Unternehmen taten das Gleiche, druckten eigenes Geld, immer häufiger ohne Genehmigung der Reichsbank. So sagte Finanzminister Hilferding am 23. August vor dem Haushaltsausschuss des Reichstags, ein Teil des Notgeldes sei zwar mit Genehmigung und gegen die Einlösungsverpflichtung der Reichsbank ausgegeben worden. Zum damaligen Zeitpunkt waren es etwa 130 Billionen Mark. »Aber zahlreiche Privatbetriebe, namentlich auch zahlreiche Kreise gingen dazu über, völlig ungesetzliches und unfundiertes Notgeld auszugeben«, so Hilferding. Er schätzte diesen Betrag auf etwa 60 bis 70 Billionen. Dies heize die Inflation weiter an und müsse daher beendet werden. Handhabe dagegen hatte er allerdings keine.[265]

Zu den Emittenten gehörten auch einzelne Firmen wie beispielsweise Henkel, die ihre Arbeiter mit Gutscheinen bezahlten, die bei den umliegenden Geschäften eingelöst werden konnten.[266] Aber auch Handelskammern, Sparkassen, Banken, Gemeinden oder Landkreise und sogar die Reichsbahn gaben Notgeld aus, meist mit der Bezeichnung »Gutschein«, »Ersatzgeldschein« oder »Scheck« darauf, aber mitunter auch ohne jede solche Charakterisierung.

Das Problem war, dass nicht jeder diese Scheine akzeptieren wollte. Es kam sogar vor, dass selbst die Finanzämter einer Stadt die eigenen Notgeldscheine zurückwiesen, was natürlich wiederum dazu führte, dass die steuerpflichtigen Geschäftsleute sie ebenfalls ablehnten.

Doch das betraf inzwischen nicht nur das Notgeld. Auch die offiziellen Reichsbanknoten wollten immer mehr Bauern, Händler und Geschäftsleute nicht mehr annehmen. Nachdem die Mark schon lange ihre Funktion als Wertaufbewahrungsmittel verloren hatte und nachdem auch als Wertmesser immer häufiger Angaben in Goldmark verwendet wurden, verlor die Papiermark nun auch ihre Funktion als Zahlungsmittel.

Vor diesem Hintergrund erkannte Reichskanzler Stresemann, dass die Regierung nicht länger zögern konnte und eine neue Währung auf den Weg bringen musste – all den Bedenken seines Finanzministers zum Trotz.

KAPITEL 28

Vom Hilferding-Plan bis zu Hans Luthers Idee einer Bodenmark

September 1923

»Über ihm schlagen die Wogen der Papier-Billionen zusammen. Ich glaube, er sehnt sich nach den seligen Zeiten zurück, da ein gewisser Körperteil auf keinen Ministersessel drückte.« Das notierte Max von Stockhausen, der persönliche Referent Stresemanns, über Finanzminister Hilferding in seinem Tagebuch am 30. August.[267]

An jenem Tag hatte der Reichskanzler seinen Finanzminister während einer Kabinettssitzung in die Mangel genommen und aufgefordert, endlich einen Plan für eine neue Währung zu erstellen. Doch wie schon nach dem Gespräch mit Helfferich, bei dem dieser seinen Plan einer Roggenmark präsentiert hatte, argumentierte Hilferding erneut, dass es keinen Sinn ergebe, eine neue Währung einzuführen, solange die außenpolitischen Probleme, also die Reparationsfrage, nicht gelöst seien.[268] Stockhausen schreibt hierzu in seinem Tagebuch weiter:

> »Der Reichskanzler antwortet überlegen, klar und ruhig: ›Die Außenpolitik allein kann uns nicht retten, im Gegenteil es werde

eher möglich sein, zu Verhandlungen mit Aussicht auf Erfolg zu kommen, wenn wir mit allen Kräften die Ordnung im Innern aufrecht erhalten, wie wenn wir den Dingen ihren Lauf ließen. Auch könne ein Kranker sich oft noch länger am Leben erhalten, wie man gemeinhin annehme, da tue unter Umständen eine Morphiumspritze zu rechter Zeit Wunder!‹ – Die Besprechung wird sodann über diese Morphiumspritze fortgesetzt. Die Schaffung eines wertbeständigen Zahlungsmittels wird erwogen. – Die Stimmung ist ernst und ein dumpfer Druck lastet auf der Sitzung.«[269]

Hilferding wurde schließlich angewiesen, nun endlich eine neue Währung auf den Weg zu bringen. Bei den Kabinettssitzungen am 7. und 10. September präsentierte er dann tatsächlich erste Grundlinien.[270] Im Gegensatz zu Helfferich wollte er aber nicht die Privatwirtschaft als Träger der neuen Notenbank, sondern den Staat. Die neue Währung sollte auch nicht auf Roggen, sondern wie früher auf Gold basieren. 100 Millionen Goldmark glaubte er dafür noch bei der Reichsbank mobilisieren zu können, weitere 80 Millionen wollte er durch die Auflegung einer Goldanleihe mobilisieren – mit diesem Vorhaben allerdings war schon die Vorgängerregierung gescheitert. Doch selbst wenn es diesmal erfolgreicher gewesen wäre, so hätte die Goldmenge nicht gereicht, um genügend Banknoten auszugeben. Daher sollte die neue Währung nur zur Hälfte mit Gold gedeckt sein – auch im Kaiserreich war die Mark schließlich nur zu einem Drittel durch Gold unterlegt. Außerdem sollte diese neue Währung nur parallel zur bestehenden existieren, diese nicht komplett ersetzen. Die Reichsbank sollte also de facto zweigeteilt werden, in eine Goldmarkabteilung und eine Papiermarkabteilung. Letztere sollte weiter über die Notenpresse das Haushaltsdefizit finanzieren.

Der Charme hätte darin bestanden, dass all jene, die der Papiermark nicht mehr trauten und die aufgrund des Devisenverbots nicht auf ausländische Währungen ausweichen konnten, mit der goldgedeckten Variante eine Alternative gehabt hätten. Das Problem wäre jedoch gewesen, dass wohl kaum irgendjemand freiwillig noch die ungedeckte Variante akzeptiert hätte. All jene, die dann Zahlungen des Staates in Form der ungedeckten Papiermark erhalten hätten – Beamte, Angestellte, Firmen –, hätten damit praktisch nichts mehr anfangen können.

Helfferich hielt diesen Vorschlag für völlig fehlgeleitet und veröffentlichte daraufhin seinen eigenen Plan in der konservativ-monarchistischen *Kreuzzeitung*. Und bei einer Reichstagsdebatte am 9. Oktober beschimpfte er Hilferding, dieser habe sein Projekt einer Roggenmark, das er ihm präsentiert hatte, durch seinen Entwurf »denaturiert«.[271]

Viel entscheidender war aber, dass sich auch die Reichsbank Hilferdings Plänen entgegenstellte. Sie erklärte, bei Verwirklichung eines solchen Vorhabens künftig keine Schulden des Staates mehr zu übernehmen, sprich, die Notenpresse anzuhalten. Sie verwies stattdessen auf Helfferichs Plan, hielt diesen für erfolgversprechender, zumindest als interimistische Lösung vor Einsetzung einer neuen Goldnotenbank.[272] Hilferdings Plan war damit gescheitert, und der Finanzminister war in seiner Autorität schwer beschädigt. Er trat zwar nicht zurück, aber zunehmend nahm nun ein Kabinettskollege die Fäden in der Währungsfrage in die Hand: Reichsernährungsminister Hans Luther.

Luther erarbeitete in Zusammenarbeit mit Hilferding in den folgenden Tagen einen Gesetzentwurf, der ein Kompromiss zwischen den Plänen Hilferdings und Helfferichs war. Die neue Notenbank sollte nicht auf Gold, sondern auf einer Belastung des Besitzes der Wirtschaft basieren, so wie von Helfferich gefordert. Die Wirtschaft wäre damit pro forma Träger dieser Notenbank, über die Besetzung von deren Spitze sollte aber die Regierung entscheiden. Der pfandbelastete Besitz sollte außerdem zwar mit 6 Prozent verzinst werden, davon sollte aber nur die Hälfte ausgezahlt werden, die andere

Hälfte sollte auf die Sondersteuern angerechnet werden, die am 11. August beschlossen worden waren. Diese wurden damit auch nicht erlassen. Schließlich sollte sich die Währung auch nicht am Roggenpreis orientieren. Als Name für die Währung schlug Luther vielmehr »Bodenmark« vor, da sie ja durch Grund und Boden des Landes gedeckt war.

Am 26. September billigte das Kabinett diesen Vorschlag und beschloss den entsprechenden Gesetzentwurf auf den Weg zu bringen. Endlich schien damit eine neue Währung in greifbarer Nähe und damit auch ein Ende der Inflation.

Und nicht nur das: Inzwischen hatte die Regierung auch bei dem Versuch, den Haushalt zu sanieren, entscheidende Fortschritte erzielt.

KAPITEL 29

Der Sparkommissar
September 1923

Aus heutiger Sicht ist jedem mit einem minimalen ökonomischen Verständnis klar, dass die Haushaltslage des Reiches im Herbst 1923 und die Finanzierung des Defizits über das unkontrollierte Drucken von Geld die wesentlichen Gründe für die immer rasanter steigenden Preise waren. Das Drucken von Geld erzeugt Inflation, wenn dieses Geld direkt in den wirtschaftlichen Kreislauf fließt. Doch erstaunlicherweise war dies in Deutschland damals selbst unter den Finanzexperten lange keinesfalls die vorherrschende Meinung.

Auch im Sommer 1923 argumentierten noch viele, der wesentliche Grund für die Inflation sei nicht die rotierende Notenpresse. Vielmehr liege die Ursache im Verfall des Außenwertes der Mark, insbesondere gegenüber dem Dollar. Zu diesem komme es jedoch nicht etwa durch die desolate Haushaltslage, sondern durch das Außenhandelsdefizit des Reiches, die passive Handelsbilanz. Unbedingte Voraussetzung aller währungstechnischen Reformen müsse daher sein, aus dem Außenhandelsdefizit einen Überschuss zu machen, also aus einer passiven eine aktive Handelsbilanz. Dafür jedoch seien niedrigere Löhne und damit geringere Kosten des deutschen produzierenden Gewerbes notwendig. Insbesondere in der Industrie war diese Argumentation verbreitet, aber selbst der Präsident der Reichsbank hing ihr lange an.

Angesichts der totalen Zerrüttung der Staatsfinanzen dämmerte nun allerdings auch diesen Kreisen, dass die Handelsbilanz vielleicht doch nicht das größte Problem war. Ihnen wurde klar, dass der Staatshaushalt endlich wieder in Ordnung gebracht werden musste. Nur wie?

Im November 1922 hatte bereits die Regierung unter Reichskanzler Cuno einen Sparkommissar ernannt. Seine Aufgabe sollte laut einem Kabinettsbeschluss vom 28. November 1922 darin bestehen, den gesamten Haushalt zu durchforsten und der Regierung »Gutachten über das Ergebnis der Prüfung zu erstatten und bestimmte Vorschläge zu machen über Ersparnisse im Haushaltsplan, für eine Verbilligung und Vereinfachung der Verwaltung insbesondere auch der Verminderung des planmäßigen und außerplanmäßigen Personals, gegebenenfalls unter Aufhebung entbehrlich werdender Behörden sowie für eine wirtschaftlichere Gestaltung der Einnahmen«.[273]

In das Amt berief Cuno den Präsidenten des Rechnungshofes Friedrich E. M. Saemisch. Dieser hatte im Juni 1923 eine Denkschrift vorgelegt, die auf 30 Seiten allgemein Einsparmöglichkeiten erörterte und in einem 155-seitigen Anhang konkrete Vorschläge machte, wie vor allem die Reichsverwaltung effizienter und kostensparender organisiert werden könnte.[274] Im Kabinett Cuno waren diese Ideen aber nicht diskutiert worden, obwohl Saemisch immer wieder darauf gedrungen hatte.

Am 31. August wandte sich Saemisch nun mit einem Schreiben an den neuen Reichskanzler. Diesem legte er erneut eine Liste von Vorschlägen bei, die »Ersparnisse bei den Ausgaben des Reichshaushalts nach dem Reichshaushaltsplan für das Rechnungsjahr 1923« an 60.429 einzelnen Stellen vorsah, mit einem Einsparpotenzial von rund 1,268 Billionen Mark bei einem Gesamthaushalt von 409 Billionen.[275]

Das war natürlich auch nur ein Tropfen auf den heißen Stein. Aber die Denkschrift dürfte dazu beigetragen haben, dass insbesondere die öffentliche Verwaltung nun ins Visier der Regierung geriet.

Sie sollte drastisch verschlankt werden, um den Reichshaushalt zu entlasten. Und das betraf natürlich in erster Linie die Beamten. Diese standen seit Langem im Zentrum der Kritik, vor allem der Presse. Denn zu jener Zeit war es immer noch Praxis, dass Beamte ihr Gehalt im Voraus erhielten – und zwar oft für jeweils drei Monate. Auf diese Weise musste das Reich viermal im Jahr riesige Summen aufwenden, und viele waren der Meinung, dass dies die Inflation anheize. Zumal es damit nicht getan war. Denn die Beamten erhielten danach Woche für Woche zusätzlich noch regelmäßige Extrazahlungen, um den Wertverlust aufgrund der Inflation auszugleichen. Das empfanden viele im Rest der Bevölkerung als ungerecht.

So schrieb der Verleger des *Hannoverschen Kuriers*, Walther Jänecke, in einer Denkschrift an Stresemann:

> »Ein besonderer Skandal stellt die Wirtschaft des Reiches hinsichtlich der Bezahlung der Beamten dar. Die vierteljährliche Vorausbezahlung der Gehälter ermöglicht dem Gros der Beamten deren wertbeständige Anlage in irgendeiner Form. Unter Nichtbeachtung dieser Tatsache werden jedoch die Gehälter in halbmonatlichen bzw. monatlichen Abständen außerdem noch der Geldentwertung ›angepaßt‹. Diese Auszahlungen ermöglichen den Beamten zu leben, ohne die vorher angelegte Vorausbezahlung überhaupt anzutasten. (...) Die Gehälter werden von den hieran selbst beteiligten Ministerialdirektoren errechnet. (...) Bis in die weitesten Bevölkerungskreise hinein wird hierin eine der Hauptursachen der beschleunigten Geldentwertung erblickt.«[276]

Dass die Beamtengehälter die Hauptursache der Inflation gewesen seien, ist natürlich nicht korrekt. Aber die hohen Kosten, die der ausgeuferte Beamtenstaat verursachte, waren nicht zu leugnen. Allein die Zahl der Reichsbeamten war von 1920 bis 1922 von 83.000 auf 127.000 gestiegen. Die Zahl der Landesbeamten ist nicht bekannt, dürfte sich aber in ähnlicher Weise entwickelt haben.[277]

Tatsächlich beschloss das Kabinett daher Anfang September, die vierteljährliche Vorauszahlung der Beamtengehälter abzuschaffen. Doch damit nicht genug: Am 10. September legte Hilferding einen Plan vor, demzufolge ältere Beamte in den vorzeitigen Ruhestand versetzt werden sollten. Auch wenn sie dann eine Pension erhielten, wäre diese geringer als ihr Gehalt. Jüngere sollten durch großzügige Abfindungen zum Ausscheiden bewegt werden. So sollte die Zahl der Beamten deutlich reduziert und Geld gespart werden.[278] Stresemann schien das jedoch noch zu zurückhaltend und er drängte darauf, wesentlich härter vorzugehen, nicht nur die Zahl der Beamten drastisch zu reduzieren, sondern auch die der Angestellten.

Dagegen liefen Beamtenvertreter und Gewerkschaften natürlich Sturm. Sie waren allein schon deshalb entsetzt, weil sie weder vorab informiert noch angehört worden waren. In einem Schreiben an die Kollegen in den anderen Ministerien sprach der Beamtenausschuss des Reichsministeriums für Wiederaufbau von einer drohenden »Proletarisierung der Beamtenschaft«. Er ergänzte, Beamte, deren wirtschaftliche Lage gefährdet sei, seien bei einem möglichen Umsturz natürlich »etwaigen neuen Machthabern auf Gnade und Ungnade ergeben; sie werden sich einer neuen Gewalt umso schneller fügen müssen, je größer ihre Not ist«.[279] Das war starker Tobak: Die Beamten drohten de facto mit einer Aufkündigung der Treue zum Staat. Dennoch ließ sich die Regierung auf keine Verhandlungen oder Gespräche ein. Sie blieb hart.

Auch bei der Erwerbslosenfürsorge, einem weiteren gigantischen Kostenfaktor, wollte die Regierung zu einer Entlastung des Reichshaushalts gelangen. Reichsarbeitsminister Heinrich Brauns (Zentrum) schlug daher am 15. September vor, diese Leistung zu kürzen und für Frauen und Jugendliche unter 21 Jahren sogar ganz zu streichen. Außerdem müsse sie von Arbeitnehmern und Arbeitgebern selbst finanziert werden, also zu einer Versicherungsleistung werden.[280] Bis dahin war das Arbeitslosengeld eine Fürsorgeleistung des Staates – daher auch die Bezeichnung Erwerbslosenfürsorge.

Doch Brauns wollte außerdem einen weiteren Punkt umsetzen, den Stresemann von Anfang an als wesentlich bezeichnet hatte: die Verlängerung der Arbeitszeit. Für Stresemann und Brauns war dies die logische Ergänzung zur Belastung der Vermögen, die sie zur Lösung der Währungsprobleme für unablässig hielten. Denn nur, wenn die deutsche Wirtschaft produktiver würde, so der Gedanke, könnte sie auch im Welthandel konkurrieren und jene Devisen erwirtschaften, die so dringend benötigt wurden. Das erschien umso drängender, als die Förderleistung im Steinkohlebergbau inzwischen pro Kopf und Zeiteinheit niedriger war als vor dem Krieg, und zwar selbst in den unbesetzten Gebieten.

Der wesentliche Punkt in Brauns Plänen war, dass der Achtstundentag wieder abgeschafft werden sollte. Er wollte die Arbeitszeit stattdessen auf das gesundheitlich tragbare Maß erhöhen, was er den »sanitären Maximalarbeitstag« nannte.[281] Das musste natürlich in den Ohren der Sozialdemokraten und Gewerkschafter wie Hohn klingen. Sie hatten den Achtstundentag erst vier Jahre zuvor nach der Novemberrevolution durchgesetzt, und für sie war das eine grundlegende soziale Errungenschaft. Dennoch waren die Sozialdemokraten grundsätzlich zu einer Neuregelung bereit.

So schien die Regierung Stresemann Ende September 1923 auf einem guten Wege. Diverse große Reformen waren in Arbeit, die allesamt an alten Pfründen rüttelten, wie der üppigen Beamtenversorgung, oder an wichtigen sozialen Errungenschaften, wie der großzügigen Hilfe für Arbeitslose und der Arbeitszeitregelung. Alles, was die Vorgängerregierungen liegen gelassen hatten, wurde nun endlich angepackt. Inzwischen war der Druck so groß, die Lage so verzweifelt, dass die alten Abwehrreflexe und Bedenken seitens der Parteien abgelegt wurden.

Ein wesentlicher Kostenfaktor, der größte überhaupt, harrte jedoch noch einer Lösung: die Finanzierung des passiven Widerstands im Ruhrgebiet. Doch auch hier zeichnete sich nun eine Wende ab.

KAPITEL 30

Das Ende des passiven Widerstands

September 1923

Bei Amtsantritt der Regierung Stresemann am 13. August 1923 war das Ruhrgebiet seit sieben Monaten besetzt. Seit sieben Monaten streikten die Arbeiter dort, seit sieben Monaten finanzierte die Reichsregierung diesen passiven Widerstand.

Dieser Widerstand war in den ersten Wochen und Monaten erfolgreich. Er trieb die Kosten für die Besatzer erheblich in die Höhe, bei gleichzeitig sehr begrenztem Nutzen für sie. Zudem hatte die Situation dazu geführt, dass Frankreich außenpolitisch im Sommer 1923 weitgehend isoliert war, Großbritannien und die USA hatten sich abgewandt.

Doch weder der Kostenfaktor noch die außenpolitische Isolation bewegte den französischen Ministerpräsidenten Poincaré zur Umkehr seiner Politik. Im Gegenteil: Die Besatzer griffen immer härter durch. Hunderte Beamte, Fabrikbesitzer und Arbeiter wurden vor Gericht gestellt, Zehntausende Befehlsverweigerer ins übrige Reich ausgewiesen. Und die Abschottung des besetzten Gebietes gegenüber dem restlichen Land wurde immer perfekter.

In der deutschen Öffentlichkeit wurde dennoch das Bild der heroischen Volksgenossen an Rhein und Ruhr aufrechterhalten, die für das ganze Reich kämpften. Die Bildsprache erinnerte stark an die Zeit des Ersten Weltkriegs, die Berichte aus dem Ruhrgebiet klangen wie Erzählungen von der Front. Und der Rest des Landes stand geeint zur Seite, stützte die kämpfenden Mitbürger, nicht nur durch staatliches Geld, auch durch private Initiative. Die Initiative »Deutsches Volksopfer« sammelte im ganzen Land Geld für die Menschen in den besetzten Gebieten.

Allerdings begann die Front allmählich zu bröckeln. An Rhein und Ruhr ließ die Bereitschaft zum Kampf allmählich nach. Dies ging zunächst vom Rheinland aus, das bereits seit 1919 mit französischen und belgischen Besatzungstruppen lebte. Vor dem Beginn der Ruhrkrise hatte man sich dort mit diesen schon arrangiert. Doch auch im Ruhrgebiet zeigten sich Ermüdungserscheinungen, vor allem bei Gastwirten und Kleingewerbetreibenden. Denn im Gegensatz zu Arbeitern, Beamten und Großunternehmen wurden sie nicht vom Staat unterstützt. Sie litten extrem unter der Lahmlegung des öffentlichen Lebens, und gleichzeitig waren inzwischen auch noch ihre Ersparnisse zerstört.

Der katalanische Journalist Eugeni Xammar, der auch das Ruhrgebiet besuchte, beschreibt, wie er einen Film bei einem Fotohändler entwickeln ließ und dieser ihm erzählte, als guter deutscher Patriot halte er sich an die Vorgaben des Einzelhandelsverbandes, französischen Soldaten nichts zu verkaufen, und er befürworte den passiven Widerstand. »Ich finde es völlig in Ordnung, dass die Eisenbahner in den Ausstand treten und die Regierung in Berlin nicht einen Pfennig Reparationen zahlen will. Aber wo bleibt der Handel? Der Handel muss verkaufen, um überleben zu können«.[282]

Inzwischen war bei vielen Händlern die Not so groß, dass sie die Anordnungen mehr und mehr unterliefen. So beschrieb der preußische Innenminister Carl Severing – stets einer der eifrigsten Befürworter des passiven Widerstands – die Lage Ende August ganz ungeschminkt:

> »Es kann schon heute von einem passiven Widerstand nicht mehr die Rede sein. Allerdings nicht in dem Sinne, daß die Franzosen so viel Kohle und Koks bekommen, wie sie brauchen, und die Eisenbahn so funktioniere, wie es nötig wäre, aber die Einheitsfront ist von oben bis unten durchlöchert. Sogar die Schutzpolizei hat sich gefügt, die Geschäftswelt hat den Frieden mit den Franzosen geschlossen.«[283]

Aber auch aufseiten des nichtbesetzten Deutschlands schwand die Bereitschaft, den passiven Widerstand weiter zu finanzieren. Auf 40 Millionen Goldmark pro Tag wurden die Kosten des Ruhrkampfes geschätzt[284] – Ausgaben, die komplett durch die Notenpresse finanziert wurden.

Oft kam das Geld jedoch nicht einmal an, wurde auf dem Weg dorthin von den Besatzern konfisziert. Die Reichsbank musste daher immer abenteuerliche Wege gehen, um das Geld an Ruhr und Rhein zu schaffen. Reichsbankbeamte wurden mit gefälschten Passierscheinen ausgestattet. Andere verkleideten sich als Kohlekumpel und stiegen auf unbesetztem Gebiet in Schächte ein, die über einen Ausgang auf der besetzten Seite verfügten. Fahrzeuge wurden mit doppeltem Boden ausgestattet, Geldlieferungen wurden über Holland an Rhein und Ruhr ausgeführt. Köln, das britisch besetzt war und wo keine Banknoten konfisziert wurden, wurde von London aus per Flugzeug versorgt. Und – das war der Reichsbank eine besondere Erwähnung wert – es wurden sogar Frauen eingesetzt. Da aber all das nicht reichte, waren zusätzlich elf große Privatdruckereien beauftragt worden. Bis zum 31. August stellten diese allein Banknoten im Wert von 100 Billionen Mark her.[285]

Dennoch war es ein Kampf gegen Windmühlen. Die Kosten für die Unterstützung der Bevölkerung an Rhein und Ruhr stiegen unablässig und trieben die Inflation immer weiter an. In Papiermark gerechnet mussten allein in der Woche vom 26. August bis 1. September 114 Billionen Mark aufgewendet werden, die das Reich natürlich nicht hatte. Das Geld wurde daher gedruckt, was die Preise weiter in die Höhe trieb, sodass in der folgenden Woche schon doppelt so viel gebraucht wurde: 230 Billionen Mark. Auch dieses Geld wurde einfach wieder gedruckt, und so stiegen die Kosten vom 9. bis 15. September auf rund 900 und in der Woche vom 16. bis 22. September auf 3.448 Billionen Mark, innerhalb eines Monats hatten sie sich also verdreißigfacht.[286] Die Kosten des passiven Widerstands trieben die Inflation, und die Inflation trieb die Kosten.

Doch auch in wertbeständiger Rechnung wuchsen die Ausgaben immer weiter. In der Regierung machte sich daher der Verdacht breit, dass ein Teil der Hilfen unberechtigt in Anspruch genommen wurde. Einen Hinweis darauf gibt eine Schilderung der Lage im Ruhrgebiet durch den Essener Vorsitzenden des Deutschen Gewerkschaftsbundes Johannes Breddemann. Am 10. September schreibt er in seinem Bericht:

> »Eine betrübende Erscheinung im Abwehrkampf ist der vielfache Mißbrauch, der mit der Möglichkeit der Lohn- und Existenzsicherung getrieben wird. Je mehr das Ruhrgebiet wirtschaftlich lahmgelegt wird, desto mehr tritt die übliche Erscheinung auf, daß sich alles auf den ohnedies so schwachen Vater Staat verläßt. Ich habe ganz zuverlässige Beweise dafür, daß z. B. in Dortmund selbst die Nachtvergnügungsstätten wie ›Jungmühle‹, ›Fledermaus‹ usw. in Lohnsicherung und nachher in Existenzsicherung längere Zeit genommen worden sind. In bestimmten kleineren Berufen kommen allwöchentlich Arbeitgeber und Arbeitnehmer zusammen und einigen sich in friedlichster Weise über die Höhe der Löhne, die von der Lohnsicherung gefordert werden sollen.«[287]

Es war angesichts all dieser Entwicklungen keine Frage mehr, ob der passive Widerstand eingestellt werden sollte, sondern nur noch wie. Reichskanzler Stresemann wollte erreichen, dass Frankreich im Gegenzug auf jeden Fall einige Konzessionen machte. Da er neben dem Amt des Reichskanzlers gleichzeitig auch das Außenministerium übernommen hatte, widmete er sich von Beginn der Regierungsübernahme an vor allem dieser Frage.

Anfang September teilte Stresemann den Vertretern der besetzten Gebiete mit, dass er über ein Ende des passiven Widerstands verhandeln werde. Zunächst war er recht optimistisch, dass Paris ihm ein Stück entgegenkommen würde. So wollte er die Zusage erreichen, dass alle ausgewiesenen Personen wieder zurückkehren konnten, eine Amnestie für die Verhafteten und Verurteilten ausgesprochen, die Zahl der Besatzungstruppen reduziert und die Verwaltung wieder in deutsche Hand gelegt wurde.[288]

Stresemanns Optimismus gründete darauf, dass sich Paris und London zuletzt wegen der Antwort auf die letzten deutschen Angebote heillos zerstritten hatten. Die Curzon-Note war der schlagende Beweis. Er setzte daher zunächst auf London. Die britische Regierung sollte in Paris Zugeständnisse erreichen.

Doch das erwies sich als Holzweg. Daher versuchte es Stresemann nun auf direktem Wege. Am 17. September traf er den französischen Botschafter in Berlin. Stresemann erklärte, dass ein bedingungsloser Abbruch des passiven Widerstands für seine Regierung unmöglich sei, und er wollte dem Botschafter die deutschen Bedingungen darlegen. Der Botschafter jedoch antwortete ihm, dass Poincaré ihm ausdrücklich verboten habe, überhaupt mit Stresemann über irgendwelche Details zu sprechen, solange der passive Widerstand nicht eingestellt sei. Er wollte sich die deutschen Bedingungen nicht mal anhören. Denn Frankreich war schlicht nicht gewillt, sich auf irgendwelche Konzessionen einzulassen. Und in der aktuellen Lage war Deutschland auch nicht in der Position, irgendwelche Forderungen zu stellen.[289]

Unerwartete Unterstützung erhielt Poincaré zwei Tage später, als ihn der britische Premierminister Stanley Baldwin, der im Mai die Nachfolge von Bonar Law angetreten hatte, in Paris besuchte. Dieser stellte sich nun plötzlich wieder ganz auf die Seite Frankreichs, erklärte, dass es zwischen beiden Seiten in keiner Frage grundsätzliche Meinungsverschiedenheiten gebe.

Damit war in Berlin jede Hoffnung zerstoben, dass es noch ein einigermaßen gesichtswahrendes Ende des passiven Widerstands geben konnte. Das Kabinett stellte daher schon einen Tag später fest, dass kein Weg mehr an einem bedingungslosen Abbruch vorbeiführe. In den folgenden Tagen bereitete die Regierung diesen Schritt über Gespräche mit den Vertretern der besetzten Gebiete, der Parteien und den Organisationen der Wirtschaft vor, und sie beriet mit den Ministerpräsidenten der Länder in einer eigens einberufenen Konferenz darüber. Dort waren sich alle einig, dass der Schritt unvermeidlich sei.[290]

Unter dem Vorsitz des Reichspräsidenten beschloss das Kabinett daher am 25. September das Ende des passiven Widerstands und verfasste eine Proklamation, die am nächsten Tag veröffentlicht wurde:

> »An das deutsche Volk! Am 11. Januar dieses Jahres haben französische und belgische Truppen wider Recht und Vertrag das deutsche Ruhrgebiet besetzt. Seit dieser Zeit haben Ruhrgebiet und Rheinland schwerste Bedrückungen zu erleiden. (...) Gegen die Unrechtmäßigkeit des Einbruchs erheben sich Rechtsgefühl und vaterländische Gesinnung. Die Bevölkerung weigerte sich, unter fremden Bajonetten zu arbeiten. (...) Die Reichsregierung hatte es übernommen, nach ihren Kräften für die leidenden Volksgenossen zu sorgen. In immer steigendem Maße sind die Mittel des Reiches dadurch in Anspruch genommen worden. In der abgelaufenen Woche erreichten die Unterstützungen für Rhein und Ruhr die Summe von 3.500 Billionen Mark. In der laufenden Woche ist mindestens die Verdopplung dieser Summe zu erwarten (...) Mit furchtbarem Ernst droht die Gefahr, daß bei Festhalten an dem bisherigen Verfahren, die Schaffung

> einer geordneten Währung, die Aufrechterhaltung des Wirtschaftslebens und damit die Sicherung der nackten Existenz für unser Volk unmöglich wird. Diese Gefahr muß im Interesse von Rhein und Ruhr und der ganzen Zukunft Deutschlands abgewendet werden. Um das Leben von Volk und Staat zu erhalten, stehen wir heute vor der bitteren Notwendigkeit, den Kampf abzubrechen.
>
> (...) Das deutsche Volk fordern wir auf, in den bevorstehenden Zeiten härtester seelischer Prüfung und materieller Not treu zusammenzustehen. Nur so werden wir alle Absichten auf Zertrümmerung des Reichs zunichte machen, nur so werden wir der Nation Ehre und Leben erhalten, nur so ihr die Freiheit wiedergewinnen, die unser unveräußerliches Recht ist!«[291]

Die heroischen Worte konnten nicht darüber hinwegtäuschen, dass es sich um eine bedingungslose Kapitulation handelte. Die Regierung wies die Beamten und Unternehmer in den besetzten Gebieten an, den Anordnungen der Besatzungsmächte Folge zu leisten und zu kooperieren, die Arbeiter sollten an ihren Arbeitsplatz zurückkehren. Doch es gab keinerlei Zusagen von Frankreich, im Gegenzug den Widerstand gegen neue Verhandlungen über die Reparationen aufzugeben. Die Bevölkerung indes nahm den Abbruch des passiven Widerstands an Rhein und Ruhr recht gelassen hin. Inzwischen war jedem klar geworden, dass das Land die Belastungen nicht mehr tragen konnte. Zudem war jeder einfach nur noch mit dem eigenen Überleben beschäftigt.

So erschien nun also Ende September endlich Licht am Ende des Tunnels. Mit dem Abbruch des passiven Widerstands wurde der Reichshaushalt kräftig entlastet. Gleichzeitig waren Sparmaßnahmen auf den Weg gebracht worden, die eine weitere Erleichterung für die Finanzen des Landes bedeuteten. Und es wurde an einem Gesetzentwurf für eine neue Währung, die Bodenmark, gearbeitet. Innerhalb von sechs Wochen hatte die Regierung Stresemann entscheidende Weichen gestellt, ein Ende der Krise schien greifbar, ein Weg aus dem Chaos in Sicht.

Doch das war ein Irrtum. Erst einmal folgte mit dem Oktober ein Monat, in dem sich die Geldentwertung noch einmal beschleunigte, die wirtschaftliche Lage weiter dramatisch zuspitzte und das Reich sogar kurz vor dem Kollaps, einem politischen Umsturz und einer Sezession einzelner Bundesstaaten stand. Es sollte die dramatischste Phase der Inflation werden.

KAPITEL 31

Rechtsruck in Bayern
September/Oktober 1923

»Saupreußen« ist in Bayern auch heute noch ein beliebtes Schimpfwort. Belegt wird damit gerne jeder, der nördlich des Weißwurstäquators beheimatet ist, mitunter trifft es aber sogar Franken oder Schwaben. Heute ist das meist nur noch ein folkloristisch geprägter Spaß. Vor hundert Jahren war das anders. Damals sahen breite Kreise in Bayern den eigenen Bundesstaat als Bastion gegen die im Chaos versinkende Weimarer Republik, als »Ordnungszelle« gegen marxistische Umsturzversuche und die »Verjudung« des Landes, wie das damals in offenem Antisemitismus von rechten Kreisen erklärt wurde. Und diese Kreise hatten in Bayern leichtes Spiel.

Jene Organisation Consul, die für die Morde am ehemaligen Finanzminister Erzberger und an Außenminister Rathenau verantwortlich war, konnte in Bayern weiter frei agieren. Auch Adolf Hitler und seine Nationalsozialistische Deutsche Arbeiterpartei (NSDAP) blieben in Bayern unbehelligt. In den Wäldern des Landes übten paramilitärische Verbände den Umsturz. Ihr großes Vorbild: Mussolini, der Ende Oktober 1922 mit seinem »Marsch auf Rom« in Italien die Macht an sich gerissen hatte. Großen Teilen dieser rechten Gruppen schwebte in Anlehnung daran ein »Marsch auf Berlin« vor.

Mittendrin in dieser radikalen Melange aus Nationalisten, Monarchisten und Antisemiten war Gustav Ritter von Kahr. 1920/1921 war er eineinhalb Jahre lang bayerischer Ministerpräsident gewesen, hatte in dieser Zeit die Massenausweisung sogenannter »Ostjuden« aus Bayern angeordnet, also von Juden, die erst in den Jahren zuvor aus Osteuropa zugewandert waren. Inzwischen war Kahr Ehrenpräsident einer Organisation namens »Vaterländische Verbände Bayerns«, in der sich 20 deutschvölkische rechtsgerichtete Gruppen zusammengeschlossen hatten. Schon im Dezember 1922 hatten sie in einer Resolution ihre Ziele dargelegt. Dazu gehörte die Wiedereinführung der schwarz-weiß-roten Flagge des Kaiserreiches, die Ausweisung aller »fremdstämmigen Elemente« und die Aufhebung des Gesetzes zum Schutz der Republik, das nach dem Mord an Walther Rathenau erlassen worden war und rechtsextreme Gruppen verboten hatte.[292] Die Gruppen hatten auch enge Verbindungen zu der Bewegung um Adolf Hitler.

Bayerns Grenzen unterschieden sich damals ein wenig von den heutigen. Denn zusätzlich zum heutigen Gebiet gehörte – abgetrennt vom Rest des Landes – auch die Pfalz zu dem Land, Städte wie Speyer, Ludwigshafen, Kaiserslautern oder Pirmasens waren bayerisch – und seit dem Waffenstillstand 1918 französisch besetzt. Durch den Ruhrkampf waren diese ebenfalls im passiven Widerstand, und die rechten bayerischen Extremisten versuchten teilweise, am gewaltsamen Widerstand mitzuwirken.

In dieser Lage verkündete Reichskanzler Stresemann nun am 26. September das bedingungslose Ende des passiven Widerstands, was einer Kapitulation gleichkam. Bei der Besprechung des Reichskanzlers mit den Ministerpräsidenten am Tag davor hatte der bayerische Ministerpräsident Eugen von Knilling dem dennoch zugestimmt. Die finanzielle Lage des Reiches lasse gar keine andere Wahl, hatte er gesagt, und er versicherte der Regierung in Berlin, dass in Bayern »alle ernsthaften Politiker« entschlossen seien, alles zu tun, um die Einheit des Reiches zu wahren. Separatistische Bestrebungen stünden der bayerischen Regierung vollkommen fern.[293]

Doch das, was einen Tag später aus Bayern nach Berlin drang, klang plötzlich ganz anders: Knilling verhängte noch am Tag, als Stresemann das Ende des passiven Widerstands verkündet hatte, den Ausnahmezustand über Bayern und ernannte Gustav Ritter von Kahr zum Generalstaatskommissar. Dieser sollte völlig unabhängig vom Parlament agieren können und erhielt diktatorische Vollmachten. Die offizielle Begründung lautete, dass es eine unmittelbare Gefahr abzuwenden gelte. Denn Adolf Hitler wollte am Abend des 26. September 14 Kampfverbände in München aufmarschieren lassen, aus Protest gegen das Ende des passiven Widerstands. Knilling befürchtete einen Putsch dieser Gruppen. Um diesen zu verhindern, setzte er einen Diktator ein, und zwar ausgerechnet Kahr.

Knilling selbst nannte diese Wahl ein »Wagestück«. Er habe diese nicht leichten Herzens getroffen, aber er sah darin einen Schachzug, um Verwirrung in die rechten Kreise zu tragen. Zudem habe er keinen Grund, an der Loyalität Kahrs zu zweifeln, und schließlich bestünden die legitime Regierung und das Parlament ja fort.[294]

Tatsächlich verbot Kahr den Aufmarsch der Hitler-Gruppen am Abend des 26. September. Dennoch waren Empörung und Entsetzen über den Schritt Knillings in Berlin groß, und Stresemann forderte die sofortige Rücknahme der Maßnahmen. Das lehnte Knilling aber rundweg ab. Der Regierung in Berlin blieb daher nichts anderes übrig, als auf den groben Klotz einen noch gröberen Keil zu setzen: Sie ließ nun ihrerseits durch den Reichspräsidenten den Ausnahmezustand über das ganze Reich verhängen. Denn damals galt wie heute: Bundesrecht bricht Landesrecht. Im Zweifel liegt die Befehlsgewalt immer bei der Zentralregierung. All das geschah innerhalb von Stunden. Reichspräsident Ebert verhängte den Ausnahmezustand über das ganze Land und übertrug die vollziehende Gewalt Reichswehrminister Otto Geßler. Diesem hatte sich nun auch Kahr unterzuordnen. So sah es die Rechtslage vor.

Doch Kahr lag nichts ferner als das. Er unterstellte nun vielmehr jene Einheiten der Reichswehr, die in Bayern stationiert waren, seiner eigenen Befehlsgewalt – das war Hochverrat und kam einer Sezession gleich. Zusammen mit Hans von Seißer, dem Chef der bayerischen Landespolizei, und Otto von Lossow, dem Landeskommandanten der Reichswehr in Bayern, bildete er eine Art Triumvirat, das in den kommenden Wochen über Bayern herrschte. Konsequent missachteten sie alle Anweisungen aus Berlin, insbesondere das Verbot des *Völkischen Beobachters*, des Parteiorgans der NSDAP.

Doch was konnte Berlin in dieser Situation tun? In Bayern einmarschieren und die Reichswehr aufeinander schießen lassen, einen Bürgerkrieg vom Zaun brechen? Dies wollte General Hans von Seeckt, Chef der Heeresleitung der Reichswehr, auf jeden Fall vermeiden. Andererseits zog Kahr im Norden Bayerns bereits Verbände zusammen, offiziell, um im Falle einer möglichen kommunistischen Revolution in Thüringen und Sachsen eingreifen zu können. Doch allen war klar: Hier wurde jener Marsch auf Berlin vorbereitet, von dem die Rechtsextremen träumten.

Neben all dem wirtschaftlichen Chaos stand Deutschland damit nun auch noch am Rande eines Bürgerkriegs. Die Lage spitzte sich dramatisch zu, und in der Regierung in Berlin kam es zum Showdown.

KAPITEL 32

Der erste Bruch der Koalition Oktober 1923

Es begann damit, dass Gustav Stresemann einen Brief verlas:

> »Sehr geehrter Herr Reichskanzler! Der Verlauf der gestrigen Kabinettssitzung hat mich zu der Überzeugung gebracht, daß ich in diesem Kabinett keine Aussicht habe, in den mit meinem Ressort zusammenhängenden wirtschaftlichen und sozialpolitischen Fragen eine Politik zu führen, die meinen Überzeugungen von den für unser Vaterland erforderlichen Maßnahmen entspricht. Unter diesen Umständen halte ich es für richtig, aus dem Kabinett auszuscheiden. [Gezeichnet:] Hans von Raumer, Reichswirtschaftsminister.«

Er könne das gar nicht verstehen, sagte Stresemann dann während der Kabinettsitzung am Abend des 2. Oktober. Seiner Ansicht nach gebe es für seinen Parteifreund Raumer gar keinen Anlass für einen Rücktritt. Schließlich liege es ja vor allem an den Sozialdemokraten, dass nichts vorangehe. Doch mit diesem Vorwurf kam er diesen gerade recht. Jetzt flogen die Fetzen. »Will die DVP die SPD aus der Regierung drängen?«, fragte Finanzminister Hilferding. Nein, nein, beteuerte der Reichskanzler. Nein, sagten auch die Vertreter der anderen Parteien im Kabinett. Doch dann kam all der Ärger auf den Tisch, der sich über die vergangenen Tage angesammelt hatte. Und das war einiges. Die Sitzung dauerte bis 2:30 Uhr nachts[295] – so etwas gibt es also nicht erst seit den EU-Gipfeln.

Hintergrund des Streits war ein geplantes Gesetz, das der Regierung weitgehende, außerordentliche Rechte geben sollte, ein sogenanntes Ermächtigungsgesetz – etwas, das in der heutigen Bundesrepublik so gar nicht möglich wäre. Die Weimarer Republik war zwar ebenfalls eine Demokratie, das obrigkeitsstaatliche Denken, das Bedürfnis nach einem starken Mann an der Spitze, war unter den Deutschen aber noch stark verbreitet. Der Kaiser hatte abgedankt, saß grummelnd und beleidigt in den Niederlanden im Exil, doch der Reichspräsident hatte eine ähnlich starke Stellung, wie sie früher der Kaiser innegehabt hatte.

Denn Artikel 48 der Weimarer Verfassung sah weitgehende Rechte des Reichspräsidenten vor, so weitgehend, dass er damit das Parlament aushebeln konnte. In dem Verfassungsartikel hieß es:

> »Der Reichspräsident kann, wenn im Deutschen Reich die öffentliche Sicherheit und Ordnung erheblich gestört oder gefährdet wird, die zur Wiederherstellung der öffentlichen Sicherheit und Ordnung nötigen Maßnahmen treffen, erforderlichenfalls mit Hilfe der bewaffneten Macht einschreiten. Zu diesem Zwecke darf er vorübergehend die in den Artikeln 114, 115, 117, 118, 123, 124 und 153 festgesetzten Grundrechte ganz oder zum Teil außer Kraft setzen.«

Näheres sollte eigentlich ein Gesetz regeln. Das wurde jedoch nie beschlossen. Daher bildete sich eine geübte Praxis heraus, die unter Reichspräsident Ebert bedeutete, dass er mitunter Gesetze per Verordnung erließ, dabei aber stets darauf achtete, dass das Parlament nicht übergangen wurde. Später, 1933, sollte der Artikel 48 von den Nationalsozialisten missbraucht werden und zum Untergang der Republik beitragen.

In jenen ersten Wochen der Regierung Stresemann griff diese gern auf das Recht des Reichspräsidenten zurück, zumal sich der Reichstag bis Ende September in den Sommerferien befand. Beispielsweise wurde die Devisenverordnung auf diesem Wege Gesetz.

Am 27. September sollte jedoch der Reichstag erstmals wieder zusammentreten, und vor allem jene Minister, die mit den größten Reformen beauftragt waren – Finanzminister Hilferding und Arbeitsminister Brauns –, fürchteten, dass ihre Vorhaben von den Fraktionen zerfleddert würden. Sie sprachen sich deshalb dafür aus, der Regierung vorübergehend außerordentliche Rechte zu erteilen. Der Reichstag sollte dafür in einem Ermächtigungsgesetz den Weg frei machen. Dieses sollte es der Regierung ermöglichen, ohne Zustimmung des Reichstags Gesetze zu erlassen, die lediglich vom Reichspräsidenten unterschrieben werden mussten. Auch der Innenminister Wilhelm Sollmann (SPD) war angesichts der Lage in Bayern für ein solches Gesetz.

Die Frage, über die sich die Kabinettsmitglieder nun aber am 2. Oktober in die Haare gerieten, war, was alles durch dieses Ermächtigungsgesetz abgedeckt werden sollte. Die bürgerlichen Parteien wollten, dass es auch die Sozialpolitik berücksichtigte, sodass die geplante Verlängerung der Arbeitszeit ebenfalls per Verordnung erfolgen könnte. Die SPD lehnte das ab. Irgendwann weit nach Mitternacht lag dann ein Kompromissvorschlag auf dem Tisch, wonach nur wirtschaftspolitische Fragen von dem Ermächtigungsgesetz betroffen sein sollten. Die SPD sollte aber die Zusicherung geben, dass sie einer Arbeitszeitverlängerung zustimmen werde, wenn das entsprechende Gesetz ins Parlament eingebracht werde. Das jedoch konnten die SPD-Minister nicht zusagen, zu groß war der Druck, der von den Gewerkschaften und von den Kommunisten ausging. So ging das Kabinett um 2:30 Uhr ohne Einigung auseinander.

Stresemann versuchte den ganzen folgenden Tag hindurch, die Wogen zu glätten, Kompromisse zu finden. Vergeblich. Am Abend des 3. Oktober war klar, dass es keine Möglichkeit einer Einigung gab. Die Regierung war am Ende, und Stresemann reichte am nächsten Morgen beim Reichspräsidenten seinen Rücktritt ein.[296]

In Stresemanns DVP gab es starke Kräfte, die nun eine Koalition unter der Beteiligung der DNVP Helfferichs wollten. Auch Helfferich selbst war dazu bereit, natürlich unter Ausschluss der Sozialdemokraten. Doch Stresemann lehnte ab, er wollte keine Koalition mit der rechtsextremen DNVP. Da in der DVP jedoch niemand eine Alternative zu Stresemann sah, blieb nichts anderes übrig, als die bisherige Koalition weiterzuführen. Allerdings forderte die DVP dazu die Abberufung von Hilferding und von Raumer, den beiden Antipoden, die zuletzt mit ihrem Streit die Regierung zu Fall gebracht hatten.

Tatsächlich beauftragte Reichspräsident Ebert dann Stresemann erneut mit der Bildung einer Regierung. Raumer und Hilferding mussten gehen, und Stresemann überlegte zunächst, eine Person für das Amt des Finanzministers zu gewinnen, die bei Finanzthemen allseits geachtet war und die in den kommenden Jahren und Jahrzehnten noch von sich reden machen sollte: Hjalmar Schacht. Als Chef der Darmstädter und Nationalbank leitete Schacht eines der großen Finanzinstitute jener Zeit und galt parteiübergreifend als hervorragender Finanzexperte. Doch er war auch umstritten aufgrund seiner zweifelhaften Rolle als Dezernent der Bankabteilung des Generalgouvernements Belgien im besetzten Brüssel während des Ersten Weltkriegs. Dort war er für die Einziehung der belgischen Zwangskontributionen zuständig gewesen und soll in diesem Zusammenhang seinem ehemaligen Arbeitgeber, der Dresdner Bank, unrechtmäßig Geld zugeschanzt haben.[297]

Daher verzichtete Stresemann auf Schacht und machte den bisherigen Ernährungsminister Hans Luther, der zwar keiner Partei angehörte, aber der DVP nahestand, zum Finanzminister. Er hatte zuletzt bereits eifrig an den Plänen für eine neue Währung mitgewirkt. Wirtschaftsminister wurde der ebenfalls parteilose Joseph Koeth, der wiederum gute Kontakte zur SPD hatte, Landwirtschaftsminister wurde ein weiterer Parteiloser, Graf Kanitz, der in den agrarischen Kreisen gut vernetzt war.

Schon am 6. Oktober trat das neue Kabinett zusammen, und insbesondere die Ernennung von Luther zum neuen Finanzminister sollte sich als Glücksgriff erweisen. Doch bis dessen Entscheidungen den Lauf der Dinge beeinflussen konnten, musste das Land erst noch eine weitere Bewährungsprobe bestehen.

KAPITEL 33

Das rote Sachsen Oktober 1923

Sachsen als eine Hochburg der Linken – das ist heute schwer vorstellbar. Doch in der Weimarer Zeit war das Land als »das rote Sachsen« bekannt. Die frühe Industrialisierung der Gegend zwischen Chemnitz, Leipzig und Dresden hatte eine starke Arbeiterbewegung entstehen lassen. Schon 1863 wurde in Leipzig der Allgemeine Deutsche Arbeiterverein, eine der Vorläuferorganisationen der SPD, gegründet.

Bei der Landtagswahl im November 1922 war die SPD mit 41,8 Prozent und riesigem Abstand stärkste Partei geworden. Das lag weit über den Stimmanteilen in anderen Bundesstaaten. Allerdings reichte es nicht zur absoluten Mehrheit. Ministerpräsident Wilhelm Buck führte daher zunächst eine SPD-Minderheitsregierung, die aber im März 1923 im Parlament scheiterte.

Buck, der dem rechten Flügel der Partei angehörte, wollte nun eine Koalition mit der DVP bilden, die bei der Wahl auf 18,7 Prozent der Stimmen gekommen war. Rechnerisch möglich war aber auch eine Koalition mit den Kommunisten (10,5 Prozent) – und dafür stimmte die Mehrheit bei einem SPD-Parteitag. Gegen den erklärten Willen Bucks.

Die beiden Parteiflügel einigten sich dann auf einen Kompromiss. Dieser sah etwas vor, das man heute als Tolerierung bezeichnen würde: Die Kommunisten sollten nicht formal in die Regierung eintreten, diese aber unterstützen. Da dies mit Buck nicht zu machen war, wurde der linke Sozialdemokrat Erich Zeigner am 21. März mit den Stimmen der Kommunisten zum neuen Ministerpräsidenten gewählt.

Von da an schwelte ein Konflikt mit der Regierung in Berlin. Diese sah vor allem das Treiben der sogenannten proletarischen Hundertschaften, die die Kommunisten aufgestellt hatten, mit zunehmender Besorgnis. Diese halbmilitärischen Verbände nutzten das Chaos und die um sich greifende Armut während der Hochphase der Inflation, um das Gesetz in die eigene Hand zu nehmen und eine proletarische Revolution vorzubereiten. Was das bedeutete, beschrieb Stresemanns Parteikollege, der Reichstagsabgeordnete Franz Brüninghaus, am 22. September in einem Brief an den Reichskanzler. Er berichtete, wie Arbeitslose mithilfe kommunistischer Brigaden im erzgebirgischen Annaberg-Buchholz Jagd auf Unternehmer machten:

»Diese sind nunmehr dazu übergegangen, unter Zuhilfenahme von kommunistischen Hundertschaften die Fabrikbesitzer ihrerseits zu zwingen, ihnen neben der staatlichen Erwerbslosenunterstützung private Zuwendungen zu machen. Am vorigen Donnerstag wurden die Fabrikbesitzer in das Rathaus berufen unter der Androhung, daß sie von den mobil gemachten Hundertschaften sonst mit Gewalt hingebracht werden würden und es wurden Unterstützungen von 60 bis 100 Millionen pro Kopf und außerdem die sofortige Beschaffung von verbilligten Lebensmitteln und Kohlen von den Unternehmern erpreßt. Die sächsische Regierung macht nicht die geringsten Anstalten, irgendwie den Schutz der Arbeitgeber zu übernehmen. Da die Industrie am Ende ihrer finanziellen Leistungsfähigkeit angekommen ist und die Arbeitslosigkeit immer mehr zunimmt, steht zu erwarten, daß in kürzester Frist, wenn nicht irgendetwas geschieht,

> in Sachsen die Herrschaft der Straße, alias der Kommunismus, sich ausbreiten wird. Leben und Sicherheit der Unternehmer sind, wie sich die Verhältnisse entwickelt haben, nur noch davon abhängig, ob sie zahlen können oder nicht.«[298]

Doch nicht nur in Berlin schaute man mit Argwohn nach Sachsen. Umgekehrt war die Regierung in Sachsen entsetzt darüber, wie die Regierung in Berlin auf die Vorgänge in Bayern reagierte – nämlich in ihren Augen gar nicht oder viel zu lasch. Als Reaktion darauf erklärten die Kommunisten am 5. Oktober ihre Bereitschaft, in die Regierung einzutreten. Fünf Tage später nahm Ministerpräsident Zeigner das Angebot an und übertrug das Finanz- und das Wirtschaftsministerium zwei kommunistischen Politikern.

In seiner Regierungserklärung am 12. Oktober betonte Zeigner ausdrücklich, dass dies eine Reaktion auf die Vorgänge in Bayern und die in seinen Augen zu milde Reaktion der Reichsregierung sei:

> »Die neugebildete Regierung ist die Regierung der republikanischen und proletarischen Verteidigung. Die werktätigen Schichten ganz Deutschlands sind auf das schwerste bedroht. Herr Dr. von Kahr und Graf Westarp* haben das Losungswort gegeben: ›Nieder mit dem Marxismus!‹ und damit nicht nur dem Sozialismus, nicht nur der Arbeiterschaft, sondern allen proletarischen und republikanischen Schichten den offenen Kampf angesagt.«[299]

Zeigner verstand seine Koalition als Brandmauer gegen die völkisch-nationalistische Verschwörung in Bayern und sich selbst als Verteidiger der Republik. Allerdings sahen das in Berlin nicht mal

* Kuno Graf von Westarp war Abgeordneter der konservativ-nationalistischen DNVP im Reichstag, schrieb regelmäßig Leitartikel für die konservativ-nationale *Kreuzzeitung* und war einer der ideologischen Hauptgegner der Linken.

seine SPD-Parteifreunde so, und schon gar nicht die anderen Mitglieder der Großen Koalition. Sie fürchteten, dass die Kommunisten in Sachsen eine proletarische Revolution im Stile der Oktoberrevolution in Russland vorbereiteten.

Und diese Angst war nicht ganz unbegründet. Der KPD-Landesvorsitzende Heinrich Brandler war im Rahmen der Koalitionsbildung als Ministerialdirektor in die sächsische Staatskanzlei berufen worden, und dort bestand seine Tätigkeit, wie er später bei einer Konferenz der Kommunistischen Internationale freimütig bekannte, hauptsächlich darin, für die Bewaffnung der proletarischen Hundertschaften zu sorgen.[300] Generalleutnant Alfred Müller, der aufgrund des von Reichspräsident Ebert verhängten Ausnahmezustands für Sachsen zuständig war, ließ daher einen Tag nach Zeigners Regierungserklärung diese Hundertschaften verbieten.

Das rief natürlich eine erboste Reaktion bei der sächsischen Regierung hervor: Jener Ausnahmezustand, der eigentlich verhängt worden war, um gegen die rechtsgerichteten Umsturzpläne in Bayern vorzugehen, wurde nun gegen die linksgerichtete Regierung in Sachsen angewendet, während die Regierung den Vorgängen in Bayern weiterhin weitgehend tatenlos zusah.

So schrieb die sächsische Regierung am 17. Oktober empört an die Reichsregierung: »Während die rechtsradikalen Verbände und Organisationen Bayerns, die offen die Republik bekämpfen und zu beseitigen versuchen, unter dem Schutze der bayerischen Regierung und der Reichswehr zur Zeit stärker sind denn je, hat General Müller den proletarischen Selbstschutz in Sachsen verboten.« Sie forderte ein sofortiges Ende des Ausnahmezustands.[301]

Nichts lag der Regierung in Berlin jedoch ferner. Sie verstärkte am 19. Oktober die Truppen der Reichswehr in Sachsen sogar noch. Gleichzeitig verfügte sie aber auch die Absetzung von General von Lossow, dem bayerischen Landeskommandanten der Reichswehr, der mit Generalstaatskommissar Ritter von Kahr gemeinsame Sache gemacht hatte.

Der bayerische Ministerpräsident Knilling setzte diese Verfügung Berlins jedoch außer Kraft, wozu er natürlich überhaupt kein Recht hatte. Die bayerische Regierung hatte damit nicht mehr nur die Verfassung gebrochen, als sie sich dem reichsweiten Ausnahmezustand nicht unterwerfen wollte. Sie griff nun auch noch in die militärische Kommandogewalt des Reiches ein.

Damit stand eine für das ganze Land existenzielle Frage im Raum: Würde Bayern sich komplett vom Reich abtrennen? Und würde anschließend Ähnliches in Sachsen passieren? Stand das Reich, das erst vor etwas mehr als einem halben Jahrhundert zu einer Einheit zusammengefunden hatte, kurz vor dem Ende? Würde im Chaos der Hyperinflation Deutschland nun sogar in seine Einzelstaaten zerfallen?

Es war eine reale Gefahr. Und die Ereignisse an einem weiteren Schauplatz, im Rheinland, verstärkten sie noch.

KAPITEL 34

Die Rheinland-Separatisten Oktober 1923

»Rheinländer! Die Rheinische Republik ist da. Jeder Widerstand wird unnachsichtlich unterdrückt. Plünderer und Ruhestörer werden strengstens bestraft. Wir werden für Lebensmittel und Arbeit sorgen. Darum bewahret Ruhe und Ordnung!«

Als die Einwohner Aachens am Morgen des 21. Oktober durch die Straßen ihrer Stadt liefen, fanden sie überall Plakate dieses Inhalts angeschlagen. Gegen 4 Uhr hatten rund 2.000 sogenannte Sonderbündler sämtliche öffentlichen Gebäude der Stadt besetzt. Auf dem Rathaus, den Gebäuden der Post, des Landratsamts, des Finanzamts, der Reichsbank – überall wehte plötzlich eine neue Fahne: Grün-Weiß-Rot. Es waren die Farben rheinischer Separatisten. Diese wollten einen eigenen Staat, losgelöst vom Deutschen Reich, unter französischer Protektion.[302] Es war eine unerwartete Eskalation der Lage an Rhein und Ruhr.

Vier Wochen zuvor hatte der Reichskanzler das bedingungslose Ende des passiven Widerstands erklärt. Er hatte gehofft, dass Frankreichs Ministerpräsident Poincaré als Folge davon wieder zu Verhandlungen über die Reparationen bereit wäre. Doch dem war nicht so. Im Gegenteil: Die französische Besatzung begann nun, über die Köpfe der Regierung in Berlin hinweg, direkte Verhandlungen mit den Industriellen vor Ort über die Wiederaufnahme der Arbeit und die Lieferung von Kohle an Frankreich. Schon am 5. Oktober war Hugo Stinnes zu einem Gespräch mit General Degoutte zusammengekommen. Nach und nach kippten die Industriellen um und schlossen Verträge mit der Mission Interalliée de Contrôle des Usines et des Mines (MICUM), der Alliierten Kontrollbehörde für die Zechen und Fabriken der Region. Sie konnten meist schlicht nicht anders. Berlin hatte ein Ende der Unterstützungszahlungen angekündigt. Damit blieb nur ein Arrangement mit den Besatzern oder aber der Konkurs der Unternehmen mit Massenentlassungen als Folge.

Parallel dazu war die Unzufriedenheit der Rheinländer gewachsen. Kurt Tucholsky beschrieb dies einige Jahre später in einem Essay in der Wochenzeitschrift *Die Weltbühne*:

> »Lawinenartig wuchs inzwischen die separatistische Bewegung, proportional der Inflation. Das Rheinland stand damals, geschlossen wie ein Mann, zu dem, der besser zahlte. Die Beamten, die Großbanken, die Geistlichen warteten auf ihren Augenblick. Zu Frankreich hinüber wollte keiner, bei Preußen bleiben wenige. Was sie wollten und wozu sie damals auch ein Recht hatten, war Befreiung aus der Hölle der Inflation und Schaffung einer eignen Währung, einer eignen autonomen Republik.« [303]

Hintergrund war, dass es schon unmittelbar nach dem Ersten Weltkrieg im Westen Deutschlands Bestrebungen nach einem eigenen Bundesstaat gegeben hatte. Seit 1815/1816 gehörten diese Gebiete größtenteils zu Preußen, die Pfalz zu Bayern. Von Preußen und Bayern hatten sich diese Regionen aber längst entfremdet. Führende Politiker der Region wie Kölns Oberbürgermeister Konrad Adenauer wollten diese Gebiete daher in einem neuen Bundesstaat vereinigen. Doch das war gescheitert.

Nun, unter französischer Herrschaft, versuchten radikale Separatisten, dies erneut zu verwirklichen. Am 15. August hatten sie in

Koblenz, der Hauptstadt der preußischen Rheinprovinz, die »Vereinigte Rheinische Bewegung« gegründet. Einer der Anführer war der Schriftsteller Josef Friedrich Matthes. Er hatte einst für eine SPD-Parteizeitung als Redakteur gearbeitet, war 1920 jedoch aus der Partei ausgeschlossen worden. Mit seinen Gesinnungsgenossen wollte er zunächst friedlich für eine Rheinische Republik werben, nach und nach bewaffneten sich die Separatisten jedoch, wahrscheinlich mit Billigung der französischen Besatzer. Sie versuchten, in verschiedenen Städten des Rheinlands Regierungsgebäude zu stürmen. Dabei gerieten sie mit der örtlichen Polizei aneinander, die zahlreiche Separatisten festnahm. Auf Anordnung der französischen Besatzer musste sie diese jedoch stets wieder freilassen.

Der erste große Coup war die Besetzung Aachens am 21. Oktober. Im dortigen Kaisersaal riefen die Separatisten die »Freie und unabhängige Republik Rheinland« aus. Es folgten ähnliche Besetzungen in Bonn, Königswinter und schließlich der Provinzhauptstadt Koblenz. Dort bildeten die Separatisten am 25. Oktober eine »Vorläufige Regierung der Rheinischen Republik« mit Josef Friedrich Matthes an der Spitze.

Noch am selben Tag empfing der französische Hochkommissar Paul Tirard eine Delegation dieser »Regierung« und erkannte sie als die »tatsächlichen Machthaber in den von ihnen besetzten Städten« an.[304] Damit war auch klar: Frankreich wollte nicht einen neuen Bundesstaat, sondern einen eigenständigen Rheinstaat, losgelöst vom Rest Deutschlands, unter französischer Kontrolle.

Die »Regierung« der Rheinischen Republik wurde finanziell massiv von Paris unterstützt. Außerdem versuchte die Besatzungsmacht, die Gebiete mit einer eigenen Währung vom Reich loszulösen. Schon seit Beginn der Besetzung hatte es auf französischer Seite immer wieder Überlegungen dazu gegeben. Es gab auch bereits etwas in dieser Art: den Regiefranken.

Da sich die deutschen Eisenbahner geweigert hatten, unter französischer Besatzung weiterzuarbeiten, mussten Franzosen und Belgier eine eigene Eisenbahnverwaltung aufbauen, die »Régie des Chemins de fer des Territoires occupés«. Diese gab seit Ende September eigene Zahlungsscheine heraus, auf Franc lautend und auf Deutsch »Regiefranken« genannt. Sie waren jedoch nur für Zahlungen innerhalb des Eisenbahnwesens gültig.[305]

Es gab zwar auch Pläne und Ideen für die Einführung einer neuen Währung im gesamten besetzten Gebiet. Diese waren jedoch bis dahin gescheitert. Denn entweder hätte dazu Frankreich den Geltungsbereich seiner eigenen Währung auf Rhein und Ruhr ausdehnen müssen. Das hätte den Franc, der seit Beginn der Besetzung ohnehin schon stark unter Druck gekommen war, noch weiter abwerten lassen.

Die andere Option war die Schaffung einer eigenen Währung in den besetzten Gebieten. Dazu hätte es jedoch der Unterstützung von Wirtschaft und Banken der Region bedurft, sie hätten Träger einer entsprechenden Notenbank sein müssen. Doch die Industrie hatte mindestens bis zum Sommer gar kein Interesse daran, der Inflation zu entkommen. Denn die permanente Geldentwertung hatte ihre Produkte konkurrenzlos gemacht, Importe aus dem Ausland waren kaum mehr möglich.

Doch seitdem die Inflation im Sommer völlig aus dem Ruder gelaufen war, veränderte sich die Lage allmählich. Im September und Oktober, als die Preise immer wahnsinnigere Niveaus erreichten, wurde der Wettbewerbsvorteil des produzierenden Gewerbes vom allgemeinen Chaos beseitigt. Nun diskutierten die Banken des Rheinlands ernsthaft die Gründung einer eigenen Goldnotenbank. Doch auch dieses Projekt war bis dato noch nicht reif.[306]

Daher ließ der französische General Adalbert François Alexandre de Metz einen anderen Separatistenführer, den Pfälzer Franz Josef Heinz, am 26. Oktober ein Papier zur Gründung einer Währungsbank unterzeichnen. »Banque des Pays Rhénans« sollte sie heißen, Bank der Rheinstaaten, und Scheine mit einem Stempel der Französischen Republik herausgeben.[307] Diese Banknoten sollten in dem neuen Rheinstaat gelten, der nach der Vorstellung der Franzosen ein Zusammenschluss vieler kleiner eigenständiger Republiken sein sollte – natürlich unter dem Protektorat und der Befehlsgewalt Frankreichs.

Tatsächlich hatten die Separatisten zunehmend Erfolg, marschierten, unterstützt von den Franzosen, in den folgenden Tagen voran, besetzten Duisburg und den Regierungsbezirk Wiesbaden, drangen in den Westerwald und das Lahntal vor. Für die deutsche Regierung hatte sich damit nun außer in Bayern und Sachsen eine dritte Front im Rheinland aufgetan. Nur hatte die Reichswehr diesen Landesteil schon mit dem Waffenstillstand 1918 räumen und an die französischen Besatzer übergeben müssen. Die Regierung konnte die Reichswehr hier also nicht einsetzen, um die Separatisten zu bekämpfen, ohne mit den französischen Truppen aneinanderzugeraten.

Das Land stand – zerrüttet von einem beispiellosen wirtschaftlichen Absturz und der galoppierenden Inflation – im wahrsten Sinne des Wortes vor dem Zerreißen. Und die Inflation hatte im Oktober – man kann es sich kaum vorstellen – noch einmal eine neue Stufe erreicht.

KAPITEL 35

Die Armenspeisungen
Oktober 1923

Pünktlich um 13 Uhr fuhren sie in Berlin auf, am Alexanderplatz, am Strausberger Platz, im Wedding. Große Menschentrauben erwarteten sie schon: die Mitarbeiter der Heilsarmee. Diese bauten schnell alles auf und öffneten schließlich den Kessel mit dem dampfenden Essen. »Hungernde Jammergestalten harren auf die Labe«, beschrieb der Publizist Hans Flemming das Bild.

> »Da sieht man eine altersschwache Blinde, geführt von einem kaum schulpflichtigen, barfüßigen Kinde, das sehnend und hoffend nach der Kelle blickt, die das gute Mittagessen austeilt. Die Bedienerin sieht das bittende Kinderauge, gibt nicht nur der alten eine gute Portion Reis und Brühe – gestern gab es an den Feldküchen Reis in Fleischbrühe – in den Emailletopf, sondern nimmt rasch eine Tasse zur Hand und spendet der kleinen bedürftigen und hungrigen Führerin der Blinden stärkende Brühe. Schnell wechselt das Bild. An dem Arm einer jungen Soldatin kommt langsam ein altes Mütterchen heran, das sich mühsam hierher geschleppt hat. Nun ist es müde zum Umsinken. Behutsam läßt die Helferin die Alte auf der breiten Deichsel der Feldküche Platz nehmen; sie verschnauft ein wenig, greift aber sofort begierig nach ihrem gefüllten Suppentopf.«[308]

Szenen wie diese spielten sich im Herbst 1923 in ganz Deutschland ab. Die Inflation hatte mittlerweile nicht nur die Ersparnisse der Mittelschicht zerstört. Sie hatte auch die Zahl der Arbeitslosen steigen lassen und die Zahl jener, die in tiefe Armut gefallen waren, die sich nicht mal mehr etwas zu essen leisten konnten. Immer mehr Menschen hungerten, ihr Gesundheitszustand verschlechterte sich, Krankheiten breiteten sich aus. Entsetzt beschrieb der amerikanische Journalist Louis Lochner, der damals nach Berlin kam und später Geschäftsleiter der Nachrichtenagentur Associated Press wurde, seine ersten Eindrücke:

> »In meinen ersten Berliner Tagen besuchte ich eine Kinderfürsorge, ein überaltertes, baufälliges Haus mit ausgetretenen Treppen. In dem langen Korridor stand eine Reihe wartender Männer, Frauen und Kinder, die ausnahmslos kränklich, abgemergelt und unterernährt aussahen. Kinder, die man für acht, höchstens neun halten mochte, waren in Wahrheit dreizehn Jahre alt. Wie man mir sagte, gab es damals 15.000 tuberkulöse Kinder in Berlin, 23 Prozent aller Berliner Kinder waren laut Bericht des städtischen Gesundheitsamtes unterernährt.«[309]

In jener Zeit, im Oktober 1923, arbeitete die Regierung zwar schon an einer neuen Währung. Doch noch hatte es keine Beschlüsse dazu gegeben, noch war nicht ganz klar, wie diese ausgestaltet werden sollte, noch war die Mark das Einzige, was die Menschen im Alltag zur Bezahlung nutzen konnten. Und deren Wertverfall hatte sich noch einmal beschleunigt. Zwischen 1. August und 1. September war der Dollarkurs von 1,1 auf 10,3 Millionen Mark gestiegen – etwa das Zehnfache. Bis 1. Oktober kletterte er dann auf 242 Millionen, etwa das 24-Fache. Am 1. November jedoch stand er bei 130 Milliarden Mark – innerhalb von vier Wochen war er nun um das 537-Fache gestiegen!

Abb. 19: Kurs des Dollars vom 1. August bis 31. Oktober 1923, in Millionen Mark

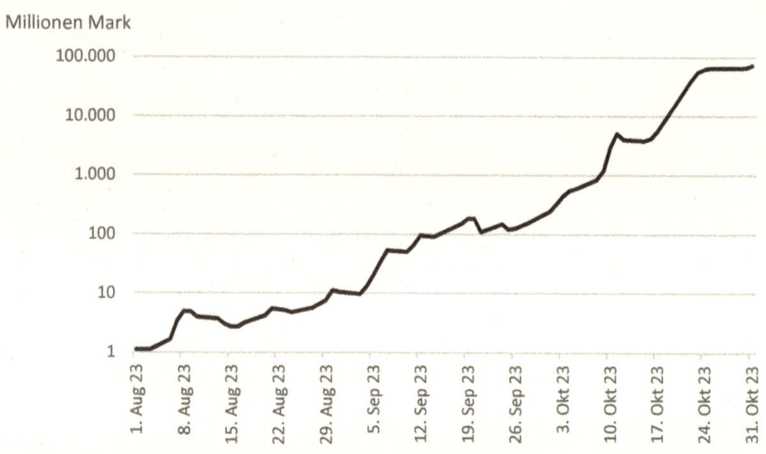

Quelle: Statistisches Reichsamt, logarithmische Darstellung

Entsprechend galoppierten die Preise davon. Der Brotpreis erhöhte sich im Oktober von 9,5 Millionen auf 5,5 Milliarden Mark, das Kilo Kartoffeln von 2,4 Millionen auf 1 Milliarde, das Kilo Butter von 240 Millionen auf 52,5 Milliarden, Schweineschmalz von 88 Millionen auf 30 Milliarden und Rindfleisch von 80 Millionen auf 48 Milliarden Mark.

Die Straßenbahntarife in Berlin galten Ende Oktober stets nur noch für einen, manchmal noch für zwei Tage, dann folgte schon die nächste Erhöhung. So kostete das einfache Ticket am 20. Oktober noch 100 Millionen Mark, tags darauf schon das Doppelte, am 25. Oktober 800 Millionen und am 27. Oktober 1,5 Milliarden – eine Verfünfzehnfachung innerhalb einer Woche. Die Inflationsrate lag im Vergleich zum Vorjahreszeitraum nun bei unvorstellbaren 16,6 Millionen Prozent.

Abb. 20: Preisentwicklung einer Straßenbahnfahrkarte in Berlin im Oktober 1923, in Millionen Mark

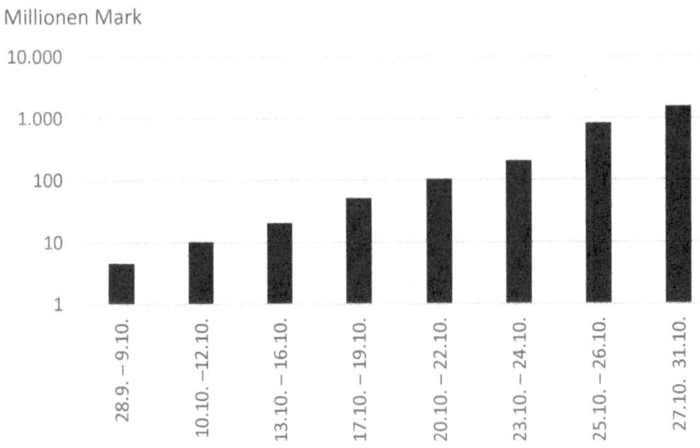

Quelle: Statistisches Reichsamt, logarithmische Darstellung

Die Not traf nicht nur jene, die ohnehin wenig hatten. Auch jene aus vermeintlich besseren Kreisen darbten, wie ein Eintrag aus der Münchner Stadtchronik vom 23. Oktober zeigt:

> »Vor einigen Tagen brach am Sendlinger-Torplatz eine Frau vor Entkräftung zusammen. Ein Dentist und dessen Frau nahmen sich der Frau an, brachten sie in ihre Wohnung an der Sonnenstraße und reichten ihr dort eine Stärkung. Die Frau, eine Arztenswitwe an der Daiserstraße, erzählte von ihrer Not. Sie habe fast seit acht Tagen nichts Besonderes genossen, habe auch kein Geld, um Holz, Kohlen und anderes kaufen zu können. Die Dentistenfamilie schenkte der Frau Mehl, Fett und Kartoffeln. Eine Sammlung im Haus für die Frau ergab 2 Milliarden.«[310]

Bei jenen, die nicht hungerten und gerade noch so über die Runden kamen, machte sich Galgenhumor breit. Das beste Beispiel dafür ist der Gassenhauer jener Zeit: »Wir versaufen unser Oma ihr klein

Häuschen, und die erste und die zweite Hypothek.« Der einstige Wert eines Hauses war inzwischen vielleicht noch einen Drink wert, und man versoff das letzte Geld – es war ja sowieso nichts mehr wert.

Die Menschen flüchteten sich in Alkohol und Drogen. In den großen Städten hatten Tanzlokale und Nacktbars Hochkonjunktur. Kokain wurde zur Modedroge, und der Ökonom Joseph Schumpeter beklagte die »desorganisierenden Wirkungen der Währungszerrüttung auf den Volkscharakter, die Moral und auf alle Verästelungen des Kulturlebens«.[311] Es herrschte Endzeitstimmung.

Vermeintliche Heilsbringer und Propheten fanden zunehmend Zulauf. Überall kündigten sie ihre Vorträge an, berichtete die *Kölnische Zeitung* in einem Artikel:

> »Immer spielen Schlagworte und Zitate aus der Bibel eine Rolle. Der alte Vorstellungskreis der Apokalypse hat, wie einst in früheren Krisenzeiten, neues Lebensblut gewonnen und prägt sich im Munde gewandter Redner den geängstigten Hirnen neu ein. (…) Das Publikum läuft eben heute in die Hörsäle dieser Phantasten, weil es in der ungeheuren Ratlosigkeit seines Inneren nach irgendeiner Stütze, nach einem Trost sucht.«[312]

Diese »Phantasten« wurden später als die »Inflationsheiligen« bezeichnet. Mit wallendem Haar, dichtem Bart und vermeintlich ärmlicher Kleidung verkündeten sie Erlösung in der Endzeit. Es war eine Erweckungsbewegung, die den apokalyptischen Zuständen eine urchristliche Gemeinschaftsstimmung entgegensetzen wollte.

Einer davon war Friedrich Muck-Lamberty, ein ehemaliger Matrose, der nun mit seinen Anhängern durch die Lande zog. Sie nannten sich die »Neue Schar«. Überall, wo sie hinkamen, führten sie alte Volkstänze auf, predigten Enthaltsamkeit, Einfachheit und Sittenreinheit. Das brachte Muck-Lamberty mancherorts auch das Wohlwollen der Kirchen ein, die ihre Türen für ihn öffneten.

Sie konnten die Massen kaum fassen, die hören wollten, wenn er gegen die Sünden und Gebrechen der Zeit wetterte. »Die Bewegung glich in ihren Grundzügen den Kinderkreuzzügen des Mittelalters«, schrieb das *Berliner Tageblatt*.

Doch schon bald stellte sich heraus, dass Muck-Lamberty es mit seinen Geboten selbst nicht so ernst nahm. Er soll einen regelrechten Harem um sich herum aufgebaut und diverse seiner Jüngerinnen geschwängert haben. Jedenfalls wurde schon bald der erste »kleine Muck« geboren, wie die Presse das freudig aufspießte.[313]

Nicht viel anders verhielt es sich bei dem bekanntesten dieser Erweckungsprediger jener Zeit: Ludwig Christian Haeusser. Der schwäbische Bauernsohn war 1881 geboren worden und hatte zunächst eine erfolgreiche Zeit in Paris als Sekthändler verbracht. Nach der Erfahrung des Ersten Weltkriegs und der Lektüre von Nietzsche fühlte er sich aber plötzlich zum Retter der Menschheit berufen und wanderte fortan als billiges Christus-Imitat durch Deutschland. Mit ihm vagabundierte ein Tross von Jüngern – und ebenfalls vor allem Jüngerinnen – durch die Lande, sie schliefen am Wegesrand, manchmal gewährte auch ein Anhänger Unterschlupf. Haeusser predigte vor vollen Hallen, gerierte sich als Heilsbringer: »Ich bin der Weg und die Wahrheit und das Leben, die Auferstehung, der Übermensch und der – Gute Hirte!«[314]

Er vermittelte den desillusionierten Menschen einen neuen Glauben, er gab ihnen etwas, an das sie sich in ihrer Haltlosigkeit klammern konnten. Und er nutzte das aus, um seine ganz privaten Bedürfnisse zu befriedigen. Seinen weiblichen Anhängern redete er ein, dass er mit ihnen den neuen Messias zeugen werde, um sie gefügig zu machen, und viele waren nur allzu bereit, ihn gewähren zu lassen. Schließlich bestand für sie die Aussicht, Gottesmutter zu werden.

Ausländische Besucher indes fühlten sich in Deutschland in jener Zeit auch ohne weiteres Zutun wie Gott. Denn sie durften nach wie vor Devisen besitzen und konnten daher in Saus und Braus leben. Der amerikanische Schriftsteller Malcolm Cowley besuchte damals seinen Freund Matthew Josephson, der nach Berlin gezogen war. »Ausländer führten ein Irrsinnsleben in Berlin«, schrieb er und er berichtete:

»dass Josephson für einen Lohn von hundert US-Dollar pro Monat in einem Doppelhaus mit zwei Angestellten, Reitstunden für seine Frau, Essen nur in den nobelsten Restaurants, Trinkgeldgaben fürs Orchester, Bildersammelei und Zuwendungen an bedürftige deutsche Schriftsteller lebte.«[315]

Der US-Schriftsteller Arthur R. G. Solmssen beschrieb die Zeit ganz ähnlich und sehr plastisch in seinem Roman *Berliner Reigen*, der von einem Amerikaner namens Peter Ellis handelt:

»Als er in einem verrauchten Kellerlokal einen Schnaps bestellte, knurrt der Wirt durch die Zähne: ›Ein paar ihrer Landsleute amüsieren sich.‹ Ellis nahm aus dem hinteren Teil des Kellers ein lautes Stimmengewirr wahr. Als er die johlende Menschenmenge erreicht, sah er eine splitternackte Frau, die auf Händen und Füßen über die schmutzigen, nassen Fliesen kroch und amerikanische Münzen auflas.«[316]

Später dann fuhr Ellis mit einer Begleiterin im Taxi nach Hause und wollte mit einer Dollarnote bezahlen. Seine Begleiterin reagierte entsetzt und verhinderte dies.

»Sie öffnete ihre Geldbörse und holte fünf der neuen Banknoten über 100.000.000.000 heraus. Sie waren einseitig bedruckt und noch ganz feucht von der Druckerschwärze. Am Straßenrand sah Ellis eine Menschenmenge mit grauen Gesichtern und Kleidern, die mit Weidenkörben, Blecheimern und Einkaufsnetzen voller Papiergeld vor einer Bäckerei standen. Doch der Bäcker

> öffnete nicht. Ebenso wie viele Bauern wollte er seine Produkte für wertloses Papiergeld nicht hergeben.«[317]

Das war inzwischen in vielen Gegenden des Landes das größte Problem. Es gab zwar genug Brot, genug Lebensmittel – aber die Produzenten hielten sie lieber zurück, als sie für schwindsüchtige Markscheine herzugeben. Einer davon war Bäckermeister Richter in der Pfalzburgerstraße in Berlin.

Als in Berlin der Brotpreis vom 19. auf den 20. Oktober von 620 Millionen auf 1 Milliarde Mark angehoben werden sollte, versammelten sich am Abend des 19. überall vor den Bäckerläden Menschenmengen, die die Abgabe von Brot zum alten Preis verlangten. Richter behauptete jedoch, er habe kein Brot mehr, und wollte seinen Laden schließen. Da rief die aufgebrachte Menge die Polizei. Diese durchsuchte den Laden, fand schließlich im Keller noch 20 Brote und gab sie sofort aus.[318]

Andernorts stahl die Menge einfach das Brot oder plünderte Warenbestände. Jeden Tag berichteten die Zeitungen über neue Vorkommnisse dieser Art. So wartete eine Gruppe Erwerbsloser am 28. Oktober in Berlin auf die Auszahlung ihrer Unterstützungszahlungen. Als sich herausstellte, dass nicht genügend Geld vorhanden war, und gerade ein Wagen mit Margarinefässern vorbeifuhr, stürmte die Menge plötzlich diesen Wagen. Die Männer rissen die Fässer herunter, ließen sich auch von herbeigerufenen Polizisten nicht einschüchtern, umzingelten diese sogar und griffen sie an. Nur wenige Hundert Meter entfernt plünderten kurz danach rund 2.000 Mann einen Kartoffelwagen.[319]

Ähnliche Vorfälle gab es im gesamten Land, von Frankfurt über München und Hamburg bis Leipzig, Königsberg, Stettin, Köln oder Düsseldorf. In sämtlichen Städten wurde der Kampf um Nahrungsmittel zunehmend gewalttätig. Zu einer der blutigsten Episoden kam es in Sorau. Dort wurden zwölf Menschen bei Lebensmittelunruhen getötet.[320]

Selbst wenn bei solchen Auseinandersetzungen, bei Plünderungen oder Diebstählen jemand festgenommen wurde, musste er die Strafen nicht wirklich fürchten. Sie fielen meist sehr gering aus, Haftstrafen gab es selten, und Geldstrafen waren längst keine Strafen mehr. Denn sie verloren innerhalb weniger Tage ihren Wert. Selbst Millionenbußen waren nach einer Woche Bagatellbeträge.

Nur wenige Gerichte gingen dazu über, Strafen am Preis von Naturalien festzumachen. So verurteilte ein Wuchergericht in Berlin einen Landwirt zu einer Buße im Gegenwert des Großhandelspreises von zehn Zentnern Kartoffeln.[321] Und bei einer Schöffengerichtsverhandlung in Berlin fragte der Richter bei der Festlegung der Kosten den Anwalt des Klägers nach dem vereinbarten Honorar. Dieser erklärte, dass sein Mandant, ein Schuhmachermeister, ihm als Honorar zwei Paar Stiefel besohlen werde – und erntete dafür anerkennendes Lachen.[322]

Für Heiterkeit bestand in jenen Wochen jedoch für die wenigsten Anlass. Die Masse der Deutschen kämpfte nur noch ums nackte Überleben, und der bevorstehende Winter ließ schlimmste Befürchtungen aufkommen. Wenn nun nicht endlich die Wende gelänge, dann drohte Deutschland ein Hungerwinter, möglicherweise mit Tausenden oder Millionen Toten.

Zum Glück erkannte dies auch die Regierung in Berlin – und unternahm endlich entscheidende Schritte.

Daten und Ereignisse 1923 bis zum Beschluss des Ermächtigungsgesetzes

13. August: Die Regierung unter Gustav Stresemann aus SPD, Zentrum, DDP und DVP kommt ins Amt.

14. August: Der Reichstag fordert in einer Resolution eine neue wertbeständige Währung und eine Belastung der Besitzenden.

15. August: Das Deutsche Reich begibt eine Goldanleihe mit Anteilsscheinen auf US-Dollar.

18. August: Karl Helfferich präsentiert in der Reichskanzlei seinen Plan einer Roggenmark.

30. August: Der Dollarkurs überschreitet erstmals die Marke von 10 Millionen Mark.

7. September: Die Regierung erlässt per Notverordnung ein Devisenverbot mit einer Ablieferungspflicht für Devisen und Gold, für die es Anteile an der Goldanleihe vom 15. August gibt.

7./10. September: Finanzminister Hilferding präsentiert Grundlinien einer Währungsreform im Kabinett.

17. September: Der Dollarkurs überschreitet erstmals die Marke von 100 Millionen Mark.

25. September: Der passive Widerstand in den besetzten Gebieten endet.

26. September: Das Kabinett billigt das von Finanzminister Hilferding und Ernährungsminister Luther erarbeitete Konzept einer »Bodenmark«.

26. September: Gustav Ritter von Kahr wird zum Generalstaatskommissar in Bayern ernannt.

26. September: Reichspräsident Ebert verhängt den Ausnahmezustand.

4. Oktober: Reichskanzler Stresemann tritt zurück.

6. Oktober: Das neue Kabinett Stresemann mit Hans Luther als Finanzminister beginnt seine Arbeit.

9. Oktober: Der Dollarkurs überschreitet erstmals die Marke von 1 Milliarde Mark.

10. Oktober: In Sachsen bilden SPD und KPD eine Regierung.

KAPITEL 36

Das Ermächtigungsgesetz Oktober 1923

»Der Reichstag ist jetzt dabei, sich begraben zu lassen!« – »Ein solch feiger und verlogener Herr!« – »Landesverräter!« – »Unerhört!« – »Verbrechen!« – »Kehren Sie vor Ihrer eigenen Tür!« – »Nein, unsere Tür ist sauber!« – »Pfui!«[323]

Tumultartige Szenen spielten sich ab, als der Reichstag am 11. Oktober das Ermächtigungsgesetz diskutierte. Das zweite Kabinett Stresemann hatte sich in enger Abstimmung mit den Regierungsfraktionen in den Tagen zuvor doch noch auf einen Entwurf dazu geeinigt. Der Kompromiss sah vor, dass soziale Fragen davon zwar erfasst wurden, die Arbeitszeitregelung aber ausdrücklich ausgenommen war.

Doch die Kommunisten auf der einen Seite, aber auch die DNVP um Karl Helfferich auf der anderen Seite agitierten wütend dagegen. Helfferich hatte auf Totalopposition umgeschaltet, nachdem ihm Stresemann den Eintritt in die Regierung verwehrt hatte. Seine Parteikollegen warfen in jener Reichstagssitzung mit wüsten Beschimpfungen gegen die Regierungsmitglieder um sich.

Diese hatte das Problem, dass für die Verabschiedung des verfassungsändernden Gesetzes zwei Drittel der 459 Abgeordneten anwesend sein mussten, also 306. Kommunisten und Deutschnationale versuchten daher, einen Beschluss zu verhindern, indem sie ankündigten, bei der Abstimmung den Sitzungssaal zu verlassen. Sie verfügten zwar zusammen nur über 80 Abgeordnete, doch auch bei den Sozialdemokraten und den anderen Parteien gab es einzelne Parlamentarier, die gegen eine vorübergehende Selbstentmachtung des Parlaments waren. Einige waren zudem zu jener Zeit nicht in Berlin.

Als sich abzeichnete, dass das Gesetz scheitern würde, begab sich Stresemann zu Reichspräsident Ebert. Kurz danach kehrte er in den Reichstag zurück und erklärte, dass er für den Fall eines Scheiterns des Gesetzes bei Ebert die Auflösung des Reichstags beantragt und dieser dem auch zugestimmt habe.[324]

Dies war die dramatischste Situation in jenem Oktober – und auch die entscheidende. Denn bei einem Scheitern des Gesetzes wäre das Land mitten in der schlimmsten Krise auf Neuwahlen zugesteuert. Deutschland wäre auf Wochen regierungs- und entscheidungsunfähig gewesen, während gleichzeitig Separatisten, Kommunisten und Nationalisten an verschiedenen Ecken des Reiches dessen Zerschlagung beziehungsweise einen Umsturz vorantrieben.

Nach der Rückkehr Stresemanns vom Reichspräsidenten und seiner Ankündigung herrschte daher wilde Aufregung in den Reihen der Abgeordneten. Schnell war den meisten klar, dass Neuwahlen verhindert werden mussten. Schließlich ließ eine Mehrheit die Beratung des Gesetzes zunächst vertagen, um Zeit zu gewinnen.

Die folgenden zwei Tage nutzten die Befürworter des Ermächtigungsgesetzes, um auf die Abweichler einzureden, ihnen die Dramatik der Lage klarzumachen. Die Sozialdemokraten verpflichteten ihre Abgeordneten sogar durch Fraktionszwang zur Zustimmung. Die Bayerische Volkspartei, die in Bayern die Regierung stellte und gerade in schwersten Konflikten mit der Reichsregierung stand, konnte von Stresemann dazu bewegt werden, dass ihre Abgeordneten wenigstens an der Abstimmung teilnahmen, um zu helfen, die erforderliche Anwesenheitsquote von zwei Dritteln des Reichstags zu erreichen.

Zudem wurden Abgeordnete teilweise aus fernen Gegenden nach Berlin geholt, beispielsweise die deutschen Gesandten in Wien und Riga, die gleichzeitig Mitglieder des Reichstags waren. Bei der Zentrumspartei, von deren Fraktion bei der ersten Debatte noch zwölf Abgeordnete gefehlt hatten, blieben nur noch drei Schwerkranke fern, als am 13. Oktober der Reichstag erneut zusammenkam, um über das Gesetz zu beraten.[325]

Den spannenden Augenblick, als das Hohe Haus über das Gesetz abgestimmt hatte und die Abgeordneten auf das Ergebnis warteten, beschreibt der Korrespondent des *Berliner Tageblatts* eindrücklich:

> »1 3/4 Uhr wird die Abstimmung geschlossen. Die Spannung des Hauses ist aufs höchste gestiegen. Alles, im Parkett und auf den Tribünen hat sich erwartungsvoll von den Plätzen erhoben. Der Reichskanzler hat sich auf seinen Sitz am Regierungstisch begeben und ist sofort von einem ganzen Kreis von Parlamentariern und Ministern umgeben. Die Glocke des Präsidenten ertönt. Das Abstimmungsergebnis wird mitgeteilt. Nach dem die Deutschnationalen den Saal verlassen haben, sind abgegeben worden: 347 Stimmen, das sind mehr als zwei Drittel des gesamten Mitgliederbestandes des Reichstags. Davon haben gestimmt 316 mit ja, 24 mit nein und sieben haben sich der Stimmen enthalten. Damit ist das Ermächtigungsgesetz mit der verfassungsmäßig vorgesehenen Zweidrittelmehrheit angenommen. Großer Beifall in der Mitte des Hauses.«[326]

Es war ein Sieg Stresemanns, ein Sieg seiner Koalition, aber auch ein Sieg der Vernunft. Denn nun hatte die Regierung endlich die Möglichkeit, die so dringend notwendigen Reformen und Maßnahmen ohne Verzögerung in die Wege zu leiten, um das Land vor dem Abgrund zu retten.

Paragraph 1 des Gesetzes besagte:

> »Die Reichsregierung wird ermächtigt, die Maßnahmen zu treffen, welche sie auf finanziellem, wirtschaftlichem und sozialem Gebiete für erforderlich und dringend erachtet. Dabei kann von den Grundrechten der Reichsverfassung abgewichen werden. Die Ermächtigung erstreckt sich nicht auf Regelung der Arbeitszeit und auf Einschränkungen der Renten und Unterstützungen der Versicherten und Rentenempfänger in der Sozialversicherung sowie der Kleinrentner und Leistungen aus der Erwerbslosenversicherung.«[327]

Paragraph 2 des kurzen Gesetzes regelte, dass die Ermächtigung »mit dem Wechsel der derzeitigen Reichsregierung oder ihrer parteipolitischen Zusammensetzung, spätestens aber am 31. März 1924, außer Kraft« tritt.

Das bedeutete zwar, dass eine Verlängerung der Arbeitszeit, wie sie Stresemann eigentlich angestrebt hatte, kaum noch durchzusetzen war. Doch dieses Opfer nahm er hin. Denn viel wichtiger war, dass nun der Weg frei war, endlich all die anderen Projekte umzusetzen, die unumgänglich waren, um das Land zu retten. Und eines stand dabei ganz oben auf der Liste, es war das wohl wichtigste überhaupt: die neue Währung.

KAPITEL 37

Die neue Währung
Oktober 1923

»Warum sollen wir nicht den Deut haben?«, fragte ein Kommentator, leicht ironisch, leicht satirisch. Litauen habe schließlich den Lit als Währung, Lettland den Lat, warum sollte Deutschland sein neues Geld also nicht Deut nennen? »Man kann ein Nichts nicht schöner benennen.«[328]

Anfang Oktober war klar, dass Deutschland eine neue Währung bekommen sollte. Doch noch wurde um deren Namen gestritten. Roggenmark, wie es Helfferich vorgeschlagen hatte? Bodenmark, wie Luther es wollte? Oder Neumark, wie es andere neuerdings forderten?

Aber nicht nur der Name der neuen Währung war eine schwere Geburt. Das Gleiche galt für die Konstruktion des neuen Geldes selbst. Klar war inzwischen, dass die etwas seltsame Idee mit Roggen als Wertmaßstab kaum Unterstützer hatte. Klar war auch, dass die ursprünglichen Ideen des SPD-Finanzministers Hilferding keine Mehrheit gefunden hatten. Ende September hatte er daher unter maßgeblicher Mitarbeit Luthers einen Kompromiss als Gesetzentwurf vorgelegt. Dieser diente nun im Oktober – dem neuen Finanzminister Luther – als Grundlage für Gespräche mit den Vertretern der Wirtschaft. Schließlich sollte diese Träger der neuen Währungsbank werden. Im Raum stand dabei stets die Behauptung

Helfferichs, das Kabinett habe ihm im August, als er seinen Plan präsentierte, zugesagt, dass die Sondersteuer für die Wirtschaft wieder abgeschafft werde.

Luther wollte sich nicht auf eine Diskussion darüber einlassen, ob dem so war oder nicht. Aber er kam der Wirtschaft ein wenig entgegen und überarbeitete den Gesetzentwurf noch einmal. Schon zehn Tage nach seinem Amtsantritt und zwei Tage nach der Verabschiedung des Ermächtigungsgesetzes präsentierte er ihn im Kabinett.[329]

Das Grundprinzip blieb das gleiche: Träger der Bank waren Landwirtschaft, Industrie, Gewerbe und Handel, die 4 Prozent ihres Besitzes als Grundschuld verpfändeten. Sie hafteten also mit einem Teil ihres Vermögens für die neue Währung. Diese Grundschuld sollte auf Goldmark lauten, wobei eine Goldmark wie vor dem Krieg definiert wurde als 1/2790 Kilogramm Gold, also knapp 0,36 Gramm. Diese Grundschuld bildete das Grundkapital der neuen Währungsbank.

Für je 500 Goldmark Grundkapital sollte die neue Währungsbank Banknoten im Wert von 500 Einheiten herausgeben. Die Banknoten würden im Wert also denen der alten Goldmark entsprechen, nur dass sie eben nicht mit Gold hinterlegt waren, sondern mit Sachwerten.

Und so wie die Banknoten der Goldmark jederzeit in Gold eingetauscht werden konnten, sollten auch die neuen Banknoten eingetauscht werden können, und zwar in Pfandbriefe – auch Rentenbriefe genannt – auf die als Grundschuld eingetragenen Vermögenswerte.

Damit waren die Banknoten eigentlich nichts anderes als Rentenbriefe, die als Geld umliefen. Und daraus entstand schließlich der Name der neuen Währung: nicht Roggenmark, Bodenmark oder Neumark, wie in den früheren Entwürfen. Und erst recht nicht Deut. Sondern: Rentenmark.

Luthers Gesetzentwurf unterschied sich aber noch in einigen anderen Punkten von dem früheren Konzept der Bodenmark. So sollte die Rentenmark kein gesetzliches Zahlungsmittel sein, alle öffentlichen Stellen sollten jedoch zu deren Annahme verpflichtet sein. Die Rentenmark würde damit die alte Mark nicht ersetzen, sondern nur parallel als zweite Währung fungieren, so lange, bis die Mark genesen wäre.

Um das wiederum zu erreichen, sollte die neue Rentenbank dem Reich einen zinslosen Kredit von 300 Millionen Rentenmark geben. Das entspräche 300 Millionen Goldmark, und damit sollte das Reich seine bisher aufgelaufenen Schulden ablösen.

Neu war zudem: Die Reichsbank sollte in dem Moment, da die Rentenbank ihre Arbeit aufnahm, aufhören, neue Schuldscheine des Reiches zu diskontieren, die Notenpresse also anhalten. Kurz: Die alten Schulden würden abgelöst und neue verboten – die Haupttreiber der Inflation wären damit beseitigt.

Doch was bekamen nun die Träger der neuen Rentenbank dafür, also Industrie, Gewerbe, Handel und Landwirtschaft? Nicht das, was Helfferich sich erhofft hatte. Die im August eingeführten Sondersteuern für diese Gruppen blieben bestehen. Und sie durften zwar Vorschläge für die Leitung der Rentenbank machen, entscheiden darüber würde aber die Regierung. Dennoch hatten die Wirtschaftsvertreter etwas für sich herausgehandelt. So sollten die Rentenbriefe auf ihre Grundschuld nicht mit 4, sondern mit 5 Prozent verzinst werden, und sie durften einen größeren Teil der Gewinne der Rentenbank für sich behalten als ursprünglich geplant. Deshalb hatten sie letztlich auch alle dem Entwurf zugestimmt, den Luther am 15. Oktober im Kabinett präsentierte.

Dort war das Echo verhalten. Vor allem wurden Bedenken laut, ob die Rentenmark nicht genauso schnell der Inflation anheimfallen werde wie die Papiermark. Auch sei fraglich, ob die Rentenmark im Ausland akzeptiert würde.

Luther selbst war von Zweifeln nicht frei. Wenn er dennoch zur Annahme seines Vorschlags dränge, so geschehe das, weil er »die vorliegende für die einzig mögliche Lösung der gegenwärtigen Notlage« ansehe, wie er gegenüber seinen Ministerkollegen sagte.[330] Außerdem habe diese Lösung die Unterstützung der gesamten Wirtschaft, und diese habe zugesagt, das neue Geld anzunehmen.

Begeisterung klingt anders. Doch welche andere Wahl hatte das Kabinett? Es stimmte dem Gesetzentwurf schließlich zu und setzte ihn im Rahmen des Ermächtigungsgesetzes sofort in Kraft, ohne den Reichstag einzubinden.[331]

Am 15. Oktober 1923 war damit einer der wichtigsten Schritte auf dem Weg aus der Hyperinflation gemacht. Allerdings sollte es noch etwa vier Wochen dauern, bis die neue Rentenmark in Umlauf kommen würde. Und schon jetzt waren Händler kaum noch bereit, Papiermark zu akzeptieren.

Daher beschloss die Regierung gleichzeitig, kleine Stückelungen der Goldanleihe, die im August aufgelegt worden war, in Umlauf zu bringen. Damals hatte die Regierung Staatsanleihen, die auf Dollar lauteten, herausgegeben, und jeder konnte diese erwerben, entweder gegen Dollar oder gegen den aktuellen Wert in Mark. Allerdings konnten dabei bislang nur größere Beträge eingezahlt werden, nun jedoch konnte jeder gegen Papiergeld oder Dollar auch Zinspapiere auf Kleinstbeträge von einem halben, einem Viertel- oder gar einem Zehntel-Dollar erwerben. Er erhielt dafür dann Coupons, die seine Einzahlung verbrieften, und diese Coupons, so die Hoffnung, könnten zumindest teilweise als wertbeständiges Zahlungsmittel eingesetzt werden und so die Zeit bis zur Einführung der Rentenmark überbrücken.[332]

Die Zeit bis dahin wollte die Regierung außerdem nutzen, um einige weitere Baustellen zu beseitigen, damit die neue Währung auf einer gesunden, neuen Basis ihr Leben beginnen konnte.

Eine dieser Baustellen war die Reichsbank.

KAPITEL 38

Der Reichsbankpräsident Oktober 1923

Jeder kennt Christine Lagarde, die Chefin der Europäischen Zentralbank. Jeder kennt Jerome Powell, den Präsidenten der US-Notenbank. Auch die früheren Leiter dieser Institutionen, von Trichet bis Draghi hier und von Greenspan bis Bernanke dort, sind den meisten ein Begriff. Doch wer war Rudolf Havenstein?

Havenstein war seit 1908 Präsident der Reichsbank, und qua Amt wäre zu erwarten gewesen, dass er bei der Frage, wie die Hyperinflation gebändigt werden könnte, ein gewichtiges Wort gehabt hätte. Doch dass er bisher in diesem Buch wenig in Erscheinung trat, ist kein Zufall. Er trat auch 1923 kaum in Erscheinung.

1857 wurde Havenstein in der Provinz Posen in eine preußische Beamtenfamilie geboren, und er schlug eine Karriere ein, die der Familientradition entsprach. Nach dem Jurastudium trat er in den preußischen Justizdienst ein, 1887 wurde er Richter, 1890 wechselte er ins preußische Finanzministerium. Nach einigen Jahren als Präsident der Königlichen Seehandlung, der preußischen Staatsbank, wurde er 1908 an die Spitze der Reichsbank berufen. Das war damals nicht unlogisch. Die Reichsbank war seit ihrer Gründung 1876 der Regierung untergeordnet, deren Spitze brauchte einen Verwaltungsfachmann, keinen Geldexperten.

Doch das änderte sich mit der Inflation. Nun bedurfte es an dieser wichtigen Schaltstelle einer Persönlichkeit, die nicht nur Befehle der Regierung ausführt, sondern auf Basis der eigenen Expertise die Lage durchschaut und zu ihrer Lösung beiträgt. Eine solche Persönlichkeit war Havenstein jedoch nicht. Der Finanzhistoriker Neil Irwin bezeichnete ihn als den »schlechtesten Zentralbankchef aller Zeiten«,[333] was vielleicht etwas übertrieben ist. Er hatte nur das Unglück, in eine Situation gebracht zu werden, für die er schlicht nicht ausgebildet und nicht vorgesehen war. Treffender ist wohl das Urteil des *Berliner Tageblatts* später in einem Nachruf nach Havensteins Tod: »Er ließ sich seine Bankpolitik als gehorsamer Finanzbeamter ganz und gar von dem Reich und dessen Finanzministern vorschreiben, die ihrerseits kein anderes Finanzierungsmittel kannten, als die Inflation und immer wieder die Inflation.«[334]

Doch Havenstein war nicht nur gefangen in seiner Hörigkeit als preußischer Beamter, sondern auch in jener speziellen Finanztheorie, wonach nicht das Gelddrucken die Ursache der Inflation sei, sondern die negative Handelsbilanz. Für den seinerzeitigen britischen Botschafter Edward V. D'Abernon, selbst studierter Ökonom, war diese groteske, aber in Deutschland unablässig vorgetragene Theorie zum Haareraufen, und er versuchte in seinen Gesprächen in Berlin immer wieder darauf hinzuwirken, von dieser Theorie, aber auch von der Person Havensteins endlich abzurücken. In seinen Erinnerungen schrieb er:

> »Ich machte in Privatgesprächen mit führenden Persönlichkeiten immer wieder darauf aufmerksam, dass Havenstein eine öffentliche Gefahr sei, und dass er in jedem Staat, der vernünftige Ansichten über die Währung hätte, dem Henker ausgeliefert werden würde. Aber keiner wollte mir glauben, dass ein Mann von so grossem Ruf, hinter dem die gesamte Bankwelt Berlins stand, sich in einer Frage, für die er besonders massgebend sein müsste, so gründlich irren könnte.«[335]

Der Regierung Stresemann immerhin war schon früh klar, dass mit Havenstein kein Staat zu machen war, zumal die Angriffe auf ihn aus allen Richtungen anschwollen, sowohl in der Presse als auch von den Gewerkschaften. So soll der Betriebsratsvorsitzende der Reichsbank, Großmann, seinen Vorgesetzten in dessen Büro direkt angegangen sein und dessen Rücktritt gefordert haben.[336]

Finanzminister Hilferding forderte im Kabinett ebenfalls Havensteins Absetzung. Das Problem war jedoch: Im Mai 1922 war die Reichsbank unabhängig geworden, auf Betreiben der Alliierten, die damit erreichen wollten, dass sie die Finanzierung des staatlichen Defizits über die Notenpresse einstellte. Doch sie hatten damals übersehen, dass der treue preußische Beamte an der Spitze der unabhängigen Reichsbank die Politik der Regierung auch ohne deren ausdrücklichen Befehl stützen würde.

Die einzige Möglichkeit, Havenstein loszuwerden, bestand also darin, ihn zum Rücktritt zu drängen. Der Reichskanzler führte daher Ende August 1923 mehrere Gespräche mit ihm, um das zu erreichen. Dabei erklärte Havenstein, dass er ohnehin vorgehabt habe, am 30. März 1924 in den Ruhestand zu treten, und er sei auch bereit, zu einem früheren Zeitpunkt auszuscheiden. Sofort jedoch nicht. Denn dadurch würde der Eindruck entstehen, er beuge sich der Kampagne in der Presse, die er als ehrabschneidend empfand. Er forderte daher eine Ehrenerklärung durch die Regierung.[337] Dazu war diese jedoch nicht bereit. Vielmehr verhärteten sich die Fronten zwischen Havenstein und der Regierung. Der Reichsbankpräsident entdeckte nun plötzlich seine Unabhängigkeit und drohte der Regierung, die Finanzierung des Defizits über die Notenpresse einzustellen.

Für Hilferding und erst recht für Hans Luther, seinen Nachfolger im Amt des Finanzministers seit dem 6. Oktober, war daher klar, dass Havenstein aus dem Amt scheiden musste, auf welchem Wege auch immer. Eine Möglichkeit eröffnete sich der Regierung plötzlich über ihr anderes Großprojekt: die Entlassung Hunderttausender Beamter. Im Oktober setzte sie dieses nun endlich um.

KAPITEL 39

Der Kahlschlag bei den Beamten

Oktober 1923

Die »denkbar schlechtesten Erfahrungen« habe man mit verheirateten Beamtinnen gemacht, hieß es aus dem Reichsfinanzministerium. Sie hätten sich als sehr teure Kräfte erwiesen, und zum Beweis schickten die Ministerialen gleich noch eine Statistik hinterher. So hätten die verheirateten Beamtinnen im Jahr 1921 an 172 Tagen im Dienst gefehlt. Sie seien also doppelt so teuer wie ihre männlichen Kollegen.[338]

Nein, Frauenrechte standen 1923 nicht ganz oben auf der politischen Prioritätenliste. Aber auch in anderer Hinsicht war das Kabinett Stresemann nicht zimperlich. Denn es setzte einen Personalabbau in der Verwaltung in einer Dimension durch, die heutzutage schlicht unvorstellbar wäre.

Schon Finanzminister Hilferding hatte dem ersten Kabinett Stresemann einen Vorschlag für einen Beamtenabbau unterbreitet, der dem Reichskanzler jedoch noch zu zurückhaltend war. Zudem hatten die Beamtenvertreter sofort dagegen lobbyiert. Doch inzwischen war das Ermächtigungsgesetz in Kraft getreten, und der Finanzminister hieß Luther. Dieser legte am 17. Oktober eine überarbeitete Personalabbauverordnung vor[339] – und die hatte es in sich.

Denn mit ihr wurde das konkrete Ziel ausgegeben, ein Viertel aller Beschäftigten des Öffentlichen Dienstes zu entlassen. Beamte, Angestellte, Arbeiter.

Für die Beamten wurde dazu das Pensionsalter auf 65 Jahre herabgesetzt, und alle Beamten ab 58 konnten die Versetzung in den vorzeitigen Ruhestand beantragen. Jüngere konnten um Entlassung bitten und erhielten dafür eine Abfindung.

Doch damit nicht genug: Ausdrücklich wurde die Unkündbarkeit der auf Lebenszeit beschäftigten Beamten aufgehoben, neue Beamte durften nicht mehr eingestellt, keine Beförderungen mehr ausgesprochen werden. Für weibliche Beamte galt sogar, dass sie zum Ende eines Monats entlassen werden konnten, wenn sie heirateten oder ein uneheliches Kind bekamen. Denn, so der Reichsarbeitsminister, der Lohn des Mannes reiche aus und die Arbeit einer Frau raube einem Familienvater Brot und Lebenshoffnung. Frauen wiederum, die ein uneheliches Kind haben, bekämen bereits Unterhalt vom Vater oder vom Staat.

Kurzzeitig wurde in der Regierung diskutiert, ob man diese tiefgreifenden Maßnahmen in Abstimmung mit den Beamtenverbänden durchführen, mit diesen also in Verhandlungen treten sollte, um sie mit ins Boot zu holen. Doch selbst das lehnte die Mehrheit des Kabinetts ab – die Verbände wurden nur in Grundzügen informiert, aber nicht weiter angehört. Am 27. Oktober beschloss die Regierung das Gesetz, nachdem noch kleinere Änderungen vorgenommen worden waren, und setzte es mithilfe des Ermächtigungsgesetzes in Kraft.[340]

Tatsächlich schieden bis zum 31. März 1924 fast 400.000 Beamte, Angestellte und Arbeiter aus dem Dienst aus.[341] Parallel dazu setzte die Regierung eine Verwaltungsabbaukommission ein, mit Sparkommissar Saemisch als Leiter. Er vereinfachte diverse Verwaltungswege und veranlasste, dass sogar ganze Dienststellen aufgelöst wurden, wie beispielsweise das Reichsministerium für Wiederaufbau.[342] Im Frühjahr 1924 wurden zudem Reichsbahn und Reichspost in wirtschaftlich unabhängige Einheiten umgewandelt, sie konnten also nicht mehr auf die finanzielle Unterstützung durch den Staat zählen.[343]

Noch schneller als Finanzminister Luther mit seiner Personalabbauverordnung war Reichsarbeitsminister Heinrich Brauns (Zentrum). Schon einen Tag vor Inkrafttreten des Ermächtigungsgesetzes, am 12. Oktober, legte er dem Kabinett seinen Entwurf für eine Reform der Erwerbslosenfürsorge vor.[344] Der wesentliche Punkt war, dass diese nicht mehr allein vom Staat aufgebracht werden sollte. Vielmehr sollten künftig Arbeitnehmer und Arbeitgeber für jeweils zwei Fünftel der Kosten über einen Zusatzbeitrag zur Krankenkasse aufkommen, ein Fünftel sollte weiter vom Staat dazugegeben werden. Das war der Beginn des Übergangs von der staatlichen Erwerbslosenfürsorge zur Arbeitslosenversicherung, wie wir sie heute kennen: Arbeitgeber und Arbeitnehmer finanzieren sie, der Staat regelt die Auszahlung. Unmittelbar nach der Annahme des Ermächtigungsgesetzes beschloss die Regierung diese Reform und setzte sie mithilfe ihrer neuen Macht direkt in Kraft.[345]

Mit dem Beamtenabbau und der Reform der Erwerbslosenfürsorge war es der Regierung gelungen, innerhalb weniger Tage nach Beschluss des Ermächtigungsgesetzes zwei umwälzende Verordnungen auf den Weg zu bringen. Diese konnten den Reichshaushalt erheblich entlasten, zusammen mit dem Wegfall der Hilfen für Rhein und Ruhr bestand nun erstmals wieder die Aussicht auf einen ausgeglichenen Haushalt.

Aber speziell die Beamtenabbauverordnung hatte noch einen weiteren Vorteil. Denn die Regierung hatte in die Verordnung ausdrücklich den Passus aufgenommen, dass diese auch für die Reichsbank gelte – und damit war sie auf deren Präsidenten anwendbar. Denn dieser war inzwischen 66 Jahre alt. Am 6. November gab das Kabinett daher einstimmig eine Erklärung ab, wonach Reichsbankpräsident Havenstein und sein Stellvertreter Otto von Glasenapp der Meinung der Regierung zufolge nicht mehr ihren Aufgaben gewachsen seien. Man wolle daher von den Möglichkeiten der Beamtenabbauverordnung Gebrauch machen und beide abberufen.[346]

Allerdings: Havenstein wollte nicht weichen. Er verwies auf seine Wahl auf Lebenszeit und die Unabhängigkeit der Reichsbank. Diese stehe über der Personalabbauverordnung. Dem standen Rechtsgutachten vonseiten der Regierung entgegen, die zum gegenteiligen Schluss kamen. Auch Reichspräsident Ebert bekräftigte diese Position in einem Schreiben an Havenstein am 9. November.[347] Doch dieser blieb stur.

Und gleichzeitig drängte die Zeit. Denn die Einführung der neuen Rentenmark stand unmittelbar bevor, und Havenstein wollte dieses Projekt niemand anvertrauen. Doch auch hierfür hatten Reichskanzler Stresemann und Finanzminister Luther inzwischen eine Lösung gefunden.

KAPITEL 40

Der Reichswährungskommissar November 1923

Horace Greeley war ein amerikanischer Publizist, Gründer der *New York Tribune*. Und er war vor allem ein entschiedener Gegner der Sklaverei. Beim Ziel, diese abzuschaffen, unterstützte er den US-Präsidenten Abraham Lincoln nach Kräften, kritisierte ihn sogar, dass er nicht konsequent genug vorgehe. 1872, knapp ein Jahrzehnt nach dem Ende der Sklaverei, starb Greeley.

Was das mit der deutschen Inflation von 1923 zu tun hat? Nichts. Absolut gar nichts. Doch ein deutsch-dänisches Ehepaar, das einige Jahre in den USA gelebt hatte, verehrte jenen Horace Greeley, und daher gaben sie ihrem 1877 im nordschleswigschen Tingleff geborenen Sohn dessen Namen. Da die dänischen Verwandten aber auch auf einem dänischen Vornamen bestanden, bekam das Kind schließlich den reichlich seltsamen Namen Horace Greeley Hjalmar Schacht.

Hjalmar Schacht, wie er hier fortan heißen soll, wuchs in recht bescheidenen Verhältnissen auf. Seinen Memoiren zufolge, die er im Alter von 76 Jahren unter dem Titel *76 Jahre meines Lebens* veröffentlichte,[348] erzogen ihn seine Eltern zu den als preußisch geltenden Tugenden Ordnung, Fleiß und Sparsamkeit. Und sie gingen mit gutem Beispiel voran, verzichteten auf jede unnötige Ausgabe, um die Schulausbildung ihrer Söhne finanzieren zu können. Das war eine gute Investition. Hjalmar machte 1895 das Abitur an der Gelehrtenschule des Johanneums in Hamburg, und schon damals muss er über ein ausgeprägtes Selbstbewusstsein verfügt haben. In seinem Abschlusszeugnis stand der Satz: »Hält sich zu Höherem berufen.«[349] Diesen Satz zitierte Schacht später selbst immer wieder, wie um zu erklären, dass sein Aufstieg logisch und vorhersehbar gewesen sei. Auch seine Biographen bescheinigten ihm stets ein mindestens großes Selbstbewusstsein, wenn nicht ein übersteigertes. Auch in seiner Autobiographie kommt das klar zum Ausdruck, dort prahlt er ganz ungeniert mit seinem hohen IQ.

Schacht begann zunächst ein Medizinstudium an der Christian-Albrechts-Universität in Kiel, wechselte dann an die Ludwig-Maximilians-Universität in München, wo er sein Interesse an der Volkswirtschaftslehre entdeckte. Nach Stationen in Leipzig, Berlin und Paris schloss er dieses Studium 1898 in Kiel ab und promovierte dort zwei Jahre später. Anschließend zog es ihn in die Privatwirtschaft, er war ab 1908 stellvertretender Direktor bei der Dresdner Bank. Im Ersten Weltkrieg wurde er als Dezernent der Bankabteilung des besetzten Teils von Belgien eingesetzt. Nach dem Krieg wurde er Vorstandsmitglied bei der Nationalbank, die mit der Darmstädter Bank zur Darmstädter und Nationalbank (Danat) fusionierte. Hier blieb er die nächsten Jahre im Vorstand, der Aufsichtsrat der Bank wollte ihn aber zunehmend loswerden. Denn Schacht kümmerte sich kaum noch um seine Arbeit, sein Interesse galt inzwischen vor allem der Politik.

Schacht war zeit seines Lebens Freimaurer, blieb dies selbst später, während der Zeit des Nationalsozialismus, und machte auch kein Geheimnis daraus. In der Zeit der Weimarer Republik hatte er als Freigeist, der er war, zu den Mitbegründern der liberalen DDP gehört, die Teil der Regierung Stresemann war.

Zunehmend kritisch verfolgte er die Pläne dieser Regierung für eine neue Währung. Für ihn konnte eine Währung ausschließlich auf Gold basieren, keinesfalls auf Roggen, wie Helfferich es ins

Spiel gebracht hatte, aber auch nicht auf einer Grundschuld auf das Vermögen der Wirtschaft, wie es schließlich mit der Rentenmark verwirklicht werden sollte. In einem Artikel in der *Vossischen Zeitung* vom 3. Oktober hatte er das noch einmal nachdrücklich vertreten.[350]

Dennoch galt Schacht in Berlin als ein äußerst kompetenter, heller Kopf, und Stresemann hatte bereits erwogen, ihn zum Finanzminister zu machen. Das war daran gescheitert, dass Vorwürfe im Raum standen, Schacht habe in seiner Zeit während des Ersten Weltkriegs in Belgien seinem ehemaligen Arbeitgeber, der Dresdner Bank, unberechtigterweise geschäftliche Vorteile verschafft. Deshalb war Luther Finanzminister geworden. Doch Stresemann hatte versucht, die Vorwürfe zu klären. Dazu befragte er am 23. Oktober Reichsgerichtspräsident Walter Simons, der während des Krieges für das Auswärtige Amt in Brüssel gewesen war. Simons erklärte, Schacht habe zwar unvorsichtig gehandelt, aber nicht unkorrekt. Er habe sich »vielleicht nicht ganz richtig entschieden«. Doch er entlastete Schacht weitgehend.[351]

Schacht war damit für die Regierung wieder ein Mann, auf den sie zurückgreifen konnte, wenn sie ihn brauchte. Und nun, nachdem Havenstein vom Amt des Reichsbankpräsidenten partout nicht zurücktreten wollte, war dieser Moment gekommen. Denn die Regierung wollte Havenstein auf keinen Fall das Projekt der Einführung der neuen Rentenmark anvertrauen. In dieser Haltung hatte sie auch die Interessengemeinschaft der Reichsbankbeamten bestärkt. In einer Eingabe an den Reichskanzler hatte diese sich besorgt gezeigt, »daß der technische Apparat der Reichsbank infolge der verwirrten Dienstorganisations- und Arbeitsverhältnisse für die notwendige praktische Zusammenarbeit mit der neuen Rentenbank nicht ausreichen wird«. Es müssten umgehend umfassende Veränderungen stattfinden. »Eine grundlegende Umstellung der leitenden Männer der Reichsbank in ihrer Auffassung über die Technik der Reichsbank-Organisation ist die erste Voraussetzung für die Erfüllung der volkswirtschaftlichen Aufgaben der Reichsbank bei der Zusammenarbeit mit der neuen Währungsbank!«[352]

Als klar war, dass Havenstein seinen Posten nicht räumen wollte, traf Stresemann am Abend des 8. November Schacht zum Abendessen im Hotel Esplanade. Sie sprachen über einen neuen Posten, der zur Einführung der Rentenmark geschaffen werden sollte, den eines Reichswährungskommissars. Damit würde Havenstein ausgebootet. Bevor Stresemann und Schacht jedoch konkreter werden konnten, musste der Reichskanzler überraschend aufbrechen, da ihn dringende Nachrichten aus München erreichten.[353]

Daher führte Finanzminister Luther am 12. November das Gespräch mit Schacht fort. Ohne lange herumzureden, fragte er ihn, ob er bereit sei, den Posten des Reichswährungskommissars zu übernehmen. Schachts Autobiographie zufolge verlief dieses Gespräch so:

> »Luther trug mir kurz sein Ansinnen vor. Meine erste Frage war ›Herr Luther, warum machen Sie das nicht selber?‹ Er brachte seine Gründe vor, daß er überlastet sei.
>
> ›Warum haben die Herren, die Sie vor mir gefragt haben, abgelehnt?‹
>
> ›Sie haben sich beide wohl nicht getraut. Der eine von ihnen ist naiv genug gewesen, das Amt annehmen zu wollen, wenn die praktische Einführung der Rentenmark erfolgt sei. Aber gerade um die Einführung handelt es sich.‹
>
> ›Warum lassen Sie die Währungsreform nicht von der Reichsbank durchführen?‹
>
> ›Herr Schacht, Sie wissen doch ganz genau, dass der Reichsbankpräsident, der an sich für diese Aufgabe berufen wäre, sich mit der Reichsregierung und mit dem Reichspräsidenten nicht besonders gut steht.‹«[354]

Schacht war grundsätzlich bereit, aus der Privatwirtschaft in den Öffentlichen Dienst zu wechseln. Allerdings war er nach wie vor der Meinung, dass die Rentenmark nicht die Lösung des Währungsproblems sein konnte, für ihn konnte eine solche Lösung nur eine Währung auf Goldbasis sein. Daher bat er Luther um einige Tage Bedenkzeit. Doch diese konnte Luther nicht gewähren: »Ihnen eine längere Bedenkzeit zu geben, dazu bin ich leider ganz und gar außerstande. Sie müssen sich heute entscheiden und müssen Ihr Amt als Reichswährungskommissar sofort antreten.« Daraufhin fragte Schacht, welche Vollmachten er haben werde, und Luther sicherte ihm zu, dass er freie Hand haben werde und nur der Reichsregierung direkt unterstellt sei, unter Umgehung aller Ministerien.

Schacht sagte zu, gab seine Stelle bei der Danat-Bank auf und trat schon am folgenden Tag sein neues Amt an. Sein Büro bezog er in einer Ecke des Finanzministeriums, wo zuvor Putzmittel gelagert worden waren.[355] Entsprechend muss es gerochen haben. Ohne auch nur ein Wort mit Reichsbankpräsident Havenstein zu wechseln, machte er sich sofort an die Arbeit. Als Reichswährungskommissar war er direkt der Reichsregierung unterstellt, die Reichsbank hatte also keinerlei Einfluss auf ihn. Er durfte an allen Kabinettssitzungen teilnehmen und musste allen Maßnahmen, die die Währung beeinflussen konnten, zustimmen.

Die Einführung der neuen Währung schien nun also rechtlich und personell auf gutem Wege. Aber gleichzeitig schien das Reich kurz vor dem politischen Zusammenbruch zu stehen. Zumal nun auch schon wieder eine Regierungskrise folgte.

KAPITEL 41

Der zweite Bruch der Koalition November 1923

»Die Judenhetze hier in Nürnberg ist unbeschreiblich, kein Mensch besucht mehr den anderen am Abend.« So schrieb ein Leser an das *Berliner Tageblatt*, das den Brief am 7. November veröffentlichte.

> »In der Nacht von Sonnabend zu Sonntag wurden Plakate an alle Litfaß-Säulen geklebt, daß Judenblut so viel wie möglich fließen soll. Jeder, der etwas dafür tut, wird nicht nur nicht bestraft, sondern für seinen Dienst fürs Vaterland belohnt. Kahr duldet das und der hiesige Polizeikommissar auch. (...) Der Sohn eines bekannten Arztes vom städtischen Krankenhaus wurde gestochen, dessen Freund dabei tödlich verletzt. Ein Rechtsanwalt mit seiner Frau zu Boden gehauen, daß er bewußtlos liegen blieb, dasselbe in einem Lokal. Als die Polizei kam, sagte sie, dagegen mache sie nichts. (...) Ich könnte noch 100 Geschichten mit Namensnennung erzählen. Außerdem kommen Hunderte von Ausweisungen.«[356]

Seit Gustav Ritter von Kahr in Bayern zum Generalstaatskommissar ernannt worden war, hatte er diverse Verordnungen erlassen, die sich gegen »Ausländer« wandten – gemeint war damit aber vor allem die jüdische Bevölkerung. So besagte ein Erlass vom 5. Oktober, dass Ausländer, die gegen die Wuchergesetzgebung verstießen, ausgewiesen werden konnten. Dies sei »das geeignetste Mittel, um solche volksfremden Personen für die deutsche Wirtschaft unschädlich zu machen«.[357] Dabei galt Sippenhaft: Lag ein Ausweisungsgrund gegen das Familienoberhaupt vor, konnte der gesamte Hausstand ausgewiesen und die Wohnung beschlagnahmt werden.

Der zitierte Leserbriefschreiber berichtete darüber aus Nürnberg. Noch umfassender und spektakulärer waren die Ausweisungen in München. Dort erhielten Ende Oktober auf einen Schlag 60 prominente jüdische Familien den Ausweisungsbefehl, mit äußerst obskuren Begründungen, beispielsweise, weil einem Betroffenen vor dem Krieg eine Polizeistrafe wegen zu schnellen Radelns aufgebrummt worden war. Das wurde nun als Begründung für die Ausweisung herangezogen.

Ein anderer hatte ebenfalls vor dem Krieg eine Strafe von 5 Mark erhalten, weil er auf eine Beleidigung mit einer Ohrfeige reagiert hatte. In einem besonders krassen Fall wurde sogar eine Person ausgewiesen, weil sie aufgrund einer Denunziation unter Raubmordverdacht geraten war. Das hatte sich zwar längst als falsch erwiesen, der wirkliche Mörder war bereits gefasst und sogar verurteilt. Der einst Verdächtigte wurde nun dennoch ausgewiesen – nur weil er mal unter Verdacht gestanden hatte.[358]

Besonders häufig wurde den betroffenen Juden jedoch zum Vorwurf gemacht, dass sie zum Zeitpunkt ihrer Einwanderung vor mehreren Jahrzehnten arm gewesen waren, nun jedoch über ein gewisses Vermögen verfügten. Sie hätten sich daher zum Schaden des bayerischen Volkes bereichert.

Diese Vorgänge schlugen landesweit Wellen, bis in die Reichsregierung in Berlin. Die SPD-Minister im Kabinett forderten ein energisches Vorgehen gegen von Kahr. Doch die Vertreter der bürgerlichen Parteien bremsten. Sie wollten das Problem lieber im Dialog mit der bayerischen Regierung lösen.

Parallel dazu hatte sich auch die Lage in Sachsen zugespitzt – und hier drängten nun die Minister von DDP, DVP und Zentrum auf ein entschiedenes Handeln. Reichswehrminister Otto Geßler (DDP) schlug am 27. Oktober vor, die Regierung Zeigner abzusetzen und die Regierungsgewalt einem von Berlin eingesetzten Staatskommissar zu übertragen, also genau das zu tun, was er im Falle Bayerns ablehnte.[359]

Justizminister Gustav Radbruch (SPD) hielt das zwar für nicht verfassungsgemäß, doch die Präsidialkanzlei widersprach ihm. Es folgten wilde Debatten im Kabinett. Arbeitsminister Brauns (Zentrum) verstieg sich sogar zu der Behauptung, dass der gefährlichste Feind für den Bestand der Reichsregierung der Kommunismus sei; gegen diesen müsse man sich daher zuerst wenden. Angesichts der Vorgänge in Bayern und der sehr zurückhaltenden Reaktion der Regierung hierauf war das für die SPD natürlich ein Affront.

Schließlich einigte sich das Kabinett darauf, die sächsische Regierung zunächst ultimativ zum freiwilligen Rücktritt aufzufordern. Dem schlossen sich auch die SPD-Minister an, denn auch sie hatten kein Interesse an einer Fortsetzung der Koalition in Sachsen mit den Kommunisten. Doch Ministerpräsident Zeigner lehnte ab.

Daraufhin löste Stresemann die sogenannte Reichsexekution aus: Er ließ sich am 29. Oktober von Reichspräsident Ebert ermächtigen, die sächsische Landesregierung »ihrer Stellung zu entheben und andere Personen mit der Führung der Geschäfte zu betrauen«.[360] Stresemann machte sofort davon Gebrauch, erklärte die Regierung Zeigner für abgesetzt und setzte den ehemaligen Reichsjustizminister Rudolf Heinze, einen Parteifreund, als Reichskommissar ein.

Wie die Übernahme der Regierungsgewalt durch ihn konkret geschah, beschrieb ein telefonischer Bericht aus Dresden, der in den Akten der Reichskanzlei protokolliert wurde:

> »Gestern mittag um 12 Uhr wurde den sächsischen Ministern von einem Hauptmann das Absetzungsdekret übermittelt, diese sind trotzdem im Ministerium geblieben. Um 2 Uhr kam ein Leutnant mit Mannschaften zu jedem einzelnen Minister und

> die Minister wurden aus dem Ministerialgebäude herausgeführt. Der Landtag wurde mit Militär besetzt. Erst nahm eine Kolonne mit Maschinengewehren und Minenwerfern vor dem Landtag Stellung, die ist wieder abgezogen, aber in dem Landtag ist Besatzung geblieben.«[361]

Es muss also reichlich martialisch zugegangen sein, auch wenn andere Augenzeugen das bestritten und betonten, Zeigner und seine Kabinettskollegen hätten ihre Büros freiwillig geräumt. Doch der telefonische Bericht aus Dresden enthält noch weit schwerwiegendere Vorwürfe. So seien in Freiberg »üble Dinge« vorgekommen.

> »Die Reichswehr hätte seit 4 Tagen schon in der rücksichtslosesten Weise hier gehaust und die Bevölkerung erbittert und provoziert. (...) Am Sonnabend morgen war die Stadt sehr ruhig, der Verkehr war etwas größer als gewöhnlich, da die Landbewohner am Sonnabend zum Einkauf in die Stadt kommen. Nachmittags 2 Uhr erschienen plötzlich Lastautos mit Reichswehrsoldaten, die verdeckte Maschinengewehre mitführten. Das führte zu Ansammlungen. Auf dem Postplatze hatte sich so eine kleine Menschenmenge zusammengefunden. Die Reichswehrsoldaten, die in der Post Aufträge von der Truppe zu erledigen hatten, wurden von der Menge beschimpft und belästigt; sie riefen Hilfe herbei. Zur Hilfeleistung kam ein Lastauto. Die Mühe, die Menge zu besänftigen, hatte nur vorübergehenden Erfolg. Die Soldaten gingen zurück, die Menge drängte nach. Plötzlich wurde von den Soldaten, ohne daß vorher Schreckschüsse abgegeben worden waren, auf die Menge geschossen. Diese stob nun auseinander und floh. Auf die Fliehenden wurde mit Maschinengewehren geschossen. 15 Tote und 30 bis 40 Verletzte blieben auf dem Platz.«

Die Reichswehr behauptete jedoch, auf sie sei zuerst mit Pistolen geschossen worden, und in Berlin schenkte man diesen Aussagen mehr Glauben. Welche Version letztlich stimmt, lässt sich nicht feststellen, sicher ist aber, dass die Reichswehr vor Ort hart und unnachgiebig vorging.

Mit dem Rücken zur Wand stehend blieb Ministerpräsident Zeigner nichts andres übrig, als einen Tag später von sich aus seinen Rücktritt zu erklären. Seine Koalition löste sich auf, und schon am 31. Oktober wählte der sächsische Landtag einen neuen Ministerpräsidenten, den Sozialdemokraten Alfred Fellisch, der wieder eine SPD-Minderheitsregierung bildete. Die Krise um Sachsen schien damit eigentlich beigelegt, der Reichskommissar hatte kaum zwei Tage amtiert, dann hatte Sachsen wieder eine eigenständige Regierung, ohne Kommunisten.

Doch das Vorgehen führte innerhalb der SPD-Reichstagsfraktion in Berlin zu heftigen Diskussionen, vor allem, weil die Regierung nach wie vor nicht in ähnlich harter Weise in Bayern vorgehen wollte. Am 1. November stellte sie daher Stresemann ein Ultimatum: Die SPD könne nur in der Koalition verbleiben, wenn in Sachsen der militärische Ausnahmezustand aufgehoben werde, die Aufrechterhaltung von Ruhe und Ordnung wieder der dortigen Schutzpolizei übertragen werde und wenn außerdem die Regierung das Verhalten der bayerischen Machthaber als Verfassungsbruch behandle und »im Einklang mit der Reichsverfassung sofort die gebotenen Schritte gegen Bayern« unternehme. Dies konnte nur bedeuten: Reichsexekution auch gegen Bayern.[362]

Die bürgerlichen Koalitionäre empfanden dies jedoch als Anmaßung und verwahrten sich dagegen. Ein Eingehen auf die Forderungen der SPD-Fraktion sei unmöglich, weil sonst nach außen der Anschein erweckt würde, als ob das Kabinett unter einer marxistischen Diktatur stehe, wie es Reichskanzler Stresemann in einer etwas seltsamen Logik ausdrückte.

Am Tag danach, dem 2. November, kam es daher zu einer dramatischen Kabinettssitzung, in der es wieder einmal hoch herging. Vor allem Innenminister Wilhelm Sollmann (SPD) griff die bürgerlichen Kabinettskollegen frontal an. Er zweifelte am Patriotismus von Arbeitsminister Brauns (Zentrum), stellte die Treue der Reichswehr zur Republik infrage und forderte eine klare Stellungnahme der Regierung gegen die »mittelalterlichen Judenaustreibungen« in Bayern.[363]

Reichswehrminister Geßler (DDP) reagierte scharf, und Arbeitsminister Brauns verließ sogar empört den Raum. Stresemann wandte sich daraufhin an Sollmann. »Ich nehme an, dass die sozialdemokratischen Kabinettsmitglieder jetzt mit ihrem Fraktionsvorstand sprechen wollen«, sagte er zu Sollmann. Doch dieser erwiderte sogleich, dass jetzt nichts anderes übrig bleibe, als dass die sozialdemokratischen Mitglieder aus dem Kabinett ausscheiden.

Damit war die Koalitionsregierung mit der SPD am Ende. Eine Regierung, die vieles erreicht hatte: Sie hatte umfassende Sparmaßnahmen beschlossen, eine neue Währung auf den Weg gebracht, deren Einführung einem fähigen Reichswährungskommissar übertragen. Doch nun, als sich gerade ein Silberstreif am Horizont abgezeichnet hatte, war sie zerfallen, und eine neue Regierung war nicht in Sicht.

Die alte Regierung blieb daher vorläufig im Amt, als Minderheitsregierung, ohne die SPD-Minister. Diese war natürlich ein äußerst fragiles Gebilde, und es war nur eine Frage der Zeit, bis sie scheitern sollte. Denn die SPD war nicht im Frieden geschieden, ihre Vertreter hatten eine frontale Opposition angekündigt. Doch in Bayern spitzte sich die Situation nun weiter zu, Hitler versuchte dort, die Macht an sich zu reißen. Es war der dramatische Höhepunkt des Herbstes 1923. Doch die Ereignisse brachten letztlich den entscheidenden Umschwung.

KAPITEL 42

Der Hitler-Putsch und das Treuegelübde im Rheinland

November 1923

Es war eine etwas verquaste, pseudo-intellektuelle Rede, die Gustav Ritter von Kahr am Abend des 8. November hielt:

> »Der Marxismus ist sich bewußt, daß man auf die Dauer Menschen nur an sich fesseln kann, wenn man ihnen eine Lebensidee gibt. Deshalb hat der Marxismus nicht nur eine Geschichtsphilosophie, sondern geradezu eine materialistische Religion ausgearbeitet. Deshalb sein Bemühen von Anfang an, die christliche Religion in der Seele der Massen zu entwurzeln.«[*364]

Einige bayerische Industrielle hatten den »Generalstaatskommissar« dazu gedrängt, das Durcheinander der vergangenen Wochen etwas zu ordnen, indem er eine programmatische Rede halte. Als Ort suchten sie den größten Saal in München aus, den Bürgerbräukeller. Als Datum wählten sie den fünften Jahrestag der Novemberrevolution von 1918, die zum Sturz der Monarchie und der Ausrufung

---

* Geschrieben worden war die Rede wahrscheinlich vom Schriftleiter der *Münchener Neuesten Nachrichten*, Fritz Gerlich.

der Republik geführt hatte. Diese war in den Augen der Kreise im äußerst rechten politischen Spektrum das Ergebnis einer marxistischen Verschwörung gewesen. Dies umzukehren, dem galt das ganze Trachten der konservativen und deutschvölkischen Gruppen.

Rund 3.000 Menschen hatten sich zusammengefunden, schon um 19 Uhr war der Raum brechend voll. Bierdunst lag in der Luft, ein revolutionärer Hauch waberte durch die Reihen, der Drang, endlich loszuschlagen, gegen »die Kommunisten in Berlin«, war spürbar. Um 20 Uhr hatte Kahr angefangen zu reden, erst über die vermeintliche marxistische Verschwörung. Dann kam er darauf zu sprechen, wie dieser zu begegnen sei.

»In nationalen Kreisen glaubt man, es genüge die Wiederherstellung einer starken Staatsautorität«, sagte Kahr. Doch: »Auch der stärkste und mit der größten Macht ausgestattete Mann kann das Volk nicht retten ohne tatkräftige und von nationalem Geist getriebene Hilfe aus dem Volk.« Vielmehr bedürfe es einer sittlichen Hebung des Volksganzen.

Es war zumindest für das anwesende Publikum ziemlich schwere Kost, wahrscheinlich konnte auch nicht jeder so recht folgen. Aber Kahr hatte ja auch noch etwas für die einfacheren Gemüter in petto. Denn um die Ziele zu erreichen, bedürfe es einer nationalen Diktatur. »In der Zeitaufgabe, der Schaffung des neuen deutschen Menschen, liegt die sittliche Berechtigung der Diktatur. Denn sie bietet die einzige Möglichkeit, die Grundlagen für die Erziehung des neuen Geschlechts freier Deutscher zu schaffen.«

Doch so weit kam Kahr gar nicht. Denn um 20:30 Uhr, mitten in seiner Rede, rauschte plötzlich ein Mann mit einigen Begleitern in Kampfuniform in den Saal, stieg auf einen Stuhl, fuchtelte mit einer Pistole herum und gab schließlich einen Schuss in die Decke ab. Es war Adolf Hitler. Er schrie in die angespannte Stille:

> »Die nationale Revolution ist ausgebrochen, der Saal ist von 600 Schwerbewaffneten besetzt, niemand darf den Saal verlas-

sen. Die bayerische Regierung ist abgesetzt. Die Reichsregierung ist abgesetzt. Eine provisorische Reichsregierung wird gebildet. Die Kasernen der Reichswehr und Landespolizei sind besetzt, Reichswehr und Landespolizei rücken bereits unter den Hakenkreuzfahnen heran.«[365]

Bis zu diesem Tag war Hitlers NSDAP eine völkisch-radikale Gruppe unter vielen gewesen, die in Bayern weitgehend unbehelligt ihr Unwesen treiben konnten, schon bevor von Kahr die Macht übernommen hatte. Als »Ordnungszelle Bayern« betrachteten diese Gruppen ihr Land, denn von hier aus, wo noch »Zucht und Ordnung« herrschten, wie sie glaubten, müsse das Reich aus den Klauen der Marxisten und der Juden befreit werden.

Von Kahr war Teil dieser republikfeindlichen Bewegung. Und doch trennte ihn einiges von Hitler. So ging es von Kahr vor allem um Bayern, für Hitler war dagegen die »Befreiung« des Reiches das alleinige Ziel. Für ihn war Mussolini in Italien mit seinem Marsch auf Rom das große Vorbild. So wie dieser wollte Hitler den Umsturz durch einen Marsch auf Berlin herbeiführen. Das wollte von Kahr nicht.

Vor allem aber wollte sich Gustav Ritter von Kahr nicht dem Gefreiten Adolf Hitler unterordnen. Doch genau das verlangte dieser an jenem Abend im Bürgerbräukeller. Nachdem er die »nationale Revolution« verkündet hatte, drängte er mit seinen Getreuen das Triumvirat, das seit einigen Wochen de facto Bayern regierte, in einen Nebenraum: Generalstaatskommissar von Kahr, den ebenfalls anwesenden bayerischen Landeskommandanten der Reichswehr, Otto von Lossow, sowie Hans von Seißer, den Kommandeur der bayerischen Landespolizei.

Hitler holte außerdem Erich Ludendorff dazu, der im Krieg zusammen mit Hindenburg seit 1916 an der Spitze der Obersten Heeresleitung gestanden hatte und jetzt einer der wichtigsten Anführer der republikfeindlichen deutschvölkischen Kreise war. Was in dem

Nebenraum genau vorgefallen ist, bleibt ein Geheimnis – ob Hitler den dreien die Erschießung androhte oder nur sanften Druck ausübte. Jedenfalls zwang er sie zu einem Bekenntnis, an seiner »Revolution« mitzuwirken. Das gaben sie ab – und deshalb setzte Ludendorff sie auf freien Fuß, als Hitler kurzzeitig den Bürgerbräukeller verlassen hatte.

Doch das war – aus Sicht der Putschisten – der entscheidende Fehler. Denn kaum waren die drei dem Bürgerbräukeller entkommen, wandten sie sich gegen Hitler. Von Lossow und von Seißer sammelten ihre Truppen, um zum Gegenschlag auszuholen. Von Kahr ließ um 2:55 Uhr im Rundfunk ein Verbot der NSDAP verkünden.

Auch die Regierung in Berlin reagierte. Sie verhängte eine Finanzsperre über Bayern, und Reichspräsident Ebert übertrug die vollziehende Gewalt für ganz Deutschland General Hans von Seeckt, dem Chef der Heeresleitung und ganz sicher auch kein Anhänger der Republik.[366] Er war vielmehr ein erzkonservativer Knochen, der durchaus mit den völkischen Aufrührern sympathisierte. Aber er war auch ein preußischer General, ein gewaltsamer Umsturz war für ihn jenseits des Denkbaren.

In diesem Moment war der Putsch eigentlich gescheitert, Polizei und Militär in Bayern waren unter Kontrolle der Regierung, und in Berlin waltete eine Gallionsfigur der Konservativen an der Spitze – entschlossen, den Putsch niederzuschlagen. Doch Ludendorff schlug vor, am nächsten Tag zu versuchen, das Blatt durch einen Aufmarsch der Kampftruppen doch noch zu wenden. Rund 2.000 Mann zogen daher um 12 Uhr vom Bürgerbräukeller los, wurden am Odeonsplatz jedoch von bayerischen Landespolizisten aufgehalten. Es kam zu einem Schusswechsel, bei dem vier Polizisten, fünfzehn Putschisten sowie ein unbeteiligter Zuschauer getötet wurden.

Ludendorff wurde sofort verhaftet, Hitler entkam zunächst, wurde wenig später aber ebenfalls gefasst. In Haft schrieb er dann sein Buch *Mein Kampf*, und er verlegte sich darauf, die Machtübernahme auf legalem Wege zu betreiben, was ihm letztlich auch gelang und Deutschland und Europa in den Abgrund führte. Im November 1923 war das jedoch nicht abzusehen.

Der Showdown in München führte dazu, dass sich die Lage nun um 180 Grad drehte. Denn Hitlers Putschversuch war im restlichen Reich auf keinerlei Resonanz gestoßen, die rechten Kräfte waren vielmehr bis weit ins konservative Lager diskreditiert. Auch von Kahrs Stellung war erheblich geschwächt, zwischen ihm und der bayerischen Regierung kam es schon bald zum offenen Zerwürfnis. Für Reichskanzler Stresemann war dadurch das bayerische Problem zwar noch nicht gelöst, es trat aber weit in den Hintergrund.

Und wie es der Zufall so wollte, ergab sich an einer anderen Front in genau jenen Tagen ebenfalls eine überraschende Wendung. An ebenjenem 9. November, an dem Hitlers Putsch zusammenfiel, kam in Aachen der Rheinische Provinziallandtag, das Parlament der preußischen Rheinprovinz, zusammen und gab ein Treuegelübde an das Reich ab:

> »Als Vertreter der Bevölkerung der gesamten Rheinprovinz, für die wir verantwortlich zu sprechen berufen sind, erklären wir vor aller Welt, daß das rheinische Volk den umstürzlerischen Bewegungen, die in den letzten Wochen unsaubere, unverantwortliche, zum großen Teil landfremde Elemente in die Tat umzusetzen versucht haben, mit Abscheu und Verachtung gegenübersteht und nichts mit ihnen gemein hat. Dürfte das rheinische Volk handeln wie es fühlt und denkt, keiner der rheinischen Landesverräter stände mehr auf rheinischem Boden. Der rheinische Provinziallandtag steht nach wie vor zu dem von ihm wiederholt bekundeten Bekenntnis, daß die Rheinländer Deutsche sind und bleiben und daß Deutschlands Schicksal auch unser Schicksal ist. In der Not des Vaterlandes wollen wir seine treuen Glieder bleiben.«[367]

Es war das klare Zeichen, dass die Separatisten im Rheinland keinen Rückhalt hatten. Mehr noch: Immer häufiger leisteten die Menschen aktiven Widerstand gegen die Sonderbündler, die darauf wiederum mit Gewalt und Plünderungen reagierten. Einer der traurigen Höhepunkte ereignete sich am 15./16. November, als es in Aegidienberg im Siebengebirge zu blutigen Kämpfen kam. 14 Separatisten und zwei Einwohner kamen ums Leben.

Angesichts dieser Misserfolge zerstritt sich die separatistische »Regierung« in Koblenz zusehends, und auch die Franzosen merkten, dass die Unterstützung der Separatisten ein Irrweg war. Sie strichen ihnen die finanzielle Unterstützung. Noch weiter gingen die belgischen Besatzer: Sie gingen in Aachen mit Waffengewalt gegen die Separatisten vor und zeigten damit klar und deutlich, dass sie den Weg Frankreichs nicht länger mittragen wollten.[368]

Das galt nicht nur für Belgien. Im Oktober drehte sich auch der Wind, der aus London und Washington blies. Die britische Regierung war verärgert darüber, dass Frankreichs Ministerpräsident Poincaré sich nach dem Ende des passiven Widerstands keinen Millimeter auf Deutschland zubewegen wollte. Die offene Unterstützung Frankreichs für die Separatisten brachte das Fass zum Überlaufen. London protestierte öffentlich und laut dagegen und forderte Paris auf, endlich einer Neuverhandlung der Reparationen zuzustimmen.

Zudem holten die Briten die US-Regierung, die sich bislang auf fast schon autistische Weise herausgehalten hatte, wieder ins Boot. Beide signalisierten Frankreich, dass im Rahmen einer neuen Reparationskonferenz auch die Schulden der Alliierten untereinander neu verhandelt werden könnten. Am 25. Oktober teilte Frankreich daher London die prinzipielle Bereitschaft zu einer solchen Konferenz mit, und am 13. November beantragte sogar Poincarés Regierung selbst offiziell bei der Reparationskommission diese Konferenz.[369] Es war ein erstaunlicher Sinneswandel innerhalb weniger Wochen.

Über die Gründe wird bis heute spekuliert, aber es dürften verschiedene Kräfte gewirkt haben. Zum einen war der Franc im Laufe des Jahres 1923 immer weiter verfallen, eine Fortsetzung der bisherigen Politik hätte Frankreich am Ende in eine ähnliche Währungskatastrophe stürzen können, wie sie Deutschland gerade erlebte. Zum anderen dürfte der Druck aus London und Washington ebenfalls dazu beigetragen haben. Vor allem aber wurde im Rheinland und an der Ruhr klar, dass Frankreichs Politik in eine Sackgasse geraten war. Aus der Bevölkerung schlug den Besatzungstruppen nach wie vor offener Hass entgegen.

Das zeigte sich beispielhaft an dem sogenannten Spottgeld, das zu jener Zeit in den besetzten Gebieten umlief. Das waren wie Geldscheine gestaltete Papierstücke, die verschiedene Szenen zeigten, die dann mit wenigen Worten kommentiert wurden. Auf einem ist beispielsweise zu sehen, wie ein französischer Soldat einen kleinen Jungen verfolgt, der einen Handwagen mit Kohle zieht. Daneben steht ein anderer Soldat und hält ein weinendes Mädchen am Kragen. Am oberen und unteren Rand steht als Kommentar: »Die Helden der Grande Nation beschlagnahmen Reparationskohlen.«[370] Auf einem anderen Schein ist eine Klofrau umringt von einer großen Zahl Soldaten abgebildet. Im Text dazu heißt es: »Ein Major, zwei Leutnants u. neunzehn Mann der glorreichen französischen Armee verhaften die Wärterin der Bedürfnisanstalt am Essener Bahnhof, weil sie sich weigerte, detaillierte Angaben über die Benutzung der Anstalt zu machen.«

Die Scheine machen sich also auf sarkastische Weise lustig über die Besatzer, aus ihnen spricht aber zugleich tiefste Verachtung bis hin zu echtem Hass. Da diese Scheine auch heute noch recht günstig erworben werden können, muss ihre Auflage sehr hoch, sprich müssen sie sehr verbreitet gewesen sein. Diese Stimmung entging auch den französischen Besatzern nicht, und sie mussten erkennen, dass der Versuch einer Loslösung der Region vom Reich durch die Unterstützung von Separatisten keinerlei Aussicht auf Erfolg hatte. Ein Festhalten an der bisherigen Politik wäre für Frankreich extrem teuer geworden, hätte wenig Vorteile gebracht und das Land international weiter isoliert.

So waren Mitte November, unmittelbar vor Einführung der Rentenmark, wie von einem guten Geist plötzlich drei große innen- und außenpolitische Probleme mehr oder weniger gelöst worden: Der Rechtsputsch in Bayern war gescheitert, eine kommunistische Revolution in Sachsen abgewendet, die Separatistenbewegung im Rheinland geschlagen. Zudem waren auf wirtschaftspolitischem Gebiet wichtige Änderungen beschlossen worden, vor allem war der Reichshaushalt durch das Ende des passiven Widerstands und durch die Sparmaßnahmen stabilisiert worden. Und die Einführung einer neuen Währung stand unmittelbar bevor.

Dennoch waren in jenen Tagen die wenigsten überzeugt, dass die Rentenmark ein Erfolg werden könnte. Denn der Alltag der Menschen schien schlicht hoffnungslos.

KAPITEL 43

Die Billionen-Gänse

November 1923

»Kleinere Scheine« sollten die Fahrgäste bitte nicht mehr benutzen, wenn sie ein Ticket kaufen wollen. Dazu rief die Direktion der Berliner Hoch- und U-Bahn die Bevölkerung am 7. November dringend auf. Denn das Zählen dieser Scheine dauere zu lange. Die Fahrkartenausgeber seien angewiesen worden, Fahrgäste mit kleineren Scheinen zu bitten zurückzutreten, bis die Reihe der hinter ihnen Wartenden abgefertigt ist. Als »kleinere Scheine« galten jene zu 500 Millionen Mark. Denn das einfache Ticket kostete an jenem Tag bereits 10 Milliarden.[371]

Anfang November war die Mark noch einmal in die Tiefe gestürzt. Zwischen dem 24. und 30. Oktober hatte sich der Dollarkurs fast eine Woche lang stabil bei 65 Milliarden Mark gehalten. Dann jedoch spitzte sich die Lage in Sachsen und Bayern zu, und Gerüchte über die Kabinettskrise machten die Runde. In dieser unsicheren politischen Lage fiel der Kurs am 31. Oktober auf 72,5 Milliarden, am 1. November auf 130 Milliarden und am 2. November auf 320 Milliarden Mark – erneut ein Wertverlust von 80 Prozent innerhalb von drei Tagen.

Das hatte ein völliges Preischaos zur Folge. Auf den Märkten änderten sich die Preise fast schon im Minutentakt, in Berlin beispielsweise »spielten Preisunterschiede von 20 Milliarden überhaupt

Abb. 21: Banknote zu 500 Milliarden Mark

Quelle: privat

keine Rolle mehr«, wie das *Berliner Tageblatt* schrieb. Wer handeln wollte, konnte Preisnachlässe von bis zu 50 Milliarden Mark rausholen. »Es gab Blumenkohl für 15 Milliarden, der von dem Händler wenige Schritte weiter nur mit 35 Milliarden abgegeben wurde.« Und Gänse kosteten inzwischen über 1 Billion Mark.[372]

Die Deutschen lernten in jenen Tagen neue Vokabeln. Von Billionen hatten die meisten nie zuvor gehört, und sie fragten sich bereits, was danach kommt. Im *Berliner Tageblatt* führte der Publizist Artur Fürst dazu aus, dass auf die Billion die Billiarde folge, und danach die Trillion. »Wir können aber ziemlich sicher sein, dass die richtige Trillion praktisch nie erreicht werden wird, da die Billiard äußerst schwer zu vervielfachen ist. Verhält sich doch schon eine Million zu einer Billion wie die Breite einer Straße zu der Entfernung von Berlin nach San Francisco.«[373]

Und doch hatte das Land diese Entfernung im übertragenen Sinne in kürzester Zeit zurückgelegt. Das *Karlsruher Tagblatt* war daher weniger optimistisch. Es deklinierte für seine Leser die Abfolge der Zahlen deutlich weiter: Auf die Trillion folge die Trilliarde, dann Quadrillion und Quadrilliarde, Quinquillion und Quinquilliarde, Sextillion und Sextilliarde, Septillion und Septilliarde, und es endete bei der Oktillion, einer Zahl mit 48 Nullen. »Das dürfte vorläufig für den Hausgebrauch reichen«, wie die Zeitung schrieb.[374]

So weit war die Reichsbank mit ihren Banknoten noch nicht. Doch sie druckte unablässig neue Scheine. Anfang November brachte sie solche zu 1, 2 und 5 Billionen Mark heraus. Wie wahnwitzig auch die Herstellung der Geldscheine inzwischen geworden war, schilderte die Notenbank drei Jahre später in einer Jubiläumsschrift anlässlich ihres 50-jährigen Bestehens:

> »Außer der Reichsdruckerei, bei der zeitweise mehr als 7.500 Personen allein im Geldbetriebe beschäftigt waren, arbeiteten 84 Druckereien unmittelbar, 60 weitere Druckereien mittelbar (d. h. als Hilfsdruckereien für den Reichsdruckereibetrieb) für den Notendruck. Über 30 Papierfabriken waren in Vollbetrieb für die Papierbeschaffung tätig. Gedruckt wurden rund 10 Milliarden Geldzeichenstücke im Nennbetrage von 3.877 Trillionen Mark (Anmerkung: eine Ziffer mit 18 Nullen). 29 galvanoplastische Anstalten lieferten dazu 400.000 Druckplatten.
>
> Die Hauptschwierigkeit bei der Notenbeschaffung bestand in der schnellen Umstellung der Druckpressen und der Papierfabriken, die durch die sich überstürzende Entwertung der umlaufenden Noten und ihre immer wiederholte Ergänzung durch Abschnitte höherer Nennwertziffern notwendig wurde. Während die Industriereviere für Löhnungszwecke noch kleine Abschnitte benötigten, wurden in Gegenden mit starkem Handelsverkehr bereits große Stücke gefordert; so mußten zeitweise kleinste und größte Abschnitte nebeneinander gedruckt werden.«[375]

Und trotz aller Anstrengungen kamen die Druckereien nicht hinterher, die Inflation galoppierte stets schneller, als die Notenpressen rotierten. Die Menschen schleppten daher ständig riesige Mengen an Banknoten mit sich, um einfachste Dinge bezahlen zu können. Der Pianist Artur Schnabel erinnert sich, wie er nach einem Konzert in der Philharmonie mit einem Koffer voller Scheine bezahlt wurde. Er musste einen Mann bitten, ihm zu helfen, seine Gage nach Hause zu tragen.

> »Unterwegs kamen wir an einem Feinkostgeschäft vorbei, und um meinen Helfer zu entlasten, investierte ich die Hälfte in ein Paar Würstchen. Am nächsten Morgen entnahm ich der Zeitung, daß ich nun für die andere Hälfte nicht einmal mehr ein einziges Würstchen bekommen würde.«[376]

Immerhin hatte er für seine Banknoten noch etwas erhalten. Das war längst nicht mehr selbstverständlich. Denn viele Händler waren überhaupt nicht mehr bereit, ihre Waren gegen Papiermark abzugeben. Einige schlossen daher sogar ihre Läden, wollten ihre Ware gar nicht mehr verkaufen, solange die Rentenmark noch nicht in Umlauf war. Darauf reagierte die Regierung jedoch mit einer Verordnung, die Ladenbesitzer zwang, ihre Geschäfte zu den üblichen Zeiten offen zu halten und ihre Ware auch abzugeben, bei Androhung hoher Strafen.[377]

Als Folge bestanden nun jedoch viele auf Zahlung in »wertbeständiger Währung«. Das war oft lokales Notgeld auf Gold- oder Dollarbasis, wie es in jenen Wochen überall ausgegeben wurde. So kamen in Bremen beispielsweise »Bremer Dollarcents« in Umlauf. Das waren Anteilsscheine einer Dollaranleihe, die auf den Devisenbeständen lokaler Firmen mit Auslandsgeschäft basierten. Die Bremer Lebensmittelkommission legte auf Basis dieser Notgeldscheine beispielsweise fest, dass Graubrot ab dem 9. November zu 15 Bremer Dollarcent verkauft werden musste. Auch andere Städte, Provinzen, Handelskammern oder große Industrieunternehmen hatten solch lokales, wertbeständiges Geld ausgegeben, Schätzungen gehen von einem Wert von etwa 200 Millionen Goldmark aus. Hinzu kam wertbeständiges Notgeld der Reichsbahn im Wert von 150 Millionen Goldmark sowie von diversen kleineren und größeren Banken.[378]

Mitte November liefen insgesamt wertbeständige Zahlungsmittel im Wert von etwa 1,1 Milliarden Goldmark um. Hinzu kamen Devisenbestände im Wert von 2 bis 3 Milliarden Goldmark, die vor allem von der Industrie genutzt wurden.[379]

Den größten Anteil an den wertbeständigen Zahlungsmitteln hatte die Goldanleihe, die die Regierung aufgelegt hatte. Seit Ende Oktober gab die Reichsbank davon kleine Stückelungen aus, im Gegenwert von einem halben, einem Viertel oder einem Zehntel Dollar. Doch dabei leistete sie sich einen schwerwiegenden Fehler, der die Führung um Reichsbankpräsident Havenstein nun das letzte Wohlwollen in der Regierung kostete. Denn der Kaufpreis für die Goldanleihenstücke wurde am Tag der Bestellung festgelegt, auf Basis des dann aktuellen Dollarkurses. Die Reichsbank kam aber gar nicht so schnell mit dem Drucken der Anteilsscheine hinterher, es dauerte also einige Tage bis diese ausgeliefert werden konnten – und erst dann mussten die Käufer den vorher festgelegten Kaufpreis begleichen. Angesichts der rasanten Geldentwertung war der zu leistende Betrag dann jedoch nur noch einen Bruchteil wert. Auf diese Weise konnten Spekulanten innerhalb weniger Tage riesige Gewinne machen und sich bereichern, auf Kosten des Fiskus.[380]

In der Bevölkerung war die Empörung gewaltig, zumal die meisten ohnehin keine Chance hatten, an irgendeine Form des wertbeständigen Geldes zu kommen. Es waren meist Kaufleute oder andere privilegierte Kreise, die Zugriff hatten. Die Gehälter der Arbeiter dagegen wurden nach wie vor in Papiermark ausgezahlt.

Dennoch gab es inzwischen einen parallelen Währungskreislauf mit wertstabilen Zahlungsmitteln von gewissem Umfang. Gleichzeitig war klar, dass in wenigen Tagen mit der Rentenmark eine neue Währung eingeführt werden sollte, die ebenfalls versprach, wertbeständig zu sein. Vor diesem Hintergrund ist es nur verständlich, dass niemand mehr Papiermark besitzen wollte – und entsprechend stiegen Dollarkurs und Preise bis Mitte November raketengleich.

Die amerikanische Währung, die am 2. November bei 320 Milliarden Mark gelegen hatte, kostete zwei Wochen später 2,5 Billionen Mark. Das Straßenbahnticket verteuerte sich zwischen dem 31. Oktober und dem 22. November von 1,5 auf 150 Milliarden Mark, verhundertfachte sich also innerhalb von drei Wochen. Ein Kilo Rindfleisch kostete am 29. Oktober 48 Milliarden Mark, am 19. November 4,8 Billionen Mark – ebenfalls eine Verhundertfachung. Bei Schweineschmalz und Butter war der Anstieg etwas langsamer – von 30 Milliarden auf 1,4 Billionen beziehungsweise von 52,5 Milliarden auf 2,88 Billionen Mark. Auch das Kilo Kartoffeln stieg »nur« von 1 auf 49 Milliarden Mark.

Für besonderen Unmut sorgte in Berlin jedoch der Brotpreis. Denn dieser war zunächst zwischen dem 29. Oktober und dem 3. November von 5,5 auf 25 Milliarden Mark gestiegen, hatte sich also schon verfünffacht. Zwei Tage später, am Montag, wurde der Preis dann aber unter Zustimmung der Preisprüfungsstelle auf 140 Milliarden Mark festgelegt, hatte sich über das Wochenende also erneut fast versechsfacht. Am Montagmorgen versammelten sich daher zahlreiche Berliner vor den Bäckereien, wütend und empört, vielerorts stürmten sie die Läden und plünderten sie. Andernorts wurden Transportwagen von Bäckereien angehalten und ausgeraubt. Die Polizei musste mit Überfallkommandos anrücken, um die gewaltsamen Proteste einigermaßen in den Griff zu bekommen.[381] Erst als die preußische Regierung Mehlvorräte beschlagnahmte, verbilligt an die Bäcker abgeben ließ und das Reichsministerium für Ernährung eine Preissenkung auf 80 Milliarden Mark anordnete, beruhigte sich die Lage ein wenig. Innerhalb der folgenden zwei Wochen stieg der Brotpreis dennoch weiter, auf 233 Milliarden Mark am 19. November.

Die Löhne konnten bei diesen Preissprüngen nicht mehr mithalten, obwohl sie inzwischen meist täglich angepasst und ausgezahlt wurden. So verdiente ein gelernter Arbeiter im November im Schnitt zwar 16,5 Billionen Mark pro Woche. Das entsprach jedoch im Wert gerade mal der Hälfte des Verdienstes der Vorkriegszeit.

Noch drastischer waren die Einbußen für Beamte. Ein mittlerer Beamter kam mit seinen 73 Billionen pro Monat nur auf 41 Prozent, ein höherer Beamter mit 99 Billionen sogar nicht einmal auf ein Drittel der Kaufkraft seines Vorkriegsgehalts.[382]

Immer mehr Beschäftigte forderten daher eine Auszahlung des Gehalts in wertbeständiger Währung, sei es in Form von Anteilsscheinen der Goldanleihe oder in wertbeständigem lokalem Notgeld. Sie legten die Arbeit nieder, in diversen Regionen und Betrieben traten die Arbeiter in Streik. Das war an sich nichts Neues, seit Wochen flackerten solche Auseinandersetzungen immer wieder auf. Doch diesmal erhielten die Arbeitsniederlegungen eine besondere Dramatik, da auch eine Berufsgruppe mitwirkte, die gerade unverzichtbar war: die Buchdrucker. Sie traten in Berlin am 11. November in Streik – jene Berufsgruppe, die unabdingbar war für die rechtzeitige Bereitstellung der neuen Rentenmark.

Am 15. November sollte die neue Währung in Umlauf gebracht werden, die Druckerpressen liefen seit Tagen auf Hochtouren – nun standen sie plötzlich wieder still, und die so sehnlich herbeigewünschte neue Währung stand erneut auf der Kippe. Doch so kurz vor dem Ziel wollte die Regierung ein Scheitern auf keinen Fall mehr riskieren. Entsprechend rabiat reagierte sie: Erwerbslose Buchdrucker wurden aufgefordert, sich bei der Reichsdruckerei zur Arbeitsaufnahme zu melden, und wer sich weigerte, verlor den Anspruch auf Erwerbslosenfürsorge. Streikposten wiederum, die diese zwangsrekrutierten Drucker an der Arbeitsaufnahme hindern wollten, wurden verhaftet.[383]

So konnten die Druckerpressen nach und nach wieder in Gang gesetzt werden, die Buchdrucker brachen ihren Streik ab, und in letzter Minute wurde das Scheitern der Einführung der Rentenmark verhindert. Die neuen Scheine lagen folglich am 15. November parat, alles war bereit. Und doch überwog der Zweifel: Konnte die Rentenmark wirklich das Ende der Inflation bewirken? Sie konnte es, und zwar schneller, als selbst die kühnsten Optimisten zu hoffen gewagt hatten.

KAPITEL 44

Die neue Währung November 1923

Es war ein mächtiges, neues Gebäude in der Alten Jakobsstraße in Berlin, in dem Mitte November geschäftiges Treiben herrschte. Überall wurde gehämmert und gebohrt, Arbeiter trugen Mobiliar umher. Auf den Gängen standen Geldschränke herum, auch ein Tresorraum wurde eingerichtet. Der Eingang war indes noch von einem Bretterverschlag verhüllt. Darauf waren zwei Wörter aufgemalt: »Deutsche Rentenbank«.

Eigentlich hatte hier die Reichsschuldenverwaltung ihren Sitz, doch jetzt zog die neue Währungsbank in das Gebäude ein. Und sogleich strömten die Menschen herbei. Einige gelangten durch das Einzugschaos bis in den zweiten und dritten Stock und verlangten dort, jetzt stante pede einen Packen der neuen Geldscheine ausgehändigt zu bekommen.[384] Doch so funktionierte das nicht.

Die Rentenmark wurde zwar offiziell am 15. November eingeführt. Doch die Bank selbst pflegte keinerlei Kontakt zu Privatpersonen. Das neue Geld wurde zunächst nur vom Staat über die Löhne und Gehälter für Beamte und staatliche Angestellte ausgegeben, in den ersten Wochen wurde sogar nur ein Teil ihrer Entlohnung so beglichen. »Heute kam der Bote und brachte Gehälter«, notierte der Kantor und Lehrer Heinrich von der Ohe in jenen Tagen im November in sein Tagebuch. »Ich bekam 33 Billionen, davon 16 in Rentenmark.«[385]

Abb. 22: Banknote zu 1 Rentenmark

Quelle: privat

Noch war allerdings nicht klar, wie der Umtauschkurs zur Papiermark aussehen würde. Für die erste Gehaltszahlung an die Beamten wurde ein Kurs von 300 Milliarden Papiermark je Rentenmark festgesetzt. Am Tag, als die Zahlung dann erfolgte, lag der Kurs jedoch schon bei 600 Milliarden Mark. Denn eine Rentenmark entsprach einer Goldmark, wie sie vor dem Krieg galt. Und der Kurs der Goldmark wiederum war an den Dollar geknüpft: 4,20 Goldmark entsprachen 1 Dollar. So wie der Wert der Papiermark gegenüber dem Dollar weiter verfiel, so verfiel er folglich auch gegenüber der Rentenmark.

Da war es nur logisch, dass auch die anderen Deutschen, die nicht beim Staat arbeiteten, endlich an das neue, wertbeständige Geld gelangen wollten. Als die Reichsbank in Berlin am 18. November am Hausvogteiplatz erstmals den Umtausch von Papiermark in Rentenmark anbot, bildeten sich folglich sofort lange Schlangen. Natürlich reichten die vorhandenen Mittel nicht, viele mussten auf den nächsten Tag vertröstet werden.[386] In den Tagen darauf wurde das neue Geld dann auch in anderen Städten und nach und nach in den ländlichen Gegenden ausgegeben.

Abb. 23: Kursentwicklung des Dollars in Mark im November 1923

Quelle: Statistisches Reichsamt

Als es dort ankam, stand auch der endgültige Umrechnungskurs fest. Denn die Papiermark war nach dem 15. November zwar noch einige Tage lang weiter abgestürzt, an einigen Handelsplätzen bis auf 11 Billionen Mark je Dollar. Ab dem 20. November pendelte der Kurs sich dann jedoch bei 4,2 Billionen ein – und blieb da stehen.

Der entscheidende Grund dafür war, dass am 15. November nicht nur das neue Geld ausgegeben wurde, sondern am gleichen Tag ein weiterer Schritt vollzogen wurde: Die Reichsbank hielt die Notenpresse an. Von diesem Tag an diskontierte sie keine Schatzwechsel der Reichsregierung mehr, sie nahm also keine Staatsschulden mehr auf ihre Bücher, um im Gegenzug den entsprechenden Betrag auszugeben. Nun durfte neues Geld nur ausgegeben werden, wenn im Austausch dafür bei der Reichsbank Handelswechsel hinterlegt wurden. Das Geld musste also durch einen realen Wert gedeckt sein, so wie es vor dem Krieg üblich gewesen war.

Schon fünf Tage nach diesem Schritt war der weitere Verfall der Papiermark gestoppt. Dass dabei der Kurs bei 4,2 Billionen Mark je Dollar festgelegt wurde, war jedoch kein reiner Zufall. Die Reichsbank intervenierte, um ihn auf diesem Niveau zu halten. Denn dieses hatte zwei Vorteile. Zum einen war das Umrechnen so extrem einfach. Vor dem Krieg hatte der Dollarkurs bei 4,20 Goldmark je Dollar gelegen. Nun lag er bei 4,2 Billionen Mark. Folglich wurde aus 1 Billion Papiermark nun 1 Rentenmark. Es mussten nur 12 Nullen gestrichen werden. Dadurch vermied man ein Rechenchaos, wie es beispielsweise der Fall gewesen wäre, wenn der Kurs beim Dollarstand vom 15. November festgezurrt worden wäre. Da kostete ein Dollar 2,52 Billionen Mark. Eine Rentenmark wäre dann 600 Milliarden Papiermark wert gewesen. Das hätte vor allem im Alltag in den Geschäften zu Problemen geführt. Denn die alten Banknoten wurden ja nicht ungültig. Im Gegenteil: Formal blieb die Papiermark weiterhin das einzige gesetzliche Zahlungsmittel. Die Rentenmark war nur ein von einer privaten Bank ausgegebenes zusätzliches Zahlungsmittel, musste allerdings von allen öffentlichen Kassen akzeptiert werden und hatte dadurch de facto den Status eines offiziellen Zahlungsmittels.

Die Reichsbank aber durfte weiterhin nur auf Mark lautende Banknoten herausgeben, und diese wurden auch noch über Monate hinweg im Alltag genutzt, parallel zu den Rentenmarkscheinen. Die Reichsbank druckte in den folgenden Wochen sogar neue, weniger leicht zu fälschende Geldscheine, zu 5, 10, 20, 50 und 100 Billionen Mark. Denn da diese Geldscheine ja nun ebenfalls wertbeständig waren, kam es vermehrt zu Fälschungen. In den Monaten zuvor war dies praktisch ausgeschlossen, obwohl die ganzen Millionen- und Milliarden-Scheine in simpelster Manier und sogar nur einseitig bedruckt worden waren. Doch wann immer ein Fälscher einen neuen Schein mit einem gewissen Aufwand kopiert hätte – was sicher ein oder zwei Tage gedauert hätte –, dann wäre dieser schon wieder wertlos gewesen, wenn er ihn endlich fertiggestellt hätte. Noch dazu hätte er dafür erst einmal eine freie Druckerpresse finden müssen – diese waren ja alle von der Reichsbank in Beschlag genommen. Jetzt aber lohnte sich die Fälschung wieder. Daher ließ die Reichsbank von den Scheinen mit dem höchsten Wert etwas aufwendiger gestaltete Versionen in Verkehr bringen. Die Scheine zu 20, 50 und 100 Billionen wurden sogar wieder mit Porträts nach Gemälden von Albrecht Dürer verziert.

Doch der Umrechnungskurs von 1 Billion Papiermark zu 1 Rentenmark hatte auch einen weiteren Effekt, der ganz im Sinne der Regierung war. Denn je geringer der Wert der Papiermark, desto geringer fiel der Wert der verbleibenden Reichsschulden aus. Diese waren vom 15. Oktober bis zum 15. November von 170 Billiarden auf die unglaubliche Summe von 191,6 Trillionen Mark gestiegen, hatten sich also in einem Monat mehr als vertausendfacht. Ausgeschrieben sieht diese Zahl so aus: 191.600.000.000.000.000.000. Doch umgerechnet in Rentenmark bei einem Kurs von eins zu einer Billion ergab das gerade mal 191,6 Millionen Rentenmark: 191.600.000.

Das Gesetz über die Errichtung der Rentenbank hatte vorgesehen, dass diese dem Reich ein zinsloses Darlehen im Wert von 300 Millionen Goldmark beziehungsweise Rentenmark gab. Damit sollte der Staat die alten Schulden ablösen, also die Schatzwechsel, die auf Papiermark lauteten, aufkaufen. Diese lagen zum allergrößten Teil inzwischen bei der Reichsbank, denn diese hatte ja die Schulden des Reiches seit Monaten mit der Notenpresse finanziert. Der Finanzminister kaufte der Reichsbank nun diese Anleihen, die auf Papiermark lauteten, ab und überwies ihr dafür 191,6 Millionen Rentenmark. Dadurch standen in der Bilanz der Reichsbank nun nicht mehr Schatzwechsel auf die wertlosen Papiermark, sondern wertstabile Rentenmark – ein rein technischer Vorgang, der jedoch die Bilanz der Reichsbank stärkte. Die Notenbank hatte damit nun keine Forderungen mehr an den Staat und eine »saubere« Bilanz. Der Staat war nun nur noch bei der privatwirtschaftlichen Rentenbank verschuldet.

Bei einem Umrechnungskurs von eins zu 600 Milliarden Mark hingegen hätten die 300 Millionen Rentenmark dafür nicht ganz gereicht. Die Schulden hätten sich dann auf 319 Millionen Rentenmark belaufen. Die Regierung hätte teilweise auf den zweiten zinslosen Kredit zurückgreifen müssen, den sie von der Rentenbank erhielt, in Höhe von 900 Millionen Rentenmark. Dieses Geld war jedoch nicht nur für eine technische Umbuchung gedacht, es sollte dazu dienen, die Ausgaben des Reiches in den ersten Wochen zu begleichen, bevor es auch entsprechende Einnahmen in Rentenmark verbuchen konnte. Es war also beispielsweise für Gehälter und Sozialausgaben vorgesehen.

Daher war es im Interesse der Regierung, den Umrechnungskurs so zu gestalten, dass dieses Geld möglichst nicht für die Ablösung der Schulden verwendet wurde. Mit dem Kurs von eins zu einer Billion war das der Fall, und die 900 Millionen Rentenmark konnten komplett für die Ausgaben des Reiches verwendet werden.

Daten und Ereignisse 1923 bis zur Einführung der Rentenmark

13. Oktober: Der Reichstag beschließt das Ermächtigungsgesetz, das der Regierung weitgehende Vollmachten gibt.

13. Oktober: Die Regierung beschließt auf Basis des Ermächtigungsgesetzes die weitgehende Überwälzung der Kosten der Erwerbslosenfürsorge auf Arbeitgeber und Arbeitnehmer.

15. Oktober: Die Regierung beschließt auf Basis des Ermächtigungsgesetzes die Einführung der Rentenmark.

19. Oktober: Der Dollarkurs überschreitet erstmals die Marke von 10 Milliarden Mark.

21. Oktober: Separatisten rufen in Aachen die »Freie und unabhängige Republik Rheinland« aus.

27. Oktober: Die Regierung beschließt auf Basis des Ermächtigungsgesetzes den radikalen Abbau der Zahl der Beamten und Angestellten im Öffentlichen Dienst.

29. Oktober: Die Reichsregierung setzt per Reichsexekution die sächsische Landesregierung aus SPD und KPD ab und überträgt die Regierungsgewalt an einen Reichskommissar.

31. Oktober: Der sächsische Landtag wählt Alfred Fellisch zum neuen Ministerpräsidenten einer SPD-Minderheitsregierung.

1. November: Der Dollarkurs überschreitet erstmals die Marke von 100 Milliarden Mark.

2. November: Die SPD verlässt die Regierung Stresemann, die als Minderheitsregierung im Amt bleibt.

8./9. November: Adolf Hitlers Putsch in München scheitert.

9. November: Der Rheinische Provinziallandtag legt in Aachen ein Treuegelübde zum Reich ab.

13. November: Hjalmar Schacht wird zum Reichswährungskommissar ernannt.

13. November: Frankreich beantragt bei der Reparationskommission eine neue Konferenz zur Reparationsfrage.

14. November: Der Dollarkurs überschreitet erstmals die Marke von 1 Billion Mark.

15. November: Die Rentenbank gibt erstmals die neue Rentenmark aus.

KAPITEL 45

Das Ende der Regierung Stresemann November 1923

»Der Reichsminister der Finanzen behauptet immer, daß das Reich gewisse Zahlungen an das besetzte Gebiet nicht mehr leisten könne. Ich bestreite, daß das Reich in einer so schwierigen finanziellen Lage ist. Mag selbst die Rentenmark dadurch ebenso wie die Papiermark in einen Abgrund getrieben werden, daß das Reich umfangreiche Zahlungen an das besetzte Gebiet leistet, das Rheinland muß mehr wert sein als ein oder zwei oder selbst drei neue Währungen.«[387]

Dies war die Forderung des Kölner Oberbürgermeisters und Zentrumspolitikers Konrad Adenauer am 13. November 1923. Doch konnte er das wirklich gesagt haben? Gerade war nach unsäglichen Qualen endlich eine neue Währung eingeführt worden – und nun forderte einer der wichtigsten Politiker des Rheinlands, dass diese gleich wieder geopfert werden sollte? Und vielleicht auch noch eine nächste Währung?

Adenauer hatte dies wirklich gesagt, auf dem Höhepunkt eines neuen Streits, der rund um die Einführung der Rentenmark ausgebrochen war. Dabei ging es um die Frage, ob das Reich nun das

Rheinland weiter unterstützen könne. Finanzminister Luther hatte darauf beharrt, dass ab dem 15. November, mit der Einführung der Rentenmark, alle Unterstützungsleistungen für das Rheinland eingestellt werden müssten. Das Geld dafür sei nach dem Stopp der Notenpresse schlicht nicht mehr da.

Deshalb solle die Regierung erklären, dass mit dem 15. November jede finanzielle Verantwortung des Reiches für die besetzten Gebiete ende. Wenn dies zur Folge hätte, dass Frankreich diese Verantwortung übernehme und das Rheinland noch enger an sich binde, dann möge es so sein.[388]

Das rief geharnischten Protest im Rheinland hervor. Besonders vehement trat das bei einer gemeinsamen Sitzung des Kabinetts mit Vertretern der besetzten Gebiete am 13. November zutage, bei der auch Kölns Oberbürgermeister Konrad Adenauer dabei war. Er trat dem Finanzminister mit besagten Worten entgegen und forderte damit, die Notenpresse notfalls wieder anzuwerfen, um die finanzielle Unterstützung von Rhein und Ruhr fortzusetzen.

Die neue Währung gleich wieder zu opfern, das war für Finanzminister Luther, auch wenn er zuvor selbst Oberbürgermeister einer Ruhrgebietsstadt, von Essen, gewesen war, eine Horrorvorstellung, und das Gleiche galt für seine Kabinettskollegen. Dennoch war allen klar, dass ein Bruch mit dem Rheinland keine wirkliche Option war. Daher einigte sich das Kabinett schließlich darauf, den besetzten Gebieten noch einmal mit einer Gesamtsumme von 100 Millionen Rentenmark unter die Arme zu greifen, dann aber jede Unterstützung einzustellen. Durch den Umrechnungskurs von eins zu einer Billion hatte die Regierung diesen Handlungsspielraum gewonnen.

Damit war nicht nur die Einführung der Rentenmark erfolgreich bewerkstelligt, auch die erste gefährliche Klippe danach war genommen. Die Regierung Stresemann hatte den Grundstein für eine Genesung der Wirtschaft und des Landes gelegt – und ihre Schuldigkeit getan.

Schon seit ihrem Ausscheiden aus dem Kabinett hatten die Sozialdemokraten damit gedroht, die Regierung durch ein Misstrauensvotum stürzen zu wollen. Kommunisten und Deutschnationale hatten das gleiche Ziel. Für den 20. November war nun die nächste Reichstagssitzung anberaumt, und alles deutete darauf hin, dass die Regierung dabei gestürzt würde.

Stresemann kam dem jedoch zuvor, indem er selbst die Vertrauensfrage stellte. Am 23. November sollte darüber abgestimmt werden. Zuvor hielt Stresemann noch einmal eine lange, über zweieinhalb Stunden dauernde Rede. Darin gab er einen umfassenden Rückblick auf seine Politik der vergangenen Monate, rechtfertigte vor allem seine Entscheidungen: »Ich glaube aber, in diesen drei Monaten ist genug geschehen auch an Taten seitens der Regierung, seien sie nun falsch oder richtig«, sagte er, offenbar bereits mit der Ahnung, dass dies seine letzte Rede als Reichskanzler sein würde. »Jedenfalls haben wir uns vor der Verantwortung nicht gescheut, wenn es sich darum handelte, Taten zu unternehmen.«

Auch der Schluss seiner Rede klang eher wie ein Abschied:

> »Als der Herr Reichskanzler Dr. Cuno sich am 13. August von mir verabschiedet hat, sagte er zu mir: Ich verlasse dieses Haus gern, in dem ich keine glückliche Stunde meines Lebens verlebt habe. Was uns veranlaßt hat, die Geschäfte zu führen, das war die Verantwortung vor dem Lande. Wir haben die Pflicht, Ihnen unsere Auffassung zum Ausdruck zu bringen. Ich habe sie Ihnen vorgelegt ohne jede Verschönerung, ohne jede Vertuschung, ohne jeden Willen, hiermit irgendwie Beifall zu erwecken. Schließlich gibt es eins, das über uns allein entscheidet: das ist unser Gewissen, und wir haben die Überzeugung, daß wir gewissenhaft unsere Pflicht gegenüber Volk und Reich getan haben.«[389]

Abends um 19:30 Uhr fand die Abstimmung statt, und sie fiel wie erwartet aus: 155 Abgeordnete sprachen Stresemann das Vertrauen aus, 230 stimmten gegen ihn. Schweigend nahm der Reichskanzler das Ergebnis zur Kenntnis, auch der Rest des Reichstags blieb still. Dann stand Stresemann auf, verließ das Parlament und begab sich zum Reichspräsidenten. Dort bat er um seine Entlassung. Reichspräsident Ebert stimmte zu, bat Stresemann und sein Kabinett jedoch, so lange im Amt zu bleiben, bis eine neue Regierung gefunden wäre.[390]

Es war ein unwürdiges Ende für dieses Kabinett, das innerhalb von dreieinhalb Monaten kaum Vorstellbares geleistet hatte. Es hatte den Konflikt mit Frankreich durch unpopuläre, aber unausweichliche Entscheidungen entspannt, sodass Frankreich selbst inzwischen sogar eine Neuverhandlung der Reparationen beantragt hatte. Es hatte die Reichsfinanzen durch ein Sparprogramm saniert, wie es in der Geschichte seinesgleichen sucht. Es hatte einen kommunistischen und einen nationalsozialistischen Umsturz durch umstrittene, aber letztlich erfolgreiche Manöver vereitelt. Und es hatte schließlich einen Plan für eine neue Währung ausgearbeitet und umgesetzt.

Die Regierung Stresemann hatte in diesen rund hundert Tagen, da sie amtierte, mehr geleistet als die Kabinette Wirth und Cuno in den mehr als zwei Jahren davor. Vor allem aber hatte sie die Basis dafür gelegt, dass das Land in den kommenden Jahren wirtschaftlich wieder aufblühen konnte.

KAPITEL 46

Das »Wunder der Rentenmark« Winter 1923/1924

»Ich sehe gegenwärtig, daß diese innere wirtschaftliche Lage trostlos ist«, sagte Gustav Stresemann in seiner letzten Rede als Reichskanzler, mit der er sein Amt retten wollte. Doch es schien ihm, dass jede Beschönigung fehl am Platz gewesen wäre. »Die innere Lage ist trostlos, und ich bemerke Ihnen mit aller Offenheit, meine Herren, ich sehe auch keinen Weg, vorläufig diese trostlose Lage zu bessern.«[391]

Hätte er gewusst, wie die Lage zwei oder drei Monate später sein würde, hätte er das höchstwahrscheinlich anders formuliert, und dann hätte er vielleicht auch sein Amt gar nicht verloren. Denn zur Überraschung fast aller Beobachter, aber auch der Beteiligten selbst, wurde die Einführung der Rentenmark zu einer grandiosen Erfolgsgeschichte.

Bis Ende des Jahres liefen bereits 1 Milliarde Rentenmark um.[392] Vor allem aber kam die Inflation schlagartig zum Stillstand. Der Preis eines Kilos Kartoffeln stieg zwar vom 19. bis zum 26. November noch von 49 auf 84 Milliarden Mark, blieb dann aber auf dem Niveau von 80 Milliarden Mark beziehungsweise 8 Rentenpfennig. Auch Butter stabilisierte sich nach einem weiteren Anstieg von 2,88 auf 5,6 Billionen Mark auf dem Niveau von rund 5 Rentenmark je Kilo. Das Roggenbrot verteuerte sich nach dem 19. November noch

Abb. 24: Preisentwicklung bei Brot November/Dezember 1923, in Milliarden Mark pro Kilo

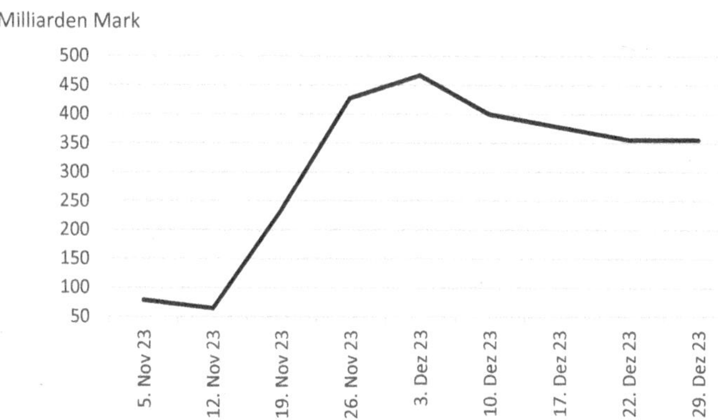

Quelle: Statistisches Reichsamt

von 233 auf 467 Milliarden Mark, sank dann aber bis Weihnachten wieder auf 356 Milliarden Mark oder 36 Rentenpfennige. Das Kilo Rindfleisch, das am 19. November 5,6 Billionen Mark gekostet hatte, verbilligte sich bis Mitte Dezember sogar auf 2 bis 3 Billionen Mark oder 2 bis 3 Rentenmark. Und der Fahrschein der Berliner Straßenbahn blieb ab dem 22. November konstant bei 150 Milliarden Mark oder 15 Rentenpfennigen.

Innerhalb weniger Tage war der böse Geist der Inflation aus dem Leben der Menschen verschwunden. Es lasse sich heute nicht mehr ermessen, welch Erlösung die Ablösung der homöopathisch ausgedünnten Währung durch die Rentenmark im November 1923 bedeutete, schreibt der Journalist Rudolf Pörtner:

> »Es war, als wenn ein Ertrinkender, in einer Springflut von Papiergeld fast schon versunken, plötzlich Boden unter den Füßen verspürt hätte. Als mein Vater mit dem ersten wertbeständigen Zahlungsmittel heimkehrte, traten wir wie zur Besichtigung einer säkularen Kostbarkeit an, und es verschlug uns fast den Atem, als

> wir die erste Rentenmark zunächst beäugen, dann sogar wie eine wundertätige Reliquie in die Hand nehmen durften.«[393]

Das Wort vom »Wunder der Rentenmark« machte die Runde. Und wie ein Wunder mutete der Erfolg wirklich an. Dabei waren die Gründe vor allem psychologischer Natur. Eine Rolle spielte, dass der Wert der Rentenmark dem der alten Goldmark entsprach. Diese war den Menschen als stabile Währung in Erinnerung, und daran knüpfte die Rentenmark an. Das zeigen auch die Tagebucheinträge des Lehrers Heinrich von der Ohe. Am 18. Dezember 1923 notierte er: »Wir bekommen jetzt wieder Gehalt in Goldmark. Ich bekomme mtl. 227,50 Goldmark.«[394] Doch tatsächlich erhielt er Rentenmark, die für die Menschen aber gleichbedeutend wurde mit der Goldmark.

Einen weiteren Grund legt Arthur R. G. Solmssen in seinem Roman *Berliner Reigen* einem Berliner Bankier in den Mund:

> »Der Grund basiert in erster Linie auf Massenpsychologie und weniger auf Nationalökonomie. Die Vorstellung, dass die Rentenmark durch eine Grundschuld auf deutsche Erde und deutsche Industrie gesichert ist, scheint dem deutschen Volk – obwohl praktisch und rechtlich gesehen ziemlich bedeutungslos – doch etwas zu bedeuten und sein Vertrauen in deutsches Papiergeld als Tauschmittel wiederherzustellen.«[395]

Eine Rolle mag auch gespielt haben, dass Rentenbriefe den Deutschen bereits ein Begriff waren, ein positiv besetzter zudem. Über solche Papiere waren im 19. Jahrhundert die bäuerlichen Grundlasten nach der Bauernbefreiung abgelöst worden, und diese Rentenbriefe galten seither als eine der sichersten Geldanlagen.

Dabei war die Besicherung der Rentenmark über eine Grundschuld auf den Besitz von Industrie und Landwirtschaft vor allem ein theoretisches Konstrukt. Einen wirklichen Zugriff darauf hätte es im Falle einer Entwertung der Rentenmark wohl kaum gegeben.

Aber allein die Vorstellung, dass den neuen Banknoten etwas Reales zugrunde lag, reichte aus.

Am wenigsten zum Erfolg beigetragen hatte wohl Reichswährungskommissar Hjalmar Schacht, der für die Einführung der Rentenmark formal verantwortlich war. Allerdings war er an der Planung und Ausformulierung des Projekts nicht beteiligt gewesen, und er hatte es ursprünglich sogar kritisiert. In einem Artikel in der *Vossischen Zeitung* vom 3. Oktober hatte er geschrieben, der Grundgedanke der neuen Währungsbank sei »völlig verfehlt«, und die neue Währung sei »in keiner Weise davor geschützt, einen ähnlichen Entwertungsprozess durchzumachen wie die Papiermark«.[396]

Das hielt Schacht jedoch nicht davon ab, sich nun dafür feiern zu lassen, dass er das Wunder der Rentenmark vollbracht habe. Die DDP, der er angehörte, plakatierte bei den Wahlen im Frühjahr 1924 sogar, mit etwas schrägen Reimen: »Die Hausfrau endlich wieder lacht, wer hat Befreiung ihr gebracht, von Geld und Lebensmitteljagd? Die Rentenmark von unserm Schacht!«[397]

Der Mythos, dass Hjalmar Schacht die Inflation gestoppt und das Wunder der Rentenmark vollbracht habe, hielt sich auch danach hartnäckig über die Jahrzehnte hinweg. Noch 1957 fühlte sich Hans Luther, 1923 Finanzminister und 1925/1926 Reichskanzler, bemüßigt, dem *Spiegel* einen Leserbrief zu schreiben, nachdem der Historiker Gordon A. Craig dort Schacht als »Schöpfer der Rentenmark« bezeichnet hatte:

> »Es ist das eine Legende mit seltsamer Verbreitung. In Wirklichkeit hat Schacht mit der Entstehung der Rentenmark überhaupt nichts zu tun ... Die Rentenmark als rettende Tat beruht auf der Rentenmark-Verordnung vom 13. Oktober 1923, die außer der Unterschrift des Reichskanzlers meine Unterschrift als die des verantwortlichen Ministers trägt. Sie kam am 16. November heraus. – Was den wirklichen Ursprung der Rentenmark anbetrifft, so entstammt ihr psychologischer Teil, nämlich eine eigenartig

> konstruierte »Sicherung« durch Grund und Boden, einem als »Roggenmark« vorgebrachten Vorschlag des deutschnationalen Reichstagsabgeordneten Dr. Karl Helfferich. Der bankmäßige Teil der Rentenmark beruht dagegen auf einer Ausarbeitung durch mich selbst, der ich als Finanzminister die Rentenmark auch gesetzgeberisch eingebracht und durchgebracht habe und die politische Verantwortung für sie trage.«[398]

Doch Schacht wusste seine Stellung als Reichswährungskommissar, der formal für die Einführung der Rentenmark zuständig war, schon Ende 1923 für seinen nächsten Karriereschritt zu nutzen. Denn ein unerwartetes, tragisches Ereignis führte nun doch zur Möglichkeit einer Veränderung an der Spitze der Reichsbank, obwohl sich Reichsbankpräsident Havenstein weiterhin hartnäckig geweigert hatte, zurückzutreten. Noch am 19. November hatte dieser in einem Schreiben an den Reichspräsidenten begründet, warum er und sein Stellvertreter ihre Posten keinesfalls aufgeben könnten:

> »Denn wie die Dinge liegen, handelt es sich für uns nicht nur um unser persönliches Recht auf ein etwas längeres oder kürzeres Verbleiben in unseren Ämtern, sondern es handelt sich um die der Reichsbank und ihrem Direktorium durch Bank- und Autonomiegesetz verbrieften Grundrechte, und wir halten uns für verpflichtet, diese Rechte der Reichsbank und des Gesamtdirektoriums zu wahren, wenn sie nach unserer vollen und inneren Überzeugung durch eine irrtümliche Auffassung der Regierung in Gefahr stehen, verletzt zu werden.«[399]

Havenstein war da gerade erst aus einem Erholungsurlaub zurückgekehrt, wo er sich mit einer Grippe infiziert hatte. Nur einen Tag später, am 20. November, wurde er dann aber in seiner Berliner Dienstwohnung gefunden. Tot. Er war plötzlich an einem Herzschlag verstorben. Das war natürlich eine persönliche Tragödie. Doch eine

Regierung, gerade in der akuten Notlage, in der sich das Reich befand, musste das als Chance begreifen.

Noch war keine neue Regierung gefunden, noch amtierte Stresemann als Reichskanzler, und dieser hatte einen klaren Favoriten für die Nachfolge: Hjalmar Schacht. Das Problem war jedoch, dass das Reichsbankdirektorium diesen ablehnte. Am 17. Dezember schrieb das Direktorium an die Reichskanzlei und nannte dann auch gleich seinen Favoriten:

> »Wir bitten dringend und hoffen zuversichtlich, daß uns nicht eine Persönlichkeit als Präsident aufgezwungen wird, mit der (...) ein vertrauensvolles Zusammenarbeiten nicht möglich erscheint.
>
> Wir halten uns für verpflichtet, unter diesen Umständen eindringlichst und nachdrücklichst noch einmal zu betonen, daß unserer festen Überzeugung nach der von uns in dem Schreiben vom 4. d. Mts. vorgeschlagene Dr. Helfferich die einzige uns bekannte Persönlichkeit ist, welche die Qualifikation zum Reichsbankpräsidenten im vollsten Maße besitzt. Neben genauester theoretischer Kenntnis und neben Vertrautheit mit dem Geschäftsleben hat er allein die schöpferische Kraft, deren wir unbedingt bedürfen, um die deutsche Währung wieder aufzurichten. Das von ihm entworfene und zur Verwirklichung gebrachte Projekt der Rentenbank beweist dies.«[400]

Doch Stresemann wollte Helfferich unbedingt verhindern, und das galt auch für seinen Nachfolger, Reichskanzler Wilhelm Marx, der am 30. November sein Amt angetreten hatte. Daher überstimmte die Regierung das Reichsbankdirektorium, wozu sie die gesetzliche Macht hatte, und ernannte Schacht trotz aller Widerstände am 22. Dezember zum neuen Reichsbankpräsidenten.[401]

In dieser Position wurde Schacht dann tatsächlich zu einem der Väter des neuen Erfolgs der deutschen Währungspolitik. Er führte die Reichsbank straff und streng an der Geldwertstabilität orientiert.

Anfang April 1924, als Papiermark und Rentenmark an den Devisenbörsen wieder unter Druck gerieten, reagierte er radikal, indem er am 5. April verfügte, dass das Volumen der gewährten Wirtschaftskredite nicht mehr erhöht werden dürfe. Neue Kredite konnten also nurmehr gewährt werden, wenn alte Kredite abgelöst wurden. Die Währung stabilisierte sich daraufhin schnell wieder.

Der Preis war jedoch eine Rezession. Ende Juni schrieb daher Reichswirtschaftsminister Hamm an Schacht: »Der Stand der Währung ist zwar behauptet, aber die Wirtschaft droht aus Mangel an Kapital und Kredit alsbald vollends zu erliegen.«[402] Doch für Schacht war eine stabile Währung eine Voraussetzung für eine gesunde Wirtschaft, weshalb er an diesem Kurs festhielt. Vor allem aber begründete seine radikale Reaktion von Anfang April 1924 einen Nimbus, wonach er die Stabilität der Währung mit allen Mitteln verteidigte.

Praktisch gleichzeitig wies ein neuer Plan jedoch eine ganz andere, neue Zukunft für die Reichsbank: der Dawes-Plan.

KAPITEL 47

Der Dawes-Plan
Frühjahr 1924

Die Worte klangen etwas kryptisch:

> »Um gemäß Artikel 234 des Versailler Vertrages die Ressourcen und die Leistungsfähigkeit Deutschlands zu prüfen und seinen Vertretern gerechte Gelegenheit zur Anhörung zu geben, beschließt die Reparationskommission, zwei Ausschüsse mit Experten der Alliierten und assoziierter Länder zu schaffen. Einer der Ausschüsse soll damit betraut werden, die Mittel zum Haushaltsausgleich und die zu ergreifenden Maßnahmen zur Währungsstabilisierung zu prüfen. Der andere soll prüfen, wie die Menge des exportierten Kapitals geschätzt und nach Deutschland zurückgebracht werden kann.«[403]

Am 13. November 1923 hatte Frankreichs Regierung eine neue internationale Reparationskonferenz beantragt, am 30. November fasste die Reparationskommission diesen Beschluss. Dass die Worte dabei so unscharf waren, war durchaus Absicht. Denn es gab nach wie vor keine einheitliche Meinung unter den Alliierten, was genau diese Konferenz eigentlich erreichen sollte. Viel wichtiger war aber ohnehin, dass eine solche Konferenz nun stattfinden konnte, und vor allem, wer sie leitete: Das war der amerikanische Bankier und Politiker Charles G. Dawes. Die USA saß damit wieder mit am Tisch, und mit Dawes übernahm sie sogar die Leitung.

Dawes legte den Auftrag, der ihm durch den schwammig formulierten Beschluss vom 30. November gegeben worden war, sehr weit aus. Sein Ziel war von Anfang an, nicht nur die Zahlungsmöglichkeiten Deutschlands abzuschätzen, sondern einen umfassenden neuen Reparationsplan aufzustellen, der Deutschland nicht aufgezwungen, sondern im Einvernehmen mit Berlin beschlossen wurde, und der Deutschland genug Luft zum Atmen gab, also die Möglichkeit, sich wirtschaftlich wieder zu erholen.

Auf deutscher Seite wiederum blieb Gustav Stresemann der neuen Regierung erhalten. Diese war praktisch eine Neuauflage der alten Regierung, nur unter dem neuen Kanzler Wilhelm Marx (Zentrum). Stresemann (DVP) gehörte dem Kabinett als Außenminister an – das Amt hatte er ja schon während seiner eigenen Kanzlerschaft mit abgedeckt. Auch dies war ein Glücksfall, denn auf diplomatischem Parkett war Stresemann ein Meister. Er hielt sich öffentlich zurück, solange das Komitee tagte, hatte jedoch über deutsche Unterhändler stets Kontakt, insbesondere zu den Vertretern der USA und Großbritanniens. Diese sorgten vor allem dafür, dass die deutsche Position Gehör fand, wonach an eine Zahlung von Reparationen überhaupt nur zu denken sei, wenn Deutschland wieder die Verfügungsgewalt über die von den Alliierten besetzten Gebiete zurückbekäme.[404]

Schon am 9. April 1924 legte Dawes seinen Plan vor. Er umfasste im Wesentlichen fünf Punkte.[405] Demnach sollten *erstens* die Besatzungstruppen das Ruhrgebiet räumen, und *zweitens* Deutschland die Zahlung der Reparationen wieder aufnehmen, beginnend mit 1 Milliarde Goldmark im Jahr 1924 und dann ansteigend bis auf 2,5 Milliarden Goldmark jährlich ab 1928, ohne dass jedoch ein Ende der Zahlungen definiert wurde. Das Geld sollte *drittens* zum Teil aus direkt abzuführenden Zöllen und Steuern kommen, zu einem anderen Teil aus Zinsen von Hypotheken, die der Reichsbahn und der

Industrie auferlegt werden sollten. Die Reichsbahn sollte dazu privatisiert und mit einer Hypothek von 11 Milliarden Goldmark belastet werden, die mit 5 Prozent zu verzinsen und 1 Prozent jährlich zu tilgen war. Die Industrie sollte mit Schuldverschreibungen in Höhe von 5 Milliarden Goldmark belastet werden, die ab dem vierten Jahr mit 4 Prozent zu verzinsen und mit 1 Prozent zu tilgen waren. *Viertens* sollte Deutschland einen Kredit von US-amerikanischen Banken über 800 Millionen Goldmark erhalten, was bedeutete, dass das Reich im ersten Jahr nur 200 Millionen selbst aufbringen musste. Damit sollte sichergestellt werden, dass Deutschland die Reparationen auch wirklich zahlen konnte.

Dies war ein Punkt, der vor allem dem Banker Dawes wichtig war. Denn dieser Kredit kam letzten Endes vor allem den US-Banken selbst zugute. Die Empfänger der Reparationen, vor allem Frankreich, standen ja wiederum bei diesen Banken mit ihren Kriegsschulden in der Kreide, und durch die Sicherung der Reparationen wurde die Zahlungsfähigkeit dieser Schuldner gegenüber den USA gesichert. Es wurde damit praktisch ein Geldkreislauf geschaffen – US-Banken liehen Deutschland Geld, dieses zahlte damit seine Reparationen an Frankreich, und Frankreich beglich damit wiederum seine Schulden bei den US-Banken. Dieses System sollte tatsächlich in den kommenden Jahren funktionieren. Gleichzeitig lag darin aber auch eine der Quellen für die Ausbreitung der beginnenden Weltwirtschaftskrise des Jahres 1929 nach Deutschland, als die amerikanischen Banken plötzlich ihr Geld zurückforderten. Denn damit brach dieser Kreislauf zusammen und stürzte die deutschen Banken in die Pleite. Doch im April 1924 dachte daran niemand.

Fünftens sah der Plan schließlich vor, dass die Reichsbank reorganisiert wurde. Sie sollte eine neue, einheitliche Währung für Deutschland herausgeben, da die Rentenmark nur eine vorübergehende Stabilität bringe, und diese neue Währung sollte wieder auf Gold basieren. Die Reichsbank sollte zudem komplett unabhängig werden, und darüber sollte ein Aufsichtsrat wachen, in dem sieben deutsche Vertreter sowie jeweils ein Vertreter der USA, des Vereinigten Königreichs, Frankreichs, der Niederlande, Italiens und der Schweiz sitzen sollten. Die sechs ausländischen Vertreter durften keine Politiker oder Beamten sein, sondern ausschließlich unabhängige Finanzexperten.

Dieser Aufsichtsrat sollte aus den Reihen der deutschen Vertreter einen Präsidenten wählen. Ein ausländischer Vertreter sollte dagegen die Funktion des »Commissioners« übernehmen, dessen Aufgabe es sein sollte, die Notenausgabe und die Einhaltung der Deckungsvorschriften zu überwachen. Damit wollten die Alliierten sicherstellen, dass die Reichsbank nicht wieder Defizite des Reiches finanzierte, indem sie die Druckerpresse anwarf, dass also nicht eine neue Inflation erzeugt wurde.

Die Regierung in Berlin war durchaus gewogen, den Plan anzunehmen. Zwar schien unklar, ob die 2,5 Milliarden Goldmark, die ab 1928 zu zahlen wären, wirklich aufgebracht werden könnten. Doch bis dahin blieben ja vier Jahre Zeit. Auch die teilweise Abgabe der Kontrolle über die Reichsbank und die Reichsbahn schmerzte. Andererseits hatte die Privatisierung der Reichsbahn auch den Vorteil, dass damit finanzielle Lasten für den Reichshaushalt entfielen. Entscheidend war aber, dass die Besatzung des Ruhrgebiets beendet werden sollte – und das war ausschlaggebend dafür, dass die deutsche Regierung den Alliierten schon am 16. April mitteilte, auf Basis des Dawes-Plans das weitere Vorgehen besprechen zu wollen.[406]

In den Monaten danach fanden diverse Treffen statt, im August schließlich eine große Konferenz in London, bei der eine ganz andere Stimmung herrschte als bei allen vorangegangenen Konferenzen zwischen Deutschland und den Alliierten. Die deutsche Seite wurde nun angehört, und die Beteiligten gingen auf die deutschen Vorschläge ein. Dazu trug auch bei, dass Frankreich inzwischen einen neuen Ministerpräsidenten hatte. Raymond Poincaré hatte die Wahlen im Frühjahr verloren, vor allem wegen der schlechten wirtschaftlichen Entwicklung. Ihm folgte der linke Politiker Édouard Herriot ins Amt, der deutlich konzilianter gegenüber Deutschland war und einige Zugeständnisse in Detailfragen machte.

So wurde am 16. August nach intensiven Verhandlungen ein Abkommen über die Umsetzung des Dawes-Plans unterzeichnet. Allerdings brauchte die deutsche Regierung, um einige der Inhalte umsetzen zu können, eine Zweidrittelmehrheit im Reichstag, vor allem für die Privatisierung der Reichsbahn und die Neuorganisation der Reichsbank. Die Zustimmung der Sozialdemokraten war dabei sicher, da sie die Ansicht der Regierung teilten, dass dieser Plan eine rasche Lösung des Reparationsproblems ermögliche.[407] Aber das reichte nicht. Doch am Ende stimmte auch die Hälfte der Abgeordneten der deutschnationalen DNVP zu, und am 29. August 1924 konnte Berlin Vollzug melden.

Rund ein Jahr später, im August 1925, zogen die französischen und belgischen Truppen aus dem Ruhrgebiet ab – zweieinhalb Jahre nach ihrem Einmarsch. Und auch das große Problem der Reparationen, das seit Jahren die deutsche Politik beherrscht hatte und das großen Anteil an der völligen Zerrüttung der Wirtschaft hatte, schien damit endlich gelöst. Die ursprüngliche Strategie, den Alliierten zu zeigen, wie schlecht es Deutschland finanziell gehe, und sie damit zu Konzessionen zu zwingen, war aufgegangen. Allerdings zum Preis eines totalen Absturzes der Währung, der Enteignung breiter Bevölkerungsschichten, deren Sparguthaben durch die Inflation zerstört worden waren, und eines beinahe erfolgten Zerfalls des Reiches.

KAPITEL 48

Die neue Reichsbank

Herbst 1924

»Unter diesen Umständen glaube ich, daß das von der Reichsregierung am 12. Oktober vorigen Jahres – also genau vor einem Jahre – geschaffene Amt des Reichswährungskommissars gegenstandslos geworden ist«, schrieb Hjalmar Schacht, seines Zeichens Reichswährungskommissar und Reichsbankpräsident in einer Person, am 11. Oktober 1924 an Reichskanzler Marx. »Aus diesem Grunde beehre ich mich Ihr Einverständnis damit zu erbitten, daß ich dieses Amt mit dem heutigen Tage niederlege.«[408]

Kurz davor hatte die Reichsregierung die Gesetze zum Dawes-Plan mit Wirkung vom 11. Oktober in Kraft gesetzt, darunter auch das Bankgesetz, das am 30. August beschlossen worden war.[409] Damit sei »eine Entwicklung in der Währungspolitik zum Abschluß gebracht, die uns aus der hemmungslosen Inflation in stabile Verhältnisse zurückgeführt hat«, so Schacht. Die Reichsbank habe nun die Herrschaft über den Zahlungsverkehr zurückgewonnen und sei inzwischen so gestärkt, dass die Stabilität der Währung auch für die weitere Zukunft als gesichert angesehen werden könne. Den Posten des Reichswährungskommissars brauche es folglich nicht mehr. Tatsächlich kam im Herbst 1924 die Phase der Hyperinflation endgültig zu ihrem Ende. Die Preise waren zwar schon seit Ende November 1923 stabil. Doch erst mit dem neuen Reichsbankgesetz und mit dessen Umsetzung waren auch die Institutionen wieder genesen.

Die neu organisierte Reichsbank gab nun neue Banknoten heraus, die auf »Reichsmark« lauteten und nun neben den Rentenmarkscheinen umliefen. Dabei entsprach eine Reichsmark formal 1/2790 Kilogramm Feingold, also 0,358 Gramm, wie zu Zeiten der (Gold-)Mark vor dem Krieg. Das Reichsbankgesetz sah auch vor, dass die Scheine in Gold eingetauscht werden können, doch das Gesetz wurde nie in Kraft gesetzt. Daher war die neue Reichsmark letztlich ebenfalls eine reine Papierwährung, allerdings mit der Fiktion einer Golddeckung.

Für die neuen Scheine zu 10, 20, 50 und 100 Reichsmark – später kam auch noch ein 1.000-Reichsmarkschein dazu – nutzte die Reichsdruckerei zwar höherwertiges Papier als für die Milliarden- und Billionenscheine zuvor. Aber auch diesmal musste es wieder schnell gehen. Daher verzichtete sie auf das Tiefdruckverfahren, das aufgrund seiner höheren Druckqualität bei Banknoten üblicherweise angewandt wird. Die neuen Banknoten wurden im schnelleren Hochdruck produziert. Dennoch waren es wieder richtige Scheine, die einen echten Wert hatten und auch so wirkten. Zu sehen waren auf ihnen Werke des Malers Hans Holbein des Jüngeren (1497–1543).

Auf den Vorderseiten der neuen Banknoten fand sich zudem ein Schaurand, sodass das Wasserzeichen leichter zu erkennen war. Darauf prangte ein Prägestempel mit der Aufschrift »Ausfertigungs-Kontroll-Stempel«. Nach Fertigstellung der Notenbogen wurde dieser vom Kommissar für die Notenausgabe angebracht. Diese Funktion hatte der niederländische Ökonom Gijsbert Weijer Jan Bruins übernommen. Erst durch seinen Prägestempel erhielt der Schein offiziell seine Eigenschaft als Zahlungsmittel.

Mit Ausgabe der neuen Banknoten verloren alle Scheine, die vor dem 11. Oktober 1924 ausgegeben worden waren, ihre Gültigkeit. Sie konnten aber noch bis zum 5. Juni 1925 bei der Reichsbank umgetauscht werden. Papiermark im Nennwert von weniger als 10 Milliarden Mark musste dafür allerdings gebündelt werden, und nur Päckchen im Gesamtwert von jeweils 10 Milliarden Mark konnten eingeliefert werden – das entsprach gerade mal einem Reichspfennig.

Kein Wunder, dass viele diese Banknoten nicht eintauschten, sondern eher als Schreibunterlage nutzten – die Rückseite war ja nicht bedruckt. Andere befeuerten damit ihren Ofen, und der Journalist Rudolf Pörtner erzählt, dass seine Familie die Stöße übrig gebliebenen Inflationsgeldes nahm, um damit die getünchten Wände ihrer wenig einladenden Toilettenanlage zu tapezieren, »unseren Lokus, mit Verlaub zu sagen, in ein Billionenkabinett zu verwandeln. Die Hauptattraktion war eine aus Millionenscheinen montierte Zahl mit sechsunddreißig Nullen, die in Worten auszudrücken uns nie gelungen ist«, wie er schreibt. »Wir hätten schon einen Astronomen zu Rate ziehen müssen.«[410]

Andere packten die wertlosen Banknoten einfach auf den Dachboden. Deshalb gibt es auch heute noch jede Menge dieser Scheine, und ihr Wert für Sammler ist eher gering. Ganz anders bei den wertvolleren Scheinen von 5 Billionen aufwärts. Diese wurden oft schon im Laufe des Jahres 1924 in Rentenmark umgetauscht. Von ihnen sind heute nur noch begrenzte Mengen übrig, und damit lassen sich bei Sammlern höhere Preise erzielen.

Die Reichsmark war von nun an das einzige unbeschränkt gültige gesetzliche Zahlungsmittel. Die Rentenmark blieb aber weiterhin im Verkehr. Zwar wurde am 30. August 1924 ein Gesetz beschlossen, wonach die Zahl der Rentenbanknoten nicht weiter erhöht werden durfte. Diese sollten aber erst im Laufe von zehn Jahren durch die Reichsbank eingezogen werden. Diese Frist wurde immer wieder verlängert, im September 1939 dann bis auf Weiteres. So liefen noch bis zur Einführung der Deutschen Mark 1948 weiter Rentenbanknoten um.

Außerdem wurde am 30. August 1924 beschlossen, dass alle Kredite, die die Rentenbank vergeben hatte, bis zum 1. Dezember

1927 zurückgezahlt werden mussten. So sollte die allmähliche Auflösung der Rentenbank vorbereitet werden. Für die Industrie war das kein Problem. Vielen landwirtschaftlichen Betrieben drohte jedoch die Zahlungsunfähigkeit, wenn ihre Kredite nun so kurzfristig fällig gestellt wurden. Daher wurde die Rentenbank aufgesplittet, in einen industriellen und einen landwirtschaftlichen Teil. Im Juli 1925 wurde schließlich die Deutsche Rentenbank-Kreditanstalt gegründet, die die kurzfristigen Darlehen für die Landwirtschaft in mittel- und langfristige Kredite umwandelte. Sie war der Vorläufer der Landwirtschaftlichen Rentenbank, die noch heute existiert und ihren Sitz in Frankfurt neben dem Eschenheimer Turm hat.

So schien Ende 1924 die Phase der Hyperinflation endgültig ad acta gelegt. Eine neue, stabile Währung war eingeführt, der Reichshaushalt stand auf festem Fundament, die Reparationsfrage war für die nächsten Jahre geklärt, und die Übergangswährung der Rentenmark war auf dem Weg zur Abwicklung. Nur ein Problem bestand noch. Denn am 28. November 1923 hatte das Reichsgericht in Leipzig ein spektakuläres Urteil gefällt. Demnach konnte die Tilgung von Schulden mit entwertetem Geld nicht als Tilgung gewertet werden.[411] Hintergrund war, dass in der Phase der Hyperinflation oder danach viele ihre Kreditschulden zurückgezahlt hatten, als diese meist nur noch einen winzigen Bruchteil des ursprünglichen Wertes hatten. Denn wer beispielsweise 1922 einen Kredit in Höhe von 1 Million Mark aufgenommen hatte, dessen Schulden betrugen nun, nach der Währungsreform, nur noch 0,000001 Mark – aus 1 Billion Mark war ja 1 Rentenmark geworden. Die Schulden waren also praktisch verschwunden.

Es verstieß nach Ansicht des Gerichts gegen Treu und Glauben, dass die Gläubiger auf diese Art um ihre Forderungen gebracht wurden. Allerdings erklärte das Gericht auch, dass Gerichte in jedem Einzelfall zu entscheiden hätten, wie genau der aktuelle Wert der Schulden bemessen werden müsste. Damit drohte eine Prozesslawine auf Jahre das Wirtschaftsleben zu lähmen.

Daher beschloss der Reichstag 1925 die sogenannten Aufwertungsgesetze. Hypotheken wurden nun mit 25 Prozent der alten Schuld bewertet, aus einer ursprünglichen Schuld von 1.000 Mark, deren aktueller Wert praktisch bei null lag, wurden dadurch also 250 Mark. Unternehmensanleihen wurden auf 15 Prozent aufgewertet, Inhaber von Staatsanleihen, die vor 1920 gekauft worden waren und nicht in der Inflationszeit veräußert wurden, erhielten bis zu 12,5 Prozent des Wertes zurück, ebenso Besitzer von Sparkassenkonten. Geld auf Girokonten und Papiergeldbestände blieben dagegen das, was sie waren: komplett wertlos.[412]

All dies war jedoch nur ein schwacher Trost für die Sparer. Sie hatten nach wie vor den größten Teil ihres kleinen oder großen Vermögens verloren. Und die Schuldner litten auch nicht sonderlich darunter, dass sie nun doch noch bis zu 25 Prozent der einstigen Darlehen bedienen mussten.

Doch die Worte von Heinrich von der Ohe in seinem Tagebuch fassen das Gefühl der Menschen in jener Zeit wohl am besten zusammen. Am 28. September 1924 schrieb er: »Trotz der finanziellen Verluste sind wir froh, wieder ein normales Leben führen zu können. Wir hoffen alle, dass es nun auch mit der Wirtschaft bergauf geht.«[413]

KAPITEL 49

Die Nachwirkungen 1920er-Jahre

»Die Entwertung des deutschen Geldes war in ihrer Wirkung eine zweite Revolution, nach der ersten des Krieges und Nachkrieges, und wieder eine vorwiegend negative«, so fasste der Historiker Golo Mann die Phase der deutschen Geschichte zusammen, die nun zu ihrem Ende gekommen war. »Ganze Bevölkerungsklassen wurden enteignet, ein uraltes Vertrauen zerstört und ersetzt durch Furcht und Zynismus; auf was war noch Verlass, auf wen konnte man bauen, wenn dergleichen möglich war?«[414]

Tatsächlich hatten die Inflationsjahre ganze Bevölkerungsschichten enteignet. Alle, die ihr Leben lang gearbeitet und von ihrer Arbeit Lohn etwas zurückgelegt hatten, auf dem Sparkonto oder in einer Lebensversicherung, waren innerhalb kurzer Zeit mittellos geworden. Betroffen davon war vor allem die obere Mittelschicht, jene Bevölkerungsgruppe, die über ein wenig Vermögen verfügte, aber nicht genug besaß, um Aktien, Land oder gleich ganze Unternehmen zu kaufen. Mithin also das klassische Bürgertum, jene Schicht, die eine Demokratie entscheidend trägt und prägt.

Die Inflation wirkte dadurch nivellierend. Die Einkommensunterschiede zwischen der proletarischen Unterschicht und der bürgerlichen oberen Mittelschicht wurden erheblich verringert. Selbst die Gehälter der mittleren und höheren Beamten waren plötzlich nicht

Einkommensschichtung im Deutschen Reich 1913 und 1926[415]

Einkommensstufen 1913 in Mark	Anteil der Steuerpflichtigen in dieser Einkommensstufe in Prozent	Anteil der Einkommen in dieser Stufe an den Gesamteinkommen in Prozent	Einkommensstufen 1926 in Reichsmark	Anteil der Steuerpflichtigen in dieser Einkommensstufe in Prozent	Anteil der Einkommen in dieser Stufe an den Gesamteinkommen in Prozent
bis 900	47,6	22,5	bis 1.200	64,0	34,4
über 900 bis 2.100	42,7	37,2	über 1.200 bis 3.000	28,2	32,3
über 2.100 bis 3.300	5,3	10,4	über 3.000 bis 5.000	4,9	12,6
über 3.300 bis 5.500	2,4	7,0	über 5.000 bis 8.000	1,8	7,2
über 5.500 bis 8.500	0,9	3,9	über 8.000 bis 12.000	0,6	3,7
über 8.500 bis 10.500	0,27	1,7	über 12.000 bis 16.000	0,21	2,0
über 10.500 bis 16.500	0,37	3,1	über 16.000 bis 25.000	0,18	2,3
über 16.500 bis 30.500	0,25	3,5	über 25.000 bis 50.000	0,10	2,3
über 30.500 bis 70.000	0,13	3,8	über 50.000 bis 100.000	0,03	1,4
über 70.000	0,06	6,9	über 100.000	0,01	1,8

mehr allzu weit von denen der unteren Schichten entfernt, nachdem die einschneidenden Kürzungen des Jahres 1923 umgesetzt waren. Und auf dieser deutlich tieferen Einkommensebene blieben sie auch.

Ein Vergleich der Einkommensklassen von 1926 mit denen von 1913 zeigt die Veränderung. Die Zahl der Menschen in der untersten Lohngruppe – 1913 unter 900 Mark und 1926 unter 1.200 Reichsmark im Jahr – war in diesen 13 Jahren um über ein Drittel gestiegen. Die Einkommensgruppe direkt darüber war dagegen um rund ein Drittel geschrumpft, und in den Einkommensstufen darüber war der Rückgang teilweise noch drastischer. Der Krieg und die Inflation hatten Millionen Menschen verarmen lassen.

Grundsätzlich ist eine Verringerung der Einkommensunterschiede durchaus positiv. Wenn sie abnehmen, verringern sich die Spannungen in einer Gesellschaft. Denkt man weiter, so lag in dieser Entwicklung sogar der erste Schritt dazu, dass Deutschland sich von einer Klassen- zu einer Mittelstandsgesellschaft entwickelte. Das Problem war jedoch, dass die Angleichung nicht dadurch stattfand, dass die unteren Schichten aufgestiegen waren. Vielmehr waren die Angehörigen der oberen Mittelschicht und von Teilen der Oberschicht abgestiegen. Und sie fühlten sich deklassiert.

Zudem lag das Einkommensniveau insgesamt niedriger als vor der Inflation. Denn mit deren Ende war zwar die Währung stabilisiert, das Lohnniveau war jedoch drastisch gesunken. Dem Statistischen Reichsamt zufolge lagen die Wochenlöhne in Relation zu den jeweiligen Preisen im Dezember 1923 im Schnitt nur noch bei 70 Prozent des Vorkriegsniveaus, die Gehälter der Staatsbediensteten sogar nur bei 60 Prozent.[416] Der Lebensstandard der Menschen war also um 30 bis 40 Prozent gesunken. Und dazu kletterte die Arbeitslosigkeit im Verlauf des Jahres 1923 bis auf 9,6 Prozent.[417]

Jene, die reale Güter besaßen, gehörten zu den Gewinnern, aber auch nicht immer, beispielsweise Immobilienbesitzer, insbesondere wenn sie während der Inflation auf Mieteinnahmen angewiesen waren, um ihre laufenden Kosten zu decken. Denn selbst wenn die

Vergleich der realen Wochenlöhne Dezember 1923 vs. 1913[418]

	Gehalt in Rentenmark im Dezember 1923	Gehaltsniveau im Vergleich zum Vorkriegsniveau
Monatsgehälter		
höhere Beamte (Gr. XI), z. B. Beamte im Reichsamt des Innern	309,50	41,3 %
mittlere Beamte (Gr. VIII), z. B. Oberpostsekretär	210,75	49,8 %
untere Beamte (Gr. III), z. B. Eisenbahnschaffner	115,25	58,6 %
Wochenlöhne		
gelernter Reichsbetriebsarbeiter (Gr. III, Ortsklasse A)	24,00	58,0 %
ungelernter Reichsbetriebsarbeiter (Gr. III, Ortsklasse A)	18,72	66,0 %
Hauer und Schlepper im Ruhrgebiet	34,89	73,3 %
Buchdrucker	25,80	67,9 %
gelernter Metallarbeiter	25,28	69,8 %
ungelernter Metallarbeiter	21,49	92,9 %
gelernter Textilarbeiter	18,55	70,9 %
ungelernter Textilarbeiter	16,09	75,3 %
gelernte Textilarbeiterin	12,85	74,0 %
ungelernte Textilarbeiterin	10,33	71,8 %
gelernter Chemiearbeiter	24,97	75,7 %
ungelernter Chemiearbeiter	22,88	85,5 %
gelernter Bauarbeiter	26,08	69,2 %
ungelernter Bauarbeiter	23,43	79,5 %

Mieten monatlich angepasst wurden, waren sie meist schon am Tag nach der Zahlung wertlos. Gebühren konnten daher nicht mehr bezahlt werden, Instandsetzungsarbeiten erst recht nicht. Viele Immobilienbesitzer mussten ihre Häuser und Wohnungen während der Inflationszeit verkaufen, meist weit unter Wert. Gewinner waren dagegen all jene, die diese Häuser und Grundstücke gekauft hatten, noch dazu auf Kredit. Kredit bekam jedoch nur, wer Sicherheiten hatte, wer also schon etwas besaß und wer seinen Kreditrahmen noch nicht ausgeschöpft hatte.

Aber auch in der Industrie gab es viele, die aus der Geldentwertung Profit schlugen. Sie kauften sich große Konzerne zusammen, ebenfalls auf Kredit, der im Nullkommanichts abgetragen war. Hugo Stinnes war dafür das Paradebeispiel. Er hatte sich während und mithilfe der Inflation ein Wirtschaftsimperium gezimmert. Wer also frühzeitig erkannt hatte, wohin die Reise ging, und entsprechend gehandelt hatte, die Nöte anderer ausgenutzt und ihnen ihre Vermögensgegenstände zu einem Spottpreis abgekauft hatte, dabei noch wild mit Krediten spekuliert hatte, der konnte es damals zu erklecklichem Reichtum bringen.

Inflationen, so stellt der Historiker Carl-Ludwig Holtfrerich fest, wirken letztlich wie eine Steuer, nur dass deren Höhe nicht auf einer Entscheidung des Gesetzgebers beruht, der sie an bestimmten nachprüfbaren Kriterien festmacht, beispielsweise der Leistungskraft oder dem Vermögen des Einzelnen. Entscheidend sei vielmehr die Cleverness des einzelnen Bürgers. Er schreibt dazu weiter:

> »Inflationen sind daher als Perioden anzusehen, in denen finanzwirtschaftliche Tüchtigkeit mehr wert ist als Stand oder Vermögen, in denen der Staat einen Teil seiner finanzpolitischen Autonomie an die Staatsbürger abgibt, unter denen die in finanzpolitischen und finanziellen Dingen Tüchtigsten es erreichen, Subventionen oder Gewinne an sich zu ziehen, die die Inflation als Steuer bei anderen eintreibt. Inflationäre Zeiten

> ähneln daher im Kräfteverhältnis Staat-Individuen Perioden liberalistischer Wirtschafts- und Staatsverfassung.«[419]

Gewinner sind also vor allem die Schlauen, Wendigen, die ausschließlich auf den eigenen Vorteil bedacht sind. Sebastian Haffner schreibt:

> »Den Jungen, Flinken ging es gut. Über Nacht wurden sie frei, reich, unabhängig. Es war eine Lage, in der Geistesträgheit und Verlass auf frühere Erfahrungen mit Hunger und Tod bestraft, aber Impulshandeln und schnelles Erfassen einer neuen Lage mit plötzlichem ungeheurem Reichtum belohnt wurde. Der einundzwanzigjährige Bankdirektor trat auf wie ein Primaner, der sich an die Börsenratschläge seiner etwas älteren Freunde hielt. Er trug Oscar-Wilde-Schlipse, organisierte Champagnerfeste und unterhielt seinen verlegenen Vater.«[420]

In ähnlich üppigen Worten beschrieb Lion Feuchtwanger eine andere Gruppe von Gewinnern, die Landwirte:

> »Den Bauern schwand ihr Besitz nicht wie den Städtern unterm Arsch weg, sie konnten die Schulden, die auf ihrem Boden lagen, mit entwertetem Geld abdecken. Die Lebensmittel zogen an wie in den Jahren des stärksten Kriegshungers, und die Bauern nützten die spinnerte Zeit aus. Sie hatten Geld wie Heu und schmissen damit um sich. Manche von ihnen gaben es nobler, als es Bauern jemals hatten geben können. Der Landwirt Greindlberger fuhr aus der schmutzigen Dorfstraße von Englschalking nach München in einer eleganten Limousine mit livriertem Chauffeur. Er selber saß darin in brauner Samtweste, mit grünem Hut und Gamsbart. Der Käsereibesitzer Irlbeck in Weilheim hielt sich einen Rennstall. Er besaß die Rennpferde *Lyra*, *Da fehlt sich nichts*, *Dorflump*, *Banco*, die Vollblutstute *Quel-*

> *ques fleurs* und die Fohlen *Titania* und *Happy End*. Viele Bauern, hatten sie nicht Automobil und Rennrösser im Stall stehen, hielten sich nicht für voll.«[421]

Zwar ging es den meisten Landwirten nicht so prächtig, wie es Feuchtwanger beschrieb. Doch sie kamen relativ unbeschadet durch die Krise, da ihre Produkte jederzeit Absatz fanden, immer zu aktuellen Preisen. Gleichzeitig konnten sie sich von Krediten und anderen finanziellen Belastungen weitgehend befreien, trotz der späteren Teilaufwertung der Hypotheken.

Wer Aktien besaß – und das war nur die Oberschicht – konnte immerhin einen Teil seines Vermögens erhalten. Zwar lag der Durchschnittswert von 40 Industrieaktien Anfang 1923 nur noch bei 22 Prozent des Wertes von 1913, bis Ende Oktober stieg er aber wieder auf 76 Prozent. Das war zwar immer noch ein Minus, aber ein wesentlich geringerer Verlust als für Sparanlagen, die überhaupt nichts mehr wert waren. Zudem legte der Wert der Aktien in den folgenden Jahren weiter zu.[422]

Schließlich war aber auch der Staat ein Gewinner. Denn dessen Schulden waren größtenteils verschwunden. Die Kriegsdarlehen in Höhe von 154 Milliarden Mark waren jetzt noch 15,4 Pfennige wert. Mit der Inflation hatte der Staat seine Finanzen saniert, auf Kosten breiter Bevölkerungskreise, die enteignet wurden, während eine kleine Gruppe daraus Gewinn schlug.

Eine der verhängnisvollsten Nachwirkungen der Inflationszeit war aber wohl, dass in den Köpfen der Deutschen eine unauflösbare Verbindung zwischen Staatsschulden und Hyperinflation entstand. Staatliche Verschuldung, und sei sie noch so gering, gilt bis heute vielen als der erste Schritt auf einem unumkehrbaren Weg ins Unglück der Geldvernichtung. Dies hatte während der Wirtschaftskrise ab 1929 verheerende Auswirkungen. Die Regierung Brüning reagierte auf das in der Rezession gewachsene Haushaltsdefizit mit Lohnkürzungen im Öffentlichen Dienst, mit der Streichung öffentlicher Investitionen und mit Steuererhöhungen. Es war Brüning durchaus bewusst, dass dies die Krise noch verstärkte. Doch er sah den Weg als notwendiges Übel, zumal die Alternative – eine vorübergehende Ausweitung des Haushaltsdefizits – für ihn ungangbar war, auch und gerade vor dem Hintergrund der Inflation von 1923. Ob er daneben auch das Ziel verfolgte, durch eine Verschärfung der Krise die Reparationen endgültig abzuschütteln, ist unter Historikern umstritten.

Es spielt letztlich auch keine Rolle. Entscheidend sind die Folgen: Massenarbeitslosigkeit und eine erneute Verelendung breiter Bevölkerungskreise. Diese wurden empfänglich für Demagogen, allen voran Adolf Hitler, die den Parteien, der Demokratie, der Republik und auch den Juden die Schuld an all dem gaben und die Rettung durch einen Umsturz und eine Diktatur versprachen.

So war die Inflation von 1923 im indirekten Sinne auch einer der Wegbereiter für die größte Katastrophe des 20. Jahrhunderts. »Es rächt sich, früh oder spät, wenn man den Leuten zuviel zumutet«, schrieb Golo Mann.

Daten und Ereignisse nach Einführung der Rentenmark

1923

20. November 1923: Der Dollarkurs erreicht 4,2 Billionen Mark, bei diesem Wert wird der Kurs eingefroren.

20. November 1923: Reichsbankpräsident Havenstein stirbt.

23. November 1923: Die Regierung Stresemann tritt zurück.

28. November 1923: Das Leipziger Reichsgericht fällt das Aufwertungs-Urteil.

30. November 1923: Die Reparationskommission beruft eine neue Reparationskonferenz unter Leitung des US-Bankiers Charles G. Dawes ein.

30. November 1923: Die Regierung unter Reichskanzler Wilhelm Marx aus Zentrum, DDP, DVP und BVP tritt ihr Amt an.

22. Dezember 1923: Hjalmar Schacht wird zum Präsidenten der Reichsbank ernannt.

1924

9. April: Die Dawes-Kommission legt ihren Plan zu den deutschen Reparationen vor.

14. August: Das internationale Abkommen zur Umsetzung des Dawes-Plans wird unterzeichnet.

29. August: Der Reichstag ratifiziert den Dawes-Plan.

3. September: Die kommunale Verwaltung in den besetzten Gebieten wird unter deutsche Leitung zurückgegeben.

11. Oktober: Die neue Reichsbank gibt neue Reichsmark-Banknoten aus.

1925

16. Juli: Der Reichstag beschließt die Aufwertungsgesetze.

25. August: Die Besatzungstruppen räumen das Ruhrgebiet endgültig.

KAPITEL 50

Die Frage nach der Schuld

Heute

Es bleibt zu klären, wie es zu der Katastrophe der Inflation kommen konnte, einem Ereignis, das selbst hundert Jahre danach noch die Seelen der Deutschen bewegt und bei ihnen eine tief verwurzelte Angst vor der Geldentwertung eingepflanzt hat.

Wie fast immer in der Geschichte gibt es nicht einen Schuldigen oder einen Grund, der zu einer Entwicklung führte. Ursächliches Moment war sicher der Erste Weltkrieg. Wer diesen verursacht hat, ob Deutschland der Kriegstreiber war oder die europäischen Mächte in den Krieg »schlafwandelten«, wie der Historiker Christopher Clark meint,[423] ist für die Frage nach der Schuld an der Inflation unerheblich. Entscheidend ist, wie das Kaiserreich diesen Krieg finanzierte. Indem es sich dabei fast ausschließlich auf Kredite stützte und auf umfassende Steuererhöhungen verzichtete, war die Basis für die kommende Geldentwertung gelegt.

Das Problem, das darin lag, erkannten jedoch die wenigsten, vor allem auch nicht die vermeintlichen Experten, die Ökonomen und Wirtschaftspolitiker. Denn sie hingen in Deutschland größtenteils einer verhängnisvollen Theorie an. Der zufolge war die Inflation nach dem Ersten Weltkrieg nicht die Folge der wachsenden Geldmenge, der rotierenden Notenpressen. Als Ursache sahen sie vielmehr die negative Außenhandelsbilanz. Diese führe dazu, dass die

Mark am Devisenmarkt unter Druck gerate und abwerte. Das habe einen Anstieg der Importpreise zur Folge, dies lasse dann auch die anderen Preise ansteigen, und als Reaktion darauf müsse die Notenbank schließlich immer mehr Geld drucken. Das hemmungslose Gelddrucken wurde so zur Folge der Inflation umdefiniert.

Vor allem die Unternehmer schlussfolgerten daraus, dass der einzige Weg aus der Inflation sei, die Wettbewerbsfähigkeit der deutschen Industrie zu erhöhen, sprich, deutsche Produkte zu verbilligen, um so das Außenhandelsdefizit zu verringern. Das wiederum sei nur durch eine Erhöhung der Arbeitszeit und eine Einschränkung der Sozialgesetze möglich.

Für die meisten ausländischen Ökonomen war diese Theorie schon damals Unsinn. Für sie war klar, dass nicht das Außenhandelsdefizit den Wert der Mark immer weiter fallen ließ, sondern die ständige Ausweitung der Geldmenge, die Finanzierung des Staates über die Notenpresse. Doch die deutschen Ökonomen und Experten waren für diesen Erklärungsansatz kaum zugänglich – vielleicht auch, weil die eigene Theorie den eigenen Interessen besser diente. Denn auf dieser Basis konnte die Industrie den Abbau jener sozialen Errungenschaften fordern, die in der Revolution von 1918/1919 erzielt worden waren und die ihren Vertretern ein Dorn im Auge waren, vom Acht-Stunden-Tag über die kollektiven Tarifverträge bis zu den Betriebsräten in den Unternehmen.

Hinzu kam, dass die Geldentwertung – solange sie nur in mittlerem Tempo voranschritt – für große und wichtige Teile der Gesellschaft zunächst durchaus vorteilhaft war. Deutschland erlebte in den Jahren bis 1923 keine Rezession wie die anderen Kriegsteilnehmer, sondern einen Aufschwung mit rekordniedriger Arbeitslosigkeit. Denn die deutschen Produkte waren durch die stetige Abwertung der Mark auf dem Weltmarkt konkurrenzlos billig. Das freute die Industrie, und sie hatte daher kein Interesse an einer stabilen Mark. Und es war durchaus auch im Sinne der Arbeiter, denn dadurch hatten sie sichere Arbeitsplätze.

Doch welche Rolle spielten die Reparationen? Die 132 Milliarden Goldmark, die der Londoner Zahlungsplan von 1921 vorsah, waren sicher eine gigantische, kaum zu stemmende Summe. Allerdings entfielen davon 82 Milliarden auf die sogenannten C-Bonds, die erst wirksam werden sollten, wenn Deutschland das wirtschaftlich tragen könnte. Also wahrscheinlich nie. Die de facto zu zahlenden 50 Milliarden waren dagegen nicht sehr viel mehr als das, was die deutsche Regierung selbst angeboten hatte. Die Summe wäre daher in einer großen Kraftanstrengung aufzubringen gewesen – über Steuererhöhungen, Vermögensabgaben, Sozialkürzungen. Diese Maßnahmen hätten zudem vielleicht zu einer gerechten Verteilung der Lasten geführt. Allerdings erhoben sich gegen jedes Ansinnen dieser Art sofort die jeweiligen Interessensgruppen, und so wurde keines davon umgesetzt. Stattdessen wurden die Kosten indirekt und vollkommen willkürlich über die Inflation auf die gesamte Bevölkerung abgewälzt, die davon jedoch höchst unterschiedlich getroffen wurde.

Die Inflation hatte gleichzeitig den Vorteil, dass die politische Führung dadurch dem Ausland zeigen konnte, dass die Reparationen nicht leistbar seien. Die Geldentwertung war ein vermeintlich untrügliches Zeichen, um der Welt zu zeigen: Seht her, unserer Wirtschaft geht es so schlecht, wie sollen wir da noch Reparationen bezahlen?

Es gab also auch aufseiten der Politik keinen allzu großen Willen, die Inflation in Schach zu halten. Erst als diese immer schneller davongaloppierte und klar wurde, welch zerstörerische Kraft sie nunmehr hatte, wurde den politisch Verantwortlichen klar, dass sie handeln mussten. Erst hier kann man die politischen Parteien und die handelnden Politiker dafür verantwortlich machen, dass sie nicht schneller und energischer reagierten.

Wäre die Rentenmark nur zwei Monate früher eingeführt worden, wäre den Menschen viel Leid erspart geblieben. Dann hätte sich wahrscheinlich auch die Lage in Sachsen und Bayern nicht so zugespitzt, das Reich wäre nicht an den Rand des Auseinanderbrechens geraten.

Aber eine solche Betrachtungsweise ist nicht nur unhistorisch – niemand weiß, was unter anderen Umständen gewesen wäre –, sie unterschlägt auch, dass die Parteien eben nur die Repräsentanten der unterschiedlichen Interessensgruppen im Land waren. Arbeiter hatten andere Interessen als Unternehmer, Landwirte andere als Beamte. In einer Demokratie dauert es manchmal eben länger, bis solch unterschiedliche Interessen zu einem gemeinsamen Vorgehen zusammenfinden, und es bedarf eines größeren Drucks. Und der Druck war erst im Herbst 1923 so groß geworden, dass sich die Parteien zum entschiedenen Handeln durchringen konnten. Mit dem »Wunder der Rentenmark« gelang ihnen dann der Beweis, dass sie es doch konnten.

Dieser Erfolg wirkte letztlich stärkend für die Weimarer Demokratie. Sie hatte die größte Zerreißprobe, die man sich bis dahin vorstellen konnte, bestanden. Sie hatte starke, neue Persönlichkeiten hervorgebracht. Und sie hatte Deutschland in neue, ruhigere Zeiten geführt, in denen die Menschen in den kommenden sechs Jahren einen Aufschwung genießen durften, der sogar den Begriff der »Goldenen Zwanziger« hervorbrachte, eine Zeit wirtschaftlicher und kultureller Blüte.

Bevor dann Ende des Jahrzehnts mit der Weltwirtschaftskrise eine neue Katastrophe über das Land hereinbrach, auf die die Barbarei der Nazi-Diktatur, der Zweite Weltkrieg und der Holocaust folgten. Doch das ist eine andere Geschichte.

NACHWORT

Kann das wieder passieren?

Geschichte wiederholt sich nicht. Dies ist ein Merksatz aller Historiker. Mark Twain wird zugeschrieben, ihn um den Nebensatz ergänzt zu haben: »Aber sie reimt sich.« Das ist falsch. Dieser Zusatz stammt nicht von Mark Twain. Doch ist deshalb auch die darin enthaltene Idee falsch?

Seit einiger Zeit sehen manche in Europa und der Welt eine ähnliche Inflation heraufdräuen, wie sie Deutschland vor hundert Jahren erlebte. Der Anlass dafür ist die Politik der Notenbanken in den USA, Europa und fast allen anderen Industriestaaten. Es ist für sie zum normalen Bestandteil ihrer Geldpolitik geworden, Anleihen ihrer Staaten zu kaufen, also Geld zu drucken, ganz so, wie es die Reichsbank bis Mitte November 1923 getan hat. Doch sie tun dies nun bereits seit über zehn Jahren – und eine drastische Inflation der Warenpreise, so wie vor hundert Jahren in Deutschland, fand lange Zeit nicht statt. Der entscheidende Grund dafür ist, dass der weit überwiegende Teil des Geldes, das die Notenbanken im Gefolge der Finanzkrise ab 2007/2008 schufen, nicht in die Realwirtschaft floss, sondern in der Finanzwirtschaft verblieb. Denn Sinn und Zweck jener Operation war – im Gegensatz zu 1923 – nicht die Finanzierung der Staatsausgaben, sondern die Stabilisierung des Finanzwesens.

Dieses Vorgehen war richtig. Denn was passiert, wenn die Notenbanken in einer solchen Lage nicht handeln, zeigte sich 1929 in der

Weltwirtschaftskrise. Damals ließen sie Banken reihenweise bankrottgehen, wodurch aus einer wirtschaftlichen Krise erst eine jahrelange globale Abwärtsbewegung wurde, die »große Depression«, wie die Ära in den USA genannt wird, mit dramatischen politischen Folgen, insbesondere in Deutschland.

Doch seit der Corona-Krise ist die Situation eine andere. Nunmehr verschuldeten sich die Staaten in gigantischem Ausmaß, um die wirtschaftlichen Folgen der Krise abzufedern, und das Geld floss direkt in den Wirtschaftskreislauf. Die Notenbanken überall auf der Welt druckten dieses Geld zwar nicht direkt, wie es die Reichsbank vor hundert Jahren tat, sondern sie finanzierten die Staaten nur indirekt, durch den Aufkauf der Staatsanleihen am Finanzmarkt. Dennoch war und ist dies eine neue Dimension, und die deutlich gestiegenen Inflationsraten nach dem Ende der unmittelbaren wirtschaftlichen Krise zeugen davon.

Als Mittel der Krisenbewältigung war aber auch dieses Vorgehen richtig. Die Alternative wäre ein Bankrott vieler Unternehmen und der finanzielle Absturz breiter Bevölkerungsschichten gewesen. Die große Frage ist jedoch, ob Notenbanken und Regierungen in den kommenden Jahren von dieser Finanzierung des Konsums auf Pump wieder ablassen und zu einer stabilitätsorientierten Geldpolitik zurückkehren. Daran gibt es Zweifel.

Diesen Zweifel schüren die Notenbanken teilweise selbst. Denn deren Vertreter oder Ökonomen aus ihrem Umfeld sprechen mehr oder weniger offen darüber, dass ihnen vorübergehend höhere Inflationsraten ganz recht seien. Zum einen solle damit die Gefahr einer Deflation endgültig gebannt werden. Zum anderen kann auf diese Weise ein Teil der aufgehäuften Schulden einfach weginflationiert werden. Denn auch wenn sich die Schulden durch höhere Inflationsraten nicht in Luft auflösen, wie dies mit den Kriegsanleihen des Deutschen Reiches 1923 geschah, so ergäbe sich doch für viele Staatshaushalte eine Entlastung, wenn sich mit dem steigenden Preisniveau auch die Wirtschaftsleistung und die Steuereinnahmen erhöhen, während die Schulden gleichbleiben. Denn im Verhältnis zum Bruttoinlandsprodukt sinkt die Schuldenlast damit wie von Zauberhand.

Die Inflation einige Zeit laufen zu lassen, erscheint also attraktiv. Ganz so wie in Deutschland nach dem Ersten Weltkrieg, 1920 und 1921, als die Regierung bewusst auf eine Eindämmung der Inflation verzichtete, um den wirtschaftlichen Aufschwung nicht zu gefährden. Doch damals geriet die Inflation irgendwann außer Kontrolle. Könnte das also auch heute passieren, könnte sich die Inflation, wenn sie sich erst einmal verfestigt hat, verselbstständigen?

Diese Furcht ist nicht ganz unbegründet, und das hat etwas mit Psychologie zu tun. In den vergangenen 40 Jahren haben die Menschen in den westlichen Industrienationen mit sehr geringen Inflationsraten gelebt, was sich in ihrem Verhalten niedergeschlagen hat: Sie sind sehr zurückhaltend bei ihren Lohnforderungen geworden. Am ausgeprägtesten ist dies wohl in Deutschland. Hier galt die Forderung nach höheren Löhnen über Jahre hinweg fast als Sakrileg. Steigen die Preise nun jedoch über längere Zeit deutlich schneller, dann ändert sich das. Dann werden Arbeitnehmer und Gewerkschaften einen Ausgleich fordern, und mitunter auch mehr. Diese höheren Kosten geben die Unternehmen weiter, und sie können es nun auch, da die Preise ohnehin stetig steigen. Dann sind weitere Preiserhöhungen deutlich leichter durchzusetzen als in einem Umfeld relativ konstanter Preise. Eine Lohn-Preis-Spirale entsteht, mit der Gefahr, dass sich diese nach und nach verstärkt.

Der entscheidende Unterschied zu 1923 ist jedoch, dass Notenbanker und Ökonomen sich dieses Mechanismus heute sehr bewusst sind. Sie hängen nicht irgendwelchen abstrusen Wirtschaftstheorien an, wie dies in Deutschland vor hundert Jahren der Fall war, als man glaubte, das Gelddrucken sei nicht Ursache, sondern Folge der Inflation. Alle Verantwortlichen wissen heute, wie sie eine Lohn-Preis-Spirale unterbrechen können, und die Notenbanken haben dies Anfang der 1980er-Jahre sogar schon einmal erfolgreich getan. Damals erhöhten sie die Zinsen drastisch und beendeten die Phase der Inflation, die die 1970er-Jahre beherrscht hatte, abrupt. Das gelang jedoch nur, weil die Notenbanken unabhängig waren. Denn die Zinserhöhungen führten vorübergehend zu einem wirtschaftlichen Einbruch, wie ihn die politischen Führungen natürlich nicht wollten. Doch die Notenbanken konnten das gegen deren Willen durchsetzen – anders als die deutsche Reichsbank, die 1921 die Chance gehabt hätte, die Inflation rechtzeitig zu beenden, wenn sie den Aufkauf der Staatsanleihen beendet hätte. Sie konnte das aber nicht gegen den Willen der Regierung tun, da sie erst im Mai 1922 unabhängig wurde – abgesehen davon, dass sie es wohl auch gar nicht wollte. Denn auch nach ihrer Unabhängigkeit finanzierte sie den Staat weiter.

Die Unabhängigkeit der Notenbanken ist daher eine entscheidende Voraussetzung dafür, dass eine Wiederholung einer Hyperinflation wie 1923 vermieden werden kann. Dies zeigt auch eine Studie von Steve H. Hanke und Nicholas Krus, in der die beiden Ökonomen 56 Episoden von Hyperinflationen in der Geschichte zusammengetragen und untersucht haben, was jeweils dazu führte. »Hyperinflation ist eine wirtschaftliche Krankheit, die unter extremen Bedingungen auftritt: Krieg, politisches Missmanagement und der Übergang von einer Kommando- zur Marktwirtschaft, um nur einige zu nennen«, schreiben sie.[424] Und unter diesen extremen Bedingungen gab es eben keine unabhängigen Notenbanken.

Genau deshalb ist es wichtig, alle Versuche abzuwehren, die Unabhängigkeit der Notenbanken zu beschneiden. Solche Versuche jedoch gab es in den vergangenen Jahren vermehrt. Viele Schwellenländer haben ihre Notenbanken bereits wieder der Politik unterstellt. Das eindrücklichste Beispiel ist wohl die Türkei, wo die Zentralbank zum Befehlsempfänger von Präsident Erdogan geworden ist. Zugleich hängt dieser einer wilden Theorie an, wonach niedrige Zinsen zu einer niedrigeren Inflation führen. Da weht der Hauch von 1923. Auch in den USA gab und gibt es Stimmen, die Notenbank politischen Überlegungen zu unterstellen, und in Europa besteht zumindest eine latente Gefahr. Diese gilt es abzuwehren, um eine Hyperinflation auszuschließen.

Höhere Zinsen können Inflation meist eindämmen. Doch aus politischer Sicht gibt es eine entscheidende Gefahr, die von höheren Zinsen ausgeht: Sie gefährden die Stabilität der Staatsfinanzen. Die Verschuldung praktisch aller Industriestaaten ist über die vergangenen zwei Jahrzehnte drastisch gestiegen. Das war möglich, weil die Zinsen so niedrig oder oft sogar negativ sind. Das führte dazu, dass die Staatsschulden in den vergangenen Jahren zwar rasant wuchsen, die Zinslast für die Staatshaushalte dennoch zurückging.

In den USA betrug die staatliche Verschuldung 2008 beispielsweise knapp 6,4 Billionen Dollar. Darauf musste der Finanzminister in jenem Jahr 253 Milliarden Dollar an Zinsen zahlen, 8,5 Prozent des Bundeshaushalts.[425] Bis Ende 2021 hatte sich der Schuldenstand auf rund 29 Billionen Dollar mehr als vervierfacht. Durch den geringeren Zinssatz hatten sich die Zinszahlungen aber nur in etwa verdoppelt, und deren Anteil am Bundeshaushalt lag damit ungefähr genauso hoch wie 2008.[426] Das ist der Effekt des gesunkenen Zinsniveaus. Und dieser Effekt wirkt auch in allen anderen westlichen Industriestaaten, von der Eurozone über Großbritannien bis nach Japan.

Wenn die Zinsen nun erhöht würden, würde zwingend auch die Zinslast für die Staatshaushalte steigen. Allerdings ginge dies nur sehr langsam vonstatten. Denn die Anleihen der Industriestaaten haben meist sehr lange Laufzeiten, im Durchschnitt ungefähr sieben Jahre. Würden also heute die Zinsen um einen Prozentpunkt steigen, würde dies erst im Laufe der Jahre komplett durchschlagen. Der durchschnittlich zu zahlende Zinssatz auf diese Schulden läge noch lange Zeit deutlich niedriger, und die Zinslast für den Staatshaushalt würde nur allmählich ansteigen. Es bliebe den Finanzministern somit viel Zeit, sich daran anzupassen.

Deshalb gibt es Grund zu der optimistischen Annahme, dass die Notenbanken trotz der hohen Staatsverschuldung in allen Teilen der westlichen Welt im Zweifelsfall entschlossen einschreiten werden, um eine Lohn-Preis-Spirale und damit eine unkontrollierbar werdende Inflation zu verhindern. Das zeigte sich bereits Ende 2021/Anfang 2022. So wie die Inflationsraten stiegen, so veränderte sich auch der Ton der US-Notenbank, und sie begann schließlich die Zinsen zu erhöhen. Die EZB kann sich dem letztlich auch nicht entziehen – wenn die USA die Zinsen erhöhen, muss auch die Eurozone früher oder später nachziehen.

Die Frage ist allerdings, ob in der gegenwärtigen Lage höhere Zinsen wirklich die Inflation eindämmen können. Denn seit dem Beginn des Krieges in der Ukraine steigen die Preise vor allem wegen der explodierenden Energiekosten. Diese Entwicklung liegt jedoch nicht in einer gestiegenen Nachfrage begründet, sondern im knappen Angebot. Höhere Zinsen wirken jedoch auf die Nachfrage. Natürlich pendeln sich Angebot und Nachfrage auch dadurch ein, dass die Nachfrage drastisch beschnitten wird, dazu müssten die Zinsen aber erheblich steigen, und dies würde die Wirtschaft weltweit geradezu abwürgen. Das könnte wiederum eine Mega-Rezession auslösen, wie sie niemand will.

Doch selbst wenn die Notenbanken eine Hyperinflation wie vor hundert Jahren verhindern werden, so sollte sich jeder bewusst sein, dass es eine bedrohliche Form der Inflation an anderer Stelle schon längst gibt: am Finanz- und am Immobilienmarkt. Hier wirken die Billionen von Dollar und Euro, die die Notenbanken in den vergangenen Jahren geschaffen haben, hier treiben sie die Preise unablässig in die Höhe. Die Folgen sind ganz anders als 1923 in Deutschland und doch ähnlich. Vor hundert Jahren führte die Güterpreis-Inflation zur Verarmung breiter Schichten, und nur die Schlauen, Wendigen, die die Zeichen der Zeit rechtzeitig erkannten und die Mittel dazu hatten, konnten profitieren, indem sie Immobilien oder Unternehmen auf Kredit erwarben. Heute verarmt niemand direkt aufgrund der Vermögenspreisinflation. Doch indirekt leiden beispielsweise Mieter oder junge Familien, die ein Haus kaufen wollen. Gleichzeitig profitieren wieder die Schlauen, Wendigen, die die Zeichen der Zeit erkannt haben und über die Mittel dazu verfügen, am Aktien- oder Immobilienmarkt zu investieren.

Diese Entwicklung schreitet weit langsamer voran als vor hundert Jahren. Aber deshalb ist sie nicht weniger gefährlich. Am Ende stehen wieder wenige Gewinner vielen Verlierern gegenüber. Darin unterscheiden sich Güterpreis- und Vermögenspreisinflation nicht. Darin unterscheidet sich die Inflation von 1923 in Deutschland nicht von der von heute.

Die weitere Entwicklung der wichtigsten Personen

Wilhelm Cuno (2. Juli 1876 – 3. Januar 1933): Der glücklose Vorgänger von Gustav Stresemann im Amt des Reichskanzlers verließ nach seinem Rücktritt die Politik. 1927 wurde er wieder Chef der HAPAG. Ende 1932 lehnte er es ab, einen Aufruf führender Industrieller an Reichspräsident Hindenburg zu unterzeichnen, Hitler zum Reichskanzler zu ernennen. Kurz bevor die Macht an diesen übergeben wurde, starb Cuno an einem Herzinfarkt.

Charles G. Dawes (27. August 1865 – 23. April 1951): Der wichtigste Mann hinter dem auch nach ihm benannten Plan wurde 1925 Vizepräsident der USA. Im selben Jahr erhielt er den Friedensnobelpreis zusammen mit dem britischen Außenminister Austen Chamberlain. 1929 zog er sich aus der Politik zurück und wurde Aufsichtsratschef der City National Bank and Trust in Chicago. Dieses Amt behielt er bis zu seinem Tod 1951.

Karl Helfferich (22. Juli 1872 – 23. April 1924): Der Mann, der die Schuldenfinanzierung des Krieges verantwortet hatte, dann durch seine rechtsextremen Ausfälle bekannt wurde und schließlich mit seiner Idee der Roggenmark die Blaupause für die Rentenmark lieferte, kam schon im April 1924 bei einem schweren Eisenbahnunglück in Bellinzona in der Schweiz ums Leben.

Rudolf Hilferding (10. August 1877 – 11. Februar 1941): Der erste Finanzminister im Kabinett Stresemann, der das Projekt der Rentenmark in der ersten Phase anschob, wurde in den Jahren 1928 bis 1930 nochmals Finanzminister. Die Nazis bürgerten ihn 1933 aus, worauf er zunächst in Zürich, dann in Frankreich lebte. 1941 wurde er in Marseille von der Gestapo verhaftet und starb unter ungeklärten Umständen in einem Pariser Gefängnis.

Gustav Ritter von Kahr (29. November 1862 – 20. Juni 1934): Der bayerische Generalstaatskommissar trat am 17. Februar 1924 von seinem Posten zurück. Von Oktober 1924 bis zu seiner Pensionierung 1931 amtierte er als Präsident des Bayerischen Verwaltungsgerichtshofs. Für die Nationalsozialisten galt er stets als Verräter, da er Hitlers Putsch am 9. November 1923 niederschlagen lassen hatte. Am 30. Juni 1934 wurde er daher im Zuge des sogenannten Röhm-Putsches von einem SS-Kommando verhaftet und nach seiner Ankunft im KZ Dachau erschossen.

Hans Luther (10. März 1879 – 11. Mai 1962): Der Finanzminister unter Gustav Stresemann, der das Rentenbankgesetz durchsetzte und somit maßgeblich an der Überwindung der Inflation mitgewirkt hatte, wurde im Januar 1925 selbst Reichskanzler in einem Kabinett, dem erstmals die rechtsnationale DNVP angehörte. Im Mai 1926 wurde er jedoch durch ein Misstrauensvotum schon wieder gestürzt. 1930 wurde er Nachfolger von Hjalmar Schacht als Reichsbankpräsident. Hitler tauschte ihn 1933 jedoch wieder gegen Schacht aus. Luther wurde dafür Botschafter Deutschlands in den USA. 1937 wurde er in den Ruhestand versetzt und zog sich aus dem öffentlichen Leben zurück. Nach dem Krieg wirkte er am Wiederaufbau des Bankwesens mit und war als Honorarprofessor an der Hochschule für Politik in München tätig. 1962 starb er in Düsseldorf.

Raymond Poincaré (20. August 1860 – 15. Oktober 1934): Der französische Ministerpräsident, der das Ruhrgebiet besetzen ließ und im Juni 1924 von Édouard Herriot abgelöst wurde, übernahm das Amt im Juli 1926 erneut. Jetzt zeigte er sich deutlich konzilianter gegenüber Deutschland. Im Juli 1929 trat er aus gesundheitlichen Gründen zurück und starb 1934.

Hjalmar Schacht (22. Januar 1877 – 3. Juni 1970): Dem Reichswährungskommissar und Reichsbankpräsidenten war noch ein langes und bewegtes Leben beschieden. 1930 trat er nach einem Streit vom Amt des Reichsbankpräsidenten zurück. Adolf Hitler berief ihn 1933 aber überraschend zurück in dieses Amt. 1934 wurde er zusätzlich Reichswirtschaftsminister. Dieses Amt gab er 1937 wieder ab, blieb aber bis 1943 Minister ohne Geschäftsbereich. 1939 entließ Hitler ihn aus dem Amt des Reichsbankpräsidenten wegen Kritik an der Rüstungs- und Finanzpolitik. Nach dem Attentat vom 20. Juli 1944 wurde er von der Gestapo wegen angeblicher Kontakte zu den Attentätern verhaftet und kam ins KZ Dachau. Nach dem Krieg wurde er vom Nürnberger Kriegsverbrechertribunal angeklagt, am Ende aber als einer von wenigen Angeklagten freigesprochen. In den 1950er- und 1960er-Jahren war er in diversen Staaten als geldpolitischer Berater unterwegs. 1970 starb er in München.

Hugo Stinnes (12. Februar 1870 – 10. April 1924): Der Industrielle, der am stärksten von der Inflation profitiert und in jener Zeit ein gigantisches Firmenkonglomerat aufgebaut hatte, wollte sich im April 1924 wegen Beschwerden im Oberbauch die Gallenblase entfernen lassen. Bei der Operation kam es zu Komplikationen und Stinnes starb. Bereits ein Jahr danach zerfiel sein Unternehmenskonglomerat, letztlich an den Folgen der Währungsreform und dem Ende der Inflation: Das Stinnes-Imperium brach unter der Last der Kredite zusammen. Aus dem Inflationsgewinnler war ein Inflationsverlierer geworden, was er jedoch nicht mehr erlebte.

Gustav Stresemann (10. Mai 1878 – 3. Oktober 1929): Der Mann, der in der Hochphase der Inflation Reichskanzler wurde und entscheidend zu deren Überwindung beitrug, blieb ab November 1923 Außenminister bis zu seinem Tod am 3. Oktober 1929, als er einem Schlaganfall erlag. Im Amt als Außenminister machte er sich vor allem um eine Verbesserung der Beziehungen zu Frankreich verdient. 1926 erhielt er dafür zusammen mit seinem französischen Amtskollegen Aristide Briand den Friedensnobelpreis.

Joseph Wirth (6. September 1879 – 3. Januar 1956): Der Reichskanzler, der sich als Erfüllungspolitiker beschimpfen lassen musste, bekleidete noch mehrmals ein Ministeramt in der Weimarer Zeit. 1933 hielt er eine flammende Rede gegen das Ermächtigungsgesetz der Nationalsozialisten und ging nach dessen Beschluss ins Exil in die Schweiz. Nach dem Zweiten Weltkrieg kehrte er nach Deutschland zurück. Er plädierte dafür, an die Politik der Annäherung an die Sowjetunion anzuknüpfen, wie sie in Rapallo 1922 begründet worden war. Dadurch geriet er in den Verdacht, ein sowjetischer Spion zu sein. Am 3. Januar 1956 verstarb er.

Anmerkungen

1 Thomas Mann: »Gedanken im Kriege«, in: *Die Neue Rundschau*, Bd. 25, 1914, S. 1471–1484, hier S. 1475

2 *Berliner Tageblatt*, Nr. 387, 2. August 1914, S. 1

3 Sozialgesetzbuch (SGB) Sechstes Buch (VI) – Gesetzliche Rentenversicherung – (Artikel 1 des Gesetzes v. 18. Dezember 1989, BGBl. I S. 261, 1990 I S. 1337), Anlage 1: Durchschnittsentgelt in Euro/DM/RM, https://www.gesetze-im-internet.de/sgb_6/anlage_1.html

4 Bei Einkommen über 105.000 Mark stieg die Steuer je 5.000 Mark an zusätzlichem Einkommen um 200 Mark. Der Prozentsatz blieb damit bei rund 4 Prozent, stieg also nicht weiter: »Preussisches Einkommensteuergesetz vom 24. Juni 1891«, in: *FinanzArchiv/Public Finance Analysis*, 8. Jg., H. 2 (1891), S. 337

5 Konrad Roesler: *Die Finanzpolitik des Deutschen Reiches im Ersten Weltkrieg (Untersuchungen über das Spar-, Giro- und Kreditwesen 37)*, Berlin 1967, S. 197 ff.

6 Ebenda, S. 195–200

7 *Verhandlungen des Reichstags*, XIII. Legislaturperiode, II. Session, Bd. 306, Stenographische Berichte, von der Eröffnungssitzung am 4. August 1914 bis zur 34. Sitzung am 16. März 1916, Berlin 1916, Reichstagssitzung vom 4. August 1914, S. 11

8 Deutsche Bundesbank (Hrsg.): *Deutsches Geld- und Bankwesen in Zahlen 1876–1975*, Frankfurt am Main 1976, https://histat.gesis.org/histat/za8222

9 Albrecht Ritschl und Mark Spoerer: »Das Bruttosozialprodukt in Deutschland nach den amtlichen Volkseinkommens- und Sozialproduktsstatistiken 1901–1995«, in: *Jahrbuch für Wirtschaftsgeschichte* 1997/2, S. 51

10 Alle Angaben zu Preisen, Löhnen und Devisenkursen in diesem Buch werden zitiert nach: Statistisches Reichsamt (Bearb.): *Zahlen zur Geldentwertung in Deutschland 1914 bis 1923* (hrsg. vom Statistischen Reichsamt), 5. Jg., Sonderheft 1, Berlin 1925

11 Deutsches Historisches Museum, Lebendiges Museum Online, Weimarer Republik: Innenpolitik: Die Inflation, 14.4.2014, dhm.de/lemo/kapitel/weimarer-republik/innenpolitik/inflation

12 »Gesetz, betreffend die Ergänzung der Reichsschuldenordnung, vom 4. August 1914«, in: *Reichsgesetzblatt* 1914, Nr. 53, S. 325 f.; Gesetz, betreffend Änderung des Münzgesetzes vom 4. August 1914, ebenda, S. 326; Gesetz, betreffend die Änderung des Bankgesetzes, ebenda, S. 327; Darlehnskassengesetz, ebenda, S. 340–345

13 *Verhandlungen des Reichstags*, Bd. 306, Reichstagssitzung vom 20. August 1915, S. 224

14 »Bekanntmachung, betreffend Verbot von Mitteilungen über Preise von Wertpapieren usw., vom 25. Februar 1915«, in: *Reichsgesetzblatt* 1915, Nr. 26, S. 111 f.

15 Zitiert nach: *Hamburgischer Correspondent*, Nr. 392, 5. August 1914, S. 19

16 Max M. Warburg: *Aus meinen Aufzeichnungen*, Glückstadt 1952, S. 46, zitiert nach: Karen Michels: *»Es muss besser werden!« – Aby und Max Warburg im Dialog über Hamburgs geistige Zahlungsfähigkeit*, Hamburg 2015, S. 68.

17 »Gesetz, betreffend Höchstpreise, vom 4. August 1914«, in: *Reichsgesetzblatt* Nr. 53, S. 339 f.

18 Aufzeichnungen des Journalisten Ernst Friedegg, zitiert nach: Manfred Jessen-Klingenberg: »Die Ausrufung der Republik durch Philipp Scheidemann am 9. November 1918«, in: *Geschichte in Wissenschaft und Unterricht* 19/1968, S. 653 f.

19 Deutsche Bundesbank, a.a.O.

20 Ritschl/Spoerer, a.a.O., S. 51

21 Die heute so gängige Verschuldungsquote lässt sich für jene Zeit nur schwer bestimmen, denn von 1914 bis 1924 wurde das nominale BIP nicht erfasst. Hierzu gibt es nur Schätzungen (s. Ritschl/Spoerer). Auf dieser Basis dürfte ein Wert von 200 Prozent des BIP als Verschuldungsquote für Ende 1918 realistisch sein.

22 Deutsche Bundesbank, a.a.O.

23 Akten der Reichskanzlei, Teil: Weimarer Republik, Das Kabinett Bauer, 21. Juni 1919 bis 27. März 1920, bearb. v. Anton Golecki, Boppard am Rhein 1980, online unter: https://www.bundesarchiv.de/aktenreichskanzlei/1919-1933/0000/bau/index.html#Start, Dok. 60 vom 10. September 1919, Anm. 11

24 *Berliner Börsenzeitung*, Nr. 407, 9. September 1919, S. 1

25 *Berliner Volkszeitung*, Nr. 291, 29. Juni 1919, S. 1

26 Telegramm von Hindenburg an den Reichspräsidenten vom 23.6.1919, Bundesarchiv, R 43-I (Reichskanzlei 1919–1945)/702, Bl. 33

27 Karl Hans Ertl: *Gebiets- und Bevölkerungsverluste des Deutschen Reiches und Deutsch-Österreichs nach dem Jahr 1918*, Rosenheim 1996, S. 94

28 Ulrich Kluge: *Die Weimarer Republik*, Paderborn/München/Wien/Zürich 2006, S. 46

29 Deutsches Reich/Statistisches Reichsamt: *Wirtschaft und Statistik*, 3. Jg., Nr. 2/1923, Berlin, S. 34

30 Ernst Bäumler: *Die Rotfabriker – Familiengeschichte eines Weltunternehmens*, München 1988, S. 250 ff.

31 Der vollständige Vertrag im Wortlaut im Anhang zu: »Gesetz über den Friedensschluß zwischen Deutschland und den alliierten und assoziierten Mächten, 16. Juli 1919«, in: *Reichsgesetzblatt* 1919, Nr. 140, S. 687–1350, hier zitiert, S. 984

32 *Verhandlungen der verfassunggebenden Deutschen Nationalversammlung*, Bd. 341, Berlin 1920, Aktenstück Nr. 2422, S. 2612; Pierluigi Pironti: *Kriegsopfer und Staat. Sozialpolitik für Invaliden, Witwen und Waisen des Ersten Weltkriegs in Deutschland und Italien (1914–1924)*, Köln/Weimar/Wien 2015, S. 19

33 Stefan Bach und Marc Buggeln: »Geburtsstunde des modernen Steuerstaats in Deutschland 1919/1920«, in: *Wirtschaftsdienst – Zeitschrift für Wirtschaftspolitik*, 100. Jg., 2020, Heft 1, S. 42–48

34 *Berliner Tageblatt*, Nr. 21, 13. Januar 1923, S. 5

35 Ritschl/Spoerer, a.a.O., S. 51.

36 Ebenda

37 Walther G. Hoffmann: *Das Wachstum der deutschen Wirtschaft seit der Mitte des 19. Jahrhunderts*, Berlin/Heidelberg/New York 1965, S. 264–268

38 Dietmar Petzina: »Arbeitslosigkeit in der Weimarer Republik«, in: *Die Weimarer Republik als Wohlfahrtsstaat*, hrsg. von Werner Abelshauser, Stuttgart 1987, S. 242

39 Ebenda

40 Zitiert nach: Frederick Taylor: *Inflation. Der Untergang des Geldes in der Weimarer Republik und die Geburt eines deutschen Traumas*, München 2013, S. 184

41 Ebenda

42 Vermerk über eine Besprechung im Auswärtigen Amt am 24. Januar 1921 über die Frage des sogenannten Indexschemas, Bundesarchiv, R 2 (Reichsfinanzministerium)/2316, Bl. 70

43 Volker Hentschel: »Zahlen und Anmerkungen zum deutschen Außenhandel zwischen dem Ersten Weltkrieg und der Weltwirtschaftskrise«, in: *Zeitschrift für Unternehmensgeschichte/Journal of Business History*, Bd. 31, Nr. 2, 1986, S. 95–116

44 Zitiert nach: Carl-Ludwig Holtfrerich: *Die deutsche Inflation 1914–1923. Ursachen und Folgen in internationaler Perspektive*, Berlin/Boston, Neuauflage 2011, S. 285

45 Documents on British Foreign Policy, 1st Series, Vol. VIII, 1920, ed. by Rohan Butler and J.P.T. Bury, London 1958, Appendix zu Dok. Nr. 31

46 Zitiert nach: *Jenaer Volksblatt*, Nr. 155, 5. Juli 1920, S. 2

47 *Verhandlungen des Reichstags*, 1. Wahlperiode 1920, Bd. 366, Berlin 1924, Drucksache Nr. 1640 vom 11. März 1921, S. 5–23

48 *Verhandlungen des Reichstags*, 1. Wahlperiode 1920, Bd. 347, Berlin 1921, Reichstagssitzung vom 1. Februar 1921, S. 2303

49 *Verhandlungen des Reichstags*, Bd. 366, Aktenstück Nr. 1640 vom 11. März 1921, S. 148–151

50 Ebenda, S. 152–167

51 *Verhandlungen des Reichstags*, 1. Wahlperiode 1920, Bd. 372, Berlin 1924, Aktenstück Nr. 4140 vom 5. April 1922, S. 7–24

52 Statistisches Reichsamt (Bearb.): *Wirtschaft und Statistik*, Nr. 2/1923, S. 38 f.

53 *Verhandlungen des Reichstags*, Bd. 372, Aktenstück Nr. 4140 vom 5. April 1922, S. 7–24

54 Zitiert nach: John H. Williams: »Foreign Trade and The Reparation Payments«, in: *The Quarterly Journal of Economics*, May 1922, Vol. 36, No. 3, S. 484

55 Albrecht Ritschl: »The German Transfer Problem, 1920–1933. A Sovereign Debt Perspective«, in: *European Review of History*, July 2012, S. 3

56 Hermann Pachnicke: »Sie dürfen nicht besetzen!«, in: *Neue Hamburger Zeitung*, Nr. 217, 12. Mai 1921, S. 1.

57 *Vossische Zeitung*, Nr. 402, 27. August 1921, S. 1

58 *Berliner Tageblatt*, Nr. 410, 1. September 1921, S. 4

59 »Verordnung des Reichspräsidenten auf Grund des Artikels 48 der Reichsverfassung vom 29. August 1921«, in: *Reichsgesetzblatt* 1921, Nr. 90, S. 1239

60 Zitiert nach: *Berliner Tageblatt*, Nr. 384, 17. August 1921, S. 1

61 Schilderung in: Schreiben des Reichskanzlers an den britischen Botschafter vom 16. August 1921, Bundesarchiv, R 43-I/21, Bl. 98–100

62 *Freiheit*, Nr. 286 vom 22. Juni 1921, S. 3

63 *Statistisches Jahrbuch für das Deutsche Reich* – 44. Jg. 1924/1925 (Hrsg. Statistisches Reichsamt), Berlin 1925, S. 348

64 Die Fiskaljahre gingen zu jener Zeit stets vom 1. April eines Jahres bis zum 31. März des folgenden. Zahlen nach: Deutsche Bundesbank, a.a.O.

65 Statistisches Reichsamt (Bearb.): *Zahlen zur Geldentwertung in Deutschland 1914 bis 1923*, S. 45–48

66 Brief des Reichsbankdirektoriums an den Reichspräsidenten vom 31. März 1919, Bundesarchiv, R 43-I/638, Bl. 26–30

67 Statistisches Reichsamt (Bearb.): *Wirtschaft und Statistik*, Nr. 24/1923, 21. Dezember 1923, Berlin, S. 764

68 Akten der Reichskanzlei, Teil: Weimarer Republik, Die Kabinette Wirth I/II, bearb. von Ingrid Schulze-Bidlingmaier, Boppard am Rhein 1968, online unter: https://www.bundesarchiv.de/aktenreichskanzlei/1919-1933/0000/wir/index.html, Bd. 1, Dok. Nr. 26/2 vom 7. September 1921

69 Statistisches Reichsamt (Bearb.): *Zahlen zur Geldentwertung in Deutschland 1914 bis 1923*, S. 43

70 Ebenda

71 Die Kabinette Wirth I/II, Bd. 1, Dok. Nr. 82 vom 7. September 1921

72 Ebenda

73 Schreiben des Reichswirtschaftsministers vom 7. Dezember 1921, Bundesarchiv, R 43-I/1246, Bl. 220 f.

74 Die Kabinette Wirth I/II, Bd. 1, Dok. Nr. 156, 26. November 1921

75 Ebenda, Dok. Nr. 141 vom 13. November 1921

76 Ebenda, Dok. Nr. 147 vom 19. November 1921, Anm. 1
77 Ebenda, Dok. Nr. 166 vom 12. Dezember 1921, Anm. 7
78 Ebenda, Anm. 5
79 *Verhandlungen des Reichstags*, Bd. 372, Aktenstück Nr. 4140 vom 5. April 1922, S. 44–46
80 Regierungserklärung von Raymond Poincaré am 19. Januar 1922 in Paris, zitiert nach: *Berliner Tageblatt*, Nr. 33, 20. Januar 1922, S. 2
81 Zitiert nach: François Roth: *Raymond Poincaré*, Paris 2001, S. 478
82 *L'Humanité*, Nr. 6646, 6. Juni 1922, S. 1
83 *Verhandlungen des Reichstags*, Bd. 372, Aktenstück Nr. 4140 vom 5. April 1922, S. 162–171
84 Die Kabinette Wirth I/II, Bd. 2, Dok. Nr. 329 vom 29. Juli 1922
85 *Verhandlungen des Reichstags*, Bd. 372, Aktenstück Nr. 4140 vom 5. April 1922, S. 171–176
86 Christian Thiel: »Der schöne Schein: Banknoten als Untersuchungsgegenstand einer visuellen Soziologie«, in *Soziale Welt*, 64. Jahrgang., H. 1/2, Visuelle Soziologie, 2013, S. 191–216, hier S. 211
87 *Berliner Tageblatt*, Nr. 172, 11. April 1922, S. 1
88 *Berliner Tageblatt*, Nr. 170, 10. April 1922, S. 1
89 »Gesetz über den deutsch-russischen Vertrag von Rapallo«, in: *Reichsgesetzblatt* 1922, Nr. 18, 28. Juli 1922, S. 677
90 *Verhandlungen des Reichstags*, 1. Wahlperiode 1920, Bd. 373, Berlin 1924, Drucksache Nr. 4378, S. 60–63
91 Sebastian Haffner: *Geschichte eines Deutschen*, München 2014, S. 48
92 Stefan Zweig: *Die Welt von Gestern. Erinnerungen eines Europäers*, Frankfurt 1947, S. 213
93 *Verhandlungen des Reichstags*, 1. Wahlperiode 1920, Bd. 374, Berlin 1924, Drucksache Nr. 4484, S. 27–33
94 Ebenda, S. 34–48
95 *Berliner Tageblatt*, Nr. 294, 24. Juni 1922, S. 1
96 Harry Graf Kessler: *Walther Rathenau. Sein Leben und sein Werk*. Gesammelte Schriften, Frankfurt am Main, 1988, Bd. 3, S. 353
97 *Berliner Tageblatt*, Nr. 294, 24. Juni 1922, S. 2
98 *Berliner Tageblatt*, Nr. 296, 26. Juni 1922, S. 6
99 *Verhandlungen des Reichstags*, 1. Wahlperiode 1920, Bd. 356, Berlin 1924, 25. Juni 1922, S. 8058
100 *Berliner Volkszeitung*, Nr. 299, 28. Juni 1922, S. 2
101 »Gesetz zum Schutze der Republik vom 21. Juli 1922«, in: *Reichsgesetzblatt* 1922, Nr. 52, S. 677
102 Zweig, a.a.O., S. 220
103 Eugeni Xammar: *Das Schlangenei: Berichte aus dem Deutschland der Inflationsjahre 1922–1924*. Aus dem Katalanischen von Kirsten Brandt, Berlin 2007, S. 26
104 Ebenda, S. 54
105 Definition nach Phillip Cagan: »Studies in the Quantity Theory of Money«, in: Milton Friedman (Hrsg.): *The Monetary Dynamics of Hyperinflation*, Chicago 1956, S. 25–117
106 Tagebuch von August Heinrich von der Ohe, veröffentlicht unter: www.kollektives-gedaechtnis.de/id-1918-bis-1933/articles/auszuege-aus-einem-tagebuch-aus-den-jahren-1922-1923.html
107 Otto Friedrich: *Morgen ist Weltuntergang*, Berlin 1998, S. 157
108 Rudolf Pörtner: »Der Ausflug nach Kuhle Wampe«, in: Ders. (Hrsg.): *Alltag in der Weimarer Republik. Erinnerungen an eine unruhige Zeit*, Düsseldorf 1990, S. 361
109 Die Kabinette Wirth I/II, Bd. 2, Dok. Nr. 355 vom 25. August 1922
110 Zitiert nach: ebenda, Dok. Nr. 315 vom 11. Juli 1922, Anm. 5 und 6
111 Zitiert nach: ebenda, Dok. Nr. 333 vom 4. August 1922
112 *Berliner Börsenzeitung*, Nr. 419, 20. September 1922, S. 1

113 Zitiert nach: Klaus Hildebrand: *Das vergangene Reich. Deutsche Außenpolitik von Bismarck bis Hitler 1871–1945*, Studienausgabe, München 2008, S. 438

114 Die Kabinette Wirth I/II, Bd. 1, Einleitung: Die beiden Kabinette Wirth, Anm. 88

115 *Berliner Tageblatt*, Nr. 384, 28. August 1922, S. 2

116 Die Kabinette Wirth I/II, Bd. 2, Dok. Nr. 392 vom 24. Oktober 1922, Anm. 4

117 »Verordnung gegen die Spekulation in ausländischen Zahlungsmitteln vom 12. Oktober 1922«, in: *Reichsgesetzblatt* 1922, Nr. 69, S. 795

118 Theresia Theurl: »Währungsumstellungen in der deutschen Geschichte seit 1871«, in: *Historisch-Politische Mitteilungen. Archiv für Christlich-Demokratische Politik*, Bd. 5, Nr. 1, 1998, S. 183

119 Die Kabinette Wirth I/II, Bd. 2, Dok. Nr. 405 vom 11. November 1922

120 Ebenda, Dok. Nr. 408 vom 14. November 1922

121 *Berliner Tageblatt*, Nr. 520, 15. November 1922, S. 4

122 *Berliner Börsenzeitung*, Nr. 516, 15. November 1922, S. 5

123 Thomas Raithel: *Das schwierige Spiel des Parlamentarismus. Deutscher Reichstag und französische Chambre des Députés in den Inflationskrisen der 1920er Jahre*, München 2009, S. 173

124 Die Kabinette Wirth I/II, Bd. 2, Dok. Nr. 378 vom 16. Oktober 1922

125 Raithel, a.a.O., S. 177

126 https://www.karlundfaber.de/en/auctions/226/modern-contemporary-art/2261039/

127 Zitiert nach: Raithel, a.a.O., S. 180

128 Die Note der Reichsregierung vom 14. November 1922, Bundesarchiv, R 43-I/32, Bl. 237 f.

129 Akten der Reichskanzlei, Teil: Weimarer Republik, Das Kabinett Cuno, bearb. v. Karl-Heinz Harbeck, Boppard am Rhein 1968, online unter: https://www.bundesarchiv.de/aktenreichskanzlei/1919-1933/0000/cun/index.html, Einleitung

130 Ebenda

131 Denise Artaud: »Die Hintergründe der Ruhrbesetzung 1921. Das Problem der interalliierten Schulden«, in: *Vierteljahrshefte für Zeitgeschichte* 27 (1979), S. 242

132 *Berliner Tageblatt*, Nr. 19, 12. Januar 1923, S. 1 u. 3

133 »Beschluß der Reparationskommission vom 26. Dezember 1922 wegen der deutschen ›Nichterfüllung‹ bei den Holzlieferungen«, in: *Verhandlungen des Reichstags*, Bd. 376, Drucksache Nr. 5555, S. 3

134 Ebenda, S. 4

135 *Berliner Tageblatt*, Nr. 17, 11. Januar 1923, S. 4

136 *Berliner Tageblatt*, Nr. 24, 15. Januar 1923, S. 3

137 *Berliner Tageblatt*, Nr. 18, 11. Januar 1923, S. 1

138 *Verhandlungen des Reichstags*, Bd. 357, 13. Januar 1923, S. 9422;

139 Anweisung an die Beamten, Bundesarchiv, R 43-I/205, Bl. 55

140 Das Kabinett Cuno, Dok. Nr. 44 vom 14. Januar 1923

141 Richtlinien über die Schadloshaltung der Beamten, Angestellten und Arbeiter des Reichs, der Länder und der Gemeinden in den besetzten und den Einbruchsgebieten, Bundesarchiv, R 43-I/794, Bl. 66 f.

142 Statistisches Reichsamt (Bearb.): *Wirtschaft und Statistik*, Nr. 2/1923, S. 37–39

143 Xammar, a.a.O., S. 54 f.

144 Das Kabinett Cuno, Dok. Nr. 60 vom 30. Januar 1923

145 *Berliner Tageblatt*, Nr. 76, 14. Februar 1923, S. 5

146 *Berliner Tageblatt*, Nr. 33, 20. Januar 1923, S. 8

147 *Berliner Börsenzeitung*, Nr. 22, 14. Januar 1923, S. 3

148 »Verordnung gegen Preistreiberei vom 8. Mai 1918«, in: *Reichsgesetzblatt* 1918, Nr. 66, S. 395

149 Das Kabinett Cuno, Dok. Nr. 27 vom 21. Dezember 1922

150 Aufzeichnungen des Staatssekretärs Hamms über notwendige Maßnahmen der nächsten Zeit vom 17. Januar 1923, Bundesarchiv, R 43-I/1493, Bl. 205–227
151 *Berliner Tageblatt*, Nr. 43, 26. Januar 1923, S. 6
152 Schreiben an die Landesregierungen vom 16.1.1923, Bundesarchiv, R 43-I/1493, Bl. 231–233
153 »Im Rahmen des Notgesetzes vom 24. Februar 1923«, in: *Reichsgesetzblatt* 1923, Nr. 15, S. 147
154 Schreiben an die Landesregierungen vom 16.1.1923, Bundesarchiv, R 43-I/1493, Bl. 231–233
155 Klaus Wisotzky: »Der ›blutige Karsamstag‹ 1923 bei Krupp«, in: Gerd Krumeich/Joachim Schröder (Hrsg.): *Der Schatten des Weltkriegs: Die Ruhrbesetzung 1923*, Essen 2004, S. 265–287
156 »Note der Reparationskommission an die Deutsche Regierung betreffend die Feststellung der allgemeinen Nichterfüllung der deutschen Verpflichtungen gegenüber Frankreich und Belgien vom 26. Januar 1923«, in: *Verhandlungen des Reichstags*, Bd. 376, Drucksache Nr. 5555, S. 51 f.
157 *Berliner Tageblatt*, Nr. 252, 31. Mai 1923, S. 1
158 *Berliner Tageblatt*, Nr. 24, 13. Februar 1923, S. 1
159 Oswald Schneider: »Frankreichs Finanzpolitik«, in: *Zeitschrift Für Politik*, Bd. 12, 1923, S. 205–216, hier S. 211
160 Zitiert nach: *Berliner Tageblatt*, Nr. 61, 6. Februar 1923, S. 4
161 Martin Schlemmer: »Die Rheinlandbesetzung 1918–1930«, in: Portal Rheinische Geschichte, http://www.rheinische-geschichte.lvr.de/Epochen-und-Themen/Themen/die-rheinlandbesetzung-1918-1930/DE-2086/lido/57d133f17e43d1.98845861
162 Reinhard Sturm: Kampf um die Republik 1919–1923, Bundeszentrale für politische Bildung, 23.12.2011https://www.bpb.de/themen/nationalsozialismus-zweiter-weltkrieg/dossier-nationalsozialismus/39531/kampf-um-die-republik-1919-1923
163 Karl Radek: »Leo Schlageter, der Wanderer ins Nichts. Eine Rede des Genossen Karl Radek, gehalten in der Sitzung der Erweiterten Exekutive der Kommunistischen Internationale am 20. Juni 1923«, in: *Die Rote Fahne. Zentralorgan der Kommunistischen Partei Deutschlands (Sektion der Kommunistischen Internationale)*, 26. Juni 1923
164 Karl Radek, Paul Frölich, Graf Ernst Reventlow und Arthur Moeller van den Bruck: *Schlageter. Eine Auseinandersetzung*, Berlin 1923
165 *Berliner Volkszeitung*, Nr. 32, 19. Januar 1923, S. 2
166 *Berliner Volkszeitung*, Nr. 32, 19. Januar 1923, S. 2
167 *Berliner Tageblatt*, Nr. 142, 24. März 1923, S. 3
168 *Berliner Tageblatt*, Nr. 220, 12. Mai 1923, S. 3
169 *Berliner Tageblatt*, Nr. 252, 31. Mai, S. 2
170 *Berliner Börsenzeitung*, Nr. 284, 22. Juni 1923, S. 5
171 *Berliner Tageblatt*, Nr. 220, 12. Mai 1923, S. 3
172 Das Kabinett Cuno, Dok. Nr. 37 vom 9. Januar 1923, Anm. 4
173 »Gesetz über die Feststellung eines zehnten Nachtrags zum Haushaltsplan für das Rechnungsjahr 1922 vom 6. Februar 1923«, in: *Reichsgesetzblatt* 1923, Nr. 5, S. 44
174 »Gesetz über die Ausgabe von Dollarschatzanweisungen vom 2. März 1923«, in: *Reichsgesetzblatt* 1923, Nr. 16, S. 155
175 *Berliner Börsenzeitung*, Nr. 130, 18. März 1923, S. 1
176 *Berliner Börsenzeitung*, Nr. 147, 28. März 1923, S. 1
177 *Berliner Tageblatt*, Nr. 151, 30. März 1923, S. 3
178 Das Kabinett Cuno, Dok. Nr. 128 vom 19. April 1923
179 Aufstellung des Finanzministers, Bundesarchiv, R 43-I/2357, Bl. 52
180 Statistisches Reichsamt (Bearb.): *Zahlen zur Geldentwertung in Deutschland 1914 bis 1923*, S. 45
181 Das Kabinett Cuno, Dok. Nr. 128 vom 19. April 1923
182 »Verordnung auf Grund des Notgesetzes (Maßnahmen gegen die Valutaspekulation) vom 8. Mai 1923«, in: *Reichsgesetzblatt* 1923, Nr. 35, S. 275
183 *Vorwärts*, Nr. 187, 22. April 1923, S. 2

184 »Bericht des 43. (Untersuchungs-)Ausschusses zur Prüfung der Wirkung der Maßnahmen zur Stützung der Mark«, in: *Verhandlungen des Reichstags*, Bd. 380, Berlin 1924, 6. März 1924, S. 7903–7927
185 Stinnes The Dictator, *The Times*, 12. Juli 1920
186 Un Napoleone dell' economia: Ugo Stinnes, *Il Popolo Romano*, Nr. 192, 14. August 1921
187 »Hugo Stinnes. Czar of New Germany«, in: *The New York Times*, Nr. 23262, 2. Oktober 1921, S. 44
188 Heinrich Mann: »Kobes«, in: *Die Neue Rundschau*, Bd. 36/1, 1925, S. 235–266
189 Hugo Stinnes über die Markstabilisierung, *Berliner Börsenzeitung*, Nr. 510, 11. November 1922, S. 1
190 Bericht des 43. (Untersuchungs-)Ausschusses zur Prüfung der Wirkung der Maßnahmen zur Stützung der Mark, S. 7903–7927
191 Das Kabinett Cuno, Dok. Nr. 144 vom 30. April 1923
192 »Notenwechsel der Alliierten im Anschluß an die deutschen Noten vom 2. Mai und 7. Juni 1923«, in: *Verhandlungen des Reichstags*, Bd. 379, Aktenstück Nr. 6204, S. 21
193 Ebenda, S. 29
194 Ebenda, S. 30
195 Ebenda, S. 125
196 Erich Maria Remarque: *Der Schwarze Obelisk. Geschichte einer verspäteten Jugend*, Neuaufl. Köln 2018, S. 15 f.
197 Ebenda, S. 17
198 »Verordnung über den Handel mit ausländischen Zahlungsmitteln zum Einheitskurse vom 22. Juni 1923«, in: *Reichsgesetzblatt* 1923, Nr. 45, S. 401
199 Das Kabinett Cuno, Dok. Nr. 200 vom 22. Juni 1923
200 »Verordnung betreffend Außerkraftsetzung der Bestimmungen über den Handel mit ausländischen Zahlungsmitteln zum Einheitskurse vom 4. August 1923«, in: *Reichsgesetzblatt* Nr. 68, S. 760
201 Nachweisung der vom 1. April 1922 bis 4. August 1923 gelieferten Geldscheine, Bundesarchiv, R 43-I/950, Bl. 87 f.
202 Wilfried Feldenkirchen und Susanne Hilger: *Menschen und Marken. 125 Jahre Henkel 1876–2001*, hrsg. von Ernst Primosch und Wolfgang Zengerling, Düsseldorf 2001, S. 58
203 *Berliner Börsenzeitung*, Nr. 360, 5. August 1923, S. 10
204 Haffner, a.a.O., S. 60 f.
205 Schreiben des Reichsarbeitsministers vom 20. Juni 1923, Bundesarchiv, R 43-I/1152, Bl. 269 f.
206 Richtlinien des Reichsarbeitsministeriums vom 19. Juli 1923, Bundesarchiv, R 43-I/1152, Bl. 320
207 *Berliner Tageblatt*, Nr. 318, 9. Juli 1923, S. 3; Nr. 319, 10. Juli 1923, S. 6; Nr. 320, 10. Juli 1923, S. 4
208 *Berliner Tageblatt*, Nr. 329, 15. Juli 1923, S. 4
209 *Berliner Tageblatt*, Nr. 339, 21. Juli 1923, S. 3; Nr. 340. 21. Juli 1923, S. 1; *Hamburgischer Correspondent*, Nr. 336, 22. Juli 1923, S. 5; *Hamburger Anzeiger*, Nr. 168, 21. Juli 1923, S. 2
210 *Berliner Tageblatt*, Nr. 374, 11. August 1923, S. 2
211 Ebenda
212 *Berliner Tageblatt*, Nr. 375, 12. August 1923, S. 4
213 *Berliner Tageblatt*, Nr. 379, 15. August 1923, S. 4
214 *Berliner Tageblatt*, Nr. 380, 15. August 1923, S. 2
215 Zitiert nach: *Berliner Tageblatt*, Nr. 377, 14. August 1923, S. 3
216 *Berliner Tageblatt*, Nr. 346, 25. Juli,1923, S. 3
217 Remarque, a.a.O., S. 257
218 *Berliner Tageblatt*, Nr. 378, 14. August 1923, S. 3
219 *Berliner Tageblatt*, Nr. 382, 16. August 1923, S. 3

220 Ebenda, S. 4
221 *Berliner Tageblatt*, Nr. 374, 11. August 1923, S. 2
222 Verschiedene Telegramme und Schreiben von Anfang August, Bundesarchiv, R 43-I/666, Bl. 8–34
223 Telefonische Mitteilung von Senator Strandes vom 10. August 1923, Bundesarchiv, R 43-I/666, Bl. 7
224 Erinnerungsbericht Marx 1923, Nachlaß des Reichskanzlers Wilhelm Marx 1, S. 301, zitiert nach: Raithel, a.a.O., S. 225
225 *Verhandlungen des Reichstags*, Band 361, 10. August 1923, S. 11828
226 Das Kabinett Cuno, Einleitung
227 Ebenda, Dok. Nr. 200 vom 4. Juli 1923
228 Ebenda, Dok. Nr. 235 vom 2. August 1923
229 »Verordnung über die Leistung von Abschlagszahlungen auf die Umsatzsteuer«, in: *Reichsgesetzblatt* 1923, Nr. 69, 4. August 1923, S. 761; »Gesetz über die Besteuerung der Betriebe, und andere Gesetze«, in: *Reichsgesetzblatt* 1923, Nr. 71, 11. August 1923, S. 769–776
230 Das Kabinett Cuno, Dok. Nr. 237 vom 3. August 1923
231 In einer Denkschrift über die politischen Verhältnisse in Deutschland, die Stresemann dem Kronprinzen zusandte; Nachlass Stresemann, Bd. 262, Film Nr. 3099, zitiert nach: Das Kabinett Cuno, Einleitung
232 *Germania*, 27. Juli 1923, zitiert nach: Das Kabinett Cuno, Dok. Nr. 233, Anm. 1
233 Das Kabinett Cuno, Dok. Nr. 233 vom 31. Juli 1923, Anm. 1
234 Otto Gessler: *Reichswehrpolitik in der Weimarer Zeit*, hrsg. von Kurt Sendtner, Stuttgart 1958, S. 250
235 Nachlass Seeckt Nr. 67 im Militärarchiv Freiburg, zitiert nach: Das Kabinett Cuno, Einleitung, Anm. 20
236 Gessler, a.a.O., S. 380
237 Curt Riess: »Weltbühne Berlin« in: Rudolf Pörtner (Hrsg.): *Alltag in der Weimarer Republik*, S. 34 f.
238 Das Kabinett Cuno, Dok. Nr. 229 vom 27. Juli 1923
239 Zitiert nach: Raithel, a.a.O., S. 237, Anm. 1
240 Akten der Reichskanzlei, Teil: Weimarer Republik, Die Kabinette Stresemann I/II, bearb. von Karl Dietrich Erdmann/Martin Vogt, Boppard am Rhein 1978, online unter: https://www.bundesarchiv.de/aktenreichskanzlei/1919-1933/0000/str/index.html, Bd. 1, Dok. Nr. 14 vom 22. August 1923
241 Ebenda
242 *Verhandlungen des Reichstags*, Bd. 361, 14. August 1923, S. 11839–11841
243 Die Kabinette Stresemann I/II, Bd. 1, Dok. Nr. 18 vom 23. August 1923
244 Zitiert nach: Eberhard Kolb: *Gustav Stresemann*, München 2003, S. 79
245 *Verhandlungen des Reichstags*, Bd. 361, 14. August 1923, S. 11879–11881
246 Die Kabinette Stresemann I/II, Bd. 1, Dok. Nr. 9 vom 18. August 1923, Anm. 3
247 *Verhandlungen des Reichstags*, Bd. 361, 15. August 1923, S. 11880
248 Die Kabinette Stresemann I/II, Bd. 1, Dok. Nr. 9 vom 18. August 1923
249 Géza von Cziffra: *Das romanische Café*, hrsg. von Ingrid Feix, Berlin 2019
250 *Berliner Tageblatt*, Nr. 465, 4. Oktober 1923, S. 3
251 »Verordnung des Reichspräsidenten über Devisenerfassung«, in: *Reichsgesetzblatt* 1923, Nr. 83, 7. September 1923, S. 865
252 Die Kabinette Stresemann I/II, Bd. 1, Dok. Nr. 14 vom 22. August 1923
253 Ebenda, Dok. Nr. 33 vom 30. August 1923

254 »Verordnung des Reichspräsidenten über die Ablieferung ausländischer Vermögensgegenstände«, in: *Reichsgesetzblatt* Nr. 78, 25. August 1923, S. 833
255 Verordnung des Reichspräsidenten über Devisenerfassung, a.a.O.
256 *Berliner Tageblatt*, Nr. 447, 23. September 1923, S. 3
257 *Berliner Tageblatt*, Nr. 526, 8. November 1923, S. 4
258 *Berliner Tageblatt*, Nr. 465, 4. Oktober 1923, S. 2
259 Ebenda
260 *Berliner Tageblatt*, Nr. 442, 20. September 1923, S. 4
261 *Berliner Tageblatt*, Nr. 387, 19. August 1923, S. 3
262 Stadtchronik München von 1923, in digitalisierter Form online nicht mehr abrufbar, eine Kopie befindet sich im Besitz des Autors
263 Bericht des Staatsrats Dr. von Wolf an das Bayer. Staatsministerium der Finanzen vom 20. November 1922, Bundesarchiv, R 43-I/631, Bl. 392 f.
264 Schreiben des Staatspräsidenten Remmele an den Reichskanzler vom 9. August 1923, Bundesarchiv, R 43-I/666, Bl. 12 f.
265 *Berliner Tageblatt*, Nr. 394, 23. August 1923, S. 3
266 Feldenkirchen/Hilger, a.a.O., S. 58
267 Nachlass von Stockhausen, zitiert nach: Die Kabinette Stresemann I/II, Bd. 1, Dok. Nr. 33 vom 30. August 1923, Anm. 1
268 Die Kabinette Stresemann I/II, Bd. 1, Dokumente, Dok. Nr. 33 vom 30. August 1923
269 Nachlass von Stockhausen, a.a.O.
270 Die Kabinette Stresemann I/II, Bd. 1, Dok. Nr. 47 vom 7. September 1923 und Dok. Nr. 51 vom 10. September 1923
271 *Verhandlungen des Reichstags*, Bd. 361, 9. Oktober 1923, S. 12072
272 Die Kabinette Stresemann I/II, Bd. 1, Dok. Nr. 47 vom 7. September 1923 und Dok. Nr. 66 vom 18. September 1923
273 Kabinettsbeschluss vom 28. November 1922, Bundesarchiv, R 43-I/1947, Bl. 358
274 Denkschrift über Möglichkeiten zur wirtschaftlichen Gestaltung des Reichshaushalts, Bundesarchiv, R 43-I/1948, Bl. 313–413
275 Ebenda, Bl. 413
276 Zitiert nach: Die Kabinette Stresemann I/II, Bd. 1, Dok. Nr. 25 vom 27. August 1923, Anm. 10
277 Harald Engler: *Die Finanzierung der Reichshauptstadt: Untersuchungen zu den hauptstadtbedingten staatlichen Ausgaben Preußens und des Deutschen Reiches in Berlin vom Kaiserreich bis zum Dritten Reich (1871–1945)*, Berlin 2004, S. 167
278 Die Kabinette Stresemann I/II, Bd. 1, Dok. Nr. 51 vom 10. September 1923
279 Schreiben des Beamtenausschusses des Reichsministeriums für Wiederaufbau, Bundesarchiv, R 43-I/2566, Bl. 37
280 Die Kabinette Stresemann I/II, Bd. 1, Dok. Nr. 59 vom 15. September 1923
281 Ebenda, Dok. Nr. 100 vom 2. Oktober 1923
282 Xammar, a.a.O., S. 84
283 Die Kabinette Stresemann I/II, Bd. 1, Dok. Nr. 18 vom 23. August 1923
284 Ebenda, Dok. Nr. 18 vom 23. August 1923, Anm. 28
285 Ebenda, Dok. Nr. 42 vom 5. September 1923
286 Aufstellung des Reichsministers der Finanzen für die Reichsregierung vom 15. September 1923, Bundesarchiv, R 43-I/2357, Bl. 262
287 Bericht über die Lage im Einbruchsgebiet von Johannes Breddemann, 10. September 1923, Bundesarchiv, R 43-I/215, Bl. 70
288 Die Kabinette Stresemann I/II, Bd. 1, Dok. Nr. 43 vom 6. September 1923
289 Ebenda, Dok. Nr. 62 vom 17. September 1923

290 Ebenda, Dok. Nr. 71 vom 20. September 1923
291 *Berliner Tageblatt*, Nr. 452, 26. September 1923, S. 1
292 Schreiben des Reichskommissars für Überwachung der Öffentlichen Ordnung an die Reichskanzlei, Bundesarchiv, R 43-I/2679, Bl. 53 f.
293 Die Kabinette Stresemann I/II, Bd. 1, Dok. Nr. 79 vom 25. September 1923
294 Ebenda, Dok. Nr. 84 vom 27. September 1923
295 Ebenda, Dok. Nr. 102 vom 2. Oktober 1923
296 Ebenda, Dok. Nr. 106 vom 3. Oktober 1923
297 John Weitz: Hitlers Bankier – Hjalmar Schacht, München/Wien 1998, S. 69
298 Die Kabinette Stresemann I/II, Bd. 1, Dok. Nr. 75 vom 22. September 1923
299 *Verhandlungen des Sächsischen Landtags*, 1. Wahlperiode, Bd. 2, 57. Sitzung, 12. Oktober 1923, S. 1578, über: landtag.sachsen.de
300 Vgl. Brandlers Bericht in: *Protokoll des Fünften Kongresses der Kommunistischen Internationale*, Bd. 1, Hamburg 1924, Neudruck 1967, S. 218–236
301 Die Kabinette Stresemann I/II, Bd. 2, Dok. Nr. 147 vom 17. Oktober 1923
302 *Berliner Tageblatt*, Nr. 496, 22. Oktober 1923, S. 2
303 Kurt Tucholsky: »Für Josef Matthes«, in: *Die Weltbühne*, 13. August 1929
304 *Berliner Tageblatt*, Nr. 501, 25. Oktober 1923, S. 4
305 Helmut Gembries: »Regiefranken, 1923/24«, in: *Historisches Lexikon Bayerns*, 16.4.2007, www.historisches-lexikon-bayerns.de/Lexikon/Regiefranken,_1923/24
306 Die Kabinette Stresemann I/II, Bd. 2, Dok. Nr. 233 vom 9. November 1923
307 Gembries, a.a.O.
308 *Berliner Tageblatt*, Nr. 459, 30. September 1923, S. 5
309 Zitiert nach: Friedrich, a.a.O., S. 162
310 Stadtchronik München von 1923, in digitalisierter Form online nicht mehr abrufbar, eine Kopie befindet sich im Besitz des Autors
311 Joseph Schumpeter: *Das Wesen des Geldes*. Aus dem Nachlaß herausgegeben und mit einer Einführung versehen von Fritz Karl Mann, Göttingen, 1970, S. 3
312 Zitiert nach: Manfred Pohl: *M. DuMont Schauberg. Der Kampf um die Unabhängigkeit des Zeitungsverlags unter der NS-Diktatur*, Frankfurt am Main/New York 2009, S. 60 f.
313 *Berliner Tageblatt*, Nr. 88, 22. Februar 1921, S. 4
314 Zitiert nach: Ulrich Linse: *Barfüßige Propheten*, Berlin 1986, S. 174
315 Zitiert nach: Friedrich, a.a.O., S. 161
316 Arthur R. G. Solmssen: *Berliner Reigen*, Berlin 1984, S. 298
317 Ebenda, S. 408
318 *Berliner Tageblatt*, Nr. 494, 20. Oktober 1923, S. 4
319 *Berliner Tageblatt*, Nr. 507, 28. Oktober 1923, S. 2
320 *Berliner Tageblatt*, Nr. 437, 18. September 1923, S. 3
321 *Berliner Tageblatt*, Nr. 405, 30. August 1923, S. 6
322 *Die Voss*, Nr. 38, 22. September 1923, S. 4
323 *Verhandlungen des Reichstags*, Bd. 361, 11. Oktober 1923, S. 12115–12141
324 Die Kabinette Stresemann I/II, Bd. 2, Dok. Nr. 128 vom 11. Oktober 1923
325 *Berliner Tageblatt*, Nr. 482, 13. Oktober 1923, S. 1
326 Ebenda
327 »Ermächtigungsgesetz vom 13. Oktober 1923«, in: *Reichsgesetzblatt 1923*, Nr. 98, S. 943
328 *Berliner Tageblatt*, Nr. 481, 13. Oktober 1923, S. 3
329 Die Kabinette Stresemann I/II, Bd. 2, Dok. Nr. 136 vom 15. Oktober 1923
330 Ebenda

331 »Verordnung über die Errichtung der Deutschen Rentenbank vom 15. Oktober 1923«, in: *Reichsgesetzblatt 1923*, Nr. 100, S. 963–966
332 Die Kabinette Stresemann I/II, Bd. 2, Dok. Nr. 136 vom 15. Oktober 1923
333 Neil Irwin: *The Alchemists. Three Central Bankers and a World on* Fire, New York 2013, S. 108
334 *Berliner Tageblatt*, Nr. 536, 20. November 1923, S. 1
335 Zitiert nach: Helmut Müller: *Die Zentralbank – eine Nebenregierung. Reichsbankpräsident Hjalmar Schacht als Politiker der Weimarer Republik*, Wiesbaden 1973, S. 30
336 *Berliner Tageblatt*, Nr. 408, 31. August 1923, S. 1
337 Die Kabinette Stresemann I/II, Bd. 1, Dok. Nr. 33 vom 30. August 1923
338 *Berliner Tageblatt*, Nr. 508, 29. Oktober 1923, S. 3
339 Die Kabinette Stresemann I/II, Bd. 1, Dokumente, Dok. Nr. 144 vom 17. Oktober 1923
340 »Verordnung zur Herabminderung der Personalabgaben des Reichs vom 27. Oktober 1923«, in: *Reichsgesetzblatt* 1923, Nr. 108, S. 999–1010
341 Denkschrift über den Personalabbau des Reichsministers der Finanzen, Verhandlungen des Reichstags, Bd. 382, 5. Juni 1924, Nr. 218
342 Akten der Reichskanzlei, Teil: Weimarer Republik, Die Kabinette Marx I/II, bearb. von Günter Abramowski, Boppard am Rhein 1973, online unter: https://www.bundesarchiv.de/aktenreichskanzlei/1919-1933/0000/ma1/index.html, Bd. 1, Dok. Nr. 189 vom 1. Mai 1924
343 Ebenda, Dok. Nr. 98 vom 11. Februar 1924 und Dok. Nr. 118 vom 22. Februar 1924
344 Die Kabinette Stresemann I/II, Bd. 2, Dok. Nr. 130 vom 12. Oktober 1923
345 »Verordnung über die Aufbringung der Mittel für die Erwerbslosenfürsorge«, in: *Reichsgesetzblatt* 1923, Nr. 98, 13. Oktober 1923, S. 946 f.
346 Die Kabinette Stresemann I/II, Bd. 2, Dok. Nr. 223 vom 5. November 1923
347 Ebenda
348 Hjalmar Schacht: *76 Jahre meines Lebens*, Bad Wörishofen 1953
349 Zitiert nach: Christoph Kopper: *Hjalmar Schacht. Aufstieg und Fall von Hitlers mächtigstem Banker*, München, 2006, S. 13
350 *Vossische Zeitung*, Nr. 468, 3. Oktober 1923, S. 1
351 Die Kabinette Stresemann I/II, Bd. 2, Dok. Nr. 118 vom 6. Oktober 1923, Anm. 1
352 Schreiben der Interessensgemeinschaft der Reichsbankbeamten an den Reichskanzler, Bundesarchiv, R 43-I/632, Bl. 216 f.
353 Kopper, a.a.O., S. 72
354 Schacht, a.a.O., S. 226 f.
355 Kopper, a.a.O., S. 73
356 *Berliner Tageblatt*, Nr. 523, 7. November 1923, S. 4
357 Generalstaatskommissar an Staatsministerium des Innern, Pol/Nr. 172, 5.10.1923, BayHStA, Minn 71641, zitiert nach: Reiner Pommerin: »Die Ausweisung von ›Ostjuden‹ aus Bayern 1923 – Ein Beitrag zum Krisenjahr der Weimarer Republik«, in: *Vierteljahrshefte für Zeitgeschichte*, Jg. 34, Heft 3, S. 313 f.
358 Ebenda, S. 323–326, und: Die Kabinette Stresemann I/II, Bd. 2, Dok. Nr. 211 vom 31. Oktober 1923
359 Ebenda, Dok. Nr. 186 vom 27. Oktober 1923
360 »Verordnung des Reichspräsidenten auf Grund des Artikel 48 Abs. 2, betreffend die zur Wiederherstellung der öffentlichen Sicherheit und Ordnung im Gebiete des Freistaats Sachsen nötigen Maßnahmen«, in: *Reichsgesetzblatt* 1923, 29. Oktober 1923, Nr. 107, S. 995
361 Telephonischer Bericht aus Dresden, Bundesarchiv, R 43-I/2309, Bl. 260 f.
362 Die Kabinette Stresemann I/II, Bd. 2, Dok. Nr. 212 vom 1. November 1923
363 Ebenda, Dok. Nr. 215 vom 2. November 1923

364 Vgl. Dissertation von Michael Schäfer über Fritz Gerlich, Ludwig-Maximilians-Universität München 1998, hier S. 57, www.gerlich.com/2013-12-12-09-13-27/literatur/dr-michael-schaefer-dissertation-ueber-fritz-gerlich

365 Zitiert nach: Otto Gritschneder: *Der Hitler-Prozess und sein Richter Georg Neithardt. Skandalurteil von 1924 ebnet Hitler den Weg*, München 2001, S. 18

366 »Verordnung, betreffend den Oberbefehl über die Wehrmacht und die Ausübung der vollziehenden Gewalt«, in: *Reichsgesetzblatt* 1923, Nr. 114, 9. November 1923, S. 1084

367 *Berliner Tageblatt*, Nr. 529, 10. November 1923, S. 4

368 *Berliner Tageblatt*, Nr. 517, 3. November 1923, S. 4

369 Die Kabinette Stresemann I/II, Bd. I, Einleitung: Außenpolitik und Reparationsfrage

370 Uwe Bronnert: »Deutsches Spottgeld anlässlich des Ruhreinbruchs 1923«, 28.1.2020, aktualisiert 26.3.2021, https://www.geldscheine-online.com/post/deutsches-spottgeld-anlässlich-des-ruhreinbruchs-1923

371 *Berliner Tageblatt*, Nr. 523, 7. November 1923, S. 6

372 *Berliner Tageblatt*, Nr. 518, 3. November 1923, S. 1

373 *Berliner Tageblatt*, Nr. 449, 25. September 1923, S. 5

374 *Karlsruher Tagblatt*, Nr. 291, 22. Oktober 1923, S. 3

375 Zitiert nach: Deutsche Bundesbank: *Das Papiergeld im Deutschen Reich 1871–1948*, Frankfurt am Main 1965, S. 42

376 Zitiert nach: Friedrich, a.a.O., S. 160

377 »Verordnung zur Sicherstellung des Warenumlaufs«, in: *Reichsgesetzblatt* 1923, Nr. 106, 22. Oktober 1923, S. 992 f.

378 Carl-Ludwig Holtfrerich: *Die deutsche Inflation 1914–1923. Ursachen und Folgen in internationaler Perspektive*, Berlin/Boston Neuauflage 2011, S. 310

379 Ebenda

380 Die Kabinette Stresemann I/II, Bd. 2, Dok. Nr. 217 vom 3. November 1923

381 *Berliner Tageblatt*, Nr. 520, 5. November 1923, S. 3; *Berliner Börsen-Zeitung*, Nr. 515, 5. November 1923, S. 2

382 Statistisches Reichsamt (Bearb.): Zahlen zur Geldentwertung in Deutschland 1914 bis 1923, S. 43

383 *Hamburgischer Correspondent*, Nr. 534, 15. November 1923, S. 5

384 *Vossische Zeitung*, Nr. 546, 17. November 1923, S. 4

385 Tagebuch von der Ohe, a.a.O.

386 *Vossische Zeitung*, Nr. 547, 18. November 1923, S. 6

387 Die Kabinette Stresemann I/II, Bd. 2, Dok. Nr. 249 vom 13. November 1923

388 Ebenda, Dok. Nr. 241 vom 12. November 1923

389 *Verhandlungen des Reichstags*, Bd. 361, S. 12196

390 *Berliner Tageblatt*, Nr. 542, 24. November 1923, S. 1

391 Verhandlungen des Reichstags, Bd. 361, S. 12080 f.

392 Edgar Vincent D'Abernon: »German Currency: Its collapse and recovery«, in: *Journal of the Royal Statistical Society*, Vol XC, Part 1, 1927, S. 27

393 Pörtner: *Der Ausflug nach Kuhle Wampe*, a.a.O., S. 361

394 Tagebuch von der Ohe, a.a.O.

395 Solmssen, a.a.O., S. 412 f.

396 *Vossische Zeitung*, Nr. 468, 3. Oktober 1923, S. 1

397 Stadtarchiv München, https://stadtarchiv.muenchen.de/scopeQuery/detail.aspx?ID=514540

398 *Der Spiegel*, Nr. 17, 23. April 1957

399 Die Kabinette Stresemann I/II, Bd. 2, Dok. Nr. 269 vom 19. November 1923

400 Die Kabinette Marx I/II, Bd. 1, Dok. Nr. 31 vom 17. Dezember 1923

401 Ebenda, Dok. Nr. 35 vom 22. Dezember 1923

402 Schreiben des Reichswirtschaftsministers an den Reichsbankpräsidenten vom 30. Juni 1924, Bundesarchiv, R 43-I/1135, Bl. 66–69

403 Zitiert nach: Denys P. Myers, Bernadotte Everly Schmitt, United States Department of State: *The Treaty of Versailles and after: annotations of the text of the treaty*. Washington: U.S. G.P.O., 1947, S. 384

404 Die Kabinette Marx I und II, Bd. 1, Einleitung: Außenpolitik im Zeichen des Dawes Plans

405 *Die Sachverständigen-Gutachten – Der Dawes- und McKenna-Bericht.* Nach dem Originaltext redigierter Wortlaut, Frankfurt am Main 1924

406 Schreiben des Reichsministers der Finanzen an die Kriegslastenkommission in Paris vom 14. April 1924 (Übergabe an die Reparationskommission erfolgte erst am 16. April), Bundesarchiv, R 43-I/41, Bl. 148

407 Besprechung des Reichskanzlers mit den Parteiführern der SPD am 15. April 1924, 19 Uhr, Bundesarchiv, R 43-I/41, Bl. 137

408 Schreiben des Reichsbankpräsidenten an den Reichskanzler, 11. Oktober 1924, Bundesarchiv, R 43-I/2441, Bl. 86

409 »Zweite Verordnung über das Inkrafttreten der Gesetze zur Durchführung des Sachverständigen-Gutachtens«, in: *Reichsgesetzblatt* 1923, Nr. 38, 10. Oktober 1924, S. 383

410 Pörtner: Der Ausflug nach Kuhle Wampe, a.a.O., S. 361

411 Abschrift des Urteils, Bundesarchiv, R 43-I/2454, Bl. 12–25

412 »Gesetz über die Ablösung öffentlicher Anleihen«, in: *Reichsgesetzblatt* 1925, Nr. 32, 16. Juli 1925

413 Tagebuch von der Ohe, a.a.O.

414 Golo Mann: *Deutsche Geschichte 1919–1945*, Frankfurt am Main 1961, S. 32

415 Das deutsche Volkseinkommen vor und nach dem Kriege. Einzelschriften zur Statistik des Deutschen Reichs, Nr. 24, Berlin 1932, S. 108; zitiert nach: Holtfrerich, a.a.O., S. 270

416 Sonderhefte zu Wirtschaft und Statistik, Zahlen zur Geldentwertung in Deutschland 1914 bis 1923, S. 42

417 https://histat.gesis.org/histat/de/table/details/39EFFC2C6740F2C5495EF7644B7549E0

418 Sonderhefte zu Wirtschaft und Statistik, Zahlen zur Geldentwertung in Deutschland 1914 bis 1923, S. 40–44

419 Holtfrerich, a.a.O., S. 117

420 Haffner: a.a.O., S. 58

421 Lion Feuchtwanger: *Erfolg. Drei Jahre Geschichte einer Provinz*, 6. Aufl., Berlin 2008, S. 494 f.

422 Friedrich-Wilhelm Henning: »Börsenkrisen und Börsengesetzgebung von 1914 bis 1945 in Deutschland«, in: Deutsche Börsengeschichte, hrsg. v. Hans Pohl, Frankfurt am Main 1992, S. 209–290, hier S. 227

423 Christopher M. Clark: *The Sleepwalkers. How Europe Went to War in 1914*, London 2012

424 Steve H. Hanke, Nicholas Krus: *World Hyperinflations*, Cato Working Paper, Washington 2012, www.cato.org/sites/cato.org/files/pubs/pdf/workingpaper-8_1.pdf

425 Congressional Budget Office: Federal Debt and Interest Cost, Washington 2010, https://www.cbo.gov/sites/default/files/111th-congress-2009-2010/reports/12-14-federaldebt.pdf

426 Daten abgerufen bei Federal Reserve of St. Louis, https://fred.stlouisfed.org/

Literaturverzeichnis

»Preussisches Einkommensteuergesetz vom 24. Juni 1891«, in: FinanzArchiv/Public Finance Analysis, 8. Jahrg., H. 2, Tübingen 1891

Artaud, Denise: »Die Hintergründe der Ruhrbesetzung 1921. Das Problem der interalliierten Schulden«, in: *Vierteljahrshefte für Zeitgeschichte* 27 (1979)

Bach, Stefan und Buggeln, Marc: »Geburtsstunde des modernen Steuerstaats in Deutschland 1919/1920«, in: *Wirtschaftsdienst – Zeitschrift für Wirtschaftspolitik*, 100. Jg., 2020, Heft 1, S. 42–48

Bäumler, Ernst: *Die Rotfabriker – Familiengeschichte eines Weltunternehmens*, München 1988

Bronnert, Uwe: Deutsches Spottgeld anlässlich des Ruhreinbruchs 1923, 28.1.2020, aktualisiert 26.3.2021, https://www.geldscheine-online.com/post/deutsches-spottgeld-anlässlich-des-ruhreinbruchs-1923

Cagan, Phillip: »Studies in the Quantity Theory of Money«, in: Milton Friedman (Hrsg.): *The Monetary Dynamics of Hyperinflation*, Chicago 1956

Clark, Christopher M.: *The Sleepwalkers. How Europe Went to War in 1914*, London 2012

Congressional Budget Office: Federal Debt and Interest Cost, Washington 2010, https://www.cbo.gov/sites/default/files/111th-congress-2009-2010/reports/12-14-federaldebt.pdf

Cziffra, Géza von: *Das romanische Café*, hrsg. von Ingrid Feix, Berlin 2019

D'Abernon, Edgar Vincent: »German Currency. Its collapse and recovery«, in: *Journal of the Royal Statistical Society*, Vol. XC, Part 1, 1927, S. 27

Deutsche Bundesbank (Hrsg.): *Deutsches Geld- und Bankwesen in Zahlen 1876–1975*, Frankfurt am Main 1976, https://histat.gesis.org/histat/za8222

Deutsche Bundesbank: *Das Papiergeld im Deutschen Reich 1871–1948*, Frankfurt am Main 1965

Deutsches Historisches Museum: Lebendiges Museum Online, Weimarer Republik: Innenpolitik: Die Inflation, 14.4.2014, dhm.de/lemo/kapitel/weimarer-republik/innenpolitik/inflation

Deutsches Reich / Statistisches Reichsamt: *Wirtschaft und Statistik*, 3. Jg., Nr. 2/1923, Berlin

Documents on British Foreign Policy, 1st Series, Vol. VIII, 1920, ed. by Rohan Butler and J.P.T. Bury, London 1958, Appendix zu Dok. Nr. 31

Engler, Harald: *Die Finanzierung der Reichshauptstadt. Untersuchungen zu den hauptstadtbedingten staatlichen Ausgaben Preußens und des Deutschen Reiches in Berlin vom Kaiserreich bis zum Dritten Reich (1871–1945)*, Berlin 2004

Ertl, Karl Hans: *Gebiets- und Bevölkerungsverluste des Deutschen Reiches und Deutsch-Österreichs nach dem Jahr 1918*, Rosenheim 1996

Feldenkirchen, Wilfried und Hilger, Susanne: *Menschen und Marken. 125 Jahre Henkel 1876–2001*, hrsg. von Ernst Primosch und Wolfgang Zengerling, Düsseldorf 2001

Feuchtwanger, Lion: *Erfolg. Drei Jahre Geschichte einer Provinz*, Berlin 1930

Friedrich, Otto: *Morgen ist Weltuntergang*, Berlin 1998

Gembries, Helmut: »Regiefranken, 1923/1924«, in: *Historisches Lexikon Bayerns*, 16.4.2007, www.historisches-lexikon-bayerns.de/Lexikon/Regiefranken,_1923/24

Gessler, Otto: *Reichswehrpolitik in der Weimarer Zeit*, hrsg. von Kurt Sendtner, Stuttgart 1958, S. 250

Gritschneder, Otto: *Der Hitler-Prozess und sein Richter Georg Neithardt. Skandalurteil von 1924 ebnet Hitler den Weg*, München 2001

Haffner, Sebastian: *Geschichte eines Deutschen*, München 2014

Hanke, Steve H. und Krus, Nicholas: *World Hyperinflations*, Cato Working Paper, Washington 2012, www.cato.org/sites/cato.org/files/pubs/pdf/workingpaper-8_1.pdf

Henning, Friedrich-Wilhelm: »Börsenkrisen und Börsengesetzgebung von 1914 bis 1945 in Deutschland«, in: *Deutsche Börsengeschichte*, hrsg. v. Hans Pohl, Frankfurt am Main 1992, S. 209–290

Hentschel, Volker: »Zahlen und Anmerkungen zum deutschen Außenhandel zwischen dem Ersten Weltkrieg und der Weltwirtschaftskrise«, in: *Zeitschrift für Unternehmensgeschichte/ Journal of Business History*, Bd. 31, Nr. 2, 1986, S. 95–116

Hildebrand, Klaus: *Das vergangene Reich. Deutsche Außenpolitik von Bismarck bis Hitler 1871–1945*, Studienausgabe, München 2008

Hoffmann, Walther G.: *Das Wachstum der deutschen Wirtschaft seit der Mitte des 19. Jahrhunderts*, Berlin/Heidelberg/New York 1965, S. 264–268

Holtfrerich, Carl-Ludwig: *Die deutsche Inflation 1914–1923. Ursachen und Folgen in internationaler Perspektive*, Berlin/Boston Neuauflage 2011

Jessen-Klingenberg, Manfred: »Die Ausrufung der Republik durch Philipp Scheidemann am 9. November 1918«, in: *Geschichte in Wissenschaft und Unterricht* 19/1968, S. 653–654

Karl & Faber. Fine Art Auctions: Georg Grosz, Hochzeitsnacht. Ebert und Cuno im Bett, karlund-faber.de/en/auctions/226/modern-contemporary-art/2261039/

Kessler, Harry Graf: *Walther Rathenau. Sein Leben und sein Werk*. Gesammelte Schriften, Frankfurt am Main 1988

Kluge, Ulrich: *Die Weimarer Republik*, Paderborn/München/Wien/Zürich 2006, S. 46

Kolb, Eberhard: *Gustav Stresemann*, München 2003

Kopper, Christoph: *Hjalmar Schacht. Aufstieg und Fall von Hitlers mächtigstem Banker*, München, 2006

Linse, Ulrich: *Barfüßige Propheten*, Berlin 1986

Mann, Golo: *Deutsche Geschichte 1919–1945*, Frankfurt am Main 1961

Mann, Heinrich: »Kobes«, in: *Die Neue Rundschau*, Bd. 36/1, 1925, S. 235–266

Mann, Thomas: »Gedanken im Kriege«, in: *Die Neue Rundschau*, Bd. 25, 1914, S. 1471–1484

Müller, Helmut: *Die Zentralbank – eine Nebenregierung. Reichsbankpräsident Hjalmar Schacht als Politiker der Weimarer Republik*, Wiesbaden 1973

Myers, Denys P. und Schmitt, Bernadotte Everly: *The Treaty of Versailles and after. Annotations of the text of the treaty*. Washington: U.S. G.P.O., 1947

Neil Irwin: *The Alchemists. Three Central Bankers and a World on Fire*, New York 2013

von der Ohe, Heinrich; Tagebuch, veröffentlicht unter: www.kollektives-gedaechtnis.de/id-1918-bis-1933/articles/auszuege-aus-einem-tagebuch-aus-den-jahren-1922-1923.html

Petzina, Dietmar: »Arbeitslosigkeit in der Weimarer Republik«, in: *Die Weimarer Republik als Wohlfahrtsstaat*, hrsg. von Werner Abelshauser, Stuttgart 1987

Pironti, Pierluigi: *Kriegsopfer und Staat. Sozialpolitik für Invaliden, Witwen und Waisen des Ersten Weltkriegs in Deutschland und Italien (1914–1924)*, Köln/Weimar/Wien 2015

Pohl, Manfred: *M. DuMont Schauberg. Der Kampf um die Unabhängigkeit des Zeitungsverlags unter der NS-Diktatur*, Frankfurt am Main/New York 2009

Pommerin, Reiner: »Die Ausweisung von ›Ostjuden‹ aus Bayern 1923 – Ein Beitrag zum Krisenjahr der Weimarer Republik«, in: *Vierteljahrshefte für Zeitgeschichte*, Jg. 34, Heft 3, 1986, S. 311–340

Pörtner, Rudolf: »Der Ausflug nach Kuhle Wampe«, in: *Alltag in der Weimarer Republik. Erinnerungen an eine unruhige Zeit*, hrsg. von Rudolf Pörtner, Düsseldorf 1990

Radek, Karl/Frölich, Paul/Graf Reventlow, Ernst/Moeller van den Bruck, Arthur: *Schlageter. Eine Auseinandersetzung*, Berlin 1923

Radek, Karl: »Leo Schlageter, der Wanderer ins Nichts. Eine Rede des Genossen Karl Radek, gehalten in der Sitzung der Erweiterten Exekutive der Kommunistischen Internationale am 20. Juni 1923«, in: *Die Rote Fahne, Zentralorgan der Kommunistischen Partei Deutschlands* (Sektion der Kommunistischen Internationale), 26. Juni 1923

Raithel, Thomas: *Das schwierige Spiel des Parlamentarismus. Deutscher Reichstag und französische Chambre des Députés in den Inflationskrisen der 1920er Jahre*, München 2009

Remarque, Erich Maria: *Der Schwarze Obelisk. Geschichte einer verspäteten Jugend*, Neuauflage Köln 2018

Ritschl, Albrecht und Spoerer, Mark: »Das Bruttosozialprodukt in Deutschland nach den amtlichen Volkseinkommens- und Sozialproduktsstatistiken 1901–1995«, in: *Jahrbuch für Wirtschaftsgeschichte* 1997/2

Ritschl, Albrecht: »The German Transfer Problem, 1920–1933. A Sovereign Debt Perspective«, in: *European Review of History*, July 2012

Roesler, Konrad: *Die Finanzpolitik des Deutschen Reiches im Ersten Weltkrieg (Untersuchungen über das Spar-, Giro- und Kreditwesen 37)*, Berlin 1967

Roth, François: *Raymond Poincaré*, Paris 2001

Die Sachverständigen-Gutachten – Der Dawes- und McKenna-Bericht. Nach dem Originaltext redigierter Wortlaut, Frankfurt am Main 1924

Schacht, Hjalmar: *76 Jahre meines Lebens*, Bad Wörishofen 1953

Schäfer, Michael: *Dissertation über Fritz Gerlich*, 1998, Ludwig-Maximilians-Universität München 1998, www.gerlich.com/2013-12-12-09-13-27/literatur/dr-michael-schaefer-dissertation-ueber-fritz-gerlich

Schlemmer, Martin: »Die Rheinlandbesetzung 1918–1930«, in: *Portal Rheinische Geschichte online*: http://www.rheinische-geschichte.lvr.de/Epochen-und-Themen/Themen/die-rheinlandbesetzung-1918-1930/DE-2086/lido/57d133f17e43d1.98845861

Schneider, Oswald: »Frankreichs Finanzpolitik«, in: *Zeitschrift für Politik*, Bd. 12, 1923, S. 205–216

Schumpeter, Joseph: *Das Wesen des Geldes*. Aus dem Nachlaß herausgegeben und mit einer Einführung versehen von Fritz Karl Mann, Göttingen, 1970

Solmssen, Arthur R. G.: *Berliner Reigen*, Berlin 1984

Stadtchronik München von 1923, in digitalisierter Form online nicht mehr abrufbar, eine Kopie befindet sich im Besitz des Autors

Statistisches Jahrbuch für das Deutsche Reich – 1924, 44. Jg. 1924/1925 , hrsg. vom Statistischen Reichsamt, Berlin 1925

Statistisches Reichsamt (Bearb.): *Wirtschaft und Statistik*, Nr. 24/1923, 21. Dezember 1923, Berlin

Statistisches Reichsamt (Bearb.): *Zahlen zur Geldentwertung in Deutschland 1914 bis 1923* (Hrsg. vom Statistischen Reichsamt), 5. Jg., Sonderheft 1, Berlin 1925

Sturm, Reinhard: *Kampf um die Republik 1919–1923*, Bundeszentrale für politische Bildung, 23.12.2011, https://www.bpb.de/themen/nationalsozialismus-zweiter-weltkrieg/dossier-nationalsozialismus/39531/kampf-um-die-republik-1919-1923

Taylor, Frederick: *Inflation. Der Untergang des Geldes in der Weimarer Republik und die Geburt eines deutschen Traumas*, München 2013

Theurl, Theresia: »Währungsumstellungen in der deutschen Geschichte seit 1871«, in: *Historisch-Politische Mitteilungen: Archiv für Christlich-Demokratische Politik*, Bd. 5, Nr. 1, 1998

Thiel, Christian: »Der schöne Schein: Banknoten als Untersuchungsgegenstand einer visuellen Soziologie«, in: *Soziale Welt*, 64. Jahrgang, H. 1/2, Visuelle Soziologie, 2013, S. 191-216

Tucholsky, Kurt: »Für Josef Matthes«, in: *Die Weltbühne*, 13. August 1929

Warburg, Max M.: *Aus meinen Aufzeichnungen*, Glückstadt 1952, S. 46, zitiert nach: Karen Michels: *»Es muss besser werden!« – Aby und Max Warburg im Dialog über Hamburgs geistige Zahlungsfähigkeit*, Hamburg 2015

Williams, John H.: »Foreign Trade and The Reparation Payments«, in: *The Quarterly Journal of Economics*, Mai 1922, Vol. 36, No. 3

Wisotzky, Klaus: »Der ›blutige Karsamstag‹ 1923 bei Krupp«, in: Gerd Krumeich und Joachim Schröder (Hrsg.): *Der Schatten des Weltkriegs. Die Ruhrbesetzung 1923*, Essen 2004, S. 265–287

Xammar, Eugeni: *Das Schlangenei. Berichte aus dem Deutschland der Inflationsjahre 1922–1924*. Aus dem Katalanischen von Kirsten Brandt, Berlin 2007

Zweig, Stefan: *Die Welt von Gestern. Erinnerungen eines Europäers*, Frankfurt 1947

Zitierte Zeitungen

Berliner Börsenzeitung

Berliner Tageblatt

Berliner Volkszeitung

Der Spiegel

Die Voss

Freiheit

Germania

Hamburgischer Correspondent

Il Popolo Romano

Jenaer Volksblatt

Karlsruher Tageblatt

L'Humanité

Neue Hamburger Zeitung

The Times

The New York Times

Vorwärts

Vossische Zeitung

Zitierte Primärquellen

Verhandlungen des Reichstags, reichstagsprotokolle.de

Reichsgesetzblatt, alex.onb.ac.at

Schriftsachen und Dokumente aus dem Bundesarchiv, invenio.bundesarchiv.de

Zitierte Editionen

alle über: bundesarchiv.de/aktenreichskanzlei

Das Kabinett Bauer, 21. Juni 1919 bis 27. März 1920, bearb. v. Anton Golecki, Boppard am Rhein 1980

Die Kabinette Wirth I/II, bearb. von Ingrid Schulze-Bidlingmaier, Boppard am Rhein 1968

Das Kabinett Cuno, bearb. v. Karl-Heinz Harbeck, Boppard am Rhein 1968

Die Kabinette Stresemann I/II, bearb. von Karl Dietrich Erdmann/Martin Vogt, Boppard am Rhein 1978

Die Kabinette Marx I/II, bearb. von Günter Abramowski, Boppard am Rhein 1973

Abbildungsverzeichnis

Abb. 1: Banknote zu 100 Mark
Abb. 2: Darlehenskassenschein zu 50 Mark
Abb. 3: Kurs des Dollars in Mark während des Ersten Weltkriegs von 1914 bis 1918
Abb. 4: Preisentwicklung für Roggenbrot in Berlin von Juli 1914 bis Mai 1921, in Mark pro Kilo
Abb. 5: Kurs des Dollars in Mark von Ende 1918 bis Mitte 1921
Abb. 6: Entwicklung der Geldmenge im Deutschen Reich von Januar 1913 bis September 1921, in Milliarden Mark
Abb. 7: Entwicklung der Monatsgehälter der Beamten 1921, inklusive Zulagen für Ehefrau und zwei Kinder
Abb. 8: Entwicklung der Inflationsrate in Prozent gegenüber Vorjahresmonat
Abb. 9: Banknote zu 10.000 Mark
Abb. 10: Kurs des Dollars in Mark von Juni 1921 bis Oktober 1922
Abb. 11: Kurs des Dollars in Mark von November 1922 bis Januar 1923
Abb. 12: Entwicklung der Geldmenge von Januar 1922 bis Januar 1923, in Milliarden Mark
Abb. 13: Kurs des Dollars in Mark von Februar bis Mai 1923
Abb. 14: Preisentwicklung bei Kartoffeln Anfang Januar bis Mitte Juni 1923, in Mark pro Kilo
Abb. 15: Banknote zu 5 Millionen Mark
Abb. 16: Preisentwicklung bei Brot Anfang Januar bis Mitte August 1923, in Mark pro Kilo
Abb. 17: Preisentwicklung bei Kartoffeln vom 13. August 1923 bis 24. September 1923, in Mark pro Kilo
Abb. 18: Banknote zu 1.000 Mark mit Überdruck 1 Milliarde Mark
Abb. 19: Kurs des Dollars vom 1. August bis 31. Oktober 1923, in Millionen Mark
Abb. 20: Preisentwicklung einer Straßenbahnfahrkarte in Berlin im Oktober 1923, in Millionen Mark
Abb. 21: Banknote zu 500 Milliarden Mark
Abb. 22: Banknote zu 1 Rentenmark
Abb. 23: Kursentwicklung des Dollars in Mark im November 1923
Abb. 24: Preisentwicklung bei Brot November/Dezember 1923, in Milliarden Mark pro Kilo

Wer noch mehr über die Inflation 1923 erfahren möchte,
kann auf der Internetseite www.inflation1923.de
oder twitter.com/inflation1923 täglich nachlesen,
was genau an jenem Tag vor 100 Jahren passiert ist.